종교와 테러리즘

이 도서의 국립중앙도서관 출판예정도서목록(CIP)은 서지정보유통지원시스템 홈페이지(http://seoji.nl.go.kr)와 국가자료
종합목록 구축시스템(http://kolis-net.nl.go.kr)에서 이용하실 수 있습니다.
CIP제어번호 : CIP2020020459(양장), CIP2020020463(무선)

테러리즘을 유발하는가?   종교, 폭력, 난센스 그리고 권력   자생 테러리즘 설명에서 종교 무시   종교, 과격화
그리고 테러리즘의 원인

The Cambridge Companion to

Religion   **and**   **Terrorism**

종교와

혁명
테러리즘에서 헌신된   지라르,   합리적 선택과 종교적 테러리즘   희생 제의로서의 테러?
의 역할   종말과 테러리즘에 대하여

제임스 루이스 엮음 | 하홍규 옮김

테러리즘

| 모방   타밀일람 해방 호랑이   알카에다 폭력에서 종교의 역할   야만의 의미

는 어디에 있는가?   현대 키르기스스탄에서   테러와 스크린   영적 테러리즘으로서
이슬람 국가(IS)의 위협 이해   파룬궁 순교 전술의 이해

한울
아카데미

CONTENTS

1. 본문 중 각주는 모두 옮긴이주이다.
2. 본문에서 인용하는 문헌 중 국내에 출판된 번역서가 있을 경우, 각 장 참고문헌 내에 번역서 정
보를 함께 실어 독자들이 참고할 수 있게 했다.

감사의 글

책을 쓰거나 엮어본 사람은 다 그렇겠지만, 감사 인사로는 부족할 만큼 많은 빚을 지게 된다. 일일이 다 언급하지 못해 몇몇 분들의 기분을 거스르게 될 위험을 무릅쓰고, 정말 큰 빚을 진 몇 분에게 감사하고자 한다.

무엇보다도, 먼저 인내로 나를 참아주고, 이것 말고도 다른 프로젝트들을 하느라 컴퓨터 앞에서 시간을 과도하게 보내는 나를 견뎌준 내 아내 에벌린 올리버Evelyn Oliver에게 감사한다.

다음으로는 글쓴이들에게 감사한다. 그들 가운데 몇몇은 이 책이 빛을 보기까지 수년을 기다려주었다. 이들 가운데 특별히 이 프로젝트의 초기 지지자였던 마크 주어겐스마이어Mark Juergensmeyer에게 감사한다.

트롬쇠 대학교(노르웨이 북극대학교)의 역사·종교 연구학과와 내가 속한 종교신학과 동료들의 전면적인 후원에 감사를 표하고 싶다.

마지막으로, 윌리엄 캐버노William T. Cavanaugh의 글은 원래 『폭력의 유형들 Patterns of Violence』["Christian Reflection: A Series in Faith and Ethics," 59 (Waco, TX: The Institute for Faith and Learning at Baylor University, 2016)]에 "종교, 폭력, 난센스 그리고 권력 Religion, Violence, Nonsense, and Power"이라는 제목으로 실렸다. 출판사의 허락 아래 여기 다시 실리게 되었음을 밝힌다.

들어가는 글

제임스 루이스

현시대의 종교적 테러리즘은 2001년 9월 11일 화요일 아침, (적어도 대중의 인식에 의하면) 네 대의 여객기가 알카에다al-Qaeda 일원들에게 납치되었을 때 시작되었다고 주장할 수 있다. 두 대의 여객기는 맨해튼에 있는 세계무역센터 쌍둥이 빌딩을 들이받았고, 한 대는 펜타곤을 받았다. 또 다른 한 대는 워싱턴 DC로 향했는데, 승객들이 납치범들을 공격하여 결국에는 펜실베이니아의 한 들판에 추락했다. 이 사고로 모두 합쳐 거의 3000명이 사망했다.

어떠한 테러리스트 공격이든지 (특히 종교의 이름으로 수행된 공격의) 그 여파로, 공격자들을 비합리적인 종교나 심지어 악마적 동기들에 의해―마치 '테러리스트들'이 악마 그 자체의 수하인 듯이―움직이는 지각없는 광신도들로 일축해버리는 반응의 논평들을 이해하기는 쉽다. 9·11 이후에 알카에다의 지도자인 오사마 빈라덴Osama bin Laden에 대한 조지 W. 부시George W. Bush의 유사신학적 언급 가운데 몇 개를 인용해 보겠다.

나는 빈라덴을 악인이라고 생각합니다. …… 그는 자유를 증오하는 사람입니다. 그는 사악한 사람입니다.

이 말을 한 자리에서 부시 대통령은 "그런데 빈라덴에게 정치적 목적이 있나요?"라는 질문을 받았고, 그는 이렇게 대답했다.

그는 사악한 목적을 가지고 있습니다. 그리고 그토록 악에 지배당하는 사람에 대하여 통상적인 선에서 생각하기 어렵습니다.[1]

다시 말해, 이러한 레토릭에 깔려 있는 느낌들을 이해하는 것뿐만 아니라, 뒤따른 강력한 군사적 반응을 이해하는 것도 어렵지 않다. 그러나 여기에는 고통스럽게도 명백한 문제가 있다. 곧, 이런 종류의 감정적 평가와 그에 따르는 전략적 반응이 우리가 '테러리즘'이라고 일컫는 현상을 약화시킨 것 같지 않다는 것이다. 오히려 이 현상의 징후는 악화되어 온 것으로 보인다. 마치 마법사의 제자같이 '테러리즘'을 파괴하려는 노력이 오히려 그것을 확장시키고 키우는 것처럼 보인다.

순전히 반사적인 군사적 반응이 승패가 분명치 않은 결과들을 낳는 것을 고려해 볼 때, (필자를 포함하여 적어도 많은 연구자들이) 그러한 공격(필요한 경우 공격자들의 종교적 확신) 이면에 있는 복잡성을 이해하고자 덜 표피적인 접근에 보다 많은 시간과 에너지를 투자할 필요가 있다는 것은 명백하다. 물론 이전에 이런 분석이 수행된 적이 없다고 말하는 것은 아니다. 예를 들면, 2004년에 출판된 한 논문에서 테러리즘 연구자인 앤드루 실키Andrew Silke는 테러리즘에 대해 평균 6시간마다 새로운 책이 출판되고 있는 것을 관찰했다고 언급했다.[2] 그 당시 테러리즘 연구는 9·11의 영향 아래 수행되었다. 그 결과 많은 저자들이 여러 방식으로 납치범들의 종교적 확신에 대해 그리고 종교적 동기로 여타 폭력행위를 일으킨 가해자들에 대해 언급했다.

9·11 공격 직후 몇 해 동안만이 아니라 현재까지도 대다수의 논평자들은 종교학에 소양이 없으며 종교에 대부분 관심이 없다. 결과적으로, 테러리즘의 종교적 차원은 대개 피상적으로 다루어져 왔다. 종교에 반감을 갖고 있는 세속주의 비평가들은 종교의 핵심에 있는 비합리적 광신irrational fanaticism이 테러

리즘의 주된 원인이라고 묘사해 온 반면, 정치학에 조예가 있는 분석가들은 종교적 요소를 완전히 무시하지는 않더라도 대단치 않게 생각하는 경향이 있었다. 범죄학자들은 테러리스트들을 범죄자로 보고 연구했고, 심리학자들은 테러리스트의 마음에 정신병리학적인 기제가 작동하고 있는 것으로 상정했다. 종교학에서 들리는 목소리는 상대적으로 적었다.

그러나 하나의 유일한 종교학 접근법이란 것은 없다. 그래서 종교와 테러리즘을 논의할 때 고려할 필요가 있는 또 하나의 복잡한 측면은, 지난 수십 년 동안 종교학 내에 한 가지 혁명이 있었다는 것이다. 『종교에 대한 새로운 견해Nytt Blikk på Religion』에서 잉빌 사엘리 일후스Ingvild Saelid Gilhus와 리스베트 미카엘손Lisbeth Mikaelsson은 현재 문화 연구cultural studies가 이전의 종교 연구 접근법들을 대체하고 있다고 말한다.[3] 새로이 등장한 이 접근법은 종교를 문화의 한 측면으로 보며, 종교와 다른 문화적 현상들 사이의 상호작용을 강조한다. 이 프로젝트의 일환으로서, '종교'라는 개념 자체가 서구의 관점과 가정들을 구체적으로 체현하고 있는 이데올로기적 범주로서 질문되고 비판적으로 분석되었다. 심지어 어떤 이들은 비종교적 현상들로부터 구별시켜 주는 종교 현상의 본질은 없다고 주장해 왔다. 이 관점에서 볼 때, (어떤 추상적인 의미에서 특정 전통과 구별되는) '종교'가 어떠한 것의 원인이라는 주장은 거부되어야 한다. 이것은 예를 들어 찰스 설린굿Charles Selengut의 『성스러운 분노Sacred Fury』[4]와 같이, '종교적 폭력'에 특별한 지위를 부여하는 연구들을 의심스럽게 만든다. 이 책의 저자들은 대부분 종교가 초역사적인 힘이라기보다는 문화적 구성물이라는 비판적 이해를 공유하고 있으나, 특정한 종교 전통에 대한 이해가 특정한 폭력행위를 이해하는 데 어떤 역할을 할 수 있다는 생각을 반드시 거부하지는 않는다.

게다가 대다수의 저자들은 정도는 달라도 테러리즘 역시도 문화적 구성물이라는 것에 중요한 의미가 있다는 견해를 공유하고 있다. 이것은 테러리즘이 말하자면 우리가 해변에서 소라고둥을 알아보는 것과 같은 방식으로 알아볼 수 있는 객관적 현상이 아니라는 뜻이다. 매우 기본적인 수준에서, 마치 종교처럼, 우리가 '테러리즘'이라고 이름 붙인 정치적 폭력 사건들을 낳는 여러 갈등 가운데 많은 가변성이 있기에 복수複數로 테러리즘들에 대해 말하는 것이 나을 것이다.[5] 게다가 바로 이 용어는 '무언가 나쁜 놈들이 하는 것'과 같은 비난의 의미가 있다.[6] 다른 말로 해서, 이 용어는 '누군가의 테러리스트는 다른 이에게는 자유 투사이다'라는 익숙한 표현에 나타나 있는 것처럼 본질적으로 주관적이다.[7] 많은 분석가들은 특히 테러리즘의 의미를 비국가 행위자들non-state actors이 국민국가, 특히 서구 국가와 그 연합 국가들에 대해 행한 폭력적인 정치 행위로 한정하는 잘못을 저질러왔다. 최근에는 테러리스트라는 딱지가 합법적인 국가의 지위를 가진 것으로 여겨지지 않는 이슬람 국가Islamic State: IS의 깃발 아래 싸우는 개인과 군부대에도 확대되었다.

이러한 공유된 의미를 넘어서, 나는 이 책을 구성하기 위해 의도적으로 폭넓게 다양한(때로는 상호배타적인 경계에 있기도 한) 접근과 이론적 지향들을 가진 연구자들을 선택하여 함께 모았다. 그래서 예를 들어, 이 책의 1장을 쓴 마크 주어겐스마이어는 종교-테러리즘 관계에 초점을 둔 최초의 종교학 전문가 중 한 사람이다. 그 결과로, 그의 영향력 있는 학문 업적, 특히 (2000년에 처음 출판된) 저서 『신의 마음속의 테러Terror in the Mind of God』는[8] 이후 연구자들의 작업에 준거점과 비판적 거울이 되었다. 2장의 저자인 윌리엄 캐버노William T. Cavanaugh는 저서 『종교 폭력의 신화The Myth of Religious Violence』[9]에서 문화적 접근을 그것의 논리적 귀결로 이끌고 간다. 자신의 작업을 주어겐스마이어와 엄선한 다른 이전 이론가들의 것과 명쾌하게 대조하면서, 그는 비종교적 폭력과 구별된 범주에 넣을 수 있는 명백하게 종교적인 폭력은 없다고 주장한다. 그러나 종교의 역할을 중시하지 않는 캐버노의 접근과 이와 관련된 접근들은 결과적으로 이후 연구자들의 비판적 준거점이 되었다. 그래서 예를 들어 론 도슨Lorne L. Dawson은 테러리스트의 행위를 이해하는 데 인과적 요소로서 종교성을 완전히 제외하는 접근들에 반대하여 논의한다.

비교적 최근의 '테러리즘 연구' 접근법은 비판 테러리즘 연구Critical Terrorism Studies: CTS이다. 캐버노가 종교 개념에 질문을 던지는 것과 다르지 않은 방식으로, 그리고 그 이름이 시사하는 바대로, 비판 테러리즘 연구는 '테러리즘'에 대한 우리의 가정과 묘사들을 비판적으로 검토한다. 톰 밀스Tom Mills와 데이비드 밀러David Miller는 자신들을 반드시 비판 테러리즘 학파 안에 확고히 위치시키지는 않겠지만, 그럼에도 불구하고 이 책에 실린 종교적 테러리즘에 대한 그들의 글은 비판 테러리즘 연구 정신으로 '비판적' 접근을 채택할 뿐만 아니라, 리사 스탬프니츠키Lisa Stampnitzky의 중요한 연구인 『테러의 규율: 전문가들은 어떻게 '테러리즘'을 발명했나Discipling Terror: How Experts Invented 'Terrorism'』의 역사사회학적 접근도 채택하고 있다.[10]

이 책을 두 개 부로 구성하여 한 부에는 여러 이론적 접근에 초점을 둔 글들을 두려 했다. 그러나 이론과 내용은 보통 서로 얽혀 있기 때문에, 나는 그 계획을 포기해야만 했다. 그럼에도 불구하고 이 책은 이론적 측면들을 강조하는 다섯 개의 장을 담고 있다. 테러리즘에 대한 인지-진화적 접근으로 매우 영향력 있는 스콧 애트런Scott Atran은 자신의 글에서 헌신적 행위자들과 폭력에 대한 생각을 간결하게 표현한다. 에스펜 달Espen Dahl은 논쟁적이지만 탄력적인 르네 지라르René Girard의 사상, 특히 테러리즘에 대한 지라르의 후기 사상을 탐구한다. 스티븐 네메스Steven Nemeth는 합리적 선택 이론과 어떻게 이 접근이 종교와 테러리즘에 적용되어 왔는지를 논의한다. 로렌츠 그라이틀Lorenz Graitl은 다양한 연구자들이 자살에 대한 에밀 뒤르켐Émile Durkheim의 고전 사회학 사상을 어떻게 현대의 자살 폭탄 테러에 적용하려고 시도했는지 요약한다. 마지막으로 나는 '모방' 연구에 의한 신화와 의례에 대한 오래된 접근들의 부분적인 수정을 통해 일부 급진적 하위문화들의 선택 측면들을 해석한다.

뒤이은 세 개 장은 종교-테러리즘 관계에 대해 상세하게 논의한다. 페터르 스할크Peter Schalk의 글은 스리랑카의 타밀Tamil 봉기를 종교적 관심사에 의해 추동된 것으로 묘사하는 방식을 해체하고 비판하며, 피터르 나닝하Pieter Nanninga의 알카에다에 대한 글은 오사마 빈라덴의 성명들에 문화적으로 부여된 의미를 파헤쳐서 놀랍도록 미묘한 분석을 제시하는데, 이는 근본적으로 알카에다의 공격이 '종교'에 의해 추동된 것이라고 말하는 것이 무슨 뜻인지 또는 그 점에 대해서 빈라덴은 종교적 문제를 동기로 삼지 않았다고 말하는 것이 무슨 뜻인지 의문을 제기한다. 나닝하의 두 번째 글은 이슬람 국가IS가 상징 폭력의 극적인 시연을 창출하기 위해 어떻게 부분적으로 무슬림 전통들을 끌어오는지에 관해 마찬가지로 미묘한 분석을 제공한다.

마지막 장 앞의 세 개 장은 현대의 비국가 테러리즘non-state terrorism에 대한 여러 다양한 반응들을 살핀다. 페르-에릭 닐손Per-Erik Nilson은 풍자 잡지 ≪샤를리 엡도Charlie Hebdo≫ 공격에 대한 프랑스의 국가적 반응과 그 반응에 코드화되어 있는 다양한 문화적 의미를 탐구한다. 메림 아이트쿨로바Meerim Aitkulova는 키르기스스탄 정부가 IS 테러리즘에 대한 반응으로서 묘사된 사건을 어떻게 정부 지지를 위한 결집의 방법으로뿐만 아니라 미국과 러시아로부터 군사 원조를 요청하는 구실로도 이용했는지 살펴보고 있다. 마지막으로 크리스토퍼 하트니Christopher Hartney는 영화에 묘사된 테러리즘의 의미를 분석한다. 끝으로, 제임스 루이스James Lewis와 니콜 다미코Nicole D'Amico는 파룬궁 수련가들의 자기희생이 중국에 압력을 가하기 위한 더 큰 전략의 부분으로서 운동 지도부에 의해 고무되고 있다고 주장한다.

내용 조망

우리 시대에 종교의 이름으로 저질러지는 수없이 많은 폭력은 종교적 삶에서 지속되고 있는 한 가지 특징이다. 어떤 이들은 종교에 나타나는 피의 이미지가 매우 잘못 이해된 것이라고 주장하겠지만, 모든 종교 전통의 역사는 피의 흔적을 남기고 있다. 종교가 폭력의 상징과 언어로 가득 차 있다는 사실은 여전하다. 아마도 더 중요한 것은, 현대 세계에서 극적인 테러리즘 행위들은 종교의 이름으로 수행되어 왔다는 점일 것이다. 「종교가 테러리즘을 유발하는가?」에서 마크 주어겐스마이어는 종교에 어느 정도 책임을 지우지만, 특정 종교 전통과 결부된 테러리스트들의 행위를 이해하는 방식에서 종교에 독점적인 역할을 부여하지는 않음으로써, 그 이슈를 중간지대에 놓는다. 첫째 장에서 그는 종교와 테러리즘 사이의 유인력을 일반적인 용어로 논의함으로써 이 책을 시작한다.

이 책의 두 번째 장인 「종교, 폭력, 난센스 그리고 권력」에서 윌리엄 캐버노는 특별히 서구의 테러리즘 접근법들에 나타난 '종교'에 대한 담론을 탐구하는 데 관심을 두고 있다. 일반적으로 종교는 테러리스트들이 자행하는 공격의 특히 치명적인 원천이거나 악화시키는 요소라고 여겨진다. 그러나 이데올로기와 실천을 '종교적' 그리고 '세속적'으로 범주화하는 것은 세계를 나누는 서구의 방식이다. 이 장은 종교 개념의 계보를 추적하면서, 종교 개념이 어떻게 중립적인 분석 도구가 아니라 '세속적'이라는 딱지가 붙은 다른 종류의 폭력들로부터 특정 종류의 폭력으로 관심을 돌리는 데 기여하는지 보여준다.

「자생 테러리즘 설명에서 종교 무시: 한 가지 비판」에서 론 도슨은 학자들과 일부 '테러리즘 전문가들'이 쓴 전문 서적 장르에 초점을 두고, 캐버노와는 극명하게 대조적으로 이슬람과 테러리즘 사이에, 보다 일반적으로 종교적인 것 그 자체와 테러리스트인 것 사이에 어떤 직접적인 인과관계가 있다는 것을 부인하는 만연한 유형을 확인한다. 이 점을 보여주기 위해, 그는 테러리즘에 대해 가장 많이 쓰고 영향력 있는 세 명의 학자를 골라 그들의 연구를 탐구한다. 그는 지하디jihadi 테러리스트들의 동기에 대해 가용한 많은 일차 자료들이 언뜻 보기에만 종교적이며, 이런 종류의 테러리즘에 효과적으로 대응하고자 한다면 최소한 이러한 자기 이해를 고려해야만 한다고 지적함으로써 결론을 내린다.

톰 밀스와 데이비드 밀러는 「종교, 과격화 그리고 테러리즘의 원인」에서, 종교와 테러리즘 사이의 관계를 묘사하는 여러 가지 관련 접근들을 제공한다. 이들이 쓴 장은, 특히 이제 시작 단계인 이 '분야'가 소련을 테러리즘 배후의 추진 세력으로 묘사하던 때로 거슬러 올라가서 '테러리즘 연구'의 간략한 역사를 제공한 점에서 중요한 기여를 했는데, 이러한 초점이 결국에는 어떻게 이른바 새로운 테러리즘에서 종교에 대한 초점으로 대체되었는지를 보여준다. 밀스와 밀러는 또한 테러리즘 연구에 관련된 다양한 개인과 단체들(예: 싱크탱크)의 정치적 편향과 그러한 지향성이 어떻게 이슬람을 테러의 원천으로 낙인찍는 역할을 하는지 탐구한다.

타협 없는 전쟁, 혁명 그리고 오늘날의 글로벌 테러리즘은 합리적으로 예상되는 성과와 계산된 비용 및 결과, 또는 예상되는 위험 및 보상과는 관계없거나 그에 비해 과도한 행위를 생성하는 성스럽거나 초월적인 가치들을 고수하는 헌신된 행위자들Devoted Actors이 추동한다. 「전쟁, 혁명 그리고 테러리즘에서 헌신된 행위자의 역할」에서 스콧 애트런은 실제 세계의 정치적 갈등에 대한 현장에 기반한 관찰, 조사 그리고 실험 연구들이, 무조건적으로 성스러운 대의명분에 헌신하고 독특한 집단 정체성과 결합된 개인 정체성을 가진 헌신된 행위자들이 전투와 죽음을 불사하는 값비싼 희생을 기꺼이 치르고, 그럼으로써 권력이 약한 집단들이 물질적으로 훨씬 더 강한 적들에 대항하여 견디고 때로는 승리하는 방식들을 어떻게 보여주는지 예시한다.

수십 년 전 프랑스계 미국인 철학적 인간학자 르네 지라르는 종교와 폭력에 대해 큰 영향력을 미치는 이론을 제언했다. 지라르의 접근은 매우 많은 비판을 받았지만, 그럼에도 불구하고 현재의 이론적 논의에 주요한 영향을 끼쳤다. 1960년대 이래로 지라르는 모방적 욕구 이론에서부터 고대 종교와 희생에서 그 욕구의 결과에 이르기까지 그리고 유대-기독교적 희생 신화의 해체에 이르기까지 단계별로 자신의 생각을 제언하고 지속적으로 발전시켰다. 「지라르, 종말과 테러리즘에 대하여」에서 에스펜 달은 그가 지라르의 네 번째 단계의 사상이라고 묘사한 것, 곧 지라르가 현대 세계의 폭력 구조를 해명하기 위해 종교적 테러리즘과 성서적 종말을 연결시키는 것을 논의한다.

사회과학자들에게 '합리적 선택'은 개인들이 자기 이해와 자신들의 안녕, 또는 경제학자의 언어로 자신들의 효용을 극대화하려는 욕구가 추동한다고 상정하는, 실제로는 다양한 모델을 일컫는다. 합리적 선택 이론가들은 자신들의 모델들이 '종교적' 테러리즘도 포함하여 경제적·사회적·정치적 과정들에 대한 과학적 연구를 가능하게 하면서 인간 행동에 예측 가능성의 요소를 부과할 수 있었다고 주장한다. 「합리적 선택과 종교적 테러리즘: 합리적 선택의 근거, 적용 그리고 미래 방향」에서 스티븐 네메스는 합리적 선택 모델의 가정들, 테러리즘 연구에서 이 모델의 쓰임새, 종교적 테러리즘 연구에 대한 이 모델의 적용 가능성, 이 모델에 대한 반대 의견들 그리고 미래의 적용을 논의한다.

자살 폭탄 테러에 대한 많은 연구가 뒤르켐의 이타적 자살 범주를 사용하지만, 흔히 그의 더 넓은 종교 이론과의 연결고리를 확립하지 않은 채 피상적인 방식으로 사용한다. 미디어 연구 분야에서는 의례와 의식儀式에 대한 뒤르켐의 이론들이 자주 사용된다. 그 이론들은 비판이 없는 것은 아니지만, 세속적 맥락에도 적용된다. 테러 행위 역시도 미디어 사건으로 묘사되어 왔다. 그러나 그 미디어 사건들은 파열적이고 혼란스러운 특성으로 인해 정반대의 기능을 수행한다. 「희생 제의로서의 테러?: 자살 폭탄 테러에 대한 (신)뒤르켐주의 접근 논의」에서 로렌츠 그라이틀은 각기 다른 청중에게 다양한 방식으로 인식되는 사건들의 다차원적 특성을 인정하면서, 자살 폭탄 테러나 참수와 같은 극단적 폭력을 뒤르켐적 의례로 볼 수 있는지 묻는다. 아마도 이 물음들에 적절히 답하기 위해서는 뒤르켐의 설명 틀이 수정되어야 할 것이다.

신화(와 의례)에 대한 현대적 접근들은 종교의 배태적 특성뿐만 아니라 신화 사이의 차이들도 강조하는 경향이 있다. 이것은 부분적으로, 초기에 미르체아 엘리아데Mircea Eliade의 저작에 나타났던 것과 같은 보편화하는 접근에 대한 더 일반적인 저항 때문이다. 「테러의 모방: 종교와 테러리즘의 연관에 대한 회고적 분석의 적용」에서 제임스 루이스는 신화에 대한 이러한 초기의 이해들을, 많은 테러리스트 행위가 드러내 보이는 듯한 신화적/의례적 특성들을 해석하는 기초로 사용한다. 이 장의 뒷부분은 더 최근 연구와 이론화 면에서 이 옛 접근을 재고한 것을 옛 '모방' 개념과 새 '모방' 개념을 중첩시켜서 제시한다.

전통적으로 종교적 용어들이 때때로 운동을 묘사하는 데 사용됨에도 불구하고, 「타밀일람 해방 호랑이: 일라타밀족의 자결권自決權 확립을 위한 비종교적·정치적·전투적 운동」에서 페테르 스할크는 스리랑카의 타밀 호랑이 운동에서 종교는 관심사인 적도 없었다고 주장한다. 일라타밀īlattamils 같은 종족의 보편적 자결권에 대한 확신은 벨루필라이 프라바카란Vēluppiḷḷai Pirapākaraṇ의 분리 독립을 위한 협상과 투쟁을 설명해 준다. 스리랑카 정부와 인도 그리고 그 밖 세계의 의지에 반대하여 이 권리를 확립하려는 협상이 실패한 후, 벨루필라이 프라바카란은 비종교적·정치적·전투적 순교론을 가르침으로써 그의 핵심 그룹을 무장 투쟁으로 이끌었다.

알카에다 폭력에서 종교의 역할은 2001년 9월 11일 공격 이후 격렬하게 토론되었다. 「알카에다 폭력에서 종교의 역할」에서 피터르 나닝하는 이 주제를 종교학의 통찰력에 연결시켜서 함축성 있는 이해를 제공한다. 1996년과 2011년 사이의 기간에 아프가니스탄과 파키스탄에서 빈라덴 주변 그룹이었던 '알카에다 센트럴al-Qaeda Central' 지도자들의 성명에 기초하여, 그는 추상적 범주로서 종교가 알카에다의 폭력에 역할을 했는지 안 했는지 묻는 것은 매우 유익하지 않다고 주장한다. 그 대신에 나닝하는 지하디스트 폭력에서 종교의 역할에 대한 물음이 지난 15년 이상 왜 그렇게 만연했는지 연구하는 것이 더 흥미롭다고 주장한다.

이 주제에 대한 대부분의 문헌에서, IS의 폭력은 공포를 확산시키기 위한 수단으로 인식되어 왔다. 그러나 폭력행위는 참여자들에게는 문화적 의미를 체화시키고, 지켜보는 관중에게는 무언가 '말하는' 표현적 행위이다. 「야만의 의미: 테러, 종교 그리고 이슬람 국가(IS)」에서 피터르 나닝하는 IS 폭력의 문화적 의미를 살피는데, 몇몇 저자들에 따르면 이는 특별히 극적인 상징 폭력 사례와 관련이 있다. 나닝하는 2014년 녹화된 저널리스트들과 국제 구호원들의 참수와 2015년 파리 테러에 집중하면서, IS가 두려움을 일으키는 수단일 뿐만 아니라 행위자가 자신들의 사회적 상황의 의미를 타인들에게 보여주는 공연으로서 극적인 상징 폭력행위들을 창출하는 데 의존하는 근거들 가운데 하나를 무슬림 전통이 제공한다고 주장한다.

2015년 1월 7일과 8일 파리에서 주간 풍자잡지인 ≪샤를리 엡도≫와 코셔kosher[+] 슈퍼마켓인 이페르 카셰르Hyper Cacher에 대한 테러가 일어난 뒤, "나는 샤를리다Je suis Charlie"라는 해시태그가 빠른 속도로 뉴스와 소셜 미디어를 통해 퍼져나갔다. 그것은 곧 프랑스 국가 기관에 대한 지지를 표시하는 표어가 되었다. 「샤를리는 어디에 있는가?: 2015년 1월 7일 이후 프랑스의 종교 폭력 담론」에서 페르-에릭 닐손은 그가 종교적 폭력 담론이라고 일컫는 것을 분석함으로써 이 물음에 답하려고 시도한다. 이것은 어떻게 해서 일정 기간에 특정 성명들이 잠재적으로 모순되고 역설적임에도 불구하고 공통의 존재론적·인식론적 토대를 공유하는지 이해함을 뜻한다. 또한 담론의 창조적이고 금지적이며 훈육적인 권력, 곧 어떻게 담론이 주체의 생산과 주체들을 통한 권력의 수행적performative 파급을 목표로 삼는지에 대한 강조를 뜻한다.

「현대 키르기스스탄에서 이슬람 국가(IS)의 위협 이해」에서 메림 아이트쿨로바는 키르기스스탄에서 일반적으로는 종교 과격화의 문제와 특수하게는 IS의 위협이 키르기스스탄 정부와 국제 당사자들의 안보 이익에 맞추기 위해 과장되었다고 주장한다. 전문가들은, 널리 퍼져 있는 똑같은 국제적 과격화 담론을 지역 현실에 대한 상세한 분석 없이 종교인들의 목소리를 무시하면서 앵무새처럼 반복하는 것은 그 문제의 불가피성에 대한 동일한 서사에 기초했던 아프간 위협 상황의 기시감을 불러일으킬 것이라고 예측한다. 반면, 구舊소련 붕괴 이후 시대에 세 번이나 평화와 안정이 침해되었던, 곧 두 번의 혁명과 한 번의 유혈 민족 갈등이 있었던 키르기스스탄의 주요 갈등에서 탈레반Taliban의 흔적이나 다른 그 어떤 테러리스트들의 흔적도 확인할 수 없었다. 그러나 증가하고 있는 종교 인구 전체가 의심받고 있기 때문에, 현 정권의 호전적인 세속주의와 이 나라에 자신의 깃발을 꽂으려는 일부 세계 강대국들의 야망을 강화시키는 것은 아프간 문제보다 훨씬 더 부정적인 결과를 가져올 수 있다.

「테러와 스크린: 선악 관계의 가상을 유지하기」에서 크리스토퍼 하트니는 티

+ 코셔는 사전적으로, '적당한,' '합당한'이란 뜻이며, 유대교의 식사에 관련된 율법인 '카슈루트(*kashrut*)'가 먹기에 합당하다고 결정한 음식을 말한다.

머시 피츠제럴드Timothy Fitzgerald, 윌리엄 캐버노, 페터 슬로터다이크Peter Sloterdijk
와 같은 사상가가 발전시킨 최근의 방법론 작업에 비추어 영화에 나타난 종교
와 테러에 대해 어떻게 접근할 것인지를 문제화하려고 한다. 그러한 서사 구
조들에 묘사된 테러는 우리의 세계관에 대한 더 넓은 신화적 이해와 그 세계
관의 보호와 그것을 보호하기 위한 행위를 인식하는 과정을 강화한다. '교차'
점은 일부 매우 의심스러운 정치 의제를 강조하며, 타자의 서사적·신화적 개
념을 '우리의' 실재와 혼동시키려 하는 근대적 환경 안에서는 테러, 정치 그리
고 종교 사이의 관계가 결코 뚜렷할 수 없다는 것을, 그리고 극단적으로 엄격
한 종교의 정의들을 통해 그 혼동이 가중된다는 것을 보여준다.

　마지막으로, 「영적 테러리즘으로서 파룬궁 순교 전술의 이해」에서 제임스
루이스와 니콜 다미코는 1999년 중국에서 금지된 파룬궁法輪功과 기공氣功 멤
버들이 중화인민공화국을 공개적으로 비난했던 '국가 테러리즘' 혐의를 조사
한다. 대부분의 비전문가들은 파룬궁이 부당하게 중국 당국의 박해를 당한 평
화로운 영적 수련 집단이라고 생각한다. 그러나 창시자 리훙즈李洪志는 추종자
들이 중국 정부에 대항하여 격렬한 홍보 캠페인을 수행하도록 고무했고, 동시
에 그들이 그의 묵시적 가르침을 비수련가들과 공유하지 못하도록 했다. 이러
한 내부 가르침은 파룬궁 수련가들이 적극적으로 박해와 순교를 추구하도록
독려하는 비전秘傳의 업業, karma 이론을 포함하고 있으며, 중국에서 그들의 박
해를 설명해 주는 데 많은 도움이 된다.

1 Lisa Stampnitzky, *Disciplining Terror: How Experts Invented 'Terrorism'* (Cambridge: Cambridge University Press, 2013), p.190에서 인용.
2 Andrew Silke, "Contemporary Terrorism Studies: Issues in Research," in Andrew Silke (ed.), *Research on Terrorism: Trends, Achievements and Failures* (London: Frank Case, 2004), pp.1~29.
3 Ingvild Sælid Gilhus and Lisbeth Mikaelsson, *Nytt Blikk på Religion: Studiet av Religion i Dag* (Oslo: Pax, 2001).
4 Charles Selengut, *Sacred Fury: Understanding Religious Violence* (Lanham, MD: Rowman & Littlefield, 2nd ed., 2008).

5 Silke, *Research on Terrorism.*

6 Louise Richardson, *What Terrorists Want: Understanding the Enemy, Containing the Threat*(New York: Random House, 2006), p.19.

7 Gerald Seymour, *Harry's Game*(New York: Random House, 1975), p.62.

8 Mark Juergensmeyer, *Terror in the Mind of God: The Global Rise of Religious Violence* (Berkeley: University of California Press, 3rd ed., 2003).

9 William T. Cavanaugh, *The Myth of Religious Violence: Secular Ideology and the Roots of Modern Conflict*(New York: Oxford University Press, 2009).

10 Stampnitzky, *Disciplining Terror.*

01 종교가 테러리즘을 유발하는가?

마크 주어겐스마이어

어떠한 테러리스트 공격이라도 발생했을 때 바로 나오는 물음은 누가 그런 일을 저지르며, 왜 그런 일을 저지르고자 하는가이다. 종교가 그 그림의 한 부분일 때 물음은 복잡해진다. 범인들이 파리 테러의 ISISIslam State of Iraq and al-Sham⁺ 대원인지, 시리아 내전의 게릴라인지, 미국에서 낙태 시술을 하는 기독교 병원의 폭파범인지, 또는 2005년 가자Gaza와 요르단 강 서안 지구에서 정착지를 철거할 때 아리엘 샤론Ariel Sharon 총리가 '유대인 테러리스트'라고 부른

+ '이슬람 국가(The Islamic State: IS)'는 '유일신과 성전(Jama'at al-Tawhid wal-Jihad: JTJ)'이라는 이름의 단체에서 출발했는데, '유일신과 성전'은 2003년 아부 무사브 알자르카위(Abu Musab al-Zarqawi)를 지도자로 하여 결성된 이슬람교 수니파 계열 극단주의 무장 단체이다. 이 단체는 2004년 9월 알카에다와 공조를 형성하여, 두 집단이 병합한 후 이름을 '탄짐 카에다트 알지하드 피 발라드 알라피다인(Tanzim Qaidat al-Jihad fī Bilad al-Rafīdayn: 두 강의 땅의 성전 기지 조직)'으로 바꾸었다. 서방에서는 이들을 '알카에다 이라크 지부(Al-Qaeda in Iraq: AQI)' 또는 알카에다 메소포타미아 지부(Al-Qaeda in Mesopotamia)라고 불렀다. 2013년 4월 이 단체는 시리아로 활동 영역을 넓혀 이슬람·레반트 이슬람 국가(The Islamic State of Iraq and the Levant: ISIL) 또는 이라크·시리아 이슬람 국가(The Islamic State of Iraq and al-Sham: ISIS—샴은 고대 시리아 일대를 뜻하며, 시리아를 그대로 쓰기도 한다)로 개명하고, 2014년 6월 최고 지도자인 아부 바크르 알바그다디(Abu Bakr al-Baghdadi)를 '칼리프'로 추대하여 그가 통치하는 새로운 '이슬람 국가'를 건설한다고 공식 선언했다.

폭력적인 이스라엘 정착민인지 여부 등이 여기에 해당된다.

꾸준한 물음 중 하나는 종교가 이러한 범인들 그리고 그들이 행한 일들과 무슨 관계가 있는가이다. 단순히 말해서, 종교가 테러리즘을 유발하는가? 이 폭력행위가 종교의 잘못, 곧 절대주의와 폭력으로 이끄는 종교적 사고의 어두운 힘의 결과인가? 아니면 종교의 순수성을 정치 운동가들이 사악한 목적을 위해 평화라는 종교의 본질적인 메시지를 왜곡하여 남용하는 것인가? 종교는 그 자체가 문제인가 아니면 피해자인가?

종교가 폭력과 연결되는지는 사례마다 다르다. 그래서 하나의 단순한 답은 없다고 말하는 것만이 정당화될 수 있다. 그러나 이것이 종교의 역할에 대한 일반화가 차고 넘치는 미디어 비평가, 관리자, 학자들을 멈추게 하지는 않았다. 그들의 입장은 정책 선택과 뉴스 미디어 보도 이면에 있는 전제에서, 학자들의 경우에는 그들이 제시하는 테러리즘에 대한 원인론에서 발견할 수 있다. 신기하게도, 그들의 입장은 때때로 완전히 대립된다. 비교적 최근인 2005년에 출간되어 널리 논의된 두 권의 책, 로버트 페이프Robert A. Pape의 『승리를 위한 죽음: 자살 테러리즘의 전략적 논리Dying to Win: The Strategic Logic of Suicide Terrorism』 와 헥터 애벌로스Hector Avalos의 『싸우는 말들: 종교 폭력의 기원Fighting Words: The Origins of Religious Violence』은 다양한 의견이 있다는 것을 보여주는 보기이다.[1]

종교가 테러리즘을 유발'한다'는 주장

애벌로스의 책 『싸우는 말들』은 종교적 테러리즘이 정말로 종교에 의해 야기된다고 상정한다. 더 정확히 말하면, 종교는 인간들이 놓고 싸우는 상상 속 신성한 자원들의 공급원이다. 애벌로스는 모든 종류의 사회적·정치적 갈등은 희소 자원을 두고 벌이는 경쟁이라고 여긴다. 희소 자원을 가지지 못한 자들은 그것을 원하고, 그 자원을 가진 자들은 유지하기를 원한다. 종교 갈등의 경우, 희소 자원은 종교가 특별히 제공하는 신의 호의, 은혜, 구원 같은 것들이다. 정의상 이런 것들은 모두에게 공평하게 주어지는 것이 아니라 획득해야 하며 지켜야 하는 것들이다. 랍비 메이르 카하네Meir Kahane가 유대인들에게 신의 명예를 회복하도록 도전했을 때, 그가 회복하기를 원했던 것은 유대인들을 향한 신의 호의였다. 그래서 일상적인 전투는 가장 높은 천상의 보상을 얻으려는 데서 오는 충돌이다.

게다가 애벌로스의 관점에서 볼 때, 흔히 폭력의 불가피성은 바로 종교적 헌신의 구조 안에 붙박여 있다. 기독교의 속죄 행위, 유대교의 보복심, 이슬람의 전쟁 승리주의는 모두 그들의 종교적 세계 이미지를 실현하기 위해 폭력행위를 요구한다. 각 경우에 폭력의 결과로, 종교적 폭력을 감사함으로 저지르는 자들에게 영적 은혜의 희소 자원이라는 보상이 주어진다.

애벌로스의 입장은 심지어 학문 공동체 내에서도 논쟁적이다. 많은 논평자는 현재의 종교 갈등이 종교 자체에 대한 것이 아니라 종교적 빛이 드리워진 국토, 정치적 지도력, 사회경제적 통제에 대한 것이라고 지적해 왔다. 보다 광범위한 대중 사이에서는 일반적으로 종교가 직접적으로 폭력적 행위로 이끈다는 관념이 거의 지지를 받지 못하는 듯하다. 최근 수년 동안 종교 폭력이 증가하고 있는데도 대부분의 사람은 여전히 종교를 (적어도 자신의 종교인 경우에는) 유순한 무언가라고 여긴다. 이러한 태도는 폭력의 원인이 된 종교 공동체들의 구성원 사이에도 널리 퍼져 있다. 대부분의 무슬림들은 이슬람을 평화의 종교로 여기고 있고, 기독교인과 유대교인들도 자신의 종교에 대해 마찬가지 생각을 하고 있다. 이들 종교의 신자 대부분은 그들 자신의 믿음이 폭력으로 이끌 수 있었다는 것을 믿으려 하지 않는다.

그러나 자신의 신앙 밖에서 보면, 종교를 비난하기가 더 쉽다. 현재와 같이 무슬림이 정치폭력을 저지르는 분위기에서, 미국과 유럽 대중의 상당수는 이슬람이 그 문제의 일부라고 추정한다. 미국인들에게 9·11에 대해 이슬람을 비난하지 말라고 간청했던 조지 W. 부시George W. Bush 대통령의 조심스러운 말에도 불구하고, 모종의 이슬람 혐오가 공적 대화 안으로 들어와 있다.

이 관점은 전체 이슬람이 테러리즘 행위를 지지해 왔다는 불행한 관념을 함의한다. '이슬람의 테러리즘'이라는 편재한 구절에서 필연적으로 이슬람을 테러리즘에 결부시키는 것은 이러한 사고 습관의 한 보기이다. 독단적인 과격 집단들이 지하드jihad 개념을 전투적 의미로 사용하는 것에 마치 모든 무슬림이 동의라도 하는 듯이, 그 개념을 이슬람의 가장 중요한 위치로 격상시키는 것 역시 또 다른 보기이다. 이런 사고방식이 가장 공격적으로 나타난 것은 '예언자'[+] 그 자신이 일종의 테러리스트라는 팻 로버트슨Pat Robertson과 제리 폴웰Jerry Falwell 같은 기독교 텔레비전 전도자들televangelists의 주장이다. 더 온건한 형식은 이슬람은 왜 정치적인지를(마치 정치적이어야 할 필요가 있는 것처럼) 설명하려 드는 정치 평론가와 학자들의 시도이다. 심지어 코네티컷의 진보적인 상원의원 크리스토퍼 도드Christopher Dodd도 2003년 11월 텔레비전 인터뷰에서 미국인들에게, 공적 생활에 대한 이슬람의 이데올로기적 통제 경향을 고려할 때 이슬람에게 너무 많은 관용을 기대하지 말라고 주의를 주었다. 그는 이러한 관점을 뒷받침하기 위해 역사가 버나드 루이스Bernard Lewis의 최근 책을 언급했고, 시청자들에게 추천했다.[2]

'이슬람이 문제이다'라는 입장을 고수하는 이들의 가정은 무슬림과 정치의 관계는 독특하다는 것이다. 그러나 이것은 사실이 아니다. 대부분의 전통 사회에서 정치 지도력과 종교 권위는 긴밀한 유대 관계를 맺고 있었으며, 종교는 흔히 공적 생활의 도덕적 권위를 뒷받침하는 역할을 한다. 유대교에서는 다윗 혈통의 왕위를 신이 지명하고, 힌두교에서 왕들은 다르마*dharma*[++]의 하얀 우산이 그 신적 질서를 유지한다고 여겨지며, 기독교에서 유럽의 정치사는 교회와 국가 사이에 권위 계통들이 경쟁하기도 하고 병합하기도 했던 일로 가득

[+] 무함마드(Muhammad)를 가리킨다. 일반 명사로서 사용할 때와 달리 이슬람교의 창시자 무함마드를 지칭할 때는 작은따옴표로 구분했다.

[++] 다르마는 지키는 것, 유지하는 것, 지탱하는 것을 뜻한다. 다르마는 우주에 존재하는 영원한 법칙이기도 하며 모든 생명이 마땅히 따라야 할 본질이기도 하다. 그래서 다르마는 올바른 행위, 습관, 생활 규범, 윤리, 의무, 법률, 진리와 같은 여러 뜻을 갖고 있다. 힌두교에서 종교는 윤리나 법률과 밀접하게 관련되어 있고, 이 윤리나 법률은 그 자체로 종교적이다.

차 있다. 최근 수년 동안 폭력적인 유대교, 힌두교, 기독교 활동가들은 모두 그들의 무슬림 상대처럼, 자신의 호전적 입장을 정당화하기 위해 정치화된 종교라는 전통적인 종교 유형에 기대었다.

현대 미국의 공적 생활도 예외는 아니다. 미국은 종교가 정치와 매우 깊이 연관되어 있고, 정치도 종교와 매우 깊이 연관되어 있는 나라이다. 부시 대통령과 전 법무장관 존 애시크로프트John Ashcroft와 같은 고문들의 복음주의적 신앙 고백은 미국의 외교 정책이 전 지구적 기독교 세계라는 자신만만한 의제를 갖고 있다는 인상에 불을 지폈다. 미국 정치에서 종교의 역할에 대한 묘사를 유럽과 중동의 논평자들이 흔히 과장했으나, 미국 정치 지도자들의 기독교적 레토릭은 부정할 수 없으며 그러한 견해에 신빙성을 제공한다.

훨씬 더 골치 아픈 것은 미국 내 과격 집단 사이에 기독교 신정국가 분파가 등장했다는 것이다. 그들의 일부는 세속 사회에 대한 반대와 전 지구화된 문화와 경제에 대한 증오로 폭력을 이용한다. 메릴랜드와 플로리다에서 루터교와 장로교 활동가들이 저지른 낙태 시술 병원에 대한 폭탄 투척과 낙태 시술 병원 직원에 대한 총격 이면에는 종교 국가에 대한 신칼뱅주의 신학이 있다. 최근 수년간 기독교 무장집단들이 저지른 사건들, 곧 에릭 로버트 루돌프Eric Robert Rudolph의 애틀랜타 올림픽 공원 테러, 게이바와 낙태 시술 병원에 대한 폭탄 투척, 덴버의 라디오 토크쇼 진행자 살해, 로스앤젤레스의 유대인 어린이집 공격, 루비 리지Ruby Ridge 사건+을 포함하여 많은 사건들의 이면에는 인종 전쟁과 백인 기독교인의 우월성을 신성시하는 통치를 주장하는 기독교 정체성Christian Identity++ 철학이 있다. 윌리엄 피어스William Pierce가 지지하고 티머

+ 1992년 북아이다호에서 일어난 폭력적 대치 상황과 진압 사건. 랜디 위버(Randy Weaver)라는 인물과 그의 가족 그리고 그의 친구 케빈 해리스(Kevin Harris)와 미국 법집행부 및 FBI가 연관된 사건이다.

++ 인종차별주의적이고, 반유대주의적이며, 백인우월주의적인 미국의 기독교 운동. 게르만족, 켈트족, 아리아족만이 아브라함, 이삭, 야곱의 후손, 곧 고대 이스라엘의 후손이며, 예수 그리스도가 부활한 천년왕국에서 유색인종과 비유럽 백인(유대인 등)은 모두 절멸되거나 백인의 노예가 될 것이라고 믿는다.

시 맥베이Timothy McVeigh가 수용했던 기독교 우주일신론Christian Cosmotheism은 맥베이의 오클라호마시 연방정부 빌딩 폭탄 테러를 이데올로기적으로 정당화하는 것이었다. 사실, 지난 15년 동안 미국 본토에서 무슬림 테러보다는 기독교 테러리스트 집단이 일으킨 테러가 더 많았다. 9·11과 1993년 세계무역센터 폭파 시도 이외에 거의 모든 테러리스트 행위들은 기독교인들이 일으킨 것이었다.

그러나 반대되는 증거들에도 불구하고, 미국인 대중들은 기독교보다는 이슬람을 테러리스트 종교라고 낙인찍는다. 이러한 입장에 동의하거나 동의하지 않거나 하는 논쟁은 흔히 이슬람의 (또는 기독교, 유대교, 힌두교와 같은 다른 종교들의) 정치적이고 전투적인 측면을 보여주기 위해 성서적이거나 역사적인 사례들을 들추어내는 지루한 작업에 빠져 있다. 반대자들은 그러한 사례들의 유용성에 도전할 것이고, 논쟁은 계속된다. 그러나 만약 애초에 종교가 공적 폭력행위에 책임이 있다고 가정하지 않았다면, 그 논쟁은 불필요할 것이다.

종교가 테러리즘을 유발하지 '않는다'는 주장

종교가 문제가 아니라는 이 입장은 9·11 이후에 종교에 대한 공적 논쟁에서 반대편에 선 논평자들이 채택했다. 그들은 어떤 경우에는 종교를 결백한 피해자로 보기도 하고, 다른 경우에는 종교가 단순히 관련이 없다고 본다. 『승리를 위한 죽음』에서 로버트 페이프는 종교가 대부분의 자살 폭탄 테러 행위의 동기가 아니라고 주장한다.[3] 최근 수년간의 자살 테러리스트 사례들을 폭넓게 살펴보면서, 페이프는 맹목적인 종교적 열정이 계산된 정치적 시도만큼 자살 테러들의 동기가 된 것은 아니라고 결론 내린다. 주된 동기는 영토를 지키는 것이었다. 페이프는 2003년까지 대부분의 자살 폭탄 테러들은 종교 집단이 일으킨 것이 아니라 세속적인 민족 운동―스리랑카의 타밀 호랑이 같은―으로 행해졌다고 정확하게 지적한다.

페이프는 시카고 자살 테러리즘 프로젝트Chicago Project of Suicide Terrorism가 보유한 데이터베이스에 기초하여 결론을 내린다. 그는 460명 이상의 남성과 여성에 대한—대부분이 남자이기는 하지만—인구학적 프로필을 제공한다. 그는 그들이 때때로 묘사되어 온 대로 "주로 가난하거나 교육받지 못하고 미성숙한 종교적 광신자나 사회적 실패자들"이 아니라고 주장한다.[4] 그들이 공유하고 있는 것은 그들의 영토나 문화가 그들 스스로 쉽사리 타도할 수 없는 외세에 침범당했다는 의식이다. 이러한 절박한 사회적 생존의 상황에서 그들은 자신의 몸을 폭탄으로 사용하면서, 가장 단순하고 가장 직접적인 형태인 전투적 참여에 의존한다. 많은 이들의 인식과는 반대로, 자살 폭탄 테러범들은 종교적인 외톨이가 아니라 대개 자신들의 영토라고 여기는 것에서 외세의 통제를 몰아내는 것을 목표로 삼는, 날카로운 전략을 가진 거대 조직들의 구성원이다. 이러한 조직들에 반대해 왔던 정부들은 과거에 이들에게 양보함으로써 그들에게 그들의 전략이 잘 먹히고 있고 반복할 가치가 있다는 자신감을 주었다.

페이프의 책에는 종교에 대한 언급이 별로 없다. 그 함의는 종교적 동기들이 기본적으로 핵심에서 벗어나 있다는 것이다. 이런 이유로, 인도의 시크Sikh 활동가들부터 아이다호의 기독교 민병대에 이르기까지, 그리고 모로코에서부터 발리에 이르는 무슬림 지하드 전사들까지 전 세계의 폭력 운동에서 놀랄 만하게 보편적인 종교의 역할을 설명하려는 시도가 없다. 무슬림 과격파와 유대인 과격파 모두 이스라엘-팔레스타인 분쟁(1990년대 이전에는 주로 영토 지배권을 놓고 벌어진 세속적 투쟁이었던 갈등)에서 그랬듯이, 종교가 갈등 상황에 들어가서 그 투쟁을 종교화할 때 어떤 차이를 만들어낼 수 있는지 설명하려는 어떠한 시도도 없다. 페이프의 연구는 폭력행위가 문화와 영토의 방어와 같이 현실적인 것들에 대한 것임을 알려주는 데 유용하지만, 최근 몇 년 동안 이런 관심사들을 틀 지우는 데 종교가 왜 그토록 강력하고 까다로운 매개체가 되었는지는 여전히 설명하지 못한다는 인상을 남긴다.

그럼에도 불구하고 페이프의 입장은 널리 인정되고 있는데, 부분적으로는 이슬람 과격분자들이 자유에 반대하고 있다는 미국 행정부의 입장과 모순되는 것으로 보이기 때문이다. 페이프는 반대로 자유는 정확하게 그들이 싸우는 이유라고 주장한다. 게다가 그의 주장은 서로 꽤 다른 두 진영의 입장, 곧 최근 종교가 관련되어 왔던 폭력행위들로부터 종교를 멀리하고자 하는 종교 수호자들과, 세속적 요소들, 특히 경제적·정치적 관심사들이 사회 갈등의 주된 요인이라고 항상 생각해 왔던 세속적인 분석가들의 입장을 지지한다.

'정치적 목적을 위한 종교의 사용'이라는 구절 이면에 바로 이 세속적 관점이 있다. 이 구절이 사용될 때, 폭력적 분위기를 만들어내는 데 있어 종교는 어떠한 비난도 받지 않는다. 미국의 한 국무부 관리는 중동 도처에서 종교가 본질적으로 돈과 관련된 문제들을 가리는 데 '사용'되었다고 말했다. 그는 나에게 이집트와 팔레스타인의 실업자들이 직업을 갖는다면 이 빈곤한 사회들에서 종교 정치의 문제는 빠르게 사라질 것이라고 확언했다. 그의 관점에서 볼 때, 종교 또는 적어도 세상을 종교적 언어로 구조화하는 이데올로기적 관점들이 실제로 종교 활동가들의 동기가 될 것이라고 생각하기는 어려웠다. 비슷하게, 되살아난 세르비아 민족주의에서 기독교 상징주의의 역할을 연구한 마이클 셀스Michael Sells의 『배신당한 다리The Bridge Betrayed』는 그 갈등이 순수하게 세속적인 민족주의의 문제였으며 종교는 아무 역할을 하지 못했다고 보았던 ≪이코노미스트The Economist≫의 한 비평가에게 조롱거리가 되었다.[5] 그 비평가의 전제는, 내가 말한 국무부 관리의 전제와 마찬가지로, 종교는 종속변수, 곧 언제나 경제적이거나 정치적이었던 실제 이슈들에 대한 수사修辭적인 겉치레였다는 것이다.

페이프와 국무부 경제학자의 관점에서 볼 때, 종교는 본질적으로 테러리즘의 동기와 무관하다. 종교 수호자들은 이 관점에 동의하면서 한 단계 더 나아간다. 그들은 종교가 폭력에 대해 그저 중립적인 것이 아니라 폭력에 반대하며, 그래서 종교가 정치 활동가들의 죄 없는 피해자라고 말한다. 이러한 종교 수호자들은 일부 사례에서 폭력적 활동가들의 동기에 종교적인 요소가 있을 수 있다는 것을 부인하지는 않지만, 이 극단적인 종교 집단들이 규범적 전통을 대표하지는 않는다고 주장한다. 예를 들어, 일본에서 대부분의 불교 지도자들은 도쿄 지하철 신경가스 테러에 연루되었던 (사이비 불교라고 여겼던) 옴진리교 분파와 거리를 두었다. 대부분의 무슬림들은 자신들의 신앙 동료들이 9·11 테러와 같은 끔찍한 일에 책임이 있을 수 있다고 믿기를 거부했다. 그래서 무슬림 세계에서는 이스라엘 비밀경찰이 그 끔찍한 일을 꾸몄다는 음모 이론이 유행했다. 미국에서 대부분의 기독교인들은 티머시 맥베이의 종교성을 반기독교적인 것, 심지어 반종교적인 것으로 보았으며, 맥베이가 자신의 성경으로 여겼던 소설『터너의 일기The Turner Diaries』라는 작품 속에 기독교적인 함의가 담겨 있음에도 그를 기독교 테러리스트로 묘사하는 것을 거부했다.[6]

어떤 학자들은 활동가 집단들의 종교를 종교적인 규범에서 이탈한 것으로, 그래서 진정한 종교답지 않은 것으로 특징지음으로써 종교를 방어했다. 이것은 본질적으로『신화의 파괴Shattering the Myth』에서 브루스 로런스Bruce Lawrence 가 이슬람을 방어하면서 취했던 입장이다.[7] 기독교만이 아니라 모든 종교 전통에 다 적용되는 '근본주의'라는 용어는, '정상적인' 종교라는 변명을 하고 종교의 문제점들을 일탈적인 것으로 분리시키는 또 다른 방법이다. 때때로 그 용어는, 그대로 놔두었을 때 자연적으로 폭력, 독재 그리고 다른 극단들로 이어지는 이상하고 위험한 종교의 변종이 바이러스처럼 번지는 것을 시사示唆하기 위해 사용된다. 다행스럽게도, 이러한 사고방식이 진행되면, 정상적인 종교는 면제된다. 그러나 최근에 공적 대화에서 '이슬람'과 '근본주의'가 그토록 자주 함께 묶이면서, 그 용어는 모든 이슬람을 일탈적인 종교 분파로 비난하는 방식이 되었다. 그러나 이 경우에도 '근본주의'라는 용어를 사용하면 다른 종교의 수호자들은 자신들의 비근본주의적인 종교가 폭력이나 다른 극단적인 형태의 공적 행동에서 제외된다는 개념에서 위안을 찾을 수 있다.

이러한 여러 관점들은 '종교가 테러리즘을 유발하는가' 하는 물음에 둘 또는 아마도 서너 개의 해답을 우리에게 제시해 준다. 종교는 테러리즘의 원인인가? 애벌로스는 그렇다고 말한다. 일반적으로 종교는 테러리즘의 원인이다.[8] 이슬람 혐오주의자들 역시 그렇다고 말한다. 특히 이슬람이 문제이다. 페이프는 아니라고 말한다. 종교는 영토를 지키기 위한 싸움과 무관하다.[9] 다른 종교 옹호자들도 아니라고 말한다. 그들에게 있어 통상적인ordinary 종교는 폭력에 결백하지만, 일부 이상한 형태의 종교는 폭력의 원인이 될 수 있다.

종교가 문제는 아니지만 문제적이라는 주장

내 생각으로는 이 선택지들 가운데 반드시 하나를 선택할 필요는 없는 것 같다. 선다형 시험을 치러본 사람은 누구나 알듯이, 양극단의 것들이 제시될 때 딜레마가 있다. 가장 정확한 대답은 흔히 회색 범주―c) 위의 것들 가운데 없음, d) 위의 것들 모두―에서 발견된다. 오늘날 공적 생활에서 종교의 관여에 대한 물음의 경우에, 답은 단순히 특정 종교가 나쁘게 변질되었다거나 선한 종교가 나쁜 사람들에게 이용되었다거나 하는 문제가 아니다. 우리는 인간 존재의 모든 측면과 분위기들―평화, 사악함, 평온함, 공포―을 다루는 종교적 상상력에는 여러 층위가 있다는 것을 안다.

종교적 폭력 사례들에 대해 연구를 하면서, 나는 종교적 언어와 사상들이 반드시 발단이 되는 것은 아니지만 중요한 역할을 한다는 것을 발견했다. 긴장으로 이끄는 갈등의 조건들은, 페이프가 논의하듯이 흔히 외세의 통제 아래 있는 것으로 인식되는 영토나 문화의 방어와 같이, 대개 성격상 경제적이고 사회적인 것들이다.[10] 그러나 갈등의 어느 지점에서, 대개 좌절과 절망의 시기에, 정치적 다툼은 종교화된다. 그러면 애초에 세속적 투쟁이었던 것이 성스러운 갈등의 아우라를 띠게 된다. 이것은 완전히 새로운 문제들을 야기한다.

1980년대 이래로, 나는 현대적인 종교 행동주의religious activism의 다양한 사례들을 연구해 왔다. 나는 몇 년 동안 살면서 꽤 잘 알게 된 펀자브 지역의 시크교도들이 연루된 상황에서부터 시작했다. 또한 미국의 기독교 무장단체, 북아일랜드의 가톨릭과 개신교 전투원 그리고 이집트, 팔레스타인, 중동 등 그 밖의 지역에서 수니파 지하드 전사의 운동뿐만 아니라, 힌두교의 정치폭력, 카슈미르의 무슬림 분리주의 운동, 스리랑카 불교의 반정부 시위, 일본에서의 옴진리교 운동, 이란에서의 이슬람 혁명 그리고 이스라엘에서 유대인의 호전적인 메시아 운동들을 관찰해 왔다.

나는 이 모든 사례에서 핵심 테제가 흥미롭게 반복되는 것을 발견했다. 각집단은 각자의 지역적인 사회적·경제적·정치적 요인들에 반응하고 있지만, 공통의 이데올로기적 요소, 곧 근대적인 세속적 민족주의 사상이 도덕적·정치적·사회적 의미에서 불충분하다는 인식이 있었다. 많은 사례를 보면, 글로벌 경제와 커뮤니케이션 체계가 국민국가 정체성의 특수성을 약화시키면서 세계화의 효과가 그 배경에 있었다. 일부 사례에서는 미국 기독교 무장단체들이 '새로운 세계 질서'를 증오하고 알카에다al-Qaeda 네트워크가 세계무역센터를 표적화했던 것처럼 글로벌 체계에 대한 증오가 명백했다. 그래서 촉발하는 '원인'은—만약 이러한 용어를 사용할 수 있다면—근대 세계에서 정체성과 통제력의 상실감이었다.

이러한 사회적 불안감이 반드시 종교 문제인 것은 아니지만, 그러나 세속적-민족주의적 이데올로기와 종교적-초국가적 이데올로기 모두 이에 준비된 응답을 제공한다. 그래서 내가 조사했던 각 사례에서 종교는 저항 이데올로기가 되었다. 특정한 종교적 이미지와 주제들은 집결되어 전통문화와 정체성의 적으로 상상된 것들, 곧 글로벌 세속 체계들과 그것들의 세속적 국민국가 지지자들에게 저항했다.

이 사례들 사이에는 다른 유사점들도 있었다. 각각의 사례에서, 과격한 반국가 종교 이데올로기를 수용한 이들은 그들이 세속 국가의 억압으로 여겼던 것에 대해 개인적으로 분노를 느꼈다. 그들은 이러한 억압을 자신들의 자부심과 정체성에 대한 공격으로 경험했으며, 그 결과로 굴욕을 느꼈다. 국가의 실패는, 그 실패가 경제적·정치적·문화적이라 할지라도, 흔히 개인적인 방식으로 수치와 소외로서, 자아의 상실로 경험되었다.

그러면 이러한 자부심과 정체성의 상실을 경험한 남자들이—그리고 그들은 주로 남자였다—흔히 남자들이 좌절했을 때 하는 방식인 폭력으로 공격하리라는 것은 이해할 만하다. 그러한 힘의 표현은, 적어도 상징적으로, 그들의 남성성을 되찾는 것을 의미한다. 그러나 각각의 경우에 활동가들은 자신의 종교 전통에서 빌려온 집단 폭력의 이미지들, 즉 우주적 전쟁cosmic war의 관념을 통하여 이러한 폭력 감정을 자극했다.

우주적 전쟁의 관념은 이 모든 사례에서 놀랍도록 일관된 특징이다. 우리가 테러리스트라고 생각할 수 있는 사람들은 스스로를 성스러운 전투에 참여하는 군인이라고 여긴다. 그러한 전쟁 관념들은 생명보다 더 큰 것이기에 나는 그것들을 '우주적'이라고 부른다. 그 관념들은 전설적인 과거의 위대한 전투들을 소환하고, 이를 선과 악의 형이상학적 갈등에 연결시킨다. 우주적 전쟁의 관념들은 친밀하게 개인적이지만, 또한 사회적인 수준으로 번역될 수 있다. 하지만 궁극적으로 그 관념들은 인간 경험을 초월한다. 흔히 활동가들은 히브리 성서(구약)의 전투, 힌두교와 불교의 서사, 이슬람의 지하드 관념과 같은 모든 종교 전통에서 발견되는 성스러운 전쟁의 이미지를 사용한다. 특히 종교적 폭력을 흉포하고 가차 없는 것으로 만드는 것은 그 폭력 행사자들이 그러한 신성한 투쟁—우주적 전쟁—이라는 종교적 이미지를 세속적인 정치적 전투의 복무에 사용하는 데 있다. 이런 이유로 종교적 테러 행위들은 정치 전략의 전술로서만 쓰이는 것이 아니라 훨씬 더 광범위한 영적 대립을 유발하는 데 기여한다.

이것은 우리를 종교가 문제냐 아니냐 하는 문제로 되돌아가게 한다. 팔레스타인의 하마스Hamas+ 운동에서부터 알카에다와 기독교 무장단체에 이르기까지 다양한 사례를 보면서, 나는 대부분의 사례에서 현실적인 불만거리들, 곧 보다 많은 수의 사람들이 경험한 경제적·사회적 긴장들이 있다는 것을 분명히 알 수 있었다. 이러한 불만거리들은 종교적이지 않았다. 종교적 차이나 교리 또는 신앙의 이슈들을 목표로 한 것이 아니었다. 다른 맥락에서 그것들

+ 이스라엘에 대한 무장 투쟁으로 알려져 있는 이슬람 저항운동 단체로서 정치 정당이자 준군사단체이다. 아랍어로 하마스는 알라를 따르는 헌신과 열정을 뜻한다.

은 마르크스주의 이데올로기와 민족주의 이데올로기를 통해 표현되었던, 사회적 정체성과 공적 생활에의 의미 있는 참여의 이슈였다. 그러나 오늘날 후기 근대의 시기에, 이러한 세속적 관심사들은 저항적인 종교 이데올로기들을 통해 표현되어 왔다. 소외감, 주변화, 사회적 좌절 같은 불만거리들은 흔히 종교 용어로 표명되며 종교 이미지를 통해 보여지고, 그것들에 대한 항변은 종교 조직의 매개를 통해 종교 지도자의 손에서 조직된다. 그래서 종교는 발단이 되는 문제는 아니지만, 종교가 이러한 이슈들이 표현되는 매개라는 사실은 문제적이다.

종교가 폭력적 갈등으로 이끄는 것

반근대주의, 반미국주의, 반세계화의 종교적 표현에 관하여 문제가 되는 것은 그것이 갈등의 부분이 아니었던 새로운 측면들을 갈등으로 이끈다는 것이다. 우선 종교는 갈등을 개인화한다. 종교는 오로지 사회적 보상만이 있었을 갈등에서 투쟁하는 자들에게 종교적 공훈功勳, 구원, 천상의 호화로움 같은 개인적 보상들을 제공한다. 종교는 또한 사회적이거나 정치적인 이슈들로는 동원되지 않았을 수많은 지지자들을 포용하는 **사회적 동원**의 수단을 제공한다. 많은 경우에, 종교는 지도력과 지지의 유형들을 활용할 수 있는, 지역 교회와 모스크, 사원 그리고 종교 결사체의 조직적 네트워크를 제공한다. 종교는 정치적 충돌에 대해 도덕적 정당화라는 합법성을 제공한다. 더 중요하게, 종교는 폭력에 대한 정당화를 제공하여 국가만이 독점한 도덕적으로 승인된 살인에 도전한다. 국가의 권위는 항상 경찰권, 처벌 그리고 무장 방어에 있어서 유혈 폭력의 사용을 통해 권력을 집행하는 국가에 대한 사회적 인정에 기초를 두고 있다는 막스 베버Max Weber의 경구를 사용하여 말하자면, 종교는 국가 외에 폭력에 도덕적 승인을 해줄 수 있는 유일한 실체이며, (적어도) 그래서 본질적으로 또 잠재적으로 혁명적일 가능성이 있다.[11]

종교는 또한 우주적 전쟁의 이미지를 제공하여, 종교적 권위로 세례받은 갈등에 상황을 더 복잡하게 만드는 문제를 덧붙인다. 우주적 전쟁의 관념은 그것을 수용하는 이들에게 모든 것을 아우르는 세계관을 제공한다. 예를 들어, 기독교 무장운동 지지자들은 근대 세계를 이해하는 데 기여했던 이데올로기를 총체화하는 기독교 정체성Christian Identity의 세계관과, 그 세계 안에서 갈수록 더 주변적인 자신들의 역할, 그 세계를 올바르게 하기 위해 자신들이 취할 수 있는 극적인 행위들을 발견했을 때 크게 각성하는 경험을 했다고 묘사했다. 그것은 그들에게 문자적으로 악의 세력에 대항하여 맞서 싸우는 종교적 군사의 역할을 부여한다.

우주적 전쟁의 이미지는 강력한 힘이다. 영적 전투의 모형母型이 세속적 대립에 이식되었을 때, 싸우고 있는 이들의 갈등에 대한 인식은 극적으로 변화되며 그 갈등이 벌어지는 방식은 크게 바뀐다. 우주적 전쟁의 이미지는 극단 대립 상태로 갈등을 절대화하며, 적들을 사탄의 세력으로 상상해 넘으로써 악마화한다. 이러한 절대주의는 타협을 가늠하기 어렵게 하며, 신적 개입을 통한 전적 승리의 약속을 붙들게 한다. 그러나 신적인 시간 동안 벌어지는 성스러운 전쟁은 곧바로 이겨야 할 필요는 없다. 성스러운 투쟁의 시간표는 장대하다. 어쩌면 영원하기까지 하다.

나는 하마스 운동의 정치 조직의 지도자였던, 고인이 된 압둘 아지즈 란티시Abdul Aziz Rantisi 박사에게 팔레스타인에서 이슬람 투쟁의 (세속적인 군사적 의미에서) 무용성을 지적할 기회가 있었다. 이스라엘의 군사력은 팔레스타인의 군사적 노력으로는 결코 이길 수 없을 것으로 보였다. 란티시 박사는 "팔레스타인은 전에도 200년 동안 점령당했었습니다"라고 확인시켜 주며, 자신과 팔레스타인 동지들은 "적어도 그 정도는 또 기다릴 수 있습니다"라고 설명했다.[12] 그의 계산으로 신의 전쟁은 영겁의 시간 동안 지속될 수 있다. 그러나 그들은 궁극적으로 그들이 승리할 것을 알고 있다.

그래서 종교는 문제 자체는 아닐지라도, 불만의 근본 원인이라는 의미에서 현대 사회 갈등의 문제적 측면일 수 있다. 세계 전역에서 테러리즘으로 인식되는 현대 생활의 많은 폭력은 직접적으로 갈등의 절대주의와 관련되어 있다. 적의 악마화는 자신을 신의 군사로 여기는 이들이 도덕적 형벌 없이 살인할 수 있게 한다. 반대로, 그들은 자신의 행위가 자신에게 영적인 보상을 줄 것이라고 느낀다.

흥미롭게도, 같은 종류의 사고방식이 테러리즘에 대한 일부 반응에도 생기기 시작했다. 9·11 이후 미국 정부가 시작한 '테러리즘과의 전쟁'이 바로 딱 들어맞는 사례이다. 전쟁이라는 표현이 은유적이라는 것과, 이전 행정부들의 '마약과의 전쟁'과 '가난과의 전쟁'과 같은 방식으로 전면적인 노력을 의미하는 정도까지는 이해할 만하고 적절한 반응이다. 9·11 테러는 미국인의 의식에 깊은 상처를 남긴 끔찍한 행위였고, 책임 있는 정부라면 과실 있는 자들을 끝까지 찾아내어 법정에 세울 수 있는 전면적인 노력을 하기 원할 것임을 확실히 이해할 수 있었다.

그러나 '테러리즘과의 전쟁'을 지지했던 어떤 이들에게 군사적 언어는 은유 이상이었다. 신의 은총은 우주적 전쟁처럼 모든 것을 아우르고, 절대화하며, 악마화하는 대결의 시각을 부여하는 것으로 여겨진다. 이러한 시각에서 문제가 되는 것은 느린 사법체계의 과정을 밟는 온건한 해결책은 조바심이 나서 참을 수가 없다는 것이다. 그 대신에 대결에 단순함을 더해주고 해결에 신적 확실성의 감각을 더해주는, 빠르고 폭력적인 전쟁에 대한 반응을 요구한다. 슬프게도, 그러한 입장은 폭력을 줄이는 것이 아니라 더 많은 테러리즘 행위를 낳으면서 복수의 불길에 기름을 부을 수 있다.

이러한 문자적인 '테러리즘과의 전쟁'에서 종교의 역할은 테러리즘을 저지르는 이들이 상상하는 우주적 전쟁에서 종교가 수행하는 역할과 묘하게 유사하다. 두 가지 경우에, 종교는 정치적 대결의 문제적 동반자이다. 종교는 단지 상징들의 보고寶庫와 신성한 도움의 아우라가 아니라 오히려 갈등을 가져온다. 그것은 적들을 악마화하고, 갈등을 초역사적 시간 안으로 밀어 넣는 확고한 절대주의, 폭력의 정당화, 궁극적인 전쟁의 이미지를 통해 갈등을 문제화한다.

이 글은 2005년 9월 6, 7일 워싱턴 DC에서 열린 "테러리즘·안보·미국의 목적에 대한 국가 정책 포럼(National Policy Forum on Terrorism, Security and America's Purpose)"에서 발표한 글에 기초를 두고 있다.

1 Robert A. Pape, *Dying to Win: The Strategic Logic of Suicide Terrorism*(New York: Random House, 2005); Hector Avalos, *Fighting Words: The Origins of Religious Violence* (New York: Prometheus Books, 2005).

2 Bernard Lewis, *The Crisis of Islam: Holy War and Unholy Terror*(New York: Random House, 2003).

3 Pape, *Dying to Win*.

4 같은 책, p.216.

5 Michael A. Sells, *The Bridge Betrayed: Religion and Genocide in Bosnia*(Berkeley: University of California Press, 1996).

6 Andrew Macdonald(윌리엄 피어스의 가명), *The Turner Diaries*(Hillsboro, WV: National Vanguard Books, 1978; reprinted by the National Alliance, Arlington, VA, in 1985, and by Barricade Books, New York, 1996).

7 Bruce Lawrence, *Shattering the Myth: Islam Beyond Violence*(Princeton, NJ: Princeton University Press, 2000).

8 Avalos, *Fighting Words*.

9 Pape, *Dying to Win*.

10 같은 책.

11 Max Weber, "Politics as a Vocation," in Hans H. Gerth and C. Wright Mills(eds.), *From Max Weber: Essays in Sociology*(New York: Oxford University Press, 1946).

12 압둘 아지즈 란티시는 하마스의 공동 설립자이며 정치 지도자이다. 1998년 3월 1일 가자 지구 칸 유니스(Khan Yunis)에서 저자와의 인터뷰.

02 종교, 폭력, 난센스 그리고 권력

윌리엄 캐버노

　최근 신의 이름으로 행해진 이슬람교도의 잦은 군사적 공격은 종교가 폭력을 촉진하는 위험한 성향을 갖고 있다는 서구의 오랜 관념을 더욱 악화시켰다. 이 일반적인 관념 속의 주어는 단지 특정 형태의 이슬람주의나 이슬람 일반이 아니라 보통 기독교, 힌두교, 그 밖의 주요 세계 종교들을 포함하는 '종교'라는 범주이다. 그 일반적인 서구 관념은 특정 종교들과 관련하여 중립적이라고 여겨진다. 그 관념은 예를 들어 무슬림을 차별하지는 않지만, 그러한 종교를 잠재적으로 위험한 것으로 본다. 언제든지 의견 차이가 점점 심해져 우주적 수준에 이르게 되면, 피를 흘리게 될 위험이 있다. 그런 이유로, 서구 자유주의 이상理想은 국가로부터 자국 내 교회, 회당, 모스크 등을 분리할 것과 종교의 사사화私事化, privitization를 역설해 왔다. 그리고 외교 정책이 이러한 이상을 비서구 국가들에서도 가능한 한 증진시켜야 한다고 주장했다.

　사람들이 신의 이름으로 살인한다는 관념은 부정할 수 없다. 모든 폭력을 경제적 박탈이나 정치적 주변화와 같은 다른 요소 탓으로 돌리려고 시도하는 주장들은 테러리스트들 자신의 말에 의해 쉽게 논박된다. 이 장의 뒷부분에서 논의하겠지만, 이런 주장을 하는 사람들은 또한 이론에서조차 구분하기 불가능한 종교적 요소와 정치적·경제적 요소 사이에 명백한 구분이 있다고 가정한다. 십자군들이 실제로는 기독교인이 아니라든가 또는 이슬람 테러리스트들이 실제로 무슬림이 아니라는 주장은 빈번하게 나오지만 효과가 없다. 규범적으로, 기독교인과 무슬림들이 기독교와 이슬람의 메시지를 십자군과 테러리스트가 오해했었다고 주장하는 것은 중요하다. 그러나 기술記述적으로, 기독교인과 무슬림들이 자기 종교의 나쁜 신자들과 절연함으로써 자기 집단의 잘못을 면제받으려 하는 것은 솔직하지 못하다. 우리는 우리의 집단적인 죄에 대해 집단적으로 회개해야 한다.

사람들은 신의 이름으로 폭력을 행사할 수 있고 또한 행사한다. 그러나 분명하게도 사람들은 다른 무언가를 위해서도 살인을 저지른다. 그러므로 종교와 폭력의 일반적인 이야기 뒤에는 더 강력한 주장이 있어야 한다. 종교는 종교가 아닌 것보다 훨씬 더 폭력을 조장하는 성향이 있다는 것이다. 종교가 아닌 것은 '세속적'이라고 불린다. 종교가 폭력을 조장한다는 아이디어는 전적으로 종교적인 것과 세속적인 것 사이의 이러한 차이에 좌우된다.

불안정한 범주

'종교'와 '세속'이라는 두 개의 열이 있는 표를 상상해 보자. '종교' 열에는 일반적으로 기독교, 이슬람교, 불교, 유대교, 힌두교, 유교 그리고 그 밖의 '세계 종교들'이 들어간다. '세속' 열에서는 비종교 범주 아래 들어가는 민족주의, 무신론, 마르크스주의, 자본주의, 자유주의와 같은 이데올로기와 실천뿐만 아니라 정치·경제와 같은 인간 삶의 비종교적 범주들을 발견할 수 있다. 종교가 특별히 폭력 성향을 갖고 있다는 일반적 관념은 이 세속적인 것들이 폭력을 조장하는 성향을 적게 갖고 있다는 관념에 영향을 받는다. 세속적인 것들은 순전히 현세적인 일들mundane affairs에 관계되어 있기에 그러하다고 일반적으로 가정된다. 반면에 종교는 다른 수준으로, 곧 열정이 이성을 능가하는 수준으로 강수를 두기 때문에 특별히 선동적인 것으로 보인다. 종교가 폭력을 조장한다는 학술적 주장들을 살펴보면서, 나는 그러한 주장들이 세 가지 유형으로 분류된다는 것을 발견했다. 즉 종교는 절대주의적이고, 종교는 분열을 초래하며, 종교는 몰汉합리적이라는 것이다.[1]

어쨌든 자유로운 서구 사회 질서 안에서 사는 사람 대부분에게 그러한 주장들은 부인하기 어려운 것으로 보인다. 주로 이슬람교도의 테러리즘이 곧바로 이를 확신시킨다. 그러나 엄청나게 피비린내 났던 지난 백여 년을 훑어보면, 복잡하게 만드는 증거가 우리를 압박한다. 일반적으로 민족주의가 주된 원인으로 여겨졌던 제1차 세계대전은 3800만 명의 군인과 민간인 사상자를 낳았다. 마르크스주의 체제 아래에서 사망자의 수는 1억 1000만 명 정도에 이르는 것으로 추산된다. 스탈린Stalin, 마오쩌둥毛澤東, 크메르 루즈Khmer Rouge, 이 세 체제 아래에서만도 사망자 수는 적게는 2100만 명에서 많게는 7000만 명에 이른다. 모두 전투적으로 무신론을 신봉한다. 지난 백 년 동안 석유, 땅, 기치, 자유 시장, 민주주의, 인종 그리고 여러 다른 '세속적' 명분들을 놓고 잦은 전쟁이 있었다. 이러한 증거 앞에서 종교가 폭력을 조장하는 고유한 성향을 갖고 있다는 관념은 어찌된 일인가?

일부 종교-폭력 이론가들에게 이 문제에 대한 답은 단순하다. 문제가 되는 이데올로기들을 표의 반대편 열로 옮기는 것이다. 무신론자 크리스토퍼 히친스Christopher Hitchens는 자신의 베스트셀러 『신은 위대하지 않다: 종교는 어떻게 모든 것을 중독시키는가God is Not Great: How Religion Poisons Everything』에서 이 접근을 취하고 있다. 그는 전체주의가 본질적으로 종교적이라고 말한다. 히친스에 따르면, "인류를 완벽히 다듬겠다는 목적―이것은 전체주의적 충동의 뿌리이자 원천이기도 하다―은 근본적으로 종교적 색채를 띠고 있다".[2] 그들이 종교를 지우려고 시도할 때조차도 전체주의 체제는 그들 자신이 종교적이라는 것을 보여준다. "전체주의자들이 우리에게 증명해 준 것은 종교적 충동, 즉 숭배 욕구를 억압하면 그 충동이 훨씬 더 기괴한 형태를 띤다는 점이다."[3] 그래서 스탈린과 김정일과 같은 무신론자들은 (의심할 여지없이 정말 놀랍게도) 종교 열에 있는 자신을 발견한다. 히친스는 이런 접근에서 혼자가 아니다. 공산주의 폭정의 집요한 기록자이자 민주주의 체제는 본질적으로 평화적이라는 이론의 옹호자인 정치과학자 루돌프 러멀Rudolph Rummel은 마르크스주의를 모든 종교 가운데 가장 잔학한 것으로 간주한다.[4] 종교는 폭력적이라고 정의되기 때문에 폭력적이다. 독성 있는 모든 것들이 '종교적'이라고 낙인찍히기 때문에 종교는 모든 것을 중독시킨다.

다른 종교-폭력 이론가들은 세속적 이데올로기 전체를 표의 종교 열로 옮기지는 않지만, 폭력적인 이데올로기는 모두 종교로 여긴다. 정치과학자 데이비드 래퍼포트David Rapoport가 민족주의와 종교에 대해 한 언급을 예로 들어보자. 종교의 폭력 성향 가운데 한 요소는

전적인 충성이나 헌신을 고무할 수 있는 종교의 능력이며, 이런 점에서 종교 공동체를 능가하는 어떤 것도 상상하기 어렵다. 종교는 종종 강력한 경쟁 상대가 있었다. 학자들이 국가의 상징과 의례에 대해 논의할 때 '시민 종교civic religion'라고 말하는 경향이 상당히 늘고 있지만, 근대 세계에서 국가는 때때로 종교를 능가하는 충성심의 중심이었다. 어쨌든, 종교에 대한 국가의 우위는 지금까지 역사에서 짧은 기간 동안만 그리고 세계의 제한된 지역에서만 나타났다. 이 모든 것은 종교의 영속성과 특별한 의미를 더 강조할 뿐이다.[5]

여기서 민족주의는 종교는 아니지만, 종교처럼 작동하고 때때로 종교로 불리며, 민족주의 폭력은 종교 폭력의 증거로 여겨진다. 래퍼포트에 따르면, 종교가 특히 폭력에 연결되는 또 다른 이유는 종교가 폭력적 언어를 사용한다는 것이다. 그는 폭력을 사용하는 데 있어 종교적 언어를 전용해 온, 명시적으로 세속적인 운동들의 보기들을 제시하여 이 점을 보여준다. 그는 세속주의자 아브라함 슈테른Abraham Stern의 시를 인용한다.

토라Torah로 읽기를 가르치셨던 아버지처럼

나는 내 제자들을 가르칠 것이다, 전투대형으로 서고, 무릎 꿇고 쏘는 것을

구원의 종교, 곧 해방 전쟁의 종교가 있기 때문이다

누구든지 받아들이는 자는 은총을 받을 것이고, 누구든지 부인하는 자는 저주를
    받을 것이다[6]

'세속적' 해방 운동이 '종교적' 운동처럼 열정과 헌신 그리고 폭력을 고무할 수 있다고(또는 슈테른 자신이 인정했듯이 슈테른 갱Stern Gang[+]이 모든 종교/세속의 구분에 의문을 던지는 일종의 '종교'에 헌신했다고) 결론 내리는 대신, 래퍼포트는 슈테른의 시를 종교가 폭력 성향을 가지고 있다는 증거로 제시한다. 민족주의와 마찬가지로 세속적 테러리즘은 종교처럼 작동하며 일종의 종교로 불리기도 하지만 종교적이지는 않다. 하지만 그럼에도 종교의 폭력적 성향의 증거처럼 여겨진다.

종교가 고유의 폭력 성향을 가지고 있다는 주장은 종교적인 것과 세속적인 것 사이의 날카로운 구분선에 좌우되지만, 종교-폭력 주장은 자주 그 경계를 넘나든다. 정치 이론가 비쿠 파레크Bhikhu Parekh는 종교에 대해 맹렬한 고발장을 제출한다. "종교는 강력하고 때로는 비합리적인 충동을 일으키며, 쉽사리 사회를 불안정하게 만들고, 정치적 혼란을 일으킬 수 있으며, 지구 위에 진정한 지옥을 창조할 수 있다."[7] 그러나 파레크는 "마르크스주의, 보수주의, 심지어는 자유주의의 일부 변종과 같은 몇몇 세속 이데올로기들이 유사종교적인 지향과 형식을 가지고 있으며, 역으로 형식적으로 종교적인 언어들은 때때로 세속적인 내용을 갖고 있어서, 때로 세속적 언어와 종교적 언어 사이에 구분선을 긋기가 어렵다"[8]라고 고백한다. 폭력적이고 비합리적인 충동은 어디서나, 심지어 자유주의에서도 불쑥 나타나고 있으며, 이는 그것들을 모두 종교

+ 1940년에 아브라함 슈테른이 세운 팔레스타인의 시온주의 과격파 조직으로, 조직의 정식 이름은 레히(Lehi)이지만, 흔히 경멸조로 슈테른 갱이라 부른다. 레히는 '이스라엘의 자유를 위한 전사들'이라는 뜻이다.

02. 종교, 폭력, 난센스 그리고 권력 43

열 쪽으로 다시 몰아넣기 위해 '유사종교' 범주를 생성하도록 자극한다. 사회학자 마크 주어겐스마이어Mark Juergensmeyer는 폭력에 기여하는 종교의 고유한 성향 탐구를 학자 경력으로 삼았지만, 그가 "세속적 민족주의는 '하나의 종교이다'"[9] 심지어 "세속적인 것은 일종의 진보한 형태의 종교이다"[10]라고 단호하게 말할 때, 모든 프로젝트는 혼란에 빠지는 듯하다. 세속적인 것이 종교의 한 형식이라면, 전체 주장이 기대고 있는 '세속'과 '종교' 사이의 구분선은 무엇이 되는가?

일부 종교-폭력 이론가들은 '종교'의 범주를 확장하면서, 그 문제를 공개적으로 그리고 지속적으로 다룬다. 리처드 웬츠Richard Wentz의 책 『왜 사람들은 종교의 이름으로 나쁜 일을 하는가Why People Do Bad Things in the Name of Religion』는 이슬람, 기독교, 불교 등만이 아니라 소비주의, 세속적 인본주의, 축구 열광주의, 기술 신봉 그리고 그 밖의 여러 이데올로기와 실천들을 '종교' 항목 아래 포함시킨다. 그는 "아마도 우리 모두는 종교의 이름으로(또는 종교의 대표로서) 나쁜 일을 저지를 것이다"라고 결론 내린다.[11] 웬츠는 사람들이 온갖 종류의 이유로 폭력을 행사한다고 정확하게 직감했다. 그가 잘못한 것은, 종교와 세속 사이의 선을 지우고 나서도 여전히 폭력에 대해 종교를 탓할 수 있다고 생각하는 데 있다. 세속적인 것보다 종교가 왜 폭력을 조장하는 성향이 더 강한지에 대한 논의 대신에, 웬츠는 단순히 사람들이 폭력을 행사하는 이유 모두를 가져다가 '종교'라고 낙인찍는다.

종교-폭력 주장은 종교와 세속 사이에 존재하지 않는 확고한 구분선에 좌우되기 때문에 이런 종류의 난센스로 가득 차 있다. 종교와 세속의 구분은 언제나 유동적이다. 그것은 근대적이고 서구적인 구분, 곧 각기 다른 목적을 위해 각기 다른 방식으로 사회적으로 구성된 선이며, 단순히 현실 그대로의 특징이 아니다. 종교-폭력 이론가들은 자신들의 목적대로 구분선을 구성하여, 어떤 것들은 비난하고 다른 것들은 무시한다. 구분에 대한 짧은 역사는 이것이 항상 그러했음을 보여준다.

구분의 역사

윌프레드 캔트웰 스미스Wilfred Cantwell Smith는 종교/세속의 구분이 없던 때 고대 그리스, 인도, 중국 그리고 일본에서 '종교'에 상응하는 개념을 찾으려 했으나 발견하지 못했다.[12] 로마인들에게는 '렐리지오religio'라는 용어가 있었으나, 어거스틴Augustine은 『하나님의 도성The City of God』에서 그 용어의 '일반적인 의미'를 "사람과 이웃 사이의 관계에서 존경의 태도"라고 썼다.[13] 이런 태도를 우리는 '세속적'이라고 여길 것이다. 로마 사회에서, 시민적 의무, 신, 친구, 가족 그리고 시민 당국에 대한 의무와 헌신은 모두 관계의 망에 얽혀 있었다. 종교/정치의 구분은 없었다. 어떻게 카이사르Caesar가 신이었던 때가 있었겠는가? 중세 서구 사회에 종교/세속의 구분이 도입되었을 때, 그것은 주로 두 종류의 사제들, 곧 성직 위계에 속한 이들과 교구에 속한 '세속적' 사제들을 지칭하기 위해 사용되었다. 기독교가 중요하지 않거나 주변적이었던, 순수하게 세속적이고 일상적인 일들의 영역은 없었으며, 교회 당국과 시민 당국 사이의 구분은 있었지만 종교/정치의 구분은 근대 시대까지 기다려야 했다.

티머시 피츠제럴드Timothy Fitzgerald는 17세기 후반까지 영어에서 우리가 현재 쓰고 있는 방식의 종교/세속의 구분을 나타내는 증거를 찾지 못했다. 종교/정치의 구분은 더 뒤에 나타난다.[14] 이러한 구분은 존 로크John Locke와 윌리엄 펜William Penn과 같은 인물들의 저작에서 처음 등장한다. 길고 복잡한 역사를 짧고 단순하게 말하자면,[15] 그 구분은 근대 초기 유럽에서 교회 당국과 시민 당국 사이의 권력 투쟁의 결과로 생겨났다. 새로운 영토 국가territorial states는, 부분적으로는 이전에 교회의 수중에 있던 권력을 전용함으로써 16~17세기에 등장했다. 교회 법정은 폐지되었고, 주교와 수도원장을 임명하는 권리, 교회 수입에 대한 통제, 폭력 수단에 대한 독점, 그리고 사람들의 일차적인 충성은 초기의 국가로 넘어갔다. '세속화' 개념의 첫 사용은 재산이 교회의 통제에서 시민의 통제로 옮겨갔음을 나타내는 것이었다. 이러한 환경 아래서, 특정 유형의 공적 권력에서 교회 권위를 배제하기 위해 종교/세속 그리고 종교/

정치의 구분이 발명되었다. 로크의 저작에서 나타난 것처럼, 종교는 정치와 경제의 세속적 일에서 완전히 구분되는 보편적이고 본질적으로 내적인 충동으로서 발명되었다. 교회는 그 이후로 종교의 범위 안에 제한을 받았다.

서구에서 종교/세속의 구분이 만들어지자, 그 구분은 이어서 식민지화 과정에서 나머지 세계로 수출되었다. 원주민들과의 첫 조우에서 서구 탐험가들은 놀랍도록 일관되게 원주민들이 종교를 전혀 갖고 있지 않다는 보고를 고국에 했다.[16] 원주민들을 식민화하자마자 그들은 종교/세속의 구분이 꽤 유용하다는 것을 알게 되었다. 서구 학자들은 원주민 엘리트들의 저항에도 불구하고, 지역의 문화 체계를 (심지어 소승불교나 유교와 같이 신이 없는 것들도) '세계 종교'라는 분류 체계 안으로 끼워 맞추기 시작했다. 예를 들어, 19세기 후반 중국의 엘리트들은 종교를 내세적이고 개인주의적인 것으로 보았기 때문에 유교가 하나의 종교라는 생각을 거부했다.[17] 오늘날 힌두 민족주의자들은 "정확하게 힌두교는 단지 내면화된 신앙 이상의 것임을 강조하고 싶어 하기 때문에, 힌두교를 하나의 종교로 부르기를 거부한다. 힌두교는 본질상 사회적, 정치적, 경제적 그리고 가족적이다. 그래야만 세속적 국가 인도는 힌두의 고향 인도와 호환할 수 있게 된다".[18] 그럼에도 불구하고 종교/세속 구분은 대부분의 지역 문화를 사적인 '종교' 영역으로 격리하는 것을 촉진했기 때문에 식민지 사람들에게 강요되었다. 인도의 경우에, 힌두교를 종교로 만드는 것은 인도적인 것으로 여겨야 할 모든 것을 취하여 비非공적인 영역 안에 국한시키는 일과 같았다. 공적인 것은 영국적인 것을 의미했다.

권력 행위로서의 구분

이 매우 짧은 역사 서술의 요점은 종교가 폭력을 조장한다는 일반적인 관념이 의존하고 있는 종교/세속의 구분이 단순히 있는 그대로의 현실의 일부가 아니라 발명된, 우연적이고 끊임없이 변하는 구분임을 보여주는 것이다. 게다가 종교와 세속의 구분선이 어디에 그려지느냐는 어떤 종류의 권력을 부여하고자 하는지 그리고 어떤 종류의 권력을 배제하고자 하는지에 달려 있다. 이것은 특별히 종교적 폭력의 신화가 오늘날 어떻게 사용되는지를 조사하면 명백해진다.

국내적인 문제에서 종교적 폭력의 신화는 특정한 종류의 실천들을 공적 영역에서 배제하기 위해 사용된다. 1940년까지 미국 대법원은 '종교'를 미국 사회에서 통합하는 힘으로 들먹였다. 그러나 1940년 이후로는, 학교 기도를 금지하고 선택적 종교 교육을 공립학교 건물에서 금지하고 종교적 학교에 대한 공적 지원을 금지하는 일에 종교적 폭력을 끌어다 반복적으로 떠들어댔다. 대법원이 아길라 대 펠튼Aguilar v. Felton(1985) 소송에서 저소득층 아이들을 위한 종파 초월적 교정 교육이 교구 부속학교에서 시행되는 것을 금지하기 위해 종교 갈등의 위험을 들먹였을 때, 샌드라 데이 오코너Sandra Day O'Connor 판사와 윌리엄 렌퀴스트William Rehnquist 판사는 "뉴욕시의 존경스러운 타이틀 I 프로그램+이 이 소송 외에 어떠한 논란을 불러일으켰다는 주장을 지지할 만한 기록은 거의 없다"[19]라고 쓰면서 이의를 제기했다. 이 반대 의견은 이러한 대법원 결정들이 미국인의 삶에서 실제 종교적 폭력의 그 어떤 증거에도 근거하지 않는다는 사실을 강조한다. 1940년 이후의 기간에 미국에서 교단 간의 다툼은 역사상 가장 낮은 수준을 보였다. 종교적 폭력 신화의 사용은, 미국 사회 질서의 세속화가 증가하는 것에 대한 동의로써 생산되고 또한 그러한 동의를 생산하는 데 도움을 주었던 유용한 내러티브였던 것만큼 경험적 사실에 대한 반응은 아니었다.

외교 정책에서 종교적 폭력 신화는 비세속적 사회체제, 특히 무슬림 사회체제를 향한 태도와 행위들을 정당화하는 데 사용되어 왔다. 우리는 중동 혼란

+ 모든 학생들이 힘든 학업 표준을 충족할 수 있도록 저소득층 학생들이 많은 학교에 재정 지원을 하는 프로그램.

의 원인이 종교라고 가정한다. 무슬림들은 모스크를 국가에서, 종교를 정치에서 분리하는 것을 배우지 않았다. 그래서 종교의 열정은 공적 영역에서 지속적으로 피해를 일으키고 있다. 우리의 외교 정책은 그들을 평화의 열쇠인 자유로운 서구 스타일의 민주주의를 향해 (필요하다면 강제로) 움직이도록 하는 데 맞추어져 있다. 이라크 전쟁은 중동에 자유주의의 은총을 불러와야 하는 것이었다. 그래서 종교적 폭력의 신화는 세속주의를 위한 전쟁의 정당화가 되고 있다. 이러한 군사 개입을 위한 세속주의적 주장에는 여러 미묘한 버전들이 있다. 여기 신新무신론자 베스트셀러 작가인 샘 해리스Sam Harris의 직설적인 버전이 있다.

어떤 주장들은 매우 위험스러워서, 그 주장들을 믿음으로 인해서 사람을 죽이는 것이 심지어 윤리적일 수도 있다. 이것은 비정상적인 주장으로 보이지만, 우리가 살고 있는 세계에 대한 평범한 사실을 말하고 있을 뿐이다. 어떤 믿음은 모든 평화적인 설득의 수단이 미치는 범위 밖에 신봉자들을 두고, 타인에게 비정상적인 폭력행위를 저지르도록 자극한다. 사실 어떤 사람들에게는 말이 통하지 않는다. 그들이 (그러한 믿음에) 사로잡힐 수 없더라도(그리고 그들은 대개 사로잡히지 않는다), 사로잡히지 않았다면 관대했을 사람들도 자기방어를 구실로 살인을 하는 것이 정당화될 수 있다. 이것이 미국이 아프가니스탄에서 시도했던 것이며, 우리와 다른 서구 강국들이 다른 무슬림 세계에서 우리 자신과 무고한 이들이 심지어 더 큰 희생을 치르더라도 틀림없이 시도할 행동이다. 우리는 실제로는 사상 전쟁인 것에서 계속하여 피를 흘릴 것이다.[20]

결론

해리스의 인용문이 분명히 말해주듯이, 사람들은 온갖 종류의 이유로 사람을 죽인다. 사람들은 신을 위해 사람을 죽이는 만큼 무신론이나 세속주의를 위해서도 살인을 저지를 수 있다. 폭력 행동에 대한 일반적인 결론에 이르려는 시도는 '세속적' 이데올로기와 실천들에서 '종교적'인 것을 구분하려는 시도로 밝혀지는 것이 아니라 오히려 혼란스럽고 이해하기 어려워진다. 이른바 세속적 이데올로기와 실천에 대한 헌신은 이른바 종교에 대한 헌신만큼이나 절대주의적이고 분열적이며 비합리적일 수 있다. '종교'가 고유하게 폭력 성향이 있다는 관념은 경험 사실에 근거한 것이 아니라 폭력을 부추길 수 있고 또한 부추기는 세속 사회체제들의 지배를 위한 이데올로기적 정당화이다. 종교적 폭력의 신화로 인해 우리는 서구 세계에 대한 비서구의 불만들에 대해 눈을 감는다. 우리는 서구를 향한 무슬림의 분노의 원인을 그들의 '종교'로 환원시키며, 그래서 서구의 이익을 위한 서구의 공격, 곧 1953년 이란에서 민주 정부의 전복, 무슬림 세계에서 부패하고 폭압적인 정부의 지지, 아랍 국가들의 석유자원 강탈, 이라크 전쟁, 이스라엘의 팔레스타인 땅 점령 지지, 아부그라이브Abu Ghraib,[+] '용의자 인도 프로그램' 그리고 그 밖의 것들에 대해 편리한 기억상실의 안개를 드리운다. 종교적 폭력의 신화를 폐기하는 것은 공평한 경쟁의 장을 만드는 데 도움이 된다. 우리가 '세속적'이라고, 그래서 온건하다고 여기는 경향이 있는 이데올로기를 포함하여 모든 종류의 이데올로기가 조장한 폭력을 조사해 보자. 세계를 선험적으로 이성적인 사람들(우리)과 비합리적인 사람들(그들)로 나누는 대신에, 그러한 이분법들을 폐기함으로써 아마도 평화를 증진시킬 수 있을 것이다.

---

1 나의 책 *The Myth of Religious Violence: Secular Ideology and the Roots of Modern Conflict*(New York: Oxford University Press, 2009)의 첫째 장에서 9개의 주장들을 살펴보았다.

+ 아부그라이브는 이라크의 수도 바그다드에서 서쪽으로 32킬로미터 떨어진 아부그라이브시에 위치한 이라크 최대 정치범 수용소이다. 미군이 바그다드를 점령한 이후 2004년에 미군들이 저지른 처참한 인권 유린, 학대로 이슈가 되었다.

2 Christopher Hitchens, *God Is Not Great: How Religion Poisons Everything*(New York: Twelve, 2007), p.232[크리스토퍼 히친스, 『신은 위대하지 않다』, 김승욱 옮김(서울: 알마, 2011), 337쪽].

3 같은 책, p.247[히친스, 『신은 위대하지 않다』, 359쪽].

4 Rudolph J. Rummel, "The Killing Machine That Is Marxism," *World Net Daily*, December 15, 2004, www.wnd.com/2004/12/28036/.

5 David C. Rapoport, "Some General Observations on Religion and Violence," in Mark Juergensmeyer(ed.), *Violence and the Sacred in the Modern World*(London: Frank Cass, 1992), p.120.

6 같은 글, p.121.

7 Bhikhu Parekh, "The Voice of Religion in Political Discourse," in Leroy Rouner(ed.), *Religion, Politics, and Peace*(Notre Dame, IN: University of Notre Dame Press, 1999), p.72.

8 같은 글, p.74.

9 Mark Juergensmeyer, *The New Cold War?: Religious Nationalism Confronts the Secular State*(Berkeley: University of California Press, 1993), p.15.

10 Mark Juergensmeyer, *Global Rebellion: Religious Challenges to the Secular State, from Christian Militias to al Qaeda*(Berkeley: University of California Press, 2008), p.23.

11 Richard E. Wentz, *Why People Do Bad Things in the Name of Religion*(Macon, GA: Mercer University Press, 1993), p.37.

12 Wilfred Cantwell Smith, *The Meaning and End of Religion*(New York: Macmillan, 1962), pp.54~55.

13 Augustine, *City of God*, translated by Henry Bettenson(Harmondsworth: Penguin Books, 1972), X.1[373].

14 Timothy Fitzgerald, *Discourse on Civility and Barbarity: A Critical History of Religion and Related Categories*(New York: Oxford University Press, 2007).

15 *The Myth of Religious Violence*의 2장에서 이에 대해 훨씬 더 자세하게 적어놓았다.

16 David Chidester, "Colonialism," in Willi Braun and Russell T. McCutcheon(eds.), *Guide to the Study of Religion*(London and New York: Cassell, 2000), pp.427~428.

17 Peter Beyer, "Defining Religion in Cross-National Perspective: Identity and Difference in Official Conceptions," in Arthur L. Greil and David G. Bromley(eds.), *Defining Religion: Investigating the Boundaries between the Sacred and the Secular*(Oxford: JAI, 2003), pp.174~180.

18 Richard S. Cohen, "Why Study Indian Buddhism?" in Derek R. Peterson and Darren R. Walhof(eds.), *The Invention of Religion: Rethinking Belief in Politics and History*(New Brunswick, NJ: Rutgers University Press, 2002), p.27.

19 Sandra Day O'Connor and William Rehnquist in *Aguilar v. Felton*, 473 U.S.402(1985), p.429.

20 Sam Harris, *The End of Faith: Religion, Terror, and the Future of Reason*(New York: W. W. Norton & Company, 2004), pp.52~53.

03 자생 테러리즘 설명에서 종교 무시
한 가지 비판

론 도슨

서론

　정치인, 공무원, 학자들은 대부분 이슬람과 테러리즘 사이, 더 일반적으로
는 종교적인 것 자체와 테러리스트인 것 사이에 그 어떤 직접적인 인과관계가
있음을 부정하는 데 신중해 왔다. 그들은 당연하게 자국에 있는 평화적인 이
슬람 구성원에 대해서도 그러한 연관이 갖는 부정적 함의를 염려한다. 그러나
너무나 많은 테러리스트들이 자신들의 행위에 대해, 특히 가장 당황스럽고 도
발적인 테러리즘 형태인 자살 폭탄 테러의 맥락에서 끊임없이 종교적인 정당
화를 제시하고 있기 때문에, 이러한 연결은 계속되고 있다. 우리는 폭탄 테러
범들이 자신들의 행위에 대해 넘치는 종교 수사修辭로 정당화를 제시하는, 비
디오로 녹화된 증언들을 수천은 아니라 하더라도 수백 건 마주한다. 이렇게
더 넓은 상황이 갖는 모호성은 테러리스트의 일차적 동기로서 종교적 신념의
중요성에 대한 학술 논쟁에 반영되어 있다.[1] 현재 테러리즘 연구에 몸담고 있
는 종교사회학자로서,[2] 나는 테러리즘의 인과성에 대한 평가에서 종교를 독립
변수로 다루는 것에 대해 분명히 조심스러움을 보여왔다. 사회 현상에 대한

과학적 연구는 여러 변수들의 상호 효과에 대한 체계적이고 차별적인 분석을 고려해야 한다. 그러나 지하드의 테러리즘, 특히 이른바 자생적인 종류의 테러리즘에 대한 연구는 대개 그러한 분석을 하는 데 실패하고 있다. 종교의 인과적 역할은 흔히 인정되거나 적어도 암시되고 있으며, 그런 다음 명백하게 또는 암묵적으로 무시된다. 자생적인 지하디스트들의 종교적 선언들을 선전에 불과한 것으로 범주화하거나, 단지 심층적인 비합리적 충동의 표면적 현시顯示로 취급하거나, 더 그럴듯하게 여겨지는 다른 사회적·경제적·정치적 불만으로 설명하여 치워버림으로써, 그것들의 중요성을 최소화하려는 광범위하고 확고한 경향이 있다. 그러나 이러한 해석적 편견은 철저한 조사에는 견디지 못할 것이며, 알카에다al-Qaeda가 가한 위협과 이슬람 국가IS가 조장한 테러리즘을 이해하고 감소시키는 데 역효과를 낳는다.

문제에 대한 세 가지 설명

종교적 테러리즘을 다루는 저작은 광범위하고 다양해서 여기서 다 살펴볼 수는 없다. 한정된 지면 안에 이러한 편견이 테러리즘 연구에 만연함을 명확하게 논증하여 보여줄 수도 없다. 그 대신에 나는 가장 왕성하고 날카롭고 영향력 있는 몇 명의 테러리즘 연구 학자들, 곧 마크 세이지먼Marc Sageman, 앤드루 실키Andrew Silke, 클라크 매콜리Clark McCauley의 세 연구에서 종교가 인과 변수로 다루어지는 방식들을 표본으로 뽑아볼 것이다. 그들은 공교롭게도 모두 전문적인 정신과 의사나 심리학자이지만, 그들의 주장은 다른 학자들의 작업에도 적용된다. 나의 논평은 그들의 연구나 내가 비판하고 있는 연구들의 다른 장점들을 폄하하려는 것이 아니다. 나는 이 연구들이 제시한 사례에서 계속하여 영감을 받고 있으며, 이 문제를 설명하기 위해 이들의 저작을 예시로 사용하도록 고무한 것은 바로 이 분야에서 이들이 지닌 위상이다. 나의 중심 관심사가 국제적인 모든 형태의 지하디즘이 아니라, 서구의 자생 테러리즘 사레에서 종교를 다루는 것에 있다는 것을 강조하고 싶다.

마크 세이지먼

세이지먼이 쓴 영향력 있는 책 『테러 네트워크 이해하기Understanding Terror Networks』[3]에서 종교를 다루는 방법은 상대적으로 혼란스러운데, 그동안 아무도 눈치채지 못한 듯하여 기이하다. '신앙'[4]을 지하디 테러리스트들의 과격화 과정의 한 요소로 다루고 있는, 믿기 힘들 정도로 짧고 겉으로 보기에는 일관된 몇 페이지 안에는 교차하는 많은 탐구 노선들이 무리하게 압착되어 있다. 세이지먼은 자신이 보유한 국제 무자헤딘mujahideen[+] 표본 전체의 삶에서 종교가 하는 것으로 보이는 상대적으로 강한 역할을 언급함으로써 책을 시작한다. 대부분은 상당히 종교적인 가족 배경을 갖고 있으며, 많은 수(49%)가 어렸을 때 특별히 헌신적이었다고 보고되었다. 그러나 그가 관찰하듯이, 유럽인 지하디스트들의 하위 표본은 대부분 상당히 세속적인 배경 출신이기 때문에 이례적이다. 이러한 예외는 그의 책 나머지 부분이 지적하듯이, 종교가 반드시 지하디 테러리즘의 일차 원인은 아니라는 것을 뜻한다. 그러나 그는 나아가서 모든 사례에서 지하드에 가입하기 직전에 눈에 띄는 종교성의 급증이 있었다는 것을 인정한다. 이러한 급증은 특히 이슬람에 대한 헌신도가 8%에서 100%로 증가한 유럽인에게서 특히 주목할 만하다.[5] 세이지먼은 이렇게 말하면서 이 결과의 중요성을 무시한다.

우리는 미래의 무자헤딘에 대해서는 이러한 증가된 헌신에 인과관계를 부여하지 않도록 주의해야 한다. 신앙에 있어서 이러한 변화는 더 일반적인 지하드 참여 과정의 반영일 수 있다. 이 경우에 그것은 이 과정의 원인이라기보다는 결

[+] 지하드 전사들, 아프가니스탄 반군 조직, 거룩한 전쟁을 수행하는 이들. 이슬람의 맥락에서 무자헤딘은 알라를 위해 기꺼이 삶을 희생하는 알라의 기사들이다.

과를 시사하는 것일 수 있다. 이 점에서 그 증거는 여전히 기술記述적이며, 아직 이 증가된 신앙이 글로벌 지하드에 가입하는 과정에 기여한다는 결론을 정당화하지 못한다.[6]

일반적인 상황에서 보면, 이것은 확실히 현명한 의견이다. 그러나 이 사례에서는 다소 솔직하지 못하다. 충분히 크고 다양한 표본에서 나온 신뢰할 만한 데이터가 부재한 상황에서, 테러리스트들의 가능한 동기들에 대하여 우리가 아는 어떠한 것도 이 방법론적 격언을 벗어나지 못한다. 게다가 몇 문단 앞에서 세이지먼은 "글로벌 살라피 지하드Salafi jihad[+]가 무슬림 부흥운동 조직이라는 사실을 고려해 볼 때"[7] 대개 헌신 정도의 변화가 지하드 가입에 선행한다는 것에 놀라지 말아야 한다고 언급했다. 사실 그의 저작이 제시하고 또한 아무도 부정하지 않았듯이, 지하디의 과격화를 보여주는 유일하게 가장 일관되고 뚜렷한 지표는 더 종교적인 라이프스타일과 더 특별히 극단적인 신앙과 실천을 채택하는 것이다. 그러나 이유가 무엇이든 간에 세이지먼은 명백하게 이러한 결과에 불편해하며, 그들을 단지 동료를 찾는 외로운 사람들로 특징지음으로써 유럽인 지하디스트들이 보이는 독특성에 대한 설명을 회피한다.

체류자 사회, 특별히 이들을 반가워하지 않는 비무슬림 서구 국가에서, 비슷한 배경의 사람들과 교제할 수 있는 가장 좋은 곳은 모스크이다. 그들을 배제하는 사회와 공허한 좌파의 약속에 환멸을 느낀 …… 2세대 또는 체류 중인 마그레브 아랍인들Maghreb Arabs[++]은 모스크에 가서 새로운 친구들을 만났다. 이슬람은

+ 살라피(Salafi)란 중세부터 시작된 무슬림 그룹으로 살라프(Salaf)를 삶의 모델로서 따르는 사람들을 가리킨다. 살라프는 예언자 무함마드의 교우(사바하) 또는 성립기 움마(Ummah)를 지지한 사람들을 포함하여 무슬림 3세대 지도자들을 총망라한다. 살라피 내부에는 이슬람 개혁을 천명하는 성향과 이슬람 복고주의 운동인 와하비즘을 추구하는 성향이 공존하는데, 과격한 살라피들은 폭력 사용을 정당화하는 '살라피 지하드'를 천명했다. 이들은 이슬람 율법을 적용하여 종교를 정치화하기를 바라고, 현대 아랍 이슬람 국가들을 이슬람을 위반한 국가로 본다.

그들의 존엄성을 회복시켜 주고, 영적인 소명감을 주고, 그들의 가치를 높여주는 길이었다.[8]

여기서 함축하고 있는 진정한 이슈는 소속감과 존엄이지 종교 그 자체가 아니다. 그러나 그는 '영적 소명감'이라는 구절을 어쩔 수 없이 끼워 넣고 있는데, 이는 모든 형태의 교제에 대해 말하는 것이 아님을 내포한다. 예를 들어, 스포츠가 제공하는 것보다 더 몰두할 수 있는 교제가 있으며, 특히 테러리스트들 스스로가 발표하는 성명과 테러리즘의 삶과 죽음의 현실 앞에서 그 차이는 중요하다.

내가 다른 책에서 주장하듯이,[9] 종교적 현상을 사회적 현상과 아무튼 더 본원적인primordial 현상으로 환원시키려는 시도는 정밀한 조사를 견뎌내지 못할 것이다. 테러리스트들이 외로움을 느끼고 사회적인 지지를 위해 모스크에 의지했다는 것을 어떻게 아는가? 실제적인 증거가 어디 있는가? 이러한 추론은 외국인 학생이나 새로운 이민자들에게는 타당할 수 있으나, 유럽에서 태어난 이들에게 얼마나 타당하겠는가? 그들은 가족, 친구, 친숙한 모든 것에서 멀리 떨어져 있지 않다. 그래서 "우리는 이러한 마그레브 아랍인들이 외로움과 소외에 의해 움직였다고 어떻게 말할 수 있는가? …… 외로움이 어떤 개인들이 처음에 이슬람이나 아마도 더 밀착된 형태의 이슬람 근본주의로 개종하는 이유를 설명할 수 있을지는 몰라도, 그들 중 일부가 더 과격화되는 것을 설명하는 데 관련이 있을까? 위안을 찾고자 과격한 종교에 의지하게 된 많은 이들 가운데 왜 소수만이 과격화되어 난폭해지는가?"[10] 종교로 매개된 외로움과 테러리스트가 되는 것 사이의 연결은 기껏해야 가설에 불과하며 특정할 수 없다. 그러나 나는 그 연결이 대부분의 독자들에게 매우 그럴듯해 보이는 이유가,

++ 마그레브는 동방과 반대로 서방 땅의 끝을 뜻하는 아랍어로, 북아프리카 지역, 곧 모로코, 알제리, 튀니지를 아우르는 지역을 말한다.

사람들이 종교 집단에 참여하는 이유와 더 나아가 추측하건대 주변적 개인들이 극단적 형태의 종교적 헌신에 이끌리는 이유에 대한 그들의 선입관이 일치하기 때문이라고 의심한다. 종교의 주된 기능은 보상적인 데 있다고 여기는 것이다. 이 단순한 선입관은 본질적으로 대중적이고 확고하거나, 또는 본질적으로 더 성찰적이면서 뒤르켐적인 것이 될 수도 있다.[11] 어느 쪽이든 그 연결은 마땅히 고려해야 할 테러리스트들 자신의 상황 정의로부터 우리의 관심을 멀어지게 하기 때문에, 입증되지 않는 것이며 의도와는 반대의 결과를 초래한다.

앤드루 실키

2008년에 실키는 「거룩한 전사들: 지하디 과격화의 심리적 과정 탐구Holy Warriors: Exploring the Psychological Processes of Jihadi Radicalization」[12]라는 글에서 과격화 연구에 대한 뛰어난 요약 분석을 발표했다. 나는 글의 제목에 종교 개념이 생생하게 강조되어 있어서 이 글에 마음이 끌렸다. 그러나 '거룩한 전사'에 대한 언급은 꽤 오해의 소지가 있다. 참고문헌을 제외하고 20쪽의 본문에서 '종교의 역할'에 할애한 지면은 한 쪽도 되지 않는다.[13] 이 글에서 실키는 테러리즘과 남자 청년들의 일탈 경향은 잠재적 연결고리가 있지만, 정신병리학과 테러리즘 사이에는 유의미한 상호관계가 없다는 것을 보여준다. 그는 또한 테러리즘과 교육, 직업, 결혼 사이에 직관과는 반대되는 상호관계가 있음을 언급한다. 정반대로 테러리스트들은 사회의 소외 계층 출신에 편중되어 있지 않다. 가난은 극단주의 그룹의 일원이 되는 것을 예측할 수 있는 지표가 아니다. 그 대신에 실키는 주안점이 사회 정체성 및 집단 충성심의 이슈와 인지된 부정의 및 복수復讐의 심리학의 촉매적 영향력에 놓여야 한다고 주장한다. 우리는 유럽에 있는 무슬림들의 정체성, 충성심, 인식에 대해 말하고 있기 때문에, 각 요소의 기여를 논의하는 데 있어 종교의 역할은 중요해 보인다. 그러나 실키는 단지 지나가는 말로 종교를 언급할 뿐, 폭력으로의 전환을 고조시키는 경우에 어떠한 유형의 극단주의 이데올로기보다는 더 포괄적인 사회적 요소와 과정들이 더 중요하다고 시사한다.

　사회 정체성 이슈들을 연구할 필요성을 제기하면서, 실키는 "지하디즘의 맥락에서 사회 정체성의 주요 측면은 (1) 종교의 역할과 (2) 집단 충성심이다"[14]라고 언급한다. 그는 네 개의 짧은 문단을 종교의 역할을 설명하는 데 할애했다.

　첫 번째 짧은 문단은 살라피-지하디스트 이데올로기의 글로벌한 열망을 신기한 듯이 묘사한다. 두 번째 문단은 오로지 "18%만이 …… 이슬람의 종교적인 초등 교육 또는 중등 교육을 받았다"는 사실을 강조하면서, 이슬람 극단주의자들의 종교적 배경에 대한 세이지먼의 연구 결과 일부를 요약한다. 가장 긴 세 번째 문단은 지하디스트 "대다수가 청소년기에 종교적이라고 묘사되지 않았으며", "8%는 기독교인으로 성장했다"[15]라고 강조함으로써 과격화의 한 요소로서 종교의 중요성을 더 약화시키는 데 기여한다. 실키는 99%가 지하드에 가입하기 전에 종교적으로 매우 변화했다는 것을 언급하지만, 이러한 증가의 중요성을 무시해 버리는, 세이지먼의 외로움과 교제에 대한 주장을 반복한다. 중요한 것은 이 개인들이 형성한 집단 결속인데, 이 집단 결속은 모스크가 제공한 환경에서 형성되었으며, 결과적인 과격화는 "전형적으로 모스크 안의 공식 위계 조직의 가르침에서 생겨난 것이 아니다"라는 것을 독자에게 재확인시켜 주면서 이 문단은 끝을 맺는다. 마지막으로 네 번째 문단에서는 이 주제를 끝내면서 "모든 살라피스트 무슬림들이 글로벌 지하드를 지지하는 것은 아니"라고 강조한다. 사실상 대부분은 지지하지 않는다. "그래서 이슬람 테러리즘의 사고방식을 이해하기 위해서는 종교 교리의 한계를 넘어서 다른 추동 요소들을 탐구할 필요가 있다."[16]

　세이지먼과 마찬가지로, 과격화에서 종교의 역할에 대한 이 짧은 서술은 여러 교차하는 주제들을 제기했다. 우리는 다시 한번 종교적 요소나 그 이데올로기의 특징에 어떤 특별한 중요성을 부여하기를 거부하면서도, 문제의 극단주의를 특정 종교 이데올로기와 강하게 동일시하려는 모순된 경향을 접하게 된다. 이슬람 자체를 비난하는 것에 대한 두려움이 적절한 종교성 측면에 대한 조사 연구를 생략하게 하는 것으로 보인다. 분석은 더 지적하기 수월한 근거, 곧 정체성, 인지된 부정의 그리고 이 경우에는 그저 우연히 종교적으로 부호화된 복수의 이슈들에 귀착된다. 지하디스트들의 경우에 과격화의 진짜 원인에 대한 실키의 직관이 갖는 장점이 무엇이든지 간에, 종교적 헌신의 본질에 더 많은 관심을 가지는 것은 정당하다. 한편으로, 많은 테러리스트가 다른 종류의 이데올로기로 고무되어 왔지만, 종교 테러리즘에 대해서는 특별하거나 다른 무언가가 있는 듯 보인다.[17] 다른 한편으로, 테러리즘을 추동해 왔던 더 광신적인 세속 이데올로기와 그것들이 제공하는 헌신과 만족에는 본질적으로 종교와 동일한 무언가가 있는 듯 보인다.[18] 최소한 우리는 종교적 형태의 테러리즘과 세속적 형태의 테러리즘을 구분하는 데 더 많은 노력을 기울일 필요가 있다.[19] 그러나 이를 위해 조사 연구자들이 일부 테러리스트들의 종교성을 탐구하는 데 대해 지나치게 조심스러워할 필요는 없다.

실키는 결론에서 새롭고 매우 중요한 주장을 펼친다. 그는 "테러리스트 폭력에 대한 설명으로 흔히 제공되는 일반적인 신화와 가정들을 넘어서서 보는 것은 어렵다. 부분적으로 이것은 그들이 테러에 참여하는 과정이 여러 가지 점에서 우리가 다른 유형의 공격의 발전과 경로에 대해 이해하는 바와 일치하지 않기 때문이다"라고 말한다. 그는 계속해서 어린 나이에 테러에 참여하게 만드는 잘 알려진 위험 요소들을 빠르게 요약하면서, "이 요소들의 대부분이 지하디들의 삶에 부재하며, 실제로 많은 테러리스트들은 대개 테러에 가담하려는 것을 막으려는 집안 배경이 있는 것으로 보인다"라고 결론을 내린다. 테러리스트들은 전형적인 범죄자가 아니다. 그들은 "독특한 집단이며, 많은 면에서 그들의 비관습적인 행동의 근원은 예외적이다". 이에 따라 범죄학자들은 "테러리스트들의 삶에서 보이는 독특한 유형들을 수월하게 설명할 수 있는 이론과 모델들을 발전시키려 애써야 할 것이다".[20] 가입 이전에 확연한 종교성의 급증을 고려해 볼 때, 확실히 종교는 추가적으로 주의 깊은 연구가 필요한 독특한 요소 가운데 하나로 고려해야 하는가? 그러나 종교와 도덕성 그리고 개인적·사회적 정체성의 아주 오래된 연결에 지속적인 관심이 있었던 것은 아니다.[21] 표준적인 범죄 생성 요소들이 지하디들에게 적용되지 않는다면, 그

것이 청소년 갱gang의 가입 과정과 유사하다 할지라도, 중요한 차이점 또한 있는 것이다. 혹시 갱이 아니라 지하디에 가입함으로써 자신들의 정체성 이슈를 해결하고자 하는 개인들은 도덕적 정언명령에 추동되는 것인가? 지하디들은 올바른 일을 하는 것에 대해 말하고, 고결해지고자 분투하는 데 많은 시간을 보낸다. 혹시 우리가 보다 주의 깊게 들어야 하는가? 나는 사회화에 원인이 있든 성격에 원인이 있든 간에, 절대적인 도덕적 명확성과 초월적인 목적을 약속하는 이데올로기의 흡인 요소를 설명해 주는 것은 그들 특성의 이러한 측면이라고 추측한다. 적어도 서구에서 지하드에 가입한다는 것은 범죄 조직보다는 새로운 종교 운동에 이끌리는 것과 같은 것일 수 있다.[22]

클라크 매콜리

클라크 매콜리와 소피아 모스칼렌코Sophia Moskalenko는 공저 『마찰: 과격화는 어떻게 그들과 우리에게 일어나는가Friction: How Radicalization Happens to Them and Us』[23]에서, 진즉에 있었어야 할 최고의 작업인, 실험 사회심리학의 연구 결과들을 과격화 과정에 적용한 결과를 제공해 준다. 연결은 다양하며, 분석은 포괄적이다. 그들은 인간의 동기, 인지 과정, 소집단 역학 연구에 축적된 통찰들을 19세기 후반과 20세기 초반의 러시아 무정부주의 테러리스트들에 대해 진행 중인 사례 연구에 적용한다. 그들은 또한 오늘날의 지하디스트 테러리스트를 이해하기 위한 함의를 더 제한적으로 발굴하고자 한다. 그러나 "정치적 과격화에서 이데올로기의"[24] 역할에 대한 분석에는 두 쪽이 채 안 되게 할애한다. 이 짧은 논의에서 매콜리와 모스칼렌코는 폭력적 과격화를 조장하는 데 있어 신앙과 이데올로기의 중요성을 최소화하는, 그리고 더 구체적으로는 종교에 어떠한 신중한 주의를 기울이는 것을 회피하는, 많은 표준적인 주장들을 빠르게 살피고 있다.

첫째, 그들은 "믿음과 행위의 구분이 정치의 영역에서 특별히 주목할 만하다"라고 강조하면서, "믿음은 그 자체만으로는 행위에 대한 약한 예측변수"임을 보여주는 사회심리학 연구의 긴 역사를 언급한다.[25] 둘째, 그들은 자신들의 연구와 비슷하게, "이데올로기를 포함하지 않으면서 과격화에 이르는 길들이 많이 있다. 어떤 이들은 전율과 지위 때문에, 어떤 이들은 사랑 때문에, 어떤 이들은 관계와 동지애 때문에 급진적인 집단에 가입할 수 있다. 폭력을 합리화하는 데 기여하는 이데올로기와 함께, 개인적인 불만과 집단적 불만은 개인들이 폭력을 지향하게 만들 수 있다"[26]라고 언급한다. 이데올로기가 사후事後에 '폭력에 대한 정당화'로 작동하게 된다는 마지막 문장의 주장이 그들의 세 번째 주장이다. 그들은 이데올로기가 "폭력을 받아들일 만할 뿐 아니라 필요 불가결한 것으로 만드는 틀 짓기framing와 해석"을 제공한다는 것을 인정한다. 그러나 지하디스트들을 염두에 두고, 이 "틀이 민간인을 공격하는 것에 반대하는 코란의 제약에 대한 전통적인 해석들과 단지 느슨하게만 관련되어 있다"[27]라고 주장한다. 마지막으로 넷째, 그들은 "과격화와 테러리즘이 나쁜 사상의 보급 정도로 축소될 수 없고, 지하디스트 위협의 '무게 중심'은 과격한 형태의 이슬람이 아니라는 인식이 늘고 있으며 …… [심지어] 대부분의 와하비스트Wahabbist나 살라피 무슬림들은 테러리즘을 지지하지 않는다"[28]라고 주장한다.

그 짧은 분석은 세이지먼과 실키가 발전시킨 주장의 여러 측면들을 이용하고 있으며, 대중이 이슬람주의, 곧 '나쁜 사상'에 대한 순진하고 유례없는 집착을 넘어서도록 독려하려는 유사한 욕구가 이를 추동한 것으로 보인다. 이것은 어느 정도 이해할 만하며, 매콜리와 모스칼렌코는 테러리즘을 추동하는 복합적인 동기에 대한 우리의 이해를 어느 정도는 향상시켜 주었다. 그러나 이 경우에 그들은 정도가 지나쳐서, 반대되는 지나친 단순화만 우리에게 남겨주었다. 신뢰할 만한 학자라면 어느 누구도 "믿음만"이 "과격화의 원동력"[29]이라고 주장하지 않는데, 매콜리와 모스칼렌코는 지푸라기 개straw dog[+]를 염두에 두고, 이데올로기에 대한 자신들의 주장을 조율해 왔다. 그러나 많은 요소들

+ 짚으로 만든 개의 형상은 고대 중국인들이 제사를 지낼 때 신에게 바치기 위해 만든 희생물이다. 제사가 끝날 때까지는 최고의 예우를 받지만, 제사 후에는 내팽개쳐진다. 곧, 파괴하기 위해 만들어진 대상이라고 할 수 있다.

이 관련되어 있으며, 내가 캐나다의 통합국가안보집행팀Integrated National Security Enforcement Teams,+ 발실리 국제관계 대학Balsillie School of International Affairs, 캐나다 군사 대학Canadian Forces College, 국회 의사당 등에서 한 수많은 발표에서 주장해 왔듯이, 우리는 과격화에 관계된 사회 구조적, 집단 역학적, 개인적인 변수들의 복합적인 생태학 모델을 향해 나아가고 있으며, 이 모델은 공유된 초맥락적trans-contextual 변수들과 더 특이한 변수들의 역할을 모두 인정한다. 우리 가운데 많은 이들이 그 혼합 모델에서 특정한 이데올로기들의 영향이 중심적이라고 주장할 것이다.[30] 두 개인이 정확히 동일한 방식으로 또는 동일한 이유로 과격화되지는 않겠지만, 그 과정에는 명백한 패턴이 있으며, 또한 구성 요소들 가운데는 상당한 공통점이 있다.[31] 내가 염두에 두고 있는 것은 여기서 설명하기에는 너무 복잡하다. 그러나 사건과 경험을 틀 짓고 해석하는 과정, 곧 이데올로기의 과업은 사후에 별개의 순간에 일어나는 것이 아니다. 그것은 잠재적 테러리스트들이 지하디 테러리즘에 관여하는 데 불가피하게 선행하는 것이라고 학자들이 인정하는 대안적 세계관에 빠져드는 과정의 필수적인 부분이다.[32] 그냥 범죄가 아니라 테러리즘 사례로서 특정 상황을 구별해 주는 것이 바로 이 과정이다. 이 틀 짓기 과정은 극단주의 입장으로의 전향 과정이 완결되기 훨씬 이전에 시작하며, 그러한 전향이 진행되고 있다는 것을 보여주는 최초의 그리고 가장 뚜렷한 지표이다. 종교성의 급증이 지하디가 되기 전에 선행한다는 것은 가장 확실한 부분이다. 이 사실을 최소화하면 과연 어떠한 설명력을 얻을 수 있을까? 이것은 물론 이데올로기의 내용이 무엇이든 간에 사실이다. 그러나 그 이데올로기가 지하디 내러티브의 경우에서처럼 절대적인 악과 선의 세력들 사이에 냉혹한 충돌을 묘사하고, 모든 진정한 신자들은 초월적으로 정당화되는 목적을 위해 폭력을 사용할 근본적인 도덕적 의무가 있다고 선언할 때, 매콜리와 모스칼렌코가 신앙에 할당한 보조적 역할은

+ 2002년에 설립된 캐나다의 대테러 치안부대.

타당해 보이지 않으며 무책임해 보인다. 지하디 테러리스트가 되는 것에는 단지 신앙에 동의하고 그에 따라 행위하는 것보다 훨씬 더 많은 것들이 관련되어 있지만, 동의의 그 순간은 테러리스트의 정체성뿐만 아니라 행동할 의도를 형성하는 데 결정적이다.

지하디스트의 폭력 권장과 민간인에 대한 공격을 비난하는 전통적 이슬람의 요구가 일치하지 않음을 언급하면서, 매콜리와 모스칼렌코는 무심코 그들이 명백하게 거부하고 있는 바로 그 전제, 곧 신앙이 중요하다는 것에 의존하고 있다. 그렇지 않다면 신학적으로 규범적인 것을 언급하는 것은 의미가 없다. 그러나 어떤 경우에도, 일반적으로 그리고 가장 특별히 이슬람과 같이 탈중심화된 종교의 경우에 종교적 가르침의 거대한 범위와 가소성plasticity을 고려할 때, 신앙에 있어서 외견상 모순은 거의 중요하지 않다. 지하디 테러리스트의 활동을 지지하는, 넘쳐나는 파트와fatwa[33]+는, 폭력의 자극제로서 종교를 최우선으로 보는 것에 비난을 퍼붓기 위해 규범적이라고 가정되는 것을 언급하는 일이 얼마나 무익한지 보여준다. 사회심리학자들이 알아야 하는바, 사람의 동기에서 잘못된 신학은 종교성의 정도나 종교의 우선성에 대한 신뢰할 만한 지표가 아니다. 그러나 많은 분석가들은 한편으로는 지하디스트들이, 다른 한편으로는 주류 무슬림과 이슬람 학자들이 알카에다 이데올로기의 기본 요소를 해석하는 방식의 차이가 지하디스트들의 종교적 헌신의 진실성을 부인한다고 주장하면서, 이러한 비논리적인 추론의 포로가 된다.[34]

매콜리와 모스칼렌코는 논의하는 중에 또 하나의 잘못된 주장이자 유감스럽게도 매우 흔한 주장, 곧 테러리즘의 동기 부여 요인으로서 종교의 중요성을 묵살하는 데 자주 제기되었던 여러 이슈들에 닿아 있는 주장을 한다. 그들은 "오사마 빈라덴Osama bin Laden의 연설은 또 다른 단서를 제공한다"라고 언급한다.

+ 파트와는 이슬람의 법과 관련된 특정한 이슈에서 개인이나 재판관이 제기하는 질문에 대해 전문적인 이슬람 학자가 내놓는 의견이다. 종교적인 의견이지만, 법 이상의 권위를 갖기도 한다.

그는 미국에 대한 무슬림의 불만, 곧 독재적인 무슬림 지도자 지지, 이스라엘 지지, 무슬림 국가에서의 미군 주둔 등을 강조하지만, 이 불만들에 대한 해답이라고 자신이 주장하는 글로벌 칼리프 국가caliphate+를 선전하는 데는 그다지 시간을 할애하지 않는다. …… [그래서] 지하디스트 집단을 위한 이데올로기는 논쟁의 원인이라기보다는 논쟁의 산물일 수 있다.[35]

의도적이든 의도적이지 않든 이 진술에는 오해의 소지가 있다. 빈라덴의 공식 성명은 정치적이며 구체적인 불만들을 다루고 있다. 그러나 이것은 그 불만들이 또한, 혹은 훨씬 더 근본적으로 종교적이 아니라는 뜻이 아니다. 한 개인이 특정한 서구의 자유 이데올로기를 받아들이지 않는 한, 그것은 배타적인 범주가 아니다. 그리고 이슬람의 사고방식은 "교회와 국가"를 분리하는 근대 서구 전통을 상당히 자의식적으로 거부한다. 정치적·종교적 목적과 의도적으로 전근대적이고 반서구적인 의제의 이상 사이에는 구별이 없다. 더 구체적으로, 칼리프 국가에 대한 관심 부족을 말하는 것은 솔직하지 못하다. 왜냐하면 그것은 단지 빈라덴의 종교성의 명목적인 표현일 뿐이기 때문이다. 지하디스트 이데올로기에서 칼리프 국가가 하는 역할은 마르크스의 저작에서 공산주의 사회의 이상이 하는 역할에 지나지 않는다. 새로운 공산주의 사회 질서의 본질을 설명하는 데 대한 마르크스의 상대적 무관심이 그의 신랄한 자본주의 비판에서 이 이상에 대한 그의 헌신의 진정성을 의심하게 만들지는 않는다. 빈라덴의 성명은 광범위하게 종교 언어로 틀 지어져 있으며, 채택된 입장은 다른 권위 있는 정치적 전거가 아니라 쿠란과 그 외 종교적 전거를 풍부하게 참조하고 있다. 예를 들어, 미국에 대한 불만들 각각은 아랍 국가들의 통치권이나 직접적인 정치적 관심사 같은 것보다는 알라와 무슬림에 대한 모욕을 전제로 하고 있다.

+ 이슬람 예언자 무함마드의 종교적 계승자로 여겨지는 지도자 칼리프가 통치하는 이슬람 국가.

이런 점에서 브루스 로런스Bruce Lawrence는 빈라덴 성명 모음집 서문에서 유익한 언급을 한다.

객관적으로 말해서, 빈라덴은 많은 이들, 곧 그를 칭송하는 자뿐만 아니라 비판가들이 현재 미 제국이라고 부르는 것에 대항하여 전쟁을 벌이고 있다. 그러나 그 스스로는 이 용어를 결코 사용하지 않는다는 것이 중요하다. …… 그는 적을 다르게 정의한다. 그에 따르면, 지하드는 초대국이 아니라 "세계적 불신앙"을 겨냥하고 있다. 반복해서, 그의 텍스트들은 이 근본적인 이원론으로 돌아간다. 전쟁은 종교적 전쟁이다. 종교적 전쟁은 정치적 전쟁을 포함한다. 유럽인이나 미국인들을 향한 연설에서 보여주듯이, 그는 정치적 전쟁에 적절한 용어들을 가지고 전쟁을 할 수 있다. 그러나 결국 전투는 신앙의 싸움이다.[36]

보다 최근에, 시리아와 이라크의 IS 이데올로기에 고무된 어쩌면 더 위험한 테러리즘 사례에서, 종교적 언어의 중요성은 훨씬 더 두드러지며 또한 중요하다.[37] 그러나 요점은 우리가 종교적 정체성의 기반 위에 나머지 세계와 대항하고 있는 집단들을 다루고 있으며, 그들의 선전이 근본적인 구분에 기초하고 있다는 것이다.

결론

주요 학자들이 많은 저술에서 현대 테러리스트들의 동기를 설명할 때 종교의 역할을 무시하는 경향을 보이도록 무엇이 추동했는지 나는 확실히 알 수 없다. 단지 말해진 것, 말해지지 않은 것, 그리고 주장들이 표현되는 방식으로부터 가능한 이유들을 추론할 수 있을 뿐이다. 신종교 운동을 연구하는 사회학자로서 나는 가장 현대적인 북미인과 유럽인들이, 강한 까닭에 흔히 관용할 수 없는 종교적 확신을 혐오하지는 않을지라도 이해하기 어려워한다는 것을 발견했다. 이는 사회과학자라면 더 크게 느낄 것이다. 아마도 이러한 편견이 자생 지하디 테러리즘의 기원과 본질을, 그리고 시리아와 이라크에 있는 IS를 위해 싸우러 떠나는 개인들의 물결을 정당하게 이해하는 능력을 손상시키고 있는 것 같다. 그러나 이유가 어떻든, 내 주장의 설득력은 테러리즘을 설명하는 데 중요한 변수인 종교를 무시하는 사례들의 약점을 기술한 데 있다. 다른 말로 해서, 왜 일어나고 있는지를 결정적으로 주장하기보다는 어떻게 이런 일이 일어나며 그리고 그것이 적절한지 여부에 나의 초점이 있다. 종교에 대한 이러한 무시가 왜 일어나고 있는지에 대한 대답은 여전히 너무 추론적이다.

그러나 이 주요 연구자들이 어떠한 문제나 반대도 예상치 못하고 이러한 주장을 했다는 것이 중요하다. 또한 논평가들이 형식적일지라도 이들 저서에 대해 어떠한 진지한 우려도 제기하지 않은 것과 내가 이 저서들뿐 아니라 유사한 저서들의 독자들로부터 이러한 경향에 대한 어떠한 직접적인 비판도 접하지 못했다는 것도 중요하다. 이것은 종교의 본질과 종교와 정치의 관계에 대한 암묵적인 합의, 곧 종교는 사적인 문제이며, 그래서 종교적 가치가 공공 정책과 공무에 중요한 영향력을 행사하는 것은 적절치 않다는 암묵적 합의를 보여준다. 그러나 이것은 근대 유럽의 독특한 역사와 프로테스탄트 종교 개혁으로 촉발된 종교 전쟁 및 폭력적인 박해 캠페인들에서 유래한 행위 영역들의 분화에서 기원한 종교 개념이다. 전근대 유럽 세계에서, 유럽 제국주의 이전 대부분의 나머지 세계에서, 그리고 분명하게 이슬람 유산에서는, 그러한 분명한 권력의 분리가 인정되거나 요구되지 않았다. 우리가 종교적이라고 여기는 것들은 삶의 모든 영역의 본질적인 부분이며, 의미로 가득 찬 세계에 살고자 하는 추구 속에서 사적 영역과 공적 영역 사이의 구분은 최소화되고 종교와 정치의 분리는 절대적으로 거부된다.[38] 사회에서 종교의 본질과 역할에 대한 모순된 기본 가정들을 놓고 작업하며 보았을 때, 이 경우에 대화 상대인 학자들과 지하디 테러리스트들은 서로 딴소리를 하고 있으며, 이러한 오해가 폭력으로 이끄는 과격화 과정에 대한 더 나은 이해를 촉진할 수 있을지 알기 어렵다.

지금까지 테러리즘의 거시사회적·정치적·경제적인 '근본 원인'뿐만 아니라 테러리스트들의 과격화에 영향을 주는 보다 미시심리학적이고 사회심리학적인 요소들을 기술하려는 모든 노력은 기대에 미치지 못했다. 테러리스트가 되는 사람보다 훨씬 더 많은 사람이 문제의 '원인들'에 영향을 받는 것이 명백하기 때문에, 해결되지 않는 '설명적 간격'39이 있다. 다른 말로 해서, 그 요소들은 누가 테러리스트가 되는지 설명하는 데 필수적일 수 있으나, 그것만으로 또는 복합적으로도 충분하지는 않다.40 이 설명적 간격이 테러리즘 연구에 고유한 것은 아니지만, 이 경우에는 특별히 치명적인 것으로 나타난다. 결국 나는 테러리즘의 동기에 중요하고 독립적인 요소로서 종교를 무시하는 경향이 이 설명적 간격의 문제를 악화시킨다고 주장한다. 왜냐하면 지하디 테러리스트들의 동기에 대해 가용한 일차 자료들은 명백히 종교적인 반면, 연구자들이 선호하는 대부분의 심리학적·사회적인 동기에 대한 지지는 여전히 기껏해야 추론적이기 때문이다. 종교가 테러리즘의 원인이라고 상정하는 것이 아니다. 그 대신에 우리는 많은 테러리스트가 종교가 주된 것이라고 생각한다는 것을 인정할 필요가 있으며(또한 사실상 그러하고), 이런 종류의 테러리즘에 효과적으로 대처하고자 한다면 이러한 자기 이해를 고려해야 한다. 이는 분명해 보일 수 있지만, 이 주제에 대한 일부 최고의 학자들은 계속해서 이 점을 빠뜨리거나 무시하고 있다.

1 Nasra Hassan, "An Arsenal of Believers: Talking to the 'Human Bombs'," *The New Yorker*, November 19, 2001; M. Bloom, *Dying to Kill: The Allure of Suicide Terror*(New York: Columbia University Press, 2005); R. Pape, *Dying to Win: The Strategic Logic of Suicide Terrorism*(New York: Random House, 2005); M. M. Hafez, *Manufacturing Human Bombs: The Making of Palestinian Suicide Bombers*(Washington D.C.: United States Institute of Peace Press, 2006); Scott Atran, "The Moral Logic and Growth of Suicide Terrorism," *The Washington Quarterly*, 29(2006), pp.127~147; Scott Atran, *Talking to the Enemy: Religion, Brotherhood, and the (un)making of Terrorists*(New York: HarperCollins, 2010); Assaf Moghadam, "Suicide Terrorism, Occupation, and the Globalization of Martyrdom: A Critique of Dying to Win," *Studies in Conflict and Terrorism*, 29(2006),

pp.707~729; Robert Brym, "Religion, Politics, and Suicide Bombing: An Interpretive Essay," *Canadian Journal of Sociology*, 33(2008), pp.89~108.

2 Lorne L. Dawson, "The Study of New Religious Movements and the Radicalization of Home-grown Terrorists: Opening a Dialogue," *Terrorism and Political Violence*, 21(2010), pp.1~21; P. Bramadat and L. L. Dawson(eds.), *Religious Radicalization and Securitization in Canada and Beyond*(Toronto: University of Toronto Press, 2014); David C. Hofmann and Lorne L. Dawson, "The Neglected Role of Charismatic Authority in the Study of Terrorist Groups and Radicalization," *Studies in Conflict and Terrorism*, 37(2014), pp.348~368.

3 M. Sageman, *Understanding Terror Networks*(Philadelphia: University of Pennsylvania Press, 2004).

4 같은 책, pp.93~94.

5 같은 책, pp.93~94; E. Bakker, *Jihadi Terrorists in Europe: Their Characteristics and the Circumstances in which They Joined the Jihad*(The Hague: Netherlands Institute of International Relations, Clingendael, 2006).

6 Sageman, *Understanding Terror Networks*, p.93.

7 같은 책, p.93.

8 같은 책, p.93.

9 Lorne Dawson, "Trying to Make Sense of Homegrown Terrorist Radicalization: The Case of the Toronto 18," in Paul Bramadat and Lorne Dawson(eds.), *Religious Radicalization and Securitization in Canada and Beyond*(Toronto: University of Toronto Press, 2014), pp.64~91, 82~83.

10 같은 글, p.83.

11 Émile Durkheim, *The Elementary Forms of Religious Life*, translated by J. W. Swain (New York: Free Press, [1912]1965).

12 Andrew Silke, "Holy Warriors: Exploring the Psychological Processes of Jihadi Radicalization," *European Journal of Criminology*, 5(2008), pp.99~123.

13 같은 글, pp.110~111.

14 같은 글, p.110.

15 같은 글, p.110.

16 같은 글, p.111.

17 M. Juergensmeyer, *Terror in the Mind of God: The Global Rise of Religious Violence* (Berkeley CA: University of California Press, 2000); Jeffrey M. Bales, "Denying the Link between Islamist Ideology and Jihadist Terrorism: 'Political Correctness' and the Undermining of Counterterrorism," *Perspectives on Terrorism*, 7(2013), pp.5~46; Heather S. Gregg, "Three Theories of Religious Activism and Violence: Social Movements, Fundamentalists, and Apocalyptic Warriors," *Terrorism and Political Violence*, 25(2014), pp.36~51.

18 A. Orisin, *Anatomy of the Red Brigades: The Religious Mindset of Modern Terrorists* (Ithaca, New York: Cornell University Press, 2011).

19 Jonathan Fine, "Contrasting Secular and Religious Terrorism," *The Middle East Quarterly* (Winter, 2008), pp.59~69; Heather S. Gregg, "Defining and Distinguishing Secular and Religious Terrorism," *Perspectives on Terrorism*, 8(2014), pp.30~51.

20 Silke, "Holy Warriors," p.119.

21 H. J. Mol, *Identity and the Sacred*(New York: Free Press, 1976); Renate Ysseldyk, Kimberly Matheson and Hymie Anisman, "Religiosity as Identity: Toward an Under-standing of Religion from a Social Identity Perspective," *Personality and Social Psychology Review*, 14(2010), pp.60~71.

22 Lorne L. Dawson, "Who Joins New Religious Movements and Why: Twenty Years of Research and What Have We Learned?" *Studies in Religion/Sciences Religieuses*, 25 (1996), pp.141~161; Marat Shterin and Akhmet Yarlykapov, "Reconsidering Radicalisa-tion and Terrorism: The New Muslims Movement in Kabardino-Balkaria and Its Path to Violence," *Religion, State, and Society*, 39(2011), pp.303~325.

23 C. McCauley and S. Moskalenko, *Friction: How Radicalization Happens to Them and Us*(New York: Oxford University Press, 2011).

24 같은 책, pp.219~221.

25 같은 책, pp.119~220.

26 같은 책, p.220.

27 같은 책, p.220.

28 같은 책, p.221.

29 같은 책, pp.220~221.

30 Jonathan Leader Maynard, "Rethinking the Role of Ideology in Mass Atrocities," *Terrorism and Political Violence*, 26(2014), pp.821~841.

31 Donatella della Porta, "On Individual Motivations in Underground Political Organizations," in Bert Klandersmans, Hanspeter Kriesi and Sidney Tarrow(eds.), Social Movements and Violence: Participation in Underground Organizations, *International Social Movement Research*, 4, pp.3~28(Greenwich, CT: JAI Press, 1992); Max Taylor and John Horgan, "A Conceptual Framework for Addressing Psychological Process in the Development of the Terrorist," *Terrorism and Political Violence*, 18(2006), pp.585~601; Darcy M. E., Noricks, "The Root Causes of Terrorism," in Paul K. Davis and Kim Cragin(eds.), *Social Science for Counterterrorism: Putting the Pieces Together*(Arlington, VA: National Defense Institute, RAND corp., 2009), pp.11~70; Anja, Dalgaard-Nielsen, "Violent Radicalization in Europe: What We Know and What We Do Not Know," *Studies in Conflict and Terrorism*, 33(2010), pp.797~814.

32 Donatella della Porta, "Recruitment Process in Clandestine Political Organizations: Italian Left-Wing Terrorism," in Bert Klandersmans, Hanspeter Kriesi and Sidney Tarrow (eds.), *International Social Movement Research*, 1(Greenwich, CT: JAI Press, 1988), pp.155~169; Martha Crenshaw, "The Subjective Reality of the Terrorist: Ideological and Psychological Factors in Terrorism," in Robert O. Slater and Michael Stohl(eds.), *Current Perspectives on International Terrorism*(London: MacMillan Press, 1988), pp.12~46;

Quintan, Wiktorowicz, *Radical Islam Rising: Muslim Extremism in the West*(Lanham, MD: Rowman and Littlefield, 2005); John Horgan, *Walking Away from Terrorism: Accounts of Disengagement from Radical and Extremist Movements*(New York: Routledge, 2009).

33 Shmuel Bar, *Warrant for Terror: Fatwas of Radical Islam and the Duty of Jihad* (Lanham, MD: Rowman and Littlefield, 2006).

34 예를 들어, Tom Quiggin, "Understanding al-Qaeda's Ideology for Counter-Narrative Work," *Perspectives on Terrorism*, 3(2009), pp.18~24.

35 McCauley and Moskalenko, *Friction*, p.220.

36 Bruce Lawrence(ed.), *Messages to the World: The Statements of Osama Bin Laden* (London: Verson, 2005), p.xx.

37 Graeme Wood, "What ISIS Really Wants," *The Atlantic*, March, 2015, pp.18~94; Alex P. Schmind, "Challenging the Narrative of the 'Islamic State'," International Centre for Counter-Terrorism Research Paper(The Netherlands: The Hague, 2015).

38 Jonathan Z. Smith, "Religion, Religions, Religious," in Mark C. Taylor(ed.), *Critical Terms for Religious Studies*(Chicago: University of Chicago Press, 1998); D. Dubuisson, *The Western Construction of Religion: Myths, Knowledge, and Ideology*, translated by W. Sayers(Baltimore, MD: Johns Hopkins University Press, [1998]2003).

39 Dawson, "Trying to Make Sense," pp.66~67; Marc Sageman, "The Stagnation of Terrorism Research," *Terrorism and Political Violence*, 26(2014), pp.565~580.

40 J. Horgan, *The Psychology of Terrorism*(New York: Routledge, 2005); Kim R. Cragin, "Resisting Violent Extremism: A Conceptual Model for Non-radicalization," *Terrorism and Political Violence*, 26(2014), pp.337~353.

04 종교, 과격화 그리고 테러리즘의 원인

톰 밀스·데이비드 밀러

테러리즘의 원인은 무엇이며 어떻게 막을 수 있을까? 이것은 우리 시대와 지난 15년의 거대한 정치적 질문 가운데 하나로, 국가 대對테러리즘 프로그램뿐만 아니라 이 질문을 해명하고 대테러리즘 정책과 실천에 도움을 줄 수 있는 연구에 상당한 자원이 할당되어 왔다. 테러리즘 전문가들은 가능한 많은 원인을 탐구해 왔다. 낮은 교육 수준, 경제적·재정적 위기, 세계화, 불평등, 점령, 정치 억압, 가난, 정신 이상, 국가 실패 등은 원인의 복수성과 그 이슈의 복잡성을 강조하는 경향이 있는 문헌들에서 연구된 일부 요소에 불과하다.[1] 그러나 테러리즘 전문가들이 자신의 연구 주제의 가장 중요한 원인에 대해 집합적으로 어떤 확고한 결론에 도달하는 것은 불가능해 보이긴 하지만, 그들이 지향하는 정책 의제는 점차로 무슬림들에 초점을 맞추어왔으며, 전문가들은 통상적으로는 부인하지만 (그러한 경향을) 뒤따랐다.

이슬람과 테러리즘

정치 엘리트들은 이슬람 자체를 테러리즘의 주요 원인으로 언급하지 않지만―대개 비주류 운동에 한정된다는 드물지 않은 주장을 편다―그럼에도 불구하고 정책계에서는 일부 극단적인 형태의 이슬람이 현대 테러리즘 이면의 주요 동력이었다는 전제가 널리 퍼져 있다. 이슬람주의, 정치적 이슬람, 와하비즘 Wahhabism, 살라피즘Salafism은 이슬람 극단주의, 근본주의, 과격주의 등 다소 모호한 언급들과 함께 정책 공고와 테러리즘 연구 문헌에 등장하는 테러리즘의 유력한 용의자들이다. 그래서 이슬람은 일반적으로 평화의 종교로서 칭송되고 평범하거나 온건한 무슬림들은 대개 테러리스트, 과격분자 그리고 극단주의자와 구분하여 언급되지만, 현대 정치폭력은 여전히 기본적으로 무슬림 문제로 압도되어 보이며 대테러리즘 정책과 실천이 표적으로 삼는 것도 대개 무슬림들이다.

이것은 정당해 보이고, 표면적 수준에서는 이해할 만해 보일 수 있다. 그리고 결국 무슬림 집단들이 다수의 현대적인 글로벌 비국가 정치폭력에 책임이 있다는 것을 시사하는 증거가 생산될 수 있다. 예를 들어, 국제경제평화연구소 Institute for Economics and Peace가 발표한 「2014년 글로벌 테러리즘 지표2014 Global Terrorism Index」에 나타난 수치들을 살펴보자. 그 수치들이 시사하는 바는 2013년에 테러리스트 공격으로 사망한 사람들의 3분의 2가 단 네 집단, 곧 이슬람 국가IS, 보코 하람Boko Haram, 탈레반Taliban, 알카에다al-Qaeda 연계 조직에 기인한다는 것인데, 이들은 모두 "와하비 이슬람의 극단적 해석에 기반한 종교 이데올로기"를 표방한다.[2] 게다가 그 보고서는 이 폭력을 2000년 이래 종교적 동기가 있는 (무슬림) 테러리즘이 심각하게 증가했다는 더 넓은 맥락에 위치시키고 있다. 종교는 그해 이후로 '테러리즘의 주된 추력 이데올로기'가 되는 민족주의자/분리주의자와 정치 명분을 모두 추월했다고 제시된다.[3]

종교, 특히 일부 이슬람 변종이 이제 테러리즘 배후의 바로 그 주된 동인이라면, 종교를 연구의 초점으로 삼는 것은 타당해 보인다. 그러나 그런 접근들은 기껏해야 현대 정치폭력에 대해 매우 제한된 이해로 이끄는 잘못된 전제들에 뿌리를 두고 있다. 첫째, 우리가 '테러리스트'로 부르는 폭력적인 비국가 조직이나 운동들과 같은 특정한 행위자들에 초점을 둠으로써, 관련된 행위자와 요소 전체가 배경으로 밀려나거나 모두 무시된다. 예를 들어, 정치 폭력행위와 특정한 갈등이 일어나는 넓은 지정학적 맥락이 모호해지고 국가의 역할도 모호하게 된다. 둘째, '테러리스트'의 이데올로기에 부여되는 경향이 있는 인과적 우선성은 분석을 더 좁게 하고 탈정치화하는 데 기여할 뿐이다. 그러한 틀 안에서는, (적들의 이념과 실천을 포함하여) 일련의 이념이 그것이 형성되고 동원되는 실제 환경에 어떻게 관련되는지에 대해서는 적절한 관심을 기울이지 않은 채, 갈등을 특정한 전투 하위집단이 천명하고 선전하는 이념이 추동하는 것으로 이해하게 된다. 이 문제는 종교적으로 추동된 테러리즘의 경우에 더 두드러지며, 이것은 훨씬 더 즉각적으로 비합리적이고 무자비한 것으로서 묵살될 수 있다.

이 모든 것은 현대의 갈등과 그 안에서 종교의 역할에 대해 매우 만족스럽지 못한 이해를 낳았다. 그러나 여기서 문제는 단지 부적절한 추론의 문제만이 아니다. 이 장은 테러리즘 정책과 테러리즘 연구에서 이슬람과 무슬림들에 대한 과도한 초점이 서구 국가들의 이해를 반영하는데, 서구 국가 자신이 '테러리스트'를 포함하여 현대 갈등들의 배후에 있는 주된 동인이라고 주장한다. 그러한 국가들, 주로 미국과, 유럽 및 중동에 있는 미국의 가까운 동맹국들은 테러리즘의 근본 원인에 대한 이해보다 정치폭력의 관리에 맞추어진 학문과 전문 지식의 형태를 발전시키면서, 동시에 '테러리즘'을 악화시키는 것으로 알려진 정책들을 무모하게 추구해 왔다. 이런 의미에서, 문제는 탈정치화된 분석보다는 정치적으로 타협된 전문 지식이다.

이 장에서 우리는 특별히 테러리즘에 대한 생각을 축적하고 국가 이익이 해석되는 방식에 영향을 주어온 전문가들과 실시되고 있는 정책 및 실천에 주목한다. '테러리즘 전문가들'이 정치폭력에 대한 중요한 연구를 해왔고 그들이 속해 있는 네트워크가 정치적으로나 지적으로 결코 동질적이지 않다는 것이 강조되어야 한다. 그럼에도 불구하고 우리는 그 분야의 자명한 가정과 그 분야를 에워싸고 있는 관련된 이해관계가 그들의 분야를 심각하게 제한하고 있다고 생각한다.

테러리즘 전문가의 등장

테러리즘 연구는 먼저 자신들을 '테러리즘 마피아'라고 일컬었던 핵심 연구자 그룹이 '테러리즘'을 타당한 연구 대상으로 발전시키고자 했던 1970년대에 하나의 분야로 등장했다. "제도적 선구자들은 프로젝트, 조직, 활동들을 구성하여, 그들 사이에 전문적 관계가 성장하도록 촉진했으며 다른 수용자들과 전문지식을 소통했다."[4] 이 새로운 분야의 주목할 만한 개척자로는 1986년까지 조지타운 대학교에 있었고 워싱턴 소재의 '전략적' 싱크탱크 국제전략문제연구소Center for Strategic and International Studies: CSIS의 일원인 국제학 교수 요나 알렉산더Yonah Alexander와 미국 정치학자 마사 크렌쇼Martha Crenshaw, 영국의 대전복對顚覆활동에 대한 저자이자 보수적 활동가인 브라이언 크로지어Brian Crozier, 랜드연구소RAND Corporation 소속의 미 특수부대 전문가 브라이언 젠킨스Brian Jenkins, 국제전략문제연구소의 일원인 시온주의자 역사가 월터 라커Walter Laqueur, 영국 정치학 교수이자 전 영국 공군 장교인 폴 윌킨슨Paul Wilkinson이 있었다. 이 초기 전문가들은 "보이지 않는 대학"[5]을 형성하여, "비공식적으로 소통하고, 정기적인 테러리즘 모임을 갖고, 테러리즘 사건 데이터베이스를 발전시켰으며 …… 아이디어를 공유하고, 자금을 확보했다".[6] 리사 스탬프니츠키Lisa Stampnitzky의 표현대로, 학계에서 상대적으로 주변적인 전문가들이 그들 분야의 발전에 '주요 촉발자'로 행위하는 국가와 함께 "학계와 국가와 미디어 사이의 틈새 공간을"[7] 차지하고 있었다.[8]

테러리즘 연구는 미국 국가가 핵심적이었지만, 또한 이미 이 '틈새 공간'에서 작동하고 있는 민간 정치 네트워크도 그 발전에 일조하고 있었다. 이미 많은 수의 '테러리즘 마피아'가 그 네트워크의 일부였다. 크로지어와 라커는 은밀한 정보 작전과 선전 작전에 깊이 관여하고 있었으며, 윌킨슨은 나중에 런던 기반의 CIA 선전 일선에서 등장했던 크로지어의 갈등연구소Institute for the Study of Conflict에 합류했다. 알렉산더와 라커가 연계되어 있던 국제전략문제연구소는 CIA와 가까웠던 것으로 잘 알려져 있었으며, 그 당시 전 CIA 분석가이자 또 한 명의 영향력 있는 '테러리즘 전문가'였던 레이 클라인Ray Cline이 그곳의 소장으로 있었다. 젠킨스가 소속되어 있던 랜드연구소는 '군-산-학 복합체military-industrial-academic complex'의 본보기로 잘 알려져 있다.[9] 서구의 군사 및 정보 기구들과 긴밀하게 연결되어 있는 동일한 냉전 정치 네트워크들은 이전에 대對반란활동에 대한 전문 지식, 곧 이전 식민지 세계의 독립운동들을 패배시키는 이론과 실천의 발전에 중요한 역할을 했으며, 테러리즘 전문가들은 그 지식체에 매우 많이 의존했다.[10]

스탬프니츠키는 대반란활동에서 대테러리즘으로의 변화와 함께 중요한 변화가 일어났다고 주장한다.[11] 그녀는, 전자는 미국의 비국가 군사 상대들을 도덕적으로 중립적인 용어로 분석하고 그들을 합리적 행위자로 간주했던 반면, 후자는 그들을 "사악하고, 병리적이고, 비합리적인"[12] 존재로 간주했다고 주장한다. 대반란활동 이론을 이렇게 특징짓는 것은 문제가 있으나, 테러리즘 전문가들은 확실히 '테러리스트들'을 그러한 용어로 묘사하는 경향이 있었다. 기껏해야, 테러리즘 연구 내부에서 '테러리스트들'은 합리적인 정치적 행위자일 수도 있다는 개념이 "경합을 벌이는" 정도였다.[13]

소비에트 테러 네트워크 문제

일부 '테러리즘 연구' 문헌은 정치폭력의 근본 원인으로 여겨졌던 것이 무엇인지 언급했다. 특별히 1980년대 초부터 '테러리즘'은 '자유세계'를 약화시키려는 전략의 일환으로 소련이 조직하고 지원한 것이라는 주장이 등장했다.[14]

이 아이디어는 소련이 "서구의 산업화된 민주주의를 약화시키는 데 필요한 물자와 서비스를 테러리스트 네트워크에 제공하고 있었다"[15]라고 주장하는 저널리스트 클레어 스털링Claire Sterling의 책『테러 네트워크Terror Network』를 통해 알려졌다.

스털링의 저서는 레이건 행정부의 일부 주요 구성원, 특히 국무부의 알렉산더 헤이그Alexander Haig와 CIA의 윌리엄 케이시William Casey에게 영향을 주었다. 그러나 미국의 많은 정보분석가들은 그것을 신뢰할 만한 것으로 여기지 않았다. 부분적인 이유는 스털링의 설명이 CIA가 전파한 허위 정보에 의존했기 때문이며, 그 뒤 CIA 요원들은 그녀의 설명과 어긋난 보고를 했다.

스털링의 책에 있는 허위 정보의 또 다른 주요 출처는 CIA 보고서에서 나온 잘못된 인용들을 퍼트린, 예루살렘에 근거지를 둔 조나단 연구소Jonathan Institute 라는 조직이었다. 스털링은 이 잘못된 인용을 그대로 사용했다.[16] 우익 이스라엘 정치인 베냐민 네타냐후Benjamin Netanyahu의 형인 조나단 네타냐후Jonathan Netanyahu의 이름을 딴 조나단 연구소는 1976년에 설립되었다. 명시된 목적 가운데는 "세계를 집어삼키고 있는 테러리즘의 뿌리 밝히기" 그리고 "서구가 세계에서 가장 중요한 지역인 중동에서 지위를 유지하려고 한다면, 그 지역의 중심이며 서구적 이상의 가장 중요한 담지자인 이스라엘을 지지해야 한다는 아이디어 촉진하기" 등이 있었다. 조나단 연구소는 1979년 예루살렘과 1984년 워싱턴 DC에서 주목받는 테러리즘 컨퍼런스를 개최했는데, 그 컨퍼런스에서는 테러리즘을 주로 소비에트가 후원하는 '도덕적 악'으로 묘사했다. 베냐민 네타냐후가 핵심 역할을 한 이 컨퍼런스는 미국과 이스라엘의 정치인과 정책 전문가 그리고 영국의 여러 인사들을 연결시켰다. 많은 참여자가 앞서 언급한 냉전 선전 네트워크에 뿌리를 두고 있었으며, 미국 정부가 추구하는 덜 호전적인 외교 정책과 더 평등주의적인 국내 정책을 격렬히 반대했다. 이 시온주의자들과 냉전 이데올로기 주창자들의 느슨한 네트워크는 신보수주의자(네오콘)로 알려지게 되는데, 그들은 당시 진행 중이던 광범위한 보수주의적 반발의 일부였고 또한 미국과 이스라엘의 엘리트들 사이에 형성된 긴밀한 동맹의 대표자들이었다.

스탬프니츠키는, 소비에트 테러 네트워크 이론은 1980년대 동안에 테러리즘 전문가들의 정치화의 일부였으며, "'테러리즘 연구'를 새로운 연구 분야로 발전시키려는" '테러리즘 마피아'의 노력을 약화시켰다고 주장한다. 그녀는 영향력이 큰 이 테러리즘 전문가들을 "더 정치적으로 지향되어 있는 소수의 싱크탱크 및 조직들과 함께 촘촘히 네트워크화되고 연계된 새로운 개인들의 집단"과 구분한다. 그러나 이러한 해석은 '테러리즘 마피아'의 구성원들과 그들의 주장이 신보수주의자들과 얼마나 겹치는지를 간과한다. 스탬프니츠키는 랜드연구소의 브라이언 젠킨스가 스털링의 논지에 대해 공식적으로 회의적인 태도를 표현했다고 언급한다. 그러나 그는 보다 '현실주의적인' 테러리즘 마피아 멤버 가운데 한 명이었다. 많은 사람들이 스털링이 『테러 네트워크』에서 대중화한 자료들을 전파한 동일한 반공산주의 정치 네트워크에 연결되었다. 예를 들어, 요나 알렉산더와 월터 라커는 그러한 선전에 핵심이던 국제전략문제연구소에 자리 잡고 있었다.[17] 테러리즘 연구의 발전에 연관된 주요 인물 가운데 한 명이며 스탬프니츠키가 보다 냉철한 테러리즘 전문가 중 한 사람이라고 여긴 폴 윌킨슨은 사실상 소비에트 테러 네트워크 이론의 지지자였다. CIA의 국가 정보 조사가 '국제 테러리즘'에서 소련의 역할에 대한 레이건 정부의 주장과 모순된다고 ≪타임스The Times≫가 보도한 이후,[18] 윌킨슨은 CIA가 "미국 정부와 공중에게 잘못된 정보를 제공했다"라고 비난하면서 "1970년대 초반부터 서구 전문가들이 소련의 테러리즘 연루 과정을 주의 깊게 분석해 왔다"라고 주장하는 편지를 그 신문에 썼다.[19]

윌킨슨의 논평이 서술하듯이, 신보수주의 싱크탱크와 더 현실주의적인 테러리즘 연구 학자 사이에 구분선은 결코 명확하지 않다. 확실히 일부는 '국제 테러리즘'에 소련이 연루되어 있다는 공공연한 음모론적 설명에 대해 회의적이었다. 그러나 그들은 소비에트 테러 네트워크 이론의 주창자들과 (테러리즘에 대한 명확한 정의를 공유하지는 않았음에도 불구하고) 누가 테러리스트이고 누가 아닌지에 대한 암묵적 이해는 공유했으며, 모스크바의 거대 배후 세력을 대신하는 대안적인 인과 설명을 제시하지는 않았다. 스탬프니츠키가 언급하듯이, 1976년 테러리즘에 대한 미 국무부 컨퍼런스에서 크렌쇼, 젠킨스, 윌킨슨을 포함한 대부분의 발표자는 "테러리즘의 직접적인 원인이 정치적이거나 사회 경제적인 조건에서 발견될 수 있다는 것을 의심했으며", "테러리즘을 막는 방법은 '그 원인을 제거하는' 것이라는 주장에 회의적이었다".[20]

새로운 세계 질서, 새로운 테러리즘

1990년 3월 미국의 냉전 상대가 붕괴 직전에 있게 됨에 따라, 레이 클라인과 함께 1979년 예루살렘 컨퍼런스에 참석했던 조지 H. W. 부시George H. W. Bush 대통령은 미국 국가안보전략에서, 중동에서 미국의 '이익'에 대한 위협이 "크렘린에 국한될 수는 없다"라고 언급했다.

불안정은 …… 소비에트가 이용하든 안 하든 계속될 것입니다. 종교적 광신은 미국인들의 삶이나 자유세계가 에너지 자원을 계속 의존해야 하는 중동의 우방 국들을 계속해서 위험에 빠뜨릴 수 있습니다. 테러리즘과 테러리즘을 후원하는 국가라는 재앙은 여전히 위험으로 남아 있습니다.[21]

이것은 부분적으로 강대국들 사이의 화해에도 불구하고 거대한 수준의 군사비 지출을 유지하기 위해 의회에 던진 공이었다. 소비에트 테러 네트워크 이론의 공식적인 부인은 아이러니컬하게도 이제 그 이론이 초기에 선전될 때와 동일한 이익을 가져왔다. 이제는 소련이 없어도 테러리즘은 계속될 것이며 오히려 증가할 것이라고 주장되었다.[22] "석유의 자유로운 이동뿐만 아니라 이스라엘과 온건한 아랍 국가들의 안보에 대한" 위협은 상존할 것이며, 미국은 군사적으로 이러한 '이익'을 지켜야 할 것이다.

새로운 솔직한 접근에도 불구하고, 이것은 무언가 현실의 전도轉倒를 나타내었다. '불안정성'이 지속될 이유는 정확하게 미국이 이스라엘과 아랍 독재 국가들에 대한 군사적·외교적 지원을 지속할 것이기 때문이다. 그러나 변한 것은 그러한 정책들이 정당화되는 기반이었다. 이것은 어떤 도전을 드러냈다. 미국의 국가안보전략은 "인지된 공동 위험 요소의 위협이 약화될 때, 동맹국과 우방국 사이에 통합을 어떻게 유지할 것인가?"[23]를 숙고했다.

'문명의 충돌' 관념

외교 정책 지식인들은 재빨리 새로운 위협을 발견했다. 더 보수적인 논평가들은 '문명의 충돌'을 시사했다. '문명의 충돌'은 정치학자 새뮤얼 헌팅턴Samuel P. Huntington을 통해 유명해졌다. 그의 저서는 존 올린 재단John M. Olin Foundation, 브래들리 재단Bradley Foundation, 스미스 리처드슨 재단Smith Richardson Foundation을 포함하여 주요 보수 재단들의 자금 지원을 받았다. 헌팅턴의 비관적인 전망은 '문명의 충돌'만큼이나 유명했던 프랜시스 후쿠야마Francis Fukuyama의 '역사의 종언'이라는 자유주의 승리 선언에 대한 대응으로, 신보수주의적인 미국기업연구소American Enterprise Institute에서 했던 1992년 강연에 기반한 논문과 이어 나온 책에서 개진되었다. 헌팅턴의 주장은 단지 서구와 이슬람 문명이 충돌하리라는 것만이 아니라, 더 넓게는 서로 다른 지역의 사람들 사이에 있는 문화적·종교적 차이가 불가피하게 갈등을 낳으리라는 것이었다. 헌팅턴은 '이슬람과 서구의 갈등'이라는 구체적인 문제에 대해 "테러리즘 대 공습air power의 [유사] 전쟁"이라고 썼는데, 이는 지난 수십 년 동안 벌어졌으며 그가 두 문화 사이의 '충돌'을 대리한다고 주장한 것이었다.[24] 문명적 갈등, 특히 이슬람과 서구 사이의 갈등이라는 아이디어에 대해 또 다른 영향력 있는 주창자는 영국 태생 동양학자 버나드 루이스Bernard Lewis였다. 그는 헌팅턴이 인용한 바 있는[25] "무슬림 분노의 뿌리The Roots of Muslim Rage"라는 제목의 영향력 있는 글에서 '문명의 충돌'이라는 구절을 사용했다.[26] 루이스는 무슬림 세계에서 미국을 향한 적대감은 단지 미국의 정책이 아니라, "우리 유대-기독교 유산의 오랜 경쟁 상대의 비합리적이지만 분명히 역사적인 반발"이며,[27] 곧 세속주의와 근대성에 대한 이슬람 근본주의자들의 투쟁이 전달하는 "무슬림 대중들의 무정형의 분개와 분노"[28]에서도 기인했다고 주장했다.

중동에서의 '테러리즘'을 이슬람 문화에 귀인시킨 '문명의 충돌'이라는 관념은 '테러와의 전쟁' 동안에 보수주의 운동, 특히 우파 기독교인, 시온주의자 그리고 더 비주류인 분석가들에게 영향을 끼쳤다. 대부분의 '테러리즘 전문가들'은 처음에는 적어도 아룬 쿤드나니Arun Kundnani가 '문화차별주의'라고 규정한 이러한 독해에 저항했다.[29] 그 대신에 그들은 탈냉전 시대는 종교적·민족주의적 열광, 불량 국가 그리고 대량 파괴 무기의 확산으로 인해 고통당할 것이라는 서구의 많은 외교 정책 기구들 사이에서 일치된 의견을 그대로 따랐다. 이 주제들은 1990년대 동안에 테러리즘 전문가들의 저술에서 두드러지게 등장했는데, 많은 전문가는 냉전 시대 때보다 더 치명적이고 무자비한 '새로운 테러리즘'의 지배를 지적하기 시작했다. '테러리즘 마피아'의 원년 멤버였던 월터 라커는 그러한 전문가 중 한 사람이었다. 그는 "대량 살상 무기의 발전"과 "종교적-종파적-민족주의적 신념"의 동시 발생에 대해 쓰며, 그것은 인류 역사에서 전례 없는 위협을 나타낸다고 주장했다.[30]

그럼에도 불구하고 '새로운 테러리즘' 문헌들은 세속적인 테러리스트들보다 종교적 테러리스트들이 더 폭력적이고 비이성적인 더 큰 위협이라고 여기고 특별히 초점을 두었다. 도쿄 지하철 신경가스 공격에 책임이 있던 일본의 종교 집단 옴진리교, 오클라호마 폭탄 테러의 티머시 맥베이, 미국과 이스라엘의 극보수주의 종교 운동 또한 자주 언급되었다. 그러나 분석의 초점은 주로 무슬림에게 있었다. '이슬람 과격주의'에 대한 논의에서, 라커는 이슬람의 평화로운 본질에 대한 의심을 표현했다. 그는 이것이 "종교적이라기보다는 사회적·문화적 요소들" 때문일 수도 있다는 것을 고려했지만, 무슬림 인구 내 '반서구' 정서의 유행과, 가장 폭력적인 갈등들이 "무슬림 국가들 또는 활발한 무슬림 소수집단들이 있는 국가들"에서 일어났다는 "주목하지 않을 수 없는 우연의 일치"를 언급했다.[31] 라커는 "근대 역사에서 이슬람이 아돌프 히틀러 Adolf Hitler나 폴 포트Pol Pot[+] 수준의 집단 폭력행위에 관여하지는 않았다"라고 인정했다. 그러나 그는 나치즘과 '정치적 이슬람' 사이의 유사성이 어떤 면에서 '두드러진다'고 생각했으며, "과격한 무슬림들은 모든 타자들에 대한 적대감, 막연한 분노 그리고 테러리즘의 외양을 선호하는 폭력의 전통을 드러낸다"[32] 라고 주장했다.

'새로운 테러리즘' 테제의 또 다른 주요 주창자는 폴 윌킨슨과 함께 세인트 앤드루스 대학교에 영향력 있는 '테러리즘과 정치폭력 연구센터Centre for the Study of Terrorism and Political Violence: CSTPV'를 설립한 랜드연구소의 분석가 브루스 호프먼Bruce Hoffman이었다. 1993년 랜드연구소 논문에서 호프먼은 라커와 마찬가지로 '테러리스트들'이 핵무기나 다른 대량 살상 무기를 훔쳐서 사용할 가능성에 대해 경고했다.[33] 그는 세속적인 테러와는 "근본적으로 다른 가치 체계와, 합법화와 정당화의 기제"를 드러낸 '거룩한 테러'의 등장에 초점을 두었다. 그는 "거룩한 테러리스트들"은 "다른 테러리스트에게는 영향을 주는 것으로 보이는 정치적, 도덕적 또는 실천적 제약에 구속받지 않으며",[34] "폭력을 목적 그 자체로 본다"라고 주장했다.[35] 무슬림 세계의 '거룩한 테러'에 대한 호프먼의 설명의 주요 출처는 이란 출신의 보수주의 논평가이자 저술가인 아미르 타헤리Amir Taheri의 같은 제목의 책이었다.[36] 이슬람과 이란에 대한 부정확한 주장들로 인해 비판받았던 타헤리는 현재 이슬람 혐오 단체인 게이트스톤 연구소Gatestone Institute 유럽 이사회의 의장을 맡고 있다. 호프먼은 후에 브라이언 젠킨스가 서문을 쓴 1999년 랜드연구소의 '새로운 테러리즘'에 관한 모음집에 한 개 장을 실었다. 그 책은 "기존 집단들에 근거한 테러리즘에 대한 이전의 많은 분석이 쓸모없어졌다"라고 주장했다.[37] 한편, 호프먼의 1993년 랜드연구

+ 폴 포트(1925-1998). 본명은 살로트 사르(Saloth Sar). 캄보디아의 공산당 크메르 루주(Khmer & Rouge)의 지도자. 폴 포트란 이름은 'Political Potential(정치적 가능성)'의 줄임말이다. 집권 기간에 지주, 자본주의자, 반대파 170만 명을 숙청하여 동남아시아 역사상 최악의 학살자로 악명 높다.

소 논문은 그의 1998년 저서 『내부 테러리즘Inside Terrorism』에, 수정된 형태로 종교에 대한 장으로 실렸다. 이 책은 9·11 이후에 개정·증보되었으며, 구글 스칼라Google Scholar에 따르면, 현재 테러리즘에 대한 단일 저서로 가장 많이 인용되고 있다. 거기서 호프먼은 "테러리즘을 위한 종교적 명령은 오늘날 테러리스트 활동의 가장 중요한 결정적 특징"[38]이라고 주장하며, 스스로 '새로운 테러리즘'이라는 용어를 사용하지는 않지만, '새로운 테러리즘' 테제의 기본 지침들에 대한 명확한 진술을 제공한다. 그는 이렇게 쓰고 있다.

> '새로운 테러리스트 세대'는 더 두드러진 신학적 영향에 의해 특징지어질 뿐만 아니라, 일부 경우에 종말론적 목적은 아닐지라도 천년왕국설을 포용했다. 또한 그들 자체는 분명히 더 불투명한 명령과 통제 관계와 함께, 의도적으로 분산된 구조와 멤버십을 가진 덜 밀착된 조직적 실체들이다. 따라서 그들은 …… '전통적인' 테러리스트 상대들과는 다른 잠재적으로 더 치명적인 위협을 나타낸다.[39]

놀랍게도 호프먼의 책은 이전 또는 새로운 '테러리즘'의 원인에 대한 논의는 담고 있지 않다. 그러나 '새로운 테러리즘' 테제의 다른 주창자들은 이 새로운 위협의 근본 원인을 설명하려고 시도해 왔다. 예를 들어, 오드리 크로닌Audrey K. Cronin은 현대 테러리즘을 종교가 추동한 것으로 보기보다 "거대한 반세계화 현상의 일부로 보는 것이 더 정확하다"라고 제안한다.[40] '테러리즘 마피아'의 구성원인 마사 크렌쇼에게 '큰 빚'을 졌다고 인정한[41] 크로닌에 따르면, "세계화와 테러리즘은 복잡하게 뒤얽힌 힘들이며",[42] 여기에는 국가나 다른 비국가 행위자에게는 물론 '테러리스트들'에게 영향을 미치는 국제적 통합과 새로운 정보 기술이 결부되어 있다.[43] 그녀는 세계화가 테러리즘의 근본 원인이라고 주장한다. 왜냐하면 세계화는 "좌절한 민중과 국제적 운동들이 '표현적 폭력' 행위를 통해 특히 미국을 맹렬히 비난하도록" 이끌기 때문이다.[44] 킹스 칼리지 런던에 있는 급진화 및 정치폭력 국제연구센터International Centre for the Study of Radicalisation and Political Violence: ICSR 소장 피터 노이만Peter Neumann도 유사한 주장을 제기했다. '새로운 테러리즘' 테제의 후발주자인 노이만은 테러리즘 연구 문헌들과 특히 호프먼에 폭넓게 의존하고 있으나, "테러리즘을 광범위한 사회정치적 경향과 발전에서 분리하여 연구할 수 있는 무언가로" 취급하는 것에 대해 불만을 밝힌다.[45] 노이만의 핵심 테제는 "새로운 테러리즘의 등장은" 사회학자 지그문트 바우만Zigmunt Bauman과 앤서니 기든스Anthony Giddens에게서 빌려온 개념인 "후기 근대와 세계화"와 관련된 사회 변화에서 촉진되었다는 것이다.[46] 기든스는 '새로운 테러리즘' 테제의 주창자이기도 하다.[47] 크로닌처럼, 노이만도 글로벌 통합과 새로운 커뮤니케이션 정보 기술이 테러리즘을 보다 국제적으로 만들었다고 주장한다. 그는 이 과정들이 '대규모 살상 테러리즘'의 등장을 설명하는 데 도움을 준다고 주장하면서, 또한 미디어 메시지의 확산과 점점 더 둔감해지는 글로벌 미디어 청중은 테러리스트들이 영향을 주기 위해서 "더 스펙터클하고 잔혹한 공격"이 필요하다는 것을 의미한다고 시사한다.[48] 호프먼과 다른 이들처럼, 노이만은 종교적 극단주의가 더 치명적인 형태의 폭력을 촉진해 왔다고 주장한다. 왜냐하면 종교적 극단주의는 '이전 테러리즘'의 '보편주의적' 이데올로기보다 잠재적 희생자들을 더 쉽게 비인간화하기 때문이다.[49] 노이만의 설명에서, 근본적으로 '새로운 테러리즘'은 보편화하는 자유주의 글로벌 질서의 한 병리적 현상으로 떠오른 정체성 정치의 잔인한 형태로 이해된다.

호프먼에 더하여, 노이만에게 주된 영향을 준 인물은 "'테러리즘 마피아'의 핵심 구성원들과 지적으로 동조하는" 미국의 사회학자이자 종교연구 학자인 마크 주어겐스마이어Mark Juergensmeyer이다.[50] 종교와 테러리즘에 대한 주어겐스마이어의 주장은, 후에 "새로운 테러리즘 가설 옹호자들을 위한 핵심 텍스트"[51]가 된 그의 2000년 출간 도서 『신의 마음속의 테러Terror in the Mind of God』에 펼쳐져 있다. 노이만처럼 주어겐스마이어에게도, 종교가 테러리즘의 원인은 아니지만, 불만을 표출하는 매개체로서 종교는 "변함없는 절대주의를 통한 갈등, 폭력에 대한 정당화, 그리고 적을 악마화하고 초역사적 용어로 갈등을 묘사하는 궁극적 전쟁의 이미지를" 악화시키기 때문에 '문제적'이다.[52]

'새로운 테러리즘' 연구 엄밀하게 하기?

주어겐스마이어와 노이만 그리고 다른 이들이 '새로운 테러리즘' 테제에 사회학적 엄밀성을 도입하려는 시도는, 적어도 그 테제의 더 기이하고 도덕주의적인 정식화들에 비하면 하나의 진전이다. 그러나 그들 역시 여전히 부족하다. 특히 노이만은 '새로운 테러리스트'들이 그토록 극단적인 불만을 품고, 글로벌 자본주의의 조건과 "보편적 가치의 공격적인 증진"[53]에서 비롯된 일반적인 아노미를 넘어서는 더 광범위한 정치적 운동들에 참여하는 원인이 무엇인지에 대해서는 이해시키지 못하고 있다. 이것은 더 일반적으로 '테러리즘 연구'에서 근본적인 문제이다. 미국이 지배하는 글로벌 질서의 폭력과 부정의에 대한 이해 없이는, 소련이라는 유령이 점유하고 있던, 그러나 최근에는 이슬람 또는 이슬람 문화에 대한 잘못된 전제들로 채워진 분석적 공백이 생겨난다. 이 공백은, 대개는 문제의 엄청난 복잡성과 원인 및 해결책의 다양성을 부인함으로써 규정되는 '극단주의적' 이데올로기 및 운동들이 동원한 정체성 위기와 '불만들'에 대한 모호한 암시로 가득 차 있다. 어떤 경우든 관례적으로 '테러리즘'으로 이름 붙여진 정치폭력의 형태와 그 근본 원인에 대한 합리적 분석은 부재하다.

테러리즘 전문가들이 개진한 설명들이 특정 집단과 운동에 대한 어떠한 통찰도 제공하지 못한다는 것은 아니다. 문제는 그들이 특정한 행위자들과 그들이 선전하는 폭력 문화에 초점을 두면서, 정확하게 설명해야 할 것을 단순히 자세하게 묘사하기만 한다는 것이다. 한편, 이 불충분한 이론을 효과적으로 만드는 것은, 지적인 결핍에도 불구하고 그들이 분명히 관련된 요소들을 전형적으로 '문화' 일반 또는 특정한 '극단주의적' 이데올로기 및 운동과 같은 다른 측면에 근본적인 우선성을 부여하는 틀 안으로 통합시킴으로써 무효화하고, 그에 따라 예를 들어 서구 외교 정책에 피상적으로 초점을 맞추기보다는 더 폭넓고 더 날카로운 분석을 제공한다고 주장하기까지 할 수 있다는 데 있다. 그래서 루이스는 "개별적인 서구 정부들이 추구하고 취한 정책과 행위들이

······ 중동과 다른 이슬람 사람들의 격정적인 분노를 자아냈다"라고 선뜻 인정한다. 그는 미국의 이스라엘 후원은 "확실히 중요한 요소"라고 쓰고 있으며, '반미주의' 이면에 "적대하는 정권들에 대한 미국의 후원"이 있다는 주장은 "상당한 개연성"이 있다고 여긴다.[54] 그럼에도 불구하고 그는 "이러한 특별한 불만보다도 무언가 더 깊은 것이 연관되어 있다"라고 고집한다.[55] 비슷한 방식으로, 이슬람 자체보다는 폭력적이거나 극단주의적인 무슬림 하위 집단에 호소하는 '개혁주의' 주장의 주창자들은 여전히 그러한 '불만들'이 어떻게 '극단주의자'와 그들이 선전하는 사상에 의해 동원되는지에 초점을 두면서도, 서구의 외교 정책이 중요한 역할을 한다는 것을 선뜻 인정할 수 있다.

무엇이 테러리즘을 유발하는가?

피터 노이만은 '테러와의 전쟁' 초기에는 "일부 논평가들이 주장했던, 무고한 민간인 살상에 구실을 대고 그것을 정당화하기 위한 노력이었던 '테러리즘의 뿌리'에 대해 말하는 것은 매우 어려웠다"라고 언급했으며, "전문가와 당국자들이 테러리즘과 정치폭력을 뒷받침하는 정치적·경제적·사회적·심리적 힘을" 조사·연구하도록 촉구했다.[56] 그러나 7년 후 그는 '근본 원인' 찾기는 허사가 되었다고 인정했다.

사람들이 왜 전투 집단에 합류하는지에 대해 많은 설명과 이론과 모델들이 있다. 경로는 복잡하고, 이유는 다면적이라고 한다. 폭력적 극단주의의 원인을 찾는 하나의 온전한 학술 연구 분야가 등장했다. 그러나 그 어떤 정치학자나 사회학자, 경제학자, 역사가, 심리학자도 보편적인 공식을 발견하지 못했다. 어떤 요소 또는 요소들의 결합이 중요한지에 대한 학문적 합의도 없다. 정치폭력이 일어나는 장소도 매우 다르며, 개별 환경도 매우 다양하다.[57]

우리가 '테러리즘'의 원인이 무엇인지 이들 전문가보다 더 확실성을 갖고 말할 수 있을까? 이 질문의 부분적 문제는 '테러리즘'이라는 용어가 무엇을 가리키는지에 대한 명확한 이해가 없다는 것이다. 본질적으로 '테러리즘'은 용어 사용자가 승인하지 않는 정치폭력을 묘사하기 위해 사용되는 경멸적 용어이다. 테러리즘 전문가들이 정치화된 '테러리즘' 개념을 합리적인 학문적 탐구의 대상으로 '학문화'하는 데 실패했다는 것이 스탬프니츠키의 설명에서 핵심이다. 그의 설명은 '테러리즘'이 학문적 개념이라기보다는 오히려 정치 레토릭의 용어라는 사실을 상당히 모호한 방식으로 표현하고 있다.[58]

서구의 정책 관계자와 정책지향적인 '테러리즘 연구' 문헌들에서, '테러리즘' 용어는 미국과 그 동맹국의 비국가 적들이 행한 폭력을 의미하는 경향이 있었다. 그렇다면 "무엇이 테러리즘을 유발하는가?"라는 질문은 더 정확하게 "비국가 집단과 그들이 전개하는 운동들이 미국과 그 동맹국을 폭력적으로 적대시하도록 만드는 원인은 무엇인가?"라고 고칠 수 있다. 여기에 우리는 이제 추가적으로 인종적인 요소를 첨가하여 다음과 같은 질문을 제기할 수 있을 것이다. "특정한 무슬림 집단들이 미국과 그 동맹국을 폭력적으로 적대시하도록 만드는 원인은 무엇인가?"

폭력의 질문은 잠시 제쳐놓고, 왜 그토록 많은 무슬림들이 '서구'를 정치적으로 적대하는가 하는 질문은 상당히 직접적이다. 2004년 미국 국방과학위원회US Defense Science Board는 미 국방부에 제출하는 보고서에서 다음과 같이 언급했다.

무슬림들은 "우리의 자유를 증오"하지 않는다. 그 대신에 그들은 우리의 정책을 증오한다. 압도적인 다수가, 이스라엘의 권리는 찬성하고 팔레스타인의 권리는 반대하는 일방적인 후원이라고 여겨지는 것과 무슬림들이 모두 독재국가라고 여기는, 특히 이집트, 사우디아라비아, 요르단, 파키스탄 그리고 걸프 국가들에 대한 오래되고 심지어 점증하는 지원에 대해 반대의 목소리를 내고 있다.[59]

왜 그런 반대가 특히 폭력적 성격을 띠는지에 대해, 종교 이데올로기에 대한 주어겐스마이어와 다른 이들의 암시는, 피상적으로 모든 종교를 비합리적이고 반동적인 것으로 간주하는 자유주의자들이나 이슬람이 특히 폭력적인 성향을 드러낸다고 여기는 보수주의자들에게 설득력이 있을 수 있다. 그러나 더 직접적인 설명은 중동에서 특정 집단과 운동들이 보인 폭력은 그 폭력이 등장한 폭력적 맥락의 산물이라는 것이다. 헌팅턴은 적어도, '새로운 테러리즘'이 등장한 핵심적인 시기이며 "미국이 중동에서 하나같이 이슬람교도를 겨냥한 17회의 군사 작전을 벌였던" 1980년과 1995년 사이 중동을 향한 미국의 폭력에 대해 상당히 솔직했다. "미국의 군사 작전이 그처럼 집요하고 일관되게 다른 문명 사람들에게 적용된 예는 달리 찾아보기 어렵다."[60] 그 후로 20년 동안 서구 정책들은 대체로 일관되었고, 서구의 국가폭력은 증가하기만 했다. 이것이 '테러리즘'에 어떤 영향을 주는지와 관련하여, 국제경제평화연구소의 「2015년 글로벌 테러리즘 지표」에서 보고된 결과는 흥미로운 사실을 드러낸다. 연구자들은 '테러리즘'과 종교적 세력 사이에 어떠한 상관관계도 발견하지 못했다. '테러리즘'과 인구 중 무슬림의 비율 사이에도 어떠한 상관관계가 없었다. 그러나 그들은 현재 진행 중인 무장 갈등, 국가 테러리즘('정치적 테러'), 정치적 불안정성, 종교 폭력 그리고 종교 집단 간 적대감 사이에 강한 상관관계가 있음을 발견했다.[61] 이것이 시사하는 바는, '테러리즘'이 어떤 근본 원인을 가지고 있다고 유의미하게 말해질 수 있다면, 그것은 특별히 폭력과 억압이 종파주의적 특징을 띠고 있는 사회들에서 일어나는 전쟁과 정치적 억압에서 발견될 가능성이 많다는 것이다. 우리가 이러한 통계 결과를 무슬림 세계의 최근 역사에 적용한다면, 상당히 명확한 그림이 떠오른다. 탈레반, 알카에다, 이슬람 국가와 같은 극보수주의와 종파주의적 종교 이데올로기를 표출하는 폭력 집단은, 매우 억압적인 국가와, 흔히 종파주의적인 성격을 띠거나 침략 또는 점령 세력이 종파주의적 성격을 조장하는 폭력적 점령과 내전에서 등장했다. 현대의 중동 '테러리즘'의 경우, 아프가니스탄 및 이라크의 점령과 그에 따른 시리아에서의 내전이 핵심 요소라는 것은 분명하다.

사실상 노이만은 현재 '테러리즘'의 유일하게 명백한 원인은 "불안정, 인종적이고 종교적인 분리, 폭력과 억압"[62]이라는 것을 인정하고 있다. 그러나 그럼에도 불구하고 그는 전 세계의 폭력적 갈등과 정치적 억압을 줄이는 것이 아니라 시민, 특히 무슬림들의 정치사상과 '가치'를 감시하고 관리하는 데 초점을 두는 매우 권위주의적인 대테러리즘 정책을 지향한 서구의 정책 결정 집단의 일원이었다. 이 명백한 모순은 이미 '새로운 테러리즘'에 대한 노이만의 책에 드러나 있었다. 거기서 그는 무엇이 집단이나 운동들을 '폭력으로 전환'하도록 이끌었는지에 대해 상대적으로 적은 관심을 보였다. 이 질문에 대한 짧은 논의에서 노이만은 폭력적 국가 억압 또는 외국의 침공과 같은 외상적 사건은 과격한 운동을 폭력으로 발전시키는 '방아쇠'로서 역할을 한다고 언급한다.[63] 그러나 이것은 정치폭력에 대한 그의 전반적인 설명에서 주변에 머무르는 통찰이다. 노이만은 후에 정책 결정에 대한 권고를 하게 되었을 때, 전쟁과 정치적 억압을 줄일 수 있는 접근들을 옹호하기보다는 정책 결정자들이 "대민 관계와 공공 외교 전문가들"을 이용하고 온라인 "대항 서사"를 발전시켜 극단주의적 사상과 싸울 것을 제안한다.[64] 그는 "주류의 외곽에 존재하는 정치 운동들 …… 그들의 사상, 서사, 내적 동학뿐만 아니라 정치 참여에 대한 그들의 변화하는 태도의 진화를 살펴봄으로써" 테러리즘의 다음 '물결'을 예측할 수 있는 더 사전예방적인 접근을 옹호하는 데까지 나아간다.[65]

관념과 이해관계

노이만과 같은 전문가들을 '자유롭게 유동하는free floating' 지식인이 아니라, 다루어야 할 특정 문제와 생산해야 할 특정 관념에 대한 장려책을 만들어 특별한 종류의 지적 문화를 낳는 조직적이고 금전적인 네트워크의 구성인자로 이해한다면, 이러한 명백한 모순은 더 잘 이해된다. 9·11이 발생하기 오래전에, 테러리즘 전문 지식 '분야'는 그 지지자들의 지적 결함뿐만 아니라 하나의 분야로서 그것을 구성했던 이해관계를 통해서도 방해를 받았다. 테러리즘 연구는 일부 영향력 있는 인물과 주요 저널, 그리고 대학 학과, 연구센터, 민간 싱크탱크와 같은 자금 출처와 조직적 '허브'를 중심으로 형성되었다. 이들은 모두 지식과 전문 정보의 본질에 영향을 주었으며, 정치폭력과 그 근본 원인에 대한 사회과학적 이해와 배치背馳되게 지식을 생산하고 그러한 이해를 방해했다.

그 점을 설명하기 위해서 피터 노이만과 그와 가까운 네트워크의 사례를 들어보자. 노이만은 킹스 칼리지 런던의 전쟁연구학과의 안보학 교수이다. 그 학과는 1964년 영향력 있는 저널리스트이자 군사 전략가인 리들 하트B. H. Liddell Hart의 제자 마이클 하워드Michael Howard가 설립했다. 하트는 하워드가 지금은 포드 재단의 재정 후원을 받는 국제전략연구소International Institute for Strategic Studies로 알려지게 되는 범대서양주의Atlanticist[+] 싱크탱크를 설립하는 데 도움을 주었다.[66] 킹스 칼리지는 영국 군대와 가까우며—이 대학의 국방연구학과는 군대에 학문적 훈련을 제공하고, 국방부에는 군사 자문을 하고 있다—노이만은 전 국방부 관리였던 마이클 레인스버러Michael Rainsborough의 지도 아래 박사학위 공부를 했다. 레인스버러는 '새로운 테러리즘' 테제의 또 다른 주창자이며, 냉전의 종식과 세계화가 "테러 네트워킹의 속도를 가속화했다"[67]라고 주장하면서 소비에트 테러 네트워크 이론의 수정판을 제시했다. 전前 영국 안보정보정책조정관이자 영국 대테러리즘 정책의 주요 설계자로 평판이 나 있는 데이비드 오맨드David Omand는 그 학과의 방문 교수이다. '새로운 테러리즘'에 대한 노이만의 책에 추천 글을 썼던 오맨드는 그가 "국제적 테러리스트 이데올로기"라고 부른 것을 기생충 또는 바이러스에 비유했으며, 서구 국가들은 "테러리스트 메시지에 노출된 집단들이 그들 주변에서 보는 것들을 이해하는 데 도움을 줄 수 있는 대항 서사"를 발전시켜야 한다고 주장했다.[68]

+ 정치, 경제, 국방 이슈에 대하여 미국, 캐나다, 서유럽 사이의 긴밀한 관계를 강조하는 입장.

노이만은 전쟁연구학과에 재직하는 동안, 2005년 '민주주의, 테러리즘, 안보 국제 정상회의International Summit on Democracy, Terrorism and Security'의 '학술 감독'으로 임명되었다. 그 회의는 전前 수상과 대통령들로 이루어진 엘리트 정책 포럼인 마드리드 클럽Club de Madrid이 소집한 선구적인 국제 테러리즘 전문가들의 모임이었다. 이 회의의 종교 실무 그룹은 마크 주어겐스마이어가 이끌었는데, 그는 회의의 학술 결과물에서 '새로운 테러리즘'에 대한 노이만의 주장을 미리 보여주었다. 주어겐스마이어는 "현재의 후기 근대성 시대에" 폭력적인 종교 운동들은 '글로벌 체계'에 대한 반작용으로 발생했는데, 이는 "다른 맥락에서는 마르크스주의와 민족주의 이데올로기를 통해 표출되었던 사회 정체성과 의미 있는 공적 생활 참여"에 대한 불만들을 표현하고 있다고 썼다.[69]

노이만은 그 뒤에 급진화 및 정치폭력 국제연구센터ICSR를 공동 설립했다. 킹스 칼리지에 기반을 두고 있는 그 싱크탱크는 미국 펜실베이니아 대학교와 이스라엘의 학제연구센터 헤르즐리야Interdisciplinary Center Herzliya, 요르단의 갈등예방지역센터Regional Center on Conflict Prevention와 제휴관계를 맺고 있다. 런던에 근거지를 둔 미국 사업가 헨리 스위트바움Henry Sweetbaum은 이 센터 설립에 핵심적인 인물로서, 이스라엘의 학문적 보이콧에 도전하기 위해 그 연구센터를 세우고자 했다.[70] 그의 노력은 결국 2007년에 ICSR의 설립으로 결실을 맺었으며, 내무장관이 영국 정부의 새로운 대테러리즘 계획을 선언했던 2008년 1월 컨퍼런스에서 센터가 출범했다. 이 컨퍼런스의 기조연설자 가운데 마드리드 클럽의 메리 로빈슨Mary Robinson, 콜롬비아의 부통령 프란시스코 산토스 칼데론Francisco Santos Calderon, 유럽 평의회 사무총장 테리 데이비스Terry Davis가 있었으며, 칼데론과 데이비스는 모두 앞서 언급한 마드리드 정상회의에 참가한 바 있다.

ICSR는 이제 세계에서 가장 유명한 테러리즘 전문 연구센터 가운데 하나이며, 시리아 내전에서 싸운 외국인 전투원들에 대한 연구로 특별히 유명세를 누렸다. 센터 웹사이트에서 한 센터 후원자는 그 연구의 "독립성과 중립성"을 칭송했다. 싱크탱크가 이런 식으로 자신들의 독립성을 주장하는 것은 일반적이나, 실제로 그러한 조직들은 전형적으로 재정을 위한 민간 자금과 정치적 연줄, 학문적 관계, 명망 그리고 평판에 의존하며, 노이만의 단체도 예외가 아니다. 센터는 자금을 공개하지는 않지만, 우리 연구는 2007년 이래 앳킨Atkin 일가와, 곧 점령된 동예루살렘의 정착지 개발에 관여한 것으로 보도된 논란의 예루살렘 재단에 자금을 댔을 뿐만 아니라 헨리 잭슨 소사이어티Henry Jackson Society와 영국에서 가장 신보수주의적인 싱크탱크에도 자금을 댄 보수당 기부자들이 ICSR와 킹스 칼리지에 70만 파운드 이상 기부한 것을 확인했다.[71]

노이만과 함께 ICSR를 공동 설립한 존 뷰John Bew는 한때는 신보수주의자와 자유주의 간섭주의자들의 연합으로 시작했던 헨리 잭슨 소사이어티의 부회장이었으나, 그 후로 더 강경한 우파 의제를 맡아왔다.[72] 2011년에 센터가 통합시킨 싱크탱크인 사회통합센터Centre for Social Cohesion: CSC와 영국의 현재 보수주의 정부와 가장 가까운 싱크탱크인 정책교환소Policy Exchange와 함께, 헨리 잭슨 소사이어티는 '테러리즘'과 '극단주의'에 대한 신보수주의 관념의 선전에 핵심적이었다.[73] 이 싱크탱크들이 제기한 주장들은 '테러리즘'을 이민과 문화 다양성에 대한 자유주의 정책들의 한 징후로서 취급하는 방향으로 밀고 나가는 노력의 일환이었다. 본질적으로, 특히 보수주의 운동들이 제기한 주장은 다문화주의의 부상과 서구 또는 계몽주의 가치에 대한 확신의 광범위한 상실로 인해 폭력적인 극단주의 사상이 소수 인종 집단 사이에 번성하게 되었다는 것이다. 노이만과 ICSR 동료들은 동일한 주장을 다소 더 자유주의적으로 들리게 정식화했다. 곧 정체성의 근본 문제에 '테러리즘'과 '극단주의'가 있다는 것이다.[74]

이러한 주장들을 선전하는 데 관여한 싱크탱크들은 ICSR와 아이디어, 기부자, 인력들을 공유해 왔다. 예를 들어, '신무신론자'+ 활동가인 크리스토퍼 히

+ 신무신론(New Atheism)은 2000년대 중엽부터 리처드 도킨스(Richard Dawkins), 크리스토퍼 히친스, 대니얼 데닛(Daniel Dennett), 샘 해리스(Sam Harris) 등의 베스트셀러 작가들이 시작한 무신론이다. 종교, 미신, 비합리주의는 쉽게 용인되어서는 안 되며, 이를 합리적인 주장으로 반박하고 비판

친스Christopher Hitches의 아들인, ICSR 소속 알렉산더 멜레아그루-히친스Alexander Meleagrou-Hitchens는 이전에 정책교환소와 사회통합센터 두 곳 모두에서 일했다. 그는 사회통합센터에서, 이슬람을 불법화하려고 했던 조직인 '국가 존속을 위한 미국인 협회Society of Americans for National Existence'에서 나온 자료에 근거한 2008년 10월 민간 브리핑 원고 작성에 참여했다.[75] 그는 또한 앞서 언급한 게이 트스톤 연구소를 위해서도 글을 썼는데, 이 연구소는 앱스트랙션 기금Abstraction Fund이 전적으로 자금을 지원하는 것으로 보인다. 앱스트랙션 기금은 수많은 이슬람 혐오 집단에 자금을 지원했던 보수주의 재단이며, 2011년에는 헨리 잭 슨 소사이어티에 자금을 제공했다. 또 한 명의 ICSR 분석가 시라즈 마허Shiraz Maher도 역시 게이트스톤 연구소를 위해 글을 썼다. 마허는 이전에 정책교환 소에서 일했는데, 거기서 그는 비폭력적이지만 여전히 '극단주의적인' 무슬림 집단들과 관련되어 있다는 이유로 노동당 정부를 공격했고, 명백하게 냉전기 반공산주의를 모델로 하는 대전복對順覆 전략을 옹호했다.[76] 정책교환소에서 마허의 작업은 영국의 주요한 신보수주의 정치가이자 그 싱크탱크의 첫 의장 이었던 마이클 고브Michael Gove의 찬사를 받았다. 고브는 헨리 잭슨 소사이어 티의 의회 진출을 주관했다.

시라즈 마허는 테러리즘 전문가가 되기 전에 비폭력 범이슬람 집단인 히즈 브 웃-타흐리르Hizb ut-Tahrir에 관여했는데, 이러한 배경은 영국의 다른 많은 반 극단주의 전문가들, 특히 퀼리엄 재단Quilliam Foundation의 공동 설립자인 마지 드 나와즈Maajid Nawaz와 에드 후사인Ed Husain도 공유하고 있다. 이전에 극단주 의자였던 이들은 헨리 잭슨 소사이어티와 같은 집단들이 선전하는 이슬람과 '테러리즘'에 대한 잘못된 관념에 신빙성을 부여했으며, '테러리즘'이 '극단주 의적' 정치사상에 뿌리를 두고 있다는 가정을 선전하는 데 불가피한 이해관계 를 가지고 있다. 왜냐하면 그들의 전문성에 대한 주장이 바로 이 전제에 근거

해야 한다는 입장을 제시한다.

하고 있기 때문이다.

퀼리엄은 ICSR와 같은 시기에 설립되어 출범했으며, 2008/2009년과 2011/2012년 사이에 영국 정부로부터 290만 파운드의 자금을 받았다.[77] 이 정부 후원은 지역사회지방정부부Department for Communities and Local Government, 외무부 그리고 내무부를 통해 이루어졌고, 2011/2012년에 끝났으며, 같은 해에 퀼리엄은 미국 내 기금 모집 부문을 설립했다. 이 부문의 담당자는 전前 투자은행가이자 CIA 작전국장이었던 채드 스위트Chad Sweet였다. 부시 행정부하에서 스위트는 미국 국토안보부Department of Homeland Security 수석보좌관이었다. 당시 국토안보부는 헨리 잭슨 소사이어티의 후원자 마이클 처토프Michael Chertoff가 장관으로 있었고, 퀼리엄과 급진화 인식 프로그램Radicalization Awareness Program: RAP을 위한 훈련 제공 계약을 맺었다. 퀼리엄 재단은 한때 사회통합센터와 가까웠으나, 퀼리엄으로 옮긴 전前 사회통합센터 간부가 사회통합센터 소장 더글러스 머리Douglas Murray를 '증오의 설교자'라고 공격했던 2009년에 관계가 깨졌다. 머리는 퀼리엄이 "강한 개인적 야망과 정부 선전이 만나는 해로운 접합을 대표한다"라고 응수했다.

퀼리엄은 여전히 공동 설립자 마지드 나와즈가 이끌고 있으며, 영국 고위관리들과 협의하여 쓴 것으로 보도된[78] 『이슬람주의자The Islamist』의 저자 에드 후사인은 그 후 미국외교협회Council of Foreign Relations에 합류했다. 세 번째설립자 라샤드 알리Rashad Ali는 또 한 명의 전前 퀼리엄 전문가 에린 마리 샐트먼Erin Marie Saltman이 있었던 전략대화연구소Institute for Strategic Dialogue의 연구원이 되기 전에 헨리 잭슨 소사이어티로 옮겼다. 전략대화연구소는 ICSR와 급진화에 대한 공동 연구를 수행했으며, 극단주의 연구원 멜라니 스미스Melanie Smith는 이 두 조직에서 일하고 있다. 전략대화연구소는 영국의 시온주의자 참전 용사 고故 와이든펠트 경Lord Weidenfeld이 설립했는데, 그의 회사 와이든펠드 앤드 니콜슨Weidenfeld & Nicolson은 월터 라커, 버나드 루이스, 클레어 스틸링의 『테러 네트워크The Terror Network』, 조나단 연구소의 두 번째 테러리즘 컨퍼런스 결과물인 베냐민 네타냐후의 『테러리즘: 서구가 이길 수 있는 방법Terrorism: How the West Can Win』그리고 보다 최근에 마이클 고브의 신보수주의 주장을 담은 『섭씨 7/7Celsius 7/7』을 출판했다.

네트워크, 권력 그리고 이슬람 혐오

영국 기반의 '급진화' 전문가들에 초점을 둔 앞의 설명은 테러리즘 전문지식의 세계를 구성하고 있는 훨씬 더 광범위하고 복잡한 정치적 사업가, 자선가, 금융가, 재단, 싱크탱크, 저널리스트, 저자, 학자 그리고 주변적인 정치적 주창자와 선전가들의 네트워크에 대한 스냅사진에 불과하다. 이 네트워크들은 끊임없이 유동적이며, 단일한 관념이나 이해관계를 공유하지 않는다. 그러나 테러리즘 전문지식 분야는 객관적인 과학적 전문지식을 제공하는 잘 기술記述된 분야도 아니고, 진정으로 다원주의적인 관념들을 전달하는 형체 없는 행위자들의 늪도 아니다. 오히려 그것은 미국 국가와 그 동맹국의 이해관계와, 그리고 그것을 지향하며 구성되었으며 그 국가들에 침투하여 그들을 뒤덮고 있는 특정 정치 네트워크가 형성한 분야이다. 그들은 신보수주의, 시온주의, 다른 보수주의 운동들뿐만 아니라 외교 정책 수립에 있어 더 자유주의적이고 기술관료적인 정파를 포함한다.

테러리즘 연구 분야의 일부 부문들은 그 분야의 자명한 전제들과 그 전제들이 반영하는 이해관계들을 거부하면서 그 지향에 있어서 명백히 '비판적'이지만, 그 '비판적' 운동은 대개 학계에 한정되며 더 넓은 분야 전체에 지장을 주지는 않았다. 실제로 '테러리즘 연구'는 지적이고 정치적인 근거 위에서 상당한 비판의 주제가 되어왔지만, 그럼에도 불구하고 지난 십수 년 동안 기하급수적으로 성장했으며, 정책 의제가 진화함에 따라 국가 행위자들과의 협업 속에서 새로운 개념 어휘를 발전시키면서, 아주 설득력 있는 것은 아니지만 적어도 탄력 있고 심지어 혁신적임을 입증했다.

이러한 발전의 최근 단계는 이슬람을 이해하고 무슬림을 다루는 방식에 심각한 결과를 가져왔다. 유럽, 북미 그리고 그 밖의 지역의 대테러리즘 정책들은 편중되게 무슬림을 목표로 삼고 있으며, 잠재적인 안보 위협보다는 정치사상과 가치에 점점 더 초점을 두고 있다. 그러한 정책들은 광범위한 차별과 인종차별적 폭력의 가능성을 증가시키면서 무슬림들을 향한 의심과 적대감의 분위기를 낳는다. 또한 그러한 정책들은 무슬림의 인권과 시민적 자유에 직접적이고 부적절한 위협이 되며, 초기에 영국에서 아일랜드계 시민들이 그러한 위협에 더 취약했듯이, 그들은 대테러리즘 정책의 목표가 됨으로써 결과적으로 국가폭력, 불법 감금, 오심(誤審) 등으로 더 고통당하게 될 것이다.[79] 게다가 우리가 직면하고 있는 현재의 위협은 무슬림 시민에게만 해당하는 것이 아니다. 테러리즘에 대응하는 지배적인 정책은 민주주의를 수호한다는 명목 아래 항상 집행권을 확대하고 자유주의적 안전장치를 감소시켜 왔다. 그러나 대테러리즘의 현재 단계는 수사권만 증대시킨 것이 아니라 전례 없는 수준의 시민 감시와 감찰, 명백하게 여론을 감시하고 관리하기 위해 의도된 시민사회와 공공부문에 대한 공개적/비공개적 침해를 이끌었다. 이것은 무엇보다도 무슬림의 종교적 자유, 시민적 자유, 인권을 위협한다. 그러한 대책들이 민주주의에 대한 심각한 위협이라고 묘사하는 것은 결코 과장이 아니다.

1 예를 들어 Tore Bjørgo, "Introduction," in Tore Bjørgo(ed.), *Root Causes of Terrorism: Myths, Reality and Ways Forward*(Abingdon and New York: Routledge, 2006), pp.1~15; Louise Richardson, "The Roots of Terrorism: An Overview," in Louise Richardson(ed.), *The Roots of Terrorism*(Abingdon and New York: Routledge, 2006), pp.1~16; Peter R. Neumann and Brooke Rogers, *Recruitment and Mobilisation for the Islamist Militant Movement in Europe*. A study carried out by King's College London for the European Commission(Directorate General Justice, Freedom and Security, 2007).

2 *Global Terrorism Index: Measuring and Understanding the Impact of Terrorism*(Institute for Economics and Peace, 2014), p.2.

3 같은 책, p.31.

4 Lisa Stampnitzky, *Disciplining Terror: How Experts Invented 'Terrorism'*(Cambridge: Cambridge University Press, 2013), p.42.

5 Alex P. Schmid, Albert J. Jongman and Michael Stohl, *Political Terrorism: A New Guide*

to Actors, Authors, Concepts, Databases, Theories, & Literature(New Brunswick, NJ: Transaction Publishers, 2005); Edna O. F. Reid, "Analysis of Terrorism Literature: A Bibliometric and Content Analysis Study"(Dissertation, USC School of Library and Information Management, University of Southern California, Los Angeles, CA, 1983); Edna O. F. Reid, "Terrorism Research and Diffusion of Ideas," *Knowledge, Technology and Policy*, 6(1)(1993), pp.17~37; Edna O. F. Reid and H. Chen, "Mapping the Contemporary Terrorism Research Domains," *International Journal of Human-Computer Studies*, 65 (2007), pp.42~56.

6 Reid and Chen, "Mapping the Contemporary Terrorism Research Domains," p.43.

7 Stampnitzky, *Disciplining Terror*, p.47.

8 같은 책, p.66.

9 Henry A. Giroux, *University in Chains: Confronting the Military-Industrial-Academic Complex*(New York: Routledge, 2015).

10 Charles Maechling Jr., "Counterinsurgency: The First Ordeal by Fire," in Michael T. Klare and Peter Kornbluh(eds.), *Low-Intensity Warfare: Counter-insurgency, Proinsurgency and Antiterrorism in the Eighties*(New York: Pantheon Books, 1988), pp.21~46; Philip Schlesinger, "On the Shape and Scope of Counter Insurgency Thought," in Gary Littlejohn(ed.), *Power and the State*(London: Croom Helm, 1978), pp.98~127; Michael T. Klare, "The Interventionist Impulse: US Military Doctrine for Low-Intensity Warfare," in Michael T. Klare and Peter Kornbluh(eds.), *Low-Intensity Warfare: Counter-insurgency, Proinsurgency and Antiterrorism in the Eighties*(New York: Pantheon Books, 1988), pp.49~79; Stampnitzky, *Disciplining Terror*, pp.60~61.

11 Stampnitzky, *Disciplining Terror*, p.50.

12 같은 책.

13 같은 책, p.79.

14 Edward S. Herman, *The Real Terror Network: Terrorism in Fact and Propaganda* (Cambridge, MA: South End Press, 1982), pp.47~82.

15 Claire Sterling, *The Terror Network: The Secret War of International Terrorism*(New York: Holt, Rinehart and Winston, 1980), p.54.

16 Phillip Paull, "International Terrorism: the Propaganda War"(MA Thesis, San Francisco State University, 1982), p.4.

17 이것은 스탬프니츠키가 언급했으며, 그녀는 알렉산더가 "테러 네트워크 이론의 옹호자가 됨으로써" 대부분의 테러리즘 마피아와 "분리되었다는" 것을 그 증거로 들고 있다. Stampnitzky, *Disciplining Terror*, p.124.

18 "CIA Finds No Proof of Soviet Terror Link," *The Times*, March 30, 1981, p.5.

19 Paul Wilkinson, "USSR Aid to Terrorists," *The Times*, April 4, 1981, p.13.

20 Stampnitzky, *Disciplining Terror*, pp.41, 49.

21 George H. W. Bush, *National Security Strategy of the United States*(Washington, D.C.: The White House, 1990), pp.6, 13.

22 같은 책, p.6.

23 같은 책, p.8.

24 Samuel P. Huntington, *The Clash of Civilizations and the Remaking of World Order* (London: Penguin, 1997), p.217[새뮤얼 헌팅턴, 『문명의 충돌』, 이희재 옮김(서울: 김영사, 1997), 291쪽].

25 같은 책, p.213[헌팅턴, 『문명의 충돌』, 285쪽].

26 Bernard Lewis, "The Roots of Muslim Rage," *The Atlantic Monthly*, September, 1990, pp.47~60.

27 같은 글, p.60.

28 같은 글, p.59.

29 Arun Kundnani, *The Muslims are Coming! Islamophobia, Extremism, and the Domestic War on Terror*(London: Verson Books, 2014), pp.56~65.

30 Walter Laqueur, *The New Terrorism: Fanaticism and the Arms of Mass Destruction* (New York: Oxford University Press, 1999), pp.4, 79.

31 같은 책, pp.127~128.

32 같은 책, p.129.

33 Bruce Hoffman, *"Holy Terror": The Implications of Terrorism Motivated by a Religious Imperative*(Santa Monica, CA: RAND Corporation, 1993), p.11. 이 논문은 후에 주요 '테러리즘 연구' 저널인 ≪분쟁 및 테러리즘 연구(Studies in Conflict & Terrorism)≫에 실렸다[Bruce Hoffmann, "'Holy terror': The Implications of Terrorism Motivated by a Religious Imperative," *Studies in Conflict & Terrorism*, 18(4)(1995), pp.271~284].

34 같은 책, p.2.

35 같은 책, p.3.

36 Amir Taheri, *Holy Terror: The Inside Story of Islamic Terrorism*(London: Sphere Books, 1987).

37 Ian O. Lesser et al., *Countering the New Terrorism*(Santa Monica, CA: The Rand Corporation, 1999), p.2.

38 Bruce Hoffman, *Inside Terrorism*, Revised Edition(New York: Columbia University Press, 2006), p.82.

39 같은 책, p.271.

40 Audrey Kurth Cronin, "Behind the Curve: Globalization and International Terrorism," *International Security*, 27(3)(2002~2003), p.35.

41 같은 글, p.30.

42 같은 글, p.52.

43 같은 글, pp.46~51.

44 같은 글, p.51.

45 Peter R. Neumann, *Old and New Terrorism: Late Modernity, Globalization and the Transformation of Political Violence*(Cambridge: Polity, 2009), p.150.

46 같은 책, p.11.

47 Anthony Giddens, "The Future of World Society: The New Terrorism." Lecture at the LSE, November 10, 2004.

48 Neumann, *Old and New Terrorism*, p.155.

49 같은 책, pp.118~121.

50 Stampnitzky, *Disciplining Terror*, p.155.

51 같은 책, pp.155, 154.

52 Mark Juergensmeyer, "Religion as a Cause of Terrorism," in Louise Richardson(ed.), *The Roots of Terrorism*(Abingdon and New York: Routledge, 2006), p.143.

53 Neumann, *Old and New Terrorism*, p.159.

54 Lewis, "The Roots of Muslim rage," p.52.

55 같은 글, p.53.

56 Peter Neumann, "Perspectives on Radicalisation and Political Violence." papers from the First International Conference on Radicalisation and Political Violence, London January 17-18, 2008(London: International Centre for the Study of Radicalisation and Political Violence), p.4.

57 Vaira Vike-Freiberga and Peter R. Neumann, ICSR insight—"Violence and Its Causes," October 26, 2015, https://icsr.info/2015/10/26/violence-causes/.

58 Stampnitzky, *Disciplining Terror*.

59 *Report of the Defense Science Board Task Force on Strategic Communication*(Washington, D.C.: Office of the Under Secretary of Defense For Acquisition, Technology, and Logistics, 2004), p.40.

60 Huntington, *The Clash of Civilizations*, p.217[헌팅턴, 『문명의 충돌』, 291쪽].

61 *Global Terrorism Index: Measuring and Understanding the Impact of Terrorism*(Institute for Economics and Peace, 2015), pp.100~104.

62 Vike-Freiberga and Neumann, ICSR insight.

63 Neumann, *Old and New Terrorism*, p.101.

64 같은 책, p.158.

65 같은 책, p.162.

66 Brian Holden Reid, "Michael Howard and the Evolution of Modern War Studies," *The Journal of Military History*, 73(3)(2009), p.880. "Strategic Studies Institute formed. Mr. Alastair Buchan First Director," *The Times*, November 28, p.6.

67 David Martin Jones and Mike Smith, "Contemporary Political Violence: New Terror in the Global Village," in David Martin Jones(ed.), *Globalisation and the New Terror: The Asia Pacific Dimension*(Cheltenham, UK and Northampton, MA, USA: Edward Elgar, 2004), pp.4, 6.

68 David Omand, "Countering International Terrorism: the Use of Strategy," *Survival*, 47(4)(2006), p.109.

69 Juergensmeyer, "Religion as a Cause of Terrorism," pp.140~141.

70 "Henry Sweetbaum," Powerbase, July 15, 2015. http://powerbase.info/index.php/Henry_Sweetbaum.

71 David Miller and Tom Mills, "The Media and 'Experts' in Terrorism," *Discover Society*, March 1, 2015, www.discoversociety.org/2015/03/01/the-media-and-experts-in-terrorism/.

72 Tom Griffin et al., *The Henry Jackson Society and the Degeneration of British Neoconservatism: Liberal Interventionism, Islamophobia and the 'War on Terror'* (Glasgow: Public Interest Investigations, 2015).

73 Tom Mills, Tom Griffin and David Miller, *The Cold War on British Muslims: An Examination of Policy Exchange and the Centre for Social Cohesion* (Glasgow: Public Interest Investigations, 2011). Griffin et al., *The Henry Jackson Society and the Degeneration of British Neoconservatism.*

74 Peter R. Neumann, "A Crisis of Identity and the Appeal of Jihad," *New York Times*, July 5, 2007, www.nytimes.com/2007/07/05/opinion/05iht-edneuman.1.6509818.html; Shiraz Maher, "The Roots of Radicalisation? It's Identity, Stupid," *Guardian*, June 17, 2015, www.theguardian.com/commentisfree/2015/jun/17/roots-radicalisation-identity-bradford-jihadist-causes.

75 Mills, Griffin and Miller, *The Cold War on British Muslims*, pp.43~44.

76 같은 책.

77 Department for Communities and Local Government, Freedom of Information Response, May 7, 2015. Purpose: Counter-Radicalisation Training, Hansard, March 15, 2011, column 22WH, www.publications.parliament.uk/pa/cm201011/cmhansrd/cm110315/halltext/110315h0001.htm.

78 Nafeez Ahmed, "UK's Flawed Counter-Terrorism Strategy," *Le Monde Diplomatique*, December, 2013.

79 Paddy Hillyard, *Suspect Community: People's Experience of the Prevention of Terrorism Acts in Britain* (London: Pluto Press, 1993).

05 전쟁, 혁명 그리고 테러리즘에서 헌신된 행위자의 역할

스콧 애트런

서론: 헌신된 행위자

'헌신된 행위자The Devoted Actor'는 집단과 대의명분을 위해 기꺼이 값비싼 희생을 치르는 사람들의 근원적인 사회심리학적 기제를 더 잘 이해하기 위한 이론적 틀로서, 외견상 다루기 힘든 정치적·문화적 갈등들을 해결하기 위해 사회과학 연구를 사용하는 비영리 집단인 아티스 인터내셔널ARTIS International[1]의 학자와 정책수립자 그룹이 발전시켰다.[2] 우리의 연구는 '헌신된 행위자'로 행위하는 사람들이 위험이나 보상의 유무와 상관없이 소중한 가치들을 보호하는 집단적 행위를 위해 동원되는, 의무에 따라 행동하는 행위자agent라는 것을 보여준다. 헌신된 행위자들은 그러한 가치에 대한 물질적 타협을 거부하는 가운데 도구적 합리성과는 전혀 다른 사고와 행동의 차원을 보여준다.[3]

집단을 위해 기꺼이 값비싼 희생을 치르는 데에는, 심지어 어떤 역경에도 불구하고 죽기까지 싸우는 데에는 진화적 이유가 있다. 특히 일차적인 준거 집단에 대해 인식된 외부 위험이 매우 높고 생존 가능성이 매우 낮을 때, 충분히 많은 집단 구성원들이 그렇게 기꺼이 극단적으로 희생할 수 있는 마음을 지니고 있다면 그 집단은 행위 비용을 무시하지 못하는 더 강하지만 덜 헌신된 적들을 막아내리라고 희망할 수 있다. 진화적 관점에서, 사냥과 싸움 같은 집단 행위들은 이탈자가 발생하기 쉽기 때문에 시작하기가 어렵다. 그러나 동기가 매우 강하게 부여된 일부 개인들이 기꺼이 활동을 시작한다면, 다른 사람들이 합류하는 비용을 줄일 수 있다. 그리고 그러한 "도덕성 표준의 진보와 항상 서로에게 도움을 주고 공동선을 위해 스스로 희생할 준비가 되어 있는 천부적인 사람들의 증가는 다른 부족들을 상대로 승리를 거두게 할 것이다".[4]

헌신된 행위자라는 틀은 종교와 공동체에 대한 사회학적 분석[5]과 인류학적 분석[6]의 주요 통찰에 기대면서,[7] 지금까지 인지 이론에서 독립적이었던 두 연구 프로그램, 곧 '성스러운 가치'와 '정체성 융합'을 통합한다. 성스러운 가치는 타협 불가능한 선호이며, 그 가치의 수호는 드러난 이유를 넘어서는, 곧 계산 가능한 비용과 결과와는 상관없는 행위를 하게 한다.[8] 정체성 융합은 개인적·집단적 정체성이 집단적인 불굴의 투지와 특별한 운명의 느낌을 생성하는 하나의 독특한 정체성 속으로 함몰할 때 일어난다.[9] 이 두 프로그램은 매우 다루기 힘든 집단 사이 갈등의 서로 다른 측면들을 설명해 준다. 그러나 나는 여기서 성스러운 가치와 정체성 융합이 일차적인 준거 집단을 위해 값비싼 희생을, 심지어 죽음까지 불사하게 하고 자기 이익의 전부를 희생하는 의지를 창출하는 과정에 상호작용한다고 주장한다.

성스러운 가치의 측면

인간은 흔히 단지 자신의 목숨이나 친지와 친척을 지키기 위해서뿐만 아니라 관념, 곧 "나는 누구인가" 그리고 "우리는 누구인가"에 대해 스스로 형성하는 추상적 개념을 위해서도 좋든 싫든 살인과 자신의 죽음을 포함하여 최고의 노력과 희생을 다한다. 이것은 토머스 홉스Thomas Hobbes가 『리바이어던Leviathan』에서 썼듯이, "다른 생물에게서는 발견할 수 없는, 오직 인간만이 빠져드는 불합리라는 특권이다".[10] 적어도 족장 사회와 국가 수준 사회의 발흥 이래로 종교는 이러한 특권과 불합리 권력의 자리였다.[11] 어거스틴Augustine에서부터 키르케고르Søren A. Kierkegaard에 이르기까지, 갈릴레오Galilei Galileo부터 에이어A. J. Ayer에 이르기까지 수없이 많은 종교적·비종교적 사상가들에 따르면, 홉스가 핵심 종교 신앙의 '이해 불가능한' 성질이라고 여겼던 것은 지각은 있으나 육체는 없는 신과 같이 경험적 또는 논리적 검증에 영향을 받지 않는다.[12]

가치에 대한 종교적 합의는 대체로 사실 확인이나 논리적인 주장을 수반하지 않으며, 의례적 교제나 감정적 결합에서 나온다.[13] 기이하고 어리석어 보이는 믿음과 관련된 가치에 대한 값비싼 헌신은 (어떤 선택 과정이 개입되어 있든지 간에[14]) 공동 방위를 위한 집단 연대를 활성화하면서 믿을 수 있다고 확인된 협력자들을 통해 신뢰가 깊어질 수 있다. 모든 종교들이 그들의 도덕적 메시지에 "현저한 특유성"과 편향을 가지고 있지만,[15] 집단의 환경이 더 호전적일수록 그 집단의 성스러운 가치와 의례는 더 독점적이어서 집단 내 의존성을 증가시킬 뿐만 아니라 다른 집단에 대한 의혹, 불신 그리고 잠재적 갈등을 증가시킨다.[16] 반대로, 협동의 비용과 편익을 공유하기 위해 개인적 이익을 규제하는 완전히 이성적인 사회 계약은 집단들 사이에 거리를 덜 두게 할 수 있지만, 붕괴할 가능성이 더 크다. 더 이익이 되는 위험과 보상의 분배가 미래에 가능할 수도 있다는 인식은 이탈의 가능성을 높인다.[17] 심지어 명시적으로 세속적인 국가와 초국가적인 운동들도 대개 중요한 유사종교적 의례와 믿음을 갖고 있다.[18] 자유 민주주의를 포함하여 가장 성공적인 인권 운동뿐만 아니라 노예제 용인이라는 '원죄'를 바로잡기 위한 시민권 운동도[19] (토머스 제퍼슨Thomas Jefferson이 독립선언서 초고에 썼듯이) "성스럽고 빼앗을 수 없는" 믿음에 의해 영감을 받았다.

그래서 성스러운 가치라는 용어는 직관적으로 종교적 믿음을 지시하지만, 다음에서 성스러운 가치는 마치 땅이나 법이 거룩하거나 신성하게 될 때처럼 세속적인 이슈나 경제적 재화와 양립 불가능하거나 대체 불가능하고 '자아'와 '우리는 누구인가'에 대한 개념에서 분리 불가능한 것으로 사람들이 취급하는 대상, 믿음 또는 실천에 대한 선호를 가리킨다. 이것은 예를 들어 정치적인 '인권' 개념에서 예시되거나,[20] 또는 '인류'를 구원하고 구출하는 보편적인 종교적 사명을 계몽주의가 정치 혁명을 통해 세속화한 이래로 정치 생활을 지배해 왔던 초월적인 이데올로기적 ○○주의(식민주의, 자유주의, 사회주의, 무정부주의, 공산주의, 파시즘 등)에서 예시되는 '세속화된 성스러움'을 포함한다.[21]

우리의 이전 연구는 사람들이 성스러운 가치를 지키기 위해 행동할 때 물질적 위험과 보상, 비용 그리고 결과를 평가함으로써 확실하게 예측하는 것이 불가한 방식으로 행동한다는 것을 시사한다. 이러한 특징은 정보 수집과 처리에 있어서 인지적 한계,[22] 인지적 불일치를 피하려 하거나[23] 집단 사고에 순응하려는[24] 욕구, 문화적 지각의 부재,[25] 본질적인 자원의 분할 불가능성,[26] 또는 그 밖의 심리학적 편견들과 생태학적 제약과[27] 같은 도구적 합리성에 대한 수정과 제약을 고려할 때에도 유효하다. 물론 실제 세계에서 도구적이고 의무적인(곧 규칙과 의무) 문제들은 개인과 집단들의 행위에 동기를 부여하기 위해 상호작용하며, 어떠한 설명적 해명이나 기술적記述的으로 적절한 해명도 이 상호작용을 모델로 하고 예측할 수 있어야 한다.

그럼에도 불구하고 헌신된 행위자의 행위는 도구적 관심사로는 거의 동기가 부여되지 않는다. 그 대신에 그들은 가능한 결과로부터 독립적이거나 가능한 결과와 어울리지 않는 행위들을 추동하는 성스러운 가치에서 동기를 얻는다. 어떤 핵심 가치에 대한 헌신은 단기적인 개인의 이익에 대한 계산을 넘어서지만 전체적으로 결국에는 개인적 이익을 증진시키는 장기적인 진화 전략에 대한 보편적 반응을 나타낼 수 있다.[28] 아이, 공동체 또는 공정성에 대한 헌신이 여기에 포함될 수 있다.[29] 그 밖에 이러한 가치들은 힌두 문화에서 소의 성스러운 위치나, 유대교, 기독교, 이슬람에서 안식일이나 예루살렘의 성스러운 위치와 같이 특정 사회와 역사적 우연에 따라 달라진다. 때때로 인도의 성스러운 소[30]나 성스러운 숲[31]과 같이, 오늘날 내재적으로 성스러워 보이는 것이 물질주의적 기원을 가질 수도 있다. 인도의 소와 숲의 경우, 재생 가능한 에너지와 자양물의 혜택을 장기간 누리기 위해 고기나 장작에서 즉각적인 이득을 얻으려는 개인적 욕구에 저항했던, 여러 세대에 걸쳐 축적된 물질적 지혜를 나타낸다. 그러나 이러한 가치들과 연관된 오랜 물질적 이득에도 불구하고, 빠르게 변화하는 세계에서 그러한 성스러운 가치에 대한 무조건적 헌신은 물질적으로 불리한 것일 수 있다. 예를 들어, 지금까지 폐쇄된 공유지가 갑자기 개방되면 그때는 공유지 보호를 위한 가치에 지속적으로 문화적 헌신을 하는 것이 매우 부적응적일 수 있다. 왜냐하면 이제는 외부 개발자들의 착취에 개방된 지역에서 자연을 보호하려는 원주민들의 소멸을 촉진할 것이기 때문이다.[32]

전 세계의 다양한 문화와 빈곤 지역들에 대한 우리의 경험적 연구는 성스러운 가치에 대한 신실한 믿음이 다음을 포함한다는 것을 보여준다. (1) 비용과 결과의 공리주의적인 계산을 따르기보다 가능한 위험이나 보상이 무엇이든지 간에 도덕적으로 올바른 일을 하는 것이 도덕적으로 적절하다는 규칙지향적 논리에 대한 헌신.[33] (2) '역효과 현상'과 결부된 물질적 거래에 대한 거부. 성스러운 가치를 포기하라는 장려책이나 억제책의 제공은 타협이나 협상에 대한 거부를 고취한다.[34] (3) 사회적 영향과 출구 전략에 대한 저항.[35] 이는 굳건한 사회적 연대로 이끌고, 유전적으로 이방인인 사람들을 자발적으로 서로를 위해 희생하도록 결속시킨다. (4) 공간적·시간적 무시에 대한 무감각. 성스러운 가치와 연관하여 먼 장소와 그곳에 있는 사람들, 심지어 먼 과거와 미래의 사건들에 대한 고려가 지금 여기에 대한 관심사보다 중대하다.[36] (5) 뇌의 영상 패턴이 비용과 편익을 따지기보다 의무적인 규칙을 처리하는 것과 일치하며, 또한 그러한 규칙의 인지된 위반을 감정적 불안과 사회적 영향력에 대한 저항으로 처리하는 것과도 일치한다.[37] 성스러운 가치에 대한 헌신은 집단을 위해 자신의 목숨을 바치는 자살 폭탄 테러범들과 같은 교구적parochial 이타주의자들을 동원할 수 있다.[38] 그것은 그들에 맞서 배치된 군대나 경찰보다—이들은 봉급 인상이나 진급이라는, 추정되는 전망과 같은 전형적인 '합리적' 보상 구조에 근거하여 움직이는 경향이 있다[39]—훨씬 적은 물질적 수단을 가진 전복적 또는 혁명적 운동의 성패에 열쇠가 될 수 있다. 19세기 무정부주의자들 이래로 공학과 의학 공부에서 과학 교육은 흔히 이러한 운동의 지도자 자격을 판단하는 기준이 되었다. 왜냐하면 그러한 공부 과정은 보상을 유예해야 하는 학습 과정에 대한 장기간의 헌신을 통해 개인적이고 값비싼 희생을 치르는 실제적인 능력과 잠재력을 보여주기 때문이다. 다른 혁명 집단들처럼 알카에다al-Qaeda는 처음에 꽤 유복하고 교육을 잘 받은 개인, 그중 다수가 공학과 의학을 공부했던 이들이 형성하고 이끌었다.[40]

헌신된 행위자는 의무를 따르는 행위자이다

폭력적인 집단 간 갈등에 관련된 대부분의 이론과 모델은 민간인과 지도자들이 합리적인 계산을 한다고 가정한다.[41] 전체 전쟁 비용이 대안의 비용보다 적을 때 그들은 전쟁을 지지한다는 것이다. 그러나 다른 연구들에서[42] 우리는 폭력 상황에 직면할 때 사람들이 양화할 수 있는 비용과 편익을 일관되게 무시하고 대신에 성스러운 가치에 의존한다는 것을 발견했다. 우리는 요르단강 서안 지구의 이스라엘 정착민 가운데 대표 표본 650명에게 팔레스타인과의 평화 협정의 일부로서 그들의 정착지를 철거하는 문제에 대해 질문했다. 일부 연구 참여자에게는 기꺼이 비폭력 저항에 나설 것인지를 질문했고, 다른 참여자들에게는 폭력적 저항에 나설 것인지를 질문했다. 추방에 폭력적으로 저항할 의향에 덧붙여, 저항 행위가 얼마나 효과적일 것으로 생각하는지 그리고 그 결정이 도덕적으로 얼마나 올바른지 등급을 매기도록 했다. 피켓 시위와 도로 점거 같은 비폭력적 선택에 관한 한, 정착민들의 결정은 합리적 행동 모델로 예측할 수 있었다. 하지만 폭력에 참여할지 여부를 결정하는 데 있어서는 다르게 반응했다. 정착민들이 폭력적 저항에 참여할 의향은 폭력이 그들의 집을 지키는 데 얼마나 효과적일지에 대한 생각보다는 그들이 그것을 얼마나 도덕적으로 올바른 것으로 여기는지에 따라 달랐다.

정치 지도자들과 일반 대중에 대한 우리의 연구는 정치적 게임이나 경제가 아니라 성스러운 가치가, 사업 협상과 같은 합리적인 기브앤테이크를 무시하는 이스라엘과 팔레스타인의 갈등 또는 이란과 서방 국가 사이의 갈등처럼 해결이 까다로운 갈등들을 특징짓는다는 것을 보여준다.[43] 이스라엘과 팔레스타인의 갈등을 고려해 보자. 합리적인 비용-편익 분석에 따른다면 팔레스타인은 1967년 이전 자신들이 거주했던 다른 땅들을 포함하는 독립 국가에 대한 대가로 예루살렘에 대한 주권이나 이스라엘에 있는 고향으로 돌아가고자 하는 피난민들의 요구를 포기하는 데 동의해야 한다. 왜냐하면 그들은 포기할 것보다 더 많은 주권과 더 많은 땅을 얻을 것이기 때문이다. 만약 미국과 유럽이 모든 팔레스타인 가족에게 장기간 상당한 경제 원조를 제공함으로써 그 거래를 순조롭게 한다면, 그들은 그러한 합의를 지지해야 한다. 하지만 대신에 우리는 재정적 회유 수단이 팔레스타인인들을 그 거래에 더 반대하게 하고, 자살 폭탄을 포함하여 그것에 반대하는 폭력을 더 지지하게 할 가능성이 크다는 것을 발견했다. 이스라엘 정착민들도 이스라엘이 유대와 사마리아를 포기하도록 요구하는 2국가 해법two-state solution이나 (사실상 이스라엘에게 피난민들을 흡수할 것을 요구하지 않는다는 합의 아래) "팔레스타인 피난민들이 돌아올 권리의 합법성을 인정하는" 것을 거절했다. 그런데 만약 그 거래가 추가적인 장기 재정 지원이나 평화롭고 풍족한 삶의 보장을 포함했다면 이스라엘인들은 훨씬 더 반대했을 것이다.[44]

다른 일련의 연구에서 우리는, 상대적으로 적은 수이지만 정치적으로 중요한 일부 이란인들이 (반드시 핵무기가 아니라) 핵에너지를 획득하는 것이 성스러운 가치가 되었다고 믿는다는 것을 발견했는데, 여기에는 제안된 경제적 장려책이나 억제책이 지지의 증가와 감정적 확신으로 이어짐으로써 역효과를 낳는 측면이 있었다.[45] 여기서 성스러운 가치는 집단적 정체성, 곧 "우리는 누구인가"의 의미를 둘러싼 갈등과 밀접한 관계가 있을 때, 역사적 배경이 상대적으로 약하지만 중요성이 있는 이슈를 위해 등장할 수 있는 것으로 보인다. 소수의 이란인들—이 실험에서는 13%—에게 그 이슈는 종교적인 레토릭과 의례(예: 이란 여성들이 코란을 흔들면서 행진하며 '핵 권리' 연호)와 연결됨으로써 성스러운 주제가 되었다. 친정권 성향을 보이는 이 집단에게는 이제 핵 프로그램이 국가 정체성과 이슬람 그 자체와 밀접하게 연결되어 있기 때문에, 그 프로그램을 포기하는 데 대한 물질적 보상이나 제재는 단지 그에 대한 분노와 프로그램에 대한 지지를 증가시킬 뿐이다.

성스러운 가치는 사람들이 모든 종류의 타협을 반대하게 하지는 않는다. 그 대신에 물질적인 거래에 맞서 그 가치를 보호하는 특정한 금기를 작동시킨다. 사람들에게 물질적으로 관련 없는 상징적인 제스처를 제공하면 물질적 장려책이 작동하지 않는 곳에서 효력이 나타날 수 있다. 예를 들어, 이스라엘인들이 1948년 전쟁에서 팔레스타인이 겪은 고통에 대해 공식적인 사과를 했다면, 팔레스타인인들은 이스라엘의 생존권을 인정하는 것을 더 기꺼이 고려했을 것이다. 비슷하게, 하마스Hamas와 다른 주요 팔레스타인 집단들이 상징적으로 이스라엘을 인정했다면, 이스라엘 정착민들은 평화를 위해 성지聖地를 두고 타협하는 데 덜 반대했을 것이다.[46]

우리의 조사 결과는 정치 지도자들과의 토론에서도 잘 드러난다.[47] (하마스 부의장) 무사 아부 마르죽Mousa Abu Marzook은 우리가 팔레스타인 난민의 귀환권에 대한 승인이 없는 평화를 위한 거래를 제안했을 때 "아니오"라고 말했다. 그리고 우리가 재건을 위한 미국의 상당한 원조라는 아이디어를 추가 제안했을 때는 분노했다. "아니오, 우리는 어떤 값에도 우리 자신을 팔지 않습니다." 그러나 1948년에 대한 이스라엘의 사과 가능성을 언급했을 때, 그는 "예, 사과는 출발로서 중요합니다. 우리는 집과 땅을 빼앗겼기 때문에 그 무엇으로도 충분치 않습니다. 그에 대해서 뭔가 조치가 있어야 합니다"라고 말했다. 그의 반응은 성스러운 가치에 대한 진전이 물질적 이슈에 대한 협상의 길을 열 수 있으며 그 반대는 불가능하다는 것을 시사했다. 우리는 이스라엘의 지도자 베냐민 네타냐후에게서도 비슷한 반응을 얻어냈다. 우리는 그에게 하마스를 포함하여 팔레스타인의 주요 당파들이 그 지역에 독립 국가를 가질 유대인들의 권리를 인정한다면, 1967년 국경선을 따라 2국가 해법의 수용을 진지하게 고려할 것인지 물었다. 그는 "물론입니다. 그러나 팔레스타인인들은 진심으로 그렇게 해야 할 것이고, 그들의 반유대주의 교과서들을 바꿔야 할 것입니다" 라고 답했다. 생존권의 인정이나 사과와 같이, 전적으로 무형의 상징이지만 진심 어린 제스처를 하는 것은 어떠한 공리적인 계산을 하는 것이 아니다. 그러나 과학은 이러한 제스처들이 매듭을 푸는 가장 좋은 방법일 수 있다고 제시한다.

어떤 종류의 상징적 제스처가 성스러운 가치와 연관되는지를 더 체계적으로 이해할 수 있다면 갈등을 효과적으로 예방할 수 있으며, 해결책이 감정적 진실성의 표시를 포함한다면 갈등을 피하거나 줄일 수 있는 돌파구를 찾을 새로운 가능성이 생긴다. 최근이라 할 수 있는 2013년 9월 초 옥스퍼드에서 우리 팀 멤버들과 (영국 상원 의장) 존 올더다이스 경Lord John Alderdice이 준비한 이란 핵 문제에 대한 이란, 사우디, 이스라엘, 미국, 영국 간 고위급 회의에서, 우리는 비공식적으로 정서적 결속을 포함하여 가치에 대한 헌신의 표현들을 모니터하고, 정치적 입장보다는 성스러운 가치를 불러일으키는 상징적 제스처를 통해 협상을 개시할 것을 제안했다. 그에 대한 반응으로, 뉴욕에서 이란 대통령 하산 로하니Hassan Rouhani는 홀로코스트를 공개적으로 인정하는 메시지를 전했다. 미국과 이스라엘의 관리들은 그 메시지가 협상을 위한 긍정적인 발전이 될 것이라고 우리에게 말했다.

이 연구와 또 다른 연구들은 그 구성원들이 타협하기보다는 심각한 손실/죽음을 무릅쓰고 싸우는 '성스러운 규칙'이 사회 집단에 있다는 것을 시사한다. 요르단강 서안 지구와 가자의 성인 700명 이상을 표본으로 하는 또 다른 연구에서 우리는 다음과 같이 질문했다.

어떤 사람이 팔레스타인의 적들을 향하여 (어떤 이들은 자살 공격이라고 하는) 폭탄 테러를 하기를 원하는데, 그의 아버지는 아프고 가족들은 그에게 아버지를 돌보기 위해 선택된 순교를 미루도록 간청한다면, 그 공격을 무기한 연기하는 것은 받아들일 수 있는 일인가?

어떤 사람이 팔레스타인의 적들을 향하여 (어떤 이들은 자살 공격이라고 하는) 폭탄 테러를 하기를 원하는데, 그러한 선택을 한 순교자의 가족이 보복으로 살해당할 확률이 상당히 높기 때문에 가족이 그에게 순교를 미루도록 간청한다면, 그 공격을 무기한 연기하는 것은 받아들일 수 있는 일인가?

팔레스타인인들은 아픈 아버지를 돌보기 위해 순교 공격을 미루는 것보다 전체 가족을 살리기 위해 순교 공격을 미루는 것에 더 반감을 보임으로써 정치폭력에 대해 비도구적인 방식으로 사고하는 경향을 나타냈다. 이 결과는 사람들이 전쟁 또는 가족에 대한 의무 사이에서 사고할 때 도구적인 결정을 내리는 것이 아니라, 도구적으로는 무관한 상황 변화의 결과로서 바뀔 수 있는 도덕적 의무의 인지에 근거하여 결정을 내린다는 것을 보여준다.[48] 만약 사람들이 성스러운 규칙이 침해당했다고 인식한다면, 그들은 복수가 이익보다 해가 더 많을지라도 침해자들에게 복수해야 한다는 도덕적 의무를 느낄 수 있다.

집단 역학의 중요성과 정체성 융합

붙잡힌 자살 테러리스트들과 자살 테러리스트 지원자, 그리고 폭력적 갈등 상황에 있는 정치·군사 지도자와 지지자들에 대한 우리의 현장 조사는 인간 집단 간 갈등의 역사에 간간이 등장하는 일부 행동들이 정말로 도구적 관심사를 넘어선다는 것을 시사한다.[49] 테르모필레Thermopylae에서의 스파르타인의 자기희생, 로마에 대항해 반란을 일으킨 유대인 열심당원, 알라모Alamo의 민병 수비대, 소련의 부다페스트 포위 당시 "암살단에 자원한" 무장친위대Waffen SS, 일본의 가미카제 부대, 9·11의 지하디 조종사 폭탄 테러범 등을 그 역사적 사례로 들 수 있다.[50] 이러한 사건들은 인간이 신, 민족의 운명 또는 구원과 같이 추상적이고 대개는 형언할 수 없는 가치들의 이름으로 싸우고 죽인다는 것을 예시한다.[51]

성스러운 가치가 행위에 필수적인 도덕적 명령으로 작동할 수 있지만, 그것으로 충분하지는 않다. 집단 도덕은 단순히 결정과 행위를 추동하는 이데올로 기적 정경canon이나 탈맥락화된 원칙들로 작동하는 것이 아니라, 사회 집단에, 가장 효과적으로는 동포, 모국, 조국, 고국 등과 같은 친밀한 "상상된 친족"의 네트워크에 거의 항상 배태되어 있고 분배되어 있음을 이해하는 것이 중요하다.[52] 사람들을 이런저런 정치적 목표를 향해 막대한 노력을 기울이도록 추동하는 도덕적 명령에 대한 지식과, 그러한 가치의 이름으로 서로를 위해 희생하도록 개인들을 묶어주는 집단 역학이, 테러리즘이나 혁명처럼 패배와 죽음의 가능성이 매우 높은 극단적인 행위에 필수불가결해 보인다.

그래서 우리의 작업가설은 자아 정체성이 독특한 집단 정체성과 융합될 때, 그리고 정체성 자체가 성스러운 가치와 융합될 때, 교구教區적으로 이타적인 행위가 일어나거나 헌신된 행위가 창출된다는 것이다. 중요한 가치는 특히 정체성에 배태되거나 융합되고 내면화되는 정도로 극단적인 행동에 영향을 줄 수 있다. 중요한 도덕적 가치는 내면화될 때 자기-감시를 통해 도덕성을 유지하는 사회적 비용을 줄여주며, 구성원들을 출구 전략에 눈멀게 한다.[53]

집단 역학에는 단지 사람들, 그들의 행동 그리고 관념들의 집합을 넘어선 그 이상의 것이 있다. 집단을 개인 구성원들의 합 이상의 것으로 만드는 관계의 망이 있는 것이다.[54] 어떤 한 부분이 완전히 통제하거나 심지어 이해할 수 없는 생각과 과제들을 분배하는 것이 바로 이 구성원들 사이의 네트워킹이다.[55] 자살 테러리즘이나 그와 관련된 폭력적 극단주의의 형태들에 대한 사례연구는 "사람들은 대체로 결코 대의명분[만]을 위해 죽이거나 죽지 않는다. 그들은 서로를 위해 그러한 행동을 한다. 즉 그들의 동포, 조국, 모국, 고국과 같은, 유전적으로 이방인인 사람들로 구성된 상상된 가족을 만드는 것 자체가 대의명분인 그들의 집단을 위해서 죽이거나 죽는다"[56]라고 시사한다.

이런 맥락에서 '정체성 융합' 이론은 사람들의 집단 정체성이 그들의 개인적인 자아 개념과 융합되면, 그 뒤에 집단이 위협받는 상황에서 그들이 극단적인 친집단 행동에 참여하려는 의향이 증가함을 보인다고 주장한다.[57] 그와 같이 융합은 특권적 가치가 위협당할 때 행위로 이끄는 집단 역학의 복합성의 부분을 이해할 수 있도록 돕는다. 융합 이론은 범주화와 연상聯想의 과정보다는, 사람들과 가치의 사회적 네트워킹과 감정적 결합을 통한 사회적 응집을 강조하고, 그럼으로써 예외적인 운명과 불굴의 감정으로 개인들과 그들의 집단에게 힘을 부여한다는 점에서 다른 사회 정체성 이론들과 다르다.

최근 비교문화 연구 실험에서 윌리엄 스완William Swann과 동료들은,[58] 전투적인 테러리스트 그룹에 대한 나의 관찰[59]에서 시작하여, 융합된 사람들은 집단 구성원들이 핵심적인 신체적 특성과 가치를 공유한다는 것을 인식할 때 더 작은 집단들에서 공통된 가족적 유대를 확대된 집단으로 투사할 가능성이 더 많다는 것을 발견했다. 이것은 종교적 '형제애' 같은 가치와 강하게 동일시되는, 더 큰 집단을 위해 기꺼이 싸우고 죽을 수 있는 마음을 강화한다. 동지와 대의명분에 대한 헌신의 고려는 세계에서 가장 시급한 관심사와 직접적으로 관련된다. 실제로, 버락 오바마Barrack Obama 대통령은 한 발언을 통해[60] 미국 국가정보국 국장의 판단을 지지했다. "우리는 베트콩을 과소평가했습니다. …… 우리는 ISILIslamic State of Iraq and the Levant을 과소평가했고, 이라크 군대의 전투 능력을 과대평가했습니다. …… 핵심은 싸울 의지를 예측하는 것이며, 그것을 가늠하기란 힘듭니다."[61] 그러나 우리 연구가 제시하는 방법과 절차가 믿을 만하다면, 누가 싸우려 하고 누가 싸우려 하지 않는지, 그리고 왜 싸우려고 하는지를 실제로는 가늠하여 예측할 수 있으며, 이는 정치적 전략의 평가와 실행에서 중요하다.

이런 점에서 하비 화이트하우스Harvey Whitehouse와 동료들은,[62] 무장武裝한 가족 같은 동지 집단과의 융합은 심지어 유전적인 가족 간 유대보다 더 강하게 느껴질 수 있으며, 죽음과 패배에 직면해서도 기꺼이 계속 싸우고자 했던 최근 리비아 혁명 전투원들의 행동을 뒷받침해 줄 수 있었다는 증거를 제시했다. 그러나 현지에서 전투원들을 대상으로 실시한 이 단일 연구를 제외하고, 융합 연구는 대개 실제 갈등 지역의 인구가 아니라 가설적 시나리오를 가지고 학생 인구를 대상으로 삼았으며, 헌신된 행위를 생성하는 성스러운 가치의 역할을 무시해 왔다. 그에 따라 또 다른 연구들에서 우리는 최근 전쟁들의 역사

적 분석을 제공하고, 헌신된 행위자 가설을 지지하는 북아프리카와 유럽의 경험적 증거를 제시했다.[63]

> 헌신된 행위자 가설: 사람들은 값비싼 희생과 극단적 행위를 통해 도덕적으로 중요하거나 성스러운 가치를 지키고, 심지어 죽이거나 죽으려고 할 것이다. 특별히 그러한 가치들이 집단 정체성에 배태되거나 융합되어 "나는 누구인가"와 "우리는 누구인가" 하는 문제에 본질적인 것이 될 때 그러하다.[64]

이 연구들에서 사람들은 동지들로 구성된 친족 같은 집단과 융합되고 그들이 성스럽게 여기는 소중한 가치가 위협받을 때 '교구적 이타주의'를 가장 많이 표출했다. 구체적으로, 우리가 이전에 인류학적 현지 조사를 수행했던,[65] 테러리스트 행위와 관련된 두 지역에서 인터뷰하고 조사한 모로코인들은 엄격한 샤리아Sharia[+]의 실행을 위해 기꺼이 값비싼 희생을 치르려는 마음을 표현했다. 그들은 친족 같은 동지 집단과 융합되어 있었고, 샤리아법을 성스럽게 생각하고 있었다. 그들은 또한 전투적 지하드를 가장 지지했다. 현지에서의 실험 연구를 보완하는 온라인 연구는 친족 같은 동지 집단과 융합되고 민주주의를 성스럽게 여기는 스페인인들이 지하디 테러리즘을 상기하고 난 후 민주주의를 위해 기꺼이 값비싼 희생을 치르고자 하는 것을 보여주었다.[66] 그들은 또한 자신의 집단을 더 막강한 존재로, 지하디들은 약한 존재로 보려고 했는데, 이는 '적'에 맞서 더 큰 희생적 행위를 촉진할 수 있다. 이 결과는 헌신된 행위자들이 외부 집단으로부터 실존적 위협을 받고 있다는 것을 스스로 인식할 때 극단적 행위에 헌신할 가능성이 높다는 미국인과 팔레스타인인들에 대한 연구 결과를 확증해 준다.[67]

+ 이슬람교의 율법이자 규범 체계. 쿠란과 하디스에서 나온 규칙과 원리들이 후에 판례와 율법으로 편찬되어 만들어졌다.

쿠르디어티 대 칼리프 국가: 전선에 대한 최근 연구

지금까지 우리 연구의 논의는 주로 융합된 집단과 성스러운 대의명분을 위해 기꺼이 값비싼 희생을 치르겠다고 표명한 의향에 초점을 두었다. 우리 연구의 대상 집단이 관련되어 있는 갈등들의 지속적이고 외견상 다루기 힘든 특성은 값비싼 희생을 기꺼이 치를 마음을 표명하는 것과 실제로 그렇게 하는 것 사이에 강한 관계가 있다는 것을 시사하지만, 우리는 여기서 그 관계를 확인해 줄 직접적인 척도를 가지고 있지 않다(덜 물질적인 희생을 포함하는 결과 척도를 가지고 있기는 하지만). 그러나 다음에서는 투사들과 최전방 전투원들이 연구 대상으로, 싸움과 죽음을 포함하여 기꺼이 값비싼 희생을 치르겠다는 의향의 표명은 그들 행위를 참여 관찰함으로써 직접적으로 확인된다.

이와 관련하여, 2015년 3월 우리는 이라크 키르쿠크Kirkuk[+]에서 생포한 이슬람 국가IS 전투원들과 모술Mosul과 에르빌Erbil 사이의 최전방 지역에 사는 쿠르드인들에 대한 첫 번째 연구를 마쳤다. 우리는 쿠르드인들이 IS에 버금가는 전투 의지를 보인다는 것을 발견했다. 우리가 IS 죄수들에게 "이슬람이란 무엇입니까?"라고 물었을 때, 그들은 "내 인생이오"라고 대답했다. 그러나 그들은 알카에다와 IS의 선전으로부터 들은 것 외에, 쿠란이나 이슬람 역사에 대해서는 분명 별로 알지 못했다. 그들에게 종교의 대의명분은 모든 불신자를 죽이거나 예속시킨다는, 즉 정치적 지배와 종교적 지배가 결합하는 칼리프 체제의 비전과 융합되어 있다. 반대로, 이슬람에 대한 쿠르드인의 헌신은 국가 정체성에 대한 그들의 헌신을 뛰어넘지 못한다. 그들의 헌신은 이슬람의 보다 개방적인 버전이다. 그들은 아랍 수니파뿐만 아니라 이라크 쿠르디스탄에서 100만 명이 넘는 난민을 구성하고 있는 야지디Yazidi들[++]과 기독교인들도 보호

[+] 이라크 북동부의 도시. 유전 지대로, 쿠르드족의 중심지이다.
[++] 쿠르드족이면서 야지디교를 믿는 민족종교집단.

해 왔다. 그러나 쿠르드인들의 헌신을 가장 잘 보여주는 것은 그렇게도 적은 물질적 원조를 가지고 전선을 유지하는 방식일 것이다.[68]

우리는 IS 세력권으로부터 1~3킬로미터 떨어진 전투 지역에서 28명의 쿠르드 전투원들과 10명의 비전투원들(공급책, 의사 등)을 (융합, 성스러운 가치, 값비싼 희생에 대하여) 인터뷰하고 테스트했는데,[69] 여기에는 모술 댐 전선에서 복무하는 특수부대원들Zerevani 중 무작위로 선택된 응답자, 마흐무르Mahmour 전선에 있는 (지금은 인구가 격감한 마을인) 르왈라Rwala의 쿠르디스탄 지역 정부 소속 페시메르가Peshmerga 전투원, 케레메르디Qeremerdi 전초기지에 있는 이라크군의 쿠르드-수니파 연합 부대 소속 쿠르드족 병사들이 포함되었다. 우리는 표준적인 실험 절차를 사용하여,[70] 35명의 응답자들은 '쿠르드'와, 35명은 '가족'과, 23명은 '가까운 가족 같은 동지 집단'과 그리고 14명은 '이슬람'과 융합되어 있는 것을 확인했다. 그러나 정체성 융합의 상대적 중요성에 등급을 매겨 보니, 21명의 응답자들이 다른 모든 형태의 정체성 융합보다 '쿠르드'와의 융합이 강한 것으로 확인되었다. 3명은 이슬람에 특권을 부여했으며, 단 1명의 응답자만이 '가족'과의 융합이 가장 중요하다고 여겼다. 그리고 어떠한 응답자도 '가까운 가족 같은 집단'을 최우선이라고 주장하지 않았다. 또한 싸우고 죽을 수 있는 성스러운 가치로서 '선거 민주주의'와 '언론 자유' 등 민주적 가치(N=10)보다는 '쿠르디스탄'(N=23)에 대한 헌신을 표현하는 응답자가 두 배 이상 많았다. 마지막으로, '쿠르디스탄'을 성스러운 가치로 여기는 이들 중 한 명 외에 모두가 완전히 '쿠르드인들'과 융합되어 있었는데, 이것은 '쿠르디어티Kurdeity' - 쿠르드인들 스스로 '조국 쿠르디스탄'의 수호뿐만 아니라 동료 쿠르드인들에 대한 자신들의 헌신을 일컫는 용어 - 의 수호가 그들 삶에 가장 중요한 의무로서, 필요하다면 죽음까지 불사하는 값비싼 희생을 치를 만한 것임을 보여준다. 곧, 22명의 응답자가 - 일부는 이전에 부상을 당했다 - 쿠르디어티의 수호를 위해 기꺼이 죽거나 자기 가족을 희생시킬 수 있다고, 3명은 이슬람을 위해 쿠르디어티와 가족을 희생시킬 수 있다고, 그리고 1명은 가족을 위해 쿠르디어티와 이슬람을 희생시킬 의향이 있다고 응답했다.

실제로, 우리는 가족과의 감정적 유대와 자신에 대한 관심을 명백하게 드러내지만 그러한 중요한 관심사들을 기꺼이 희생할 마음을 보이는 헌신된 행위자들을 자주 만났다. 예를 들어, 한 쿠르드족 전사는 IS가 자기 마을을 공격할 때, IS 군대가 마을을 수중에 넣기 전에 마을로 들어가 가족을 빼내와야 할지, 아니면 가족은 제쳐두고 먼저 전선 안정화에 힘써 IS의 전진을 막아야 할지 (비극적) 선택을 해야 했다고 우리에게 말했다. 그 선택은 깨어 있는 매순간 그를 괴롭혔다고 했다. 이 짧은 대화 가운데 그는 쿠르디어티를 위한 싸움 때문에 가족의 의무를 저버려야 하는 고통을 표현했다(우리는 IS와 알카에다의 자브하트 알누스라Jabhat al-Nusra[+] 전투원들과의 인터뷰에서는 비슷한 정서가 표현되고 그에 따른 행위가 행해지는 것을 발견했으나, 이라크 군대와의 인터뷰에서는 이런 모습을 발견하지 못했다).

IS에 맞서는 생존 투쟁의 최전선에 있는 사람들로부터 얻은 예비 조사 결과는 적어도 이 경우(와 아마도 다른 경우들)에 (영토, 문화적 역사, 언어 등에 의해) 신성해진 더 큰 집단들이 싸움과 죽음을 포함하여 값비싼 희생을 낳는 정체성 융합의 근원적인 장소이자 그것과 성스러운 가치의 상호작용이 일어나는 근원적인 장소일 수 있다는 것을 시사한다. 그렇다면 정체성 융합과 싸울 의향 사이에 있는 이러한 근원적인 관계는 항상 가까운 가족 같은 집단의 수준에 있을 필요는 없다. 다른 말로 해서, 집단과 대의명분을 위한 가장 강력하고 가장 영향력 있는 희생의 형태는 항상 국지적이고 가족 같은 동지들의 집단으로부터 확장된 이데올로기적 공동체로 수준이 높아지는 과정을 요구하는 것이 아니라, 처음부터 더 큰 신성화된 공동체에, 특히 강한 사회 규범과 엄격한 사회화의 경로를 가진 '단단한 사회들'에 내재할 수 있다.[71] 그러한 크고 단단한 사회들은, 지리적으로 경계가 있으나 국가는 없는 쿠르디스탄 문화 영역뿐만 아니라 전 세계적으로 퍼져 있는 지하디 거주지를 포함하는데, 거기서는 전

+ 시리아와 레바논에서 활동하는 알카에다 분파조직.

세계와 사이버 공간으로부터 온 정보가 상상된 칼리프 국가의 유토피아, 곧 쿠르디스탄 행위자들이 물리치기 위해 죽기까지 싸우고 IS의 헌신된 행위자들이 실체화하기 위해 죽기까지 싸우는 초문화적 장치에 맞춰 협소화된다.

결론: 자유 민주주의, 이슬람 국가(IS) 그리고 우리 세계의 미래

민주주의와 인권의 미래를 위한 핵심적인 실존적 문제는 다음과 같을 것이다. 어떻게 해서 자유롭고 개방된 민주주의의 가치가, 1920년대와 1930년대에 파시스트와 공산주의자들에 의해 공화주의의 가치가 침식당했던 것과 유사한 방식으로 (유럽 민주주의의 중추인) 유럽의 중간 계급을 찢어놓고 있는 편협한 종족-민족주의 가치와 과격한 이슬람 가치의 암묵적 연합에 점점 그 기반을 빼앗기고 있는 것으로 보이는가? 다음을 생각해 보라.

조지 오웰George Owell은 『나의 투쟁Mein Kampf』에 대한 리뷰에서 "히틀러 씨는 쾌락적인 삶의 태도의 허위를 이해했다. 거의 모든 서구 사상은 …… 확실히 모든 '진보적인' 사상은 암묵적으로 인간은 편안함, 안전, 고통의 회피 이외에 어떤 것도 욕망하지 않는다고 전제해 왔다".[72] 그러한 삶의 관점에는, 다윈이 언급했듯이, 다른 이들을 살리고 심지어 엄청난 물질적 역경에 맞서 승리하도록 영웅과 순교자들에게 동기를 부여하는 위대함과 영광을 위한 자리는 없다. "히틀러는 …… 인간이 단지 편안함, 안전, 짧은 근무 시간, 위생, 피임, 그리고 일반적으로 상식만을 원하지 않으며, 적어도 간헐적으로 투쟁과 자기희생을 원한다는 것을 알고 있다."

우리가 선호하는 자유 민주주의, 다양성의 관용, 분배적 정의의 세계에서 폭력, 특히 극단적 형태의 대규모 유혈사태는 일반적으로 어긋난 인간 본성의 병적이거나 사악한 표현, 또는 의로운 의도의 의도하지 않은 결과로서 부수적인 피해로 여겨진다. 그러나 대부분의 인간 역사와 문화에 걸쳐서, 보편적으로 가해자는 다른 집단에 대한 폭력을 숭고한 도덕적 덕목의 문제라고 주장한다. 왜냐하면 숭고한 덕목의 주장 없이는, 다른 이들에게 직접적인 해를 끼치지 않은 수많은 무고한 사람들을 죽이려고 시도하는 것이 어렵기 때문이다.

이런 점에서, IS를 또 다른 형태의 '테러리즘' 또는 '폭력적 극단주의'로 일축해 버리는 것, 그들의 잔인성이 단순히 '비도덕적'이거나 '허무주의적'이거나 '종말론적'인 까닭에 불가피하게 자기파괴적이라고 주장하는 것, 또는 그들이 스스로 부르는 이름인 IS를, 약화시킬 수 있을까 하는 헛된 희망 속에 그대로 부르기를 거부하는 것은 역효과를 내고 속이는 것이다. 진화적이고 역사적인 입장에서 볼 때 어떠한 발전도, 빠르게 사라져버리지 않는다면, 정말로 일탈적이거나 극단적인 것이 아니다. 왜냐하면 생존하기 위해 지속하는 그러한 발전이 바로 역사적 변화와 진화의 요소이기 때문이다. 이 관점으로부터, 그리고 현지에서 IS와 알카에다(누스라) 전투원과 유럽과 북아프리카의 자원병, 그리고 그들에 반대하여 싸운 이들과 진행한 인터뷰 및 심리 실험에 비추어 볼 때, IS의 등장은 오늘날 세계에서 가장 영향력 있고 정치적으로 새로운 반문화적countercultural 힘이다. 여기서, 상상된 친족의 동배同輩 공동체, 곧 80개 이상의 국가와 더 많은 종족 집단들로부터 닥치는 대로 끌어온 '형제자매'의 무리들은 의례적 맹세를 하고 새로운 세계 질서에 헌신하기 위해 강렬하게 폭력행위를 수행한다.[73]

IS에 반대했던 이들 가운데 쿠르디어티의 헌신된 행위자들만이 자신들의 땅에서 IS의 헌신된 행위자들에 저항하는 데 성공하고 있다. 그러나 이것은 미래와 미래가 될 젊은이들을 위한 싸움이기 때문에, (헌신된 행위를) 갈망하는 젊은이들을 길항拮抗하는 대의명분으로 동원하기 위해 무엇을 할 수 있을까? 편안함과 안전의 약속 이상의 것은 별로 제공하지 못하는 현 정부의 정책들로부터 어떠한 꿈들이 나올 수 있을까?[74] 자신의 목숨을 포함하여 모든 것, 자기이익의 전체를 기꺼이 희생하려고 하는 사람들은 단지 물질적 장려책이나 억제책에 유인되지 않을 것이다. 과학은, 성스러운 가치는 헌신을 고무하는 다른 성스러운 가치를 배태하고 있는 융합된 사회적 네트워크를 해체함으로써 그 가치에 가장 잘 대적할 수 있다고 시사한다.

다양한 문화와 많은 인간 역사에 걸쳐 종교, 특히 가장 가공할 만한 아브라함 종교의 변종들이 가장 확실하고 가장 오래 유지된 성스러운 가치의 보고이자 헌신된 행위자들의 처소였다.[75] 개인을 공동체에 결속시키고 출구 전략에 눈멀게 하며 대개 안으로부터 논리적·경험적인 정밀조사의 영향을 받지 않는 '초월적 믿음'에 기반하지 않은 사회 계약과 세속 이데올로기는 오래가지 못하는 경향이 있다. 그래서 큰 질문은 이것이다. 종교가 아니라면, 무엇이 가장 잘 싸울 수 있는가?

감사의 글

이 연구는 Minerva Initiative of the Air Force Office of Scientific Research(MINERVA FA9550-14-1-0030 DEF)와 Office of Naval Research(Grant N000141310054)의 지원을 받았다.

1 http://artisresearch.com/ 참고.
2 Scott Atran, Robert Axelrod and Richard Davis, "Sacred Barriers to Conflict Resolution," *Science*, 317(2007), pp.1039~1040; Scott Atran, *Talking to the Enemy: Violent Extremism, Sacred Values, and What It Means to be Human*(London: Penguin, 2010); Scott Atran, Hammad Sheikh and Ángel Gómez, "Devoted Actors Fight for Close Comrades and Sacred Causes," *Proceedings of the National Academy of Sciences*, USA, 111(2014), pp.17702~17703; Scott Atran and Jeremy Ginges, "Devoted Actors and the Moral Foundations of Intractable Inter-group Conflict," in Jean Decety and Thalia Wheatley(eds.), *The Moral Brain*(Cambridge, MA: MIT Press, 2015), pp.69~85; Hammad Sheikh et al., "Religion, Group Threat, and Sacred Values," *Judgment and Decision Making* 7(2012), pp.110~118.
3 Scott Atran and Robert Axelrod, "Reframing Sacred Values," *Negotiation Journal*, 24(2008), pp.221~246; Jeremy Ginges et al., "Psychology Out of the Laboratory: The Challenge of Violent Extremism," *American Psychologist*, 66(2011), pp.507~519; Morteza Dehghani et al., "Sacred Values and Conflict Over Iran's Nuclear Program," *Judgment and Decision Making*, 5(2010), pp.540~546; Gregory Berns and Scott Atran, "The Biology of Cultural Conflict," *Philosophical Transactions of the Royal Society — B*, 367(2012), pp.633~639.
4 Charles Darwin, *The Descent of Man, and Selection in Relation to Sex*(London, England: John Murray, 1871).

5 Émile Durkheim, *The Elementary Forms of Religious Life*(New York: The Free Press, [1912]2012); Max Weber, *The Sociology of Religion*(Boston: Beacon Press, 1963)[에밀 뒤르케임,『종교 생활의 원초적 형태』, 노치준·민혜숙 옮김(서울: 민영사, 1992)].

6 Victor Turner, *The Ritual Process*(Chicago, Illinois: Aldine, 1969); Roy Rappaport, *Ritual and Religion in the Making of Humanity*(New York: Cambridge University Press, 1999) [빅터 터너,『의례의 과정』, 박근원 옮김(서울: 한국심리치료연구소, 2005)].

7 Mircea Eliade, *The Sacred and the Profane*(New York: Harcourt Brace, 1959)[머치아 엘리아데,『성과 속』, 이은봉 옮김(서울: 한길사, 1998)].

8 Jeremy Ginges et al., "Sacred Bounds on the Rational Resolution of Violent Political Conflict," *Proceedings of the National Academy of Sciences, USA*, 104(2007), pp.7357~7360; Jonathan Baron and Mark Spranca, "Protected Values," *Organizational Behavior and Decision Processes*, 70(1997), pp.1~16; Philip Tetlock, "Thinking the Unthinkable: Sacred Values and Taboo Cognitions," *Trends in Cognitive Science*, 7(2003), pp.320~324; Jesse Graham and Jonathan Haidt, "Sacred Values and Evil Adversaries," in Phillip Shaver and Mario Mikulincer, *The Social Psychology of Morality*(New York: APA Books, 2013), pp.11~31.

9 William Swann et al., "When Group Membership Gets Personal: A Theory of Identity Fusion," *Psychological Review*, 119(2012), pp.441~456.

10 Thomas Hobbes, *Leviathan*(New York: E. P. Dutton[1651]1901), p.29[토머스 홉스,『리바이어던 1』, 진석용 옮김(서울: 나남, 2008), 69쪽].

11 Ara Norenzayan, *Big Gods: How Religion Transformed Cooperation and Conflict* (Princeton: Princeton University Press, 2013); Scott Atran, "Moralizing Religions: Prosocial or a Privilege of Wealth?" *Behavioral and Brain Sciences*, 39(2016).

12 Scott Atran, *In Gods We Trust: The Evolutionary Landscape of Religion*(New York: Oxford University Press, 2002). 또한 다음을 참조하라. Alfred Jules Ayer, *Language, Truth, and Logic*(London: Penguin, [1936]2001); Søren Kierkegaard, *Kierkegaard's Concluding Unscientific Postscript*(Princeton: Princeton University Press, [1844]1941); Hobbes, *Leviathan*[홉스,『리바이어던』].

13 Turner, *The Ritual Process*; Scott Atran and Ara Norenzayan, "Religion's Evolutionary Landscape: Counterintuition, Commitment, Compassion, Communion," *Behavioral and Brain Sciences*, 27(2004), pp.713~730.

14 Scott Atran and Joseph Henrich, "The Evolution of Religion: How Cognitive By-products, Adaptive Learning Heuristics, Ritual Displays, and Group Competition Generate Deep Commitments to Prosocial Religions," *Biological Theory*, 5(2010), pp.18~30; Ara Norenzayan and Azim Shariff, "The Origin and Evolution of Religious Prosociality," *Science*, 322(2008), pp.58~62.

15 Clifford Geertz, "Religion as a Cultural System," in Clifford Geertz(ed.), *The Interpretation of Cultures*(New York: Basic Books, 1973), p.87[클리퍼드 기어츠,「문화체계로서의 종교」,『문화의 해석』, 문옥표 옮김(서울: 까치, 1998), 111쪽].

16 Richard Sosis, Howard Kress and James Boster, "Scars for War: Evaluating Alternative

Signaling Explanations for Cross-cultural Variance in Ritual Costs," *Evolution and Human Behavior*, 28(2007), pp.234~247; David Sloan Wilson, *Darwin's Cathedral*(Chicago: University of Chicago Press, 2002).

17 Atran and Axelrod, "Reframing Sacred Values."

18 Benedit Anderson, *Imagined Communities: Reflections on the Origin and Spread of Nationalism*(London, England: Verso, 1983)[베네딕트 앤더슨, 『상상된 공동체: 민족주의의 기원과 보급에 대한 고찰』, 서지원 옮김(서울: 길, 2018)].

19 Simon Schama, *The American Future: A History*(New York: Ecco, 2009), p.182.

20 Christian Smith et al., "Roundtable on the Sociology of Religion," *Journal of the American Academy of Religion*, 81(2013), pp.1~36.

21 John Gray, *Al Qaeda and What It Means to be Modern*(London: Faber and Faber, 2007); Marvin Harris, "Cultural Ecology of India's Sacred Cattle," *Current Anthropology*, 7 (1966), pp.261~276.

22 Herbert Simon, *Models of Bounded Rationality*(Cambridge, MA: MIT Press, 1997).

23 Leon Festinger, *A Theory of Cognitive Dissonance*(Stanford: Stanford University Press, 1962).

24 Solomon Asch, *Social Psychology*(New York: Oxford University Press, 1987).

25 Thomas Schelling, *The Strategy of Conflict*(Cambridge, MA: Harvard University Press, 1960)[토머스 셸링, 『갈등의 전략』, 이경남 옮김(서울: 한국경제신문, 2012)].

26 James Fearon, "Rationalist Explanations for War," *International Organization*, 49(1995), pp.379~414.

27 Daniel Kahneman, *Thinking Fast and Slow*(New York: Farrar, Straus and Giroux, 2011).

28 Scott Atran and Douglas Medin, *The Native Mind and the Cultural Construction of Nature* (Cambridge, MA: MIT Press, 2008).

29 Atran and Axelrod, "Reframing Sacred Values."

30 Harris, "Cultural Ecology of India's Sacred Cattle."

31 Krishna Upadhaya et al., "Tree Diversity in Sacred Groves of the Jaintia Hills in Meghalaya, Northeast India," *Biodiversity and Conservation*, 12(2003), pp.583~597.

32 Atran and Medin, *The Native Mind*.

33 Scott Atran, "Genesis of Suicide Terrorism," *Science*, 299(2003), pp.1534~1539; Will Bennis, Douglas Medin and Daniel Bartels, "The Costs and Benefits of Calculations and Moral Rules," *Perspectives on Psychological Sciences*, 5(2010), pp.187~202; Jeremy Ginges and Scott Atran, "War as a Moral Imperative: Not Practical Politics by Other Means," *Proceedings of the Royal Society —B*, 27(2011), pp.2930~2938.

34 Ginges et al., "Sacred Bounds"; Dehghani et al., "Sacred Values and Conflict."

35 Atran and Henrich, "The Evolution of Religion"; Hammad Sheikh, Jeremy Ginges and Scott Atran, "Sacred Values in Intergroup Conflict: Resistance to Social Influence, Temporal Discounting, and Exit Strategies," *Annals of the New York Academy of Sciences*, 1299(2013), pp.11~24.

36 Atran, *Talking to the Enemy*; Sheikh, Ginges and Atran, "Sacred Values in Intergroup

Conflict."

37 Gregory Berns et al., "The Price of Your Soul: Neural Evidence for the Non-Utilitarian Representation of Sacred Values," *Philosophical Transactions of the Royal Society—B*, 367(2012), pp.754~762; Melanie Pincus et al., "Conforming Brain and Deontological Resolve," *PlosOne*, 9:8(2014), doi: 10.1371/journal.pone.0106061.

38 Atran, "Genesis of Suicide Terrorism"; Jeremy Ginges, Ian Hansen and Ara Norenzayan, "Religion and Popular Support for Suicide Attacks," *Psychological Science*, 20(2009), pp.2~230.

39 Scott Atran and Jeremy Ginges, "Religious and Sacred Imperatives in Human Conflict," *Science*, 336(2012), pp.855~857.

40 Peter Bergen and Michael Lind, "A Matter of Pride: Why We Can't Buy off Osama Bin Laden," *Democracy Journal*, winter(2007), www.democracyjournal.org/article.php?ID= 6496; Diego Gambetta and Steffan Hertog, "Engineers of Jihad," *Sociology Working Papers*, no.2007-10(2007), www.nuff.ox.ac.uk/users/gambetta/Engineers%200f%20Jihad.pdf.

41 Fearon, "Rationalist Explanations for War"; Carl von Clausewitz, *On War*(New York: Barnes and Noble, [1832]1956).

42 Ginges and Atran, "War as a Moral Imperative."

43 Atran, Axelrod and Davis, "Sacred Barriers to Conflict Resolution"; Dehghani et al., "Sacred Values and Conflict"; Ginges et al., "Sacred Bounds"; Ginges et al., "Psychology Out of the Laboratory."

44 Ginges et al., "Sacred Bounds."

45 Dehghani et al., "Sacred Values and Conflict."

46 Ginges et al., "Sacred Bounds"; Scott Atran and Jeremy Ginges, "How Words Could End a War," *New York Times*, January 24, 2009, www.nytimes.com/ 2009/01/25/opinion/ 25atran.html?pagewanted=all&_r=o.

47 Atran, Axelrod and Davis, "Sacred Barriers to Conflict Resolution."

48 Jeremy Ginges and Scott Atran, "Why Do People Participate in Violent Collective Action: Selective Incentives or Parochial Altruism?" *Annals of the New York Academy of Sciences*, 1167(2009), pp.115~123.

49 Atran, *Talking to the Enemy*.

50 같은 책; Ginges et al., "Psychology Out of the Laboratory."

51 Atran and Ginges, "Religious and Sacred Imperatives."

52 Atran, *Talking to the Enemy*; Scott Atran, *US Government Efforts to Counter Violent Extremism*, US Senate Armed Services Committee, 2010-2011. Testimony, Response to Questions, 2011, www.jjay.cuny.edu/US_Senate_Hearing_on_Violent_Extremism.pdf.

53 Atran and Henrich, "The Evolution of Religion."

54 Robin Dunbar, Chris Knight and Camilla Power(eds.), *The Evolution of Culture*(Edinburgh: Edinburgh University Press, 1999).

55 Dan Sperber, "Anthropology and Psychology: Toward an Epidemiology of Representations," *Man*, N.S., 20(1985), pp.73~89; Atran, *In Gods We Trust*.

56 Atran, *Talking to the Enemy*, p.33.

57 Swann et al., "When Group Membership Gets Personal."

58 William Swann et al., "What Makes a Group Worth Dying For? Identity Fusion Fosters Perception of Familial Ties, Promoting Self-sacrifice," *Journal of Personality and Social Psychology*, 106(2014), pp.912~926.

59 Atran, *Talking to the Enemy*.

60 Sebastian Payne, "Obama: U.S. Misjudged the Rise of the Islamic State, Ability of Iraqi Army," *Washington Post*, September 28, 2014, https://www.washingtonpost.com/world/national-security/obama-us-underestimated-the-rise-of-the-islamic-state-ability-of-iraqi-army/2014/09/28/9417ab26-4737-11e4-891d-713f052086a0_story.html.

61 David Ignatius, "James Clapper: We Underestimated the Islamic State's 'Will to Fight'," *Washington Post*, September 18, 2014, https://www.washingtonpost.com/opinions/david-ignatius-we-underestimated-the-islamic-state-james-clapper-says/2014/09/18/f0f17072-3f6f-11e4-9587-5dafd96295f0_story.html.

62 Harvey Whitehouse et al., "Brothers in Arms: Libyan Revolutionaries Bond Like Families," *Proceedings of the National Academy of Sciences, USA*, 111(2014), pp.17783~17785.

63 Atran, Sheikh and Gómez, 2014; Hammad Sheikh, Ángel Gómez and Scott Atran, "Empirical Evidence for the Devoted Actor Model," *Current Anthropology*, 57(S13)(2016), pp.204~209.

64 Atran and Ginges, "Devoted Actors and the Moral Foundations."

65 Atran, *Talking to the Enemy*.

66 '지하드'라는 용어는 이슬람에 의한 세계의 전 세계적 방어, 확산, 정복을 위한 글로벌 운동을 스스로 천명한 무자헤딘(*mujahedin*, 거룩한 전사들)을 가리키는 데 보통 사용된다. 절대적 복종을 요구하고 가능한 해석을 부정하는 엄격하고 문자주의적인 이슬람 법, 윤리, 집행, 곧 샤리아를 따른다[Sayyid Qutb, *Milestones(Ma'alim fil Tariq)*(1964), http://www.izharudeen.com/ uploads/4/1/2/2/4122615/milestones_www.izharudeen. com.pdf]. 이 진리를 거부하거나 이에 반대하는 무슬림은 누구라도 파문당하며(*takfir*), 배교자(*murtad*)로 죽임을 당할 수도 있다. 그래서 '지하디들'은 '타프키리스(*tafkiris*)'⁺라고 흔히 일컬어진다. 지하디-타크피리 정경에서는, 신에 복종하기 위한 내적 투쟁으로서 '큰 지하드'와 물리적 성전(聖戰)을 지칭하는 '작은 지하드'의 대비는 거짓이다. '예언자'의 죽음 직후 그의 후계자들(*al-salaf al-salahin*), 특히 초기의 칼리프 오마르(Caliphs Omar)와 오스만(Othman)은 지하드를 단지 불신자들(*kuffar*와 *taghut*)[Abu Bakr Naji, "The Management of Savagery (Idaraat at-Tawahoush)"(2004), https://azelin.files.wordpress.com/2010/08/abu-bakr-naji-the-management-of-savagery-the-most-critical-stage-through-which-the-umma-will-pass.pdf]과 그들의 전쟁의 집(*Dar al-Harb*)⁺⁺에 맞서 이슬람 지역(*Dar al-Islam*)의 경계를 확장하려는 공격 전쟁으로만 생각했다. 내적 투쟁으로서 '큰 지하드'의 관념은 아바스 왕조 시기 수피파가 들여온 것으로 보인다[Tamim Ansary, *Destiny Disrupted: A History of the World through Islamic Eyes*(New York: Public Affairs, 2009)]. 지하디들은 수피즘(Sufism)을 죄악(*haram*)으로 보며 파문(*takfir*)한다.

67 Sheikh et al., "Religion, Group Threat, and Sacred Values."

68 Scott Atran and Douglas Stone, "The Kurds' Heroic Stand Against ISIS," *New York Times*, March 16, 2015, https://www.nytimes.com/2015/03/16/opinion/the-kurds-heroic-stand-against-isis.html.

69 같은 글.

70 Sheikh, Gómez and Atran, "Empirical Evidence for the Devoted Actor Model," *Current Anthropology*, 57(S13)(2016), pp.204~209.

71 Michele Gelfand et al., "Differences between Tight and Loose Cultures: A 33-nation Study," *Science*, 332(2011), pp.1100~1104.

72 George Orwell, "Review of Mein Kampf," in Sonia Orwell and Ian Angus(eds.), *The Collected Essays, Journalism, and Letters of George Orwell, Vol.2*(New York: Harcourt, Brace Jovanovich, [1940]1968).

73 Scott Atran et al., "Devoted Actors, Sacred Values, and Willingness to Fight: Preliminary Studies with ISIL Volunteers and Kurdish Frontline Fighters." Presented in conjunction with the U.S. Dept. of Defense Minerva Initiative to the Strategic Multilayer Assessment of ISIL in support of SOCCNET, November 2014, Washington DC, http://artisresearch.com/wp-content/uploads/2014/11/Atran_Soccnet_MINERVA_ISIS.pdf.

74 Scott Atran, "The Role of Youth in Countering Violent Extremism and Promoting Peace," address to the United Nations Security Council, New York, April 23, 2015, http://blogs.plos.org/neuroanthropology/2015/04/25/scott-atran-on-youth-violent-extremism-and-promoting-peace/.

75 그러나 유명한 이슬람과 서구 사이의 '문명의 충돌' 개념[Samuel Huntington, *The Clash of Civilizations and Remaking of the World Order*(New York: Simon & Schuster, 1996)]은 불행하게도 오해의 소지가 있다. 젊은 사람들이 개인적 중요성과 영광을 주는 사회적 정체성을 찾아서 천년에 걸친 전통을 떠났기 때문에, 폭력적 극단주의는 전통 문화들의 부흥이 아니라 몰락을 나타낸다. 이것은 세계화의 어두운 면이다(Atran, "The Role of Youth"). 그들은 세대 간 수직적 커뮤니케이션 통로가, 전 지구로 확대될 수 있는 수평적 P2P 연결로 대체되는 평평해진 세계에서 확고한 정체성을 찾기 위해 급진화된다. 예를 들어, 조부모들이 구석기 시대의 정령 신앙을 믿은, 아랍과 무슬림 세계와는 동떨어져 있는 술라웨시(Sulawesi)의 젊은이들이 내게 이슬람의 수호를 위해 이라크나 팔레스타인에서 싸울 꿈을 꾼다고 진지하게 말했다(Atran, *Talking to the Enemy*).

+ 주로 타협하지 않는 수니파 무슬림 강경파를 묘사하는 용어.

++ 비무슬림 지역.

06 지라르, 종말과 테러리즘에 대하여

에스펜 달

　매우 논쟁적이지만, 프랑스 출신 미국인으로 철학적 인간학자인 르네 지라르René Girard의 폭력과 고대 종교 이론은 현재의 이론적 논의에 지대한 영향을 끼쳤다. 1960년대부터 지금까지 지라르는 여러 단계로 자신의 생각을 펼치고 지속적으로 발전시켜 왔다. 첫째, 그는 모방적 욕망mimetic desire의 이론을 확립했고, 둘째, 그 이론이 고대 종교와 희생 제의에 어떻게 귀결되는지 세밀하게 다듬었으며, 셋째, 지라르는 유대-기독교적 희생 신화의 해체를 정교화했다. 2001년 9월 11일 쌍둥이 빌딩이 공격받은 직후, 지라르는 "오늘날 일어나고 있는 일은 글로벌 규모의 모방적 경쟁이다"[1]라는 의견을 표현했다. 이 언급으로부터 지라르는, 현대 세계의 폭력 구조를 조명하기 위해 종교적 테러리즘과 성서적 종말을 연결시키는,[2] 그의 생각의 넷째 단계라고 볼 수 있는 것을 점차로 발전시켜 갔다. "나는 그것[9·11]을 중대한 사건이라고 봅니다. 그리고 그것을 축소하는 것은 근본적으로 잘못되었습니다"라고 지라르는 인터뷰에서 말한다. 그는 계속해서 "나는 개인적으로 그 사건이 새로운 차원, 새로운 세계 차원을 나타낸다고 생각합니다"라고 말한다.[3] 이 견해에 따르면, 제한된 범위이기는 하지만, 어쨌거나 테러리즘은 새로운 역사적 상태, 그러나 오랫동안 진행되어 왔던 상태를 공표한다.

종말과 테러리즘에 대한 지라르의 견해의 함의와 그것의 내적 논리 및 역사적 차원을 자세하게 설명하려는 시도로서, 먼저 종교와 폭력에 대한 지라르의 일반적인 개념을 약술함으로써 토대를 마련할 필요가 있다.

종교, 폭력 그리고 계시

폭력적 갈등은 인간들이 관계를 맺게 되는 구체적인 방식으로부터 발전한다. 지라르는 먼저 인간은 근본적으로 자신의 욕망―이상, 가치, 목적―에 의해 추동되지만, 그 욕망은 생물학적 충동처럼 어떤 방식으로든 고정되어 있는 것이 아니라고 전제한다. 욕망은 형성되어야 하며, 이 형성은 인간의 또 다른 특별한 특징, 곧 인간이 모방적 동물이라는 것을 전제한다. 우리는 우리의 구체적인 욕망을 타인을 모방함으로써 획득한다. 아이들의 발달이나 구체적인 기술의 습득을 살펴보면, 모든 사람은 모델을 모방하는 추종자로서 시작한다. 더 근본적으로, 각 경우에 특별한 기술들, 곧 그러한 모방을 통해 매개되는 것은 그 모델 자신이 욕망하는 대상, 가치 그리고 이상이다. 그래서 지라르의 모방 이론은 삼각 구조, 곧 추종자, 모델, 욕망의 대상으로 이루어져 있다. 추종자는 모델의 욕망을 통합함으로써 자신의 욕망을 지향한다.[4] 추종자의 모방이 완벽할 때, 추종자와 모델이 욕망의 대상을 획득하기에 똑같이 적합해지면, 추종자는 초보자의 지위에서 그 모델의 경쟁자의 지위로 점차 변모해 간다. 바로 이 갈등적 상황으로부터 인간의 폭력이 근원적으로 발생한다.

모방 경쟁은 전염성이 있다. 그것은 개인으로부터 그 갈등으로 끌어들여진 집단들로 확산되는 경향이 있다. 그 상호 적대는 사회 전체에 걸쳐 지속적으로 확산되며, 그뿐 아니라 욕망의 대상을 향한 욕구는 눈덩이처럼 점점 더 커질 것이다. 갈등이 더 높은 수준에 달하면, 원래의 욕망의 대상에서 싸우고 있는 상대로 관심의 방향이 바뀐다. 적수들이 서로를 철저하게 반대편으로 보는 만큼, 외부자의 시각에서 그들은 점점 더 비슷해 보일 것이다. 이것은 갈등의 상호성이라는 모방 구조로부터 나오는 결과이다. 공격은 복수復讐의 연쇄 반응에 따른 반격에 의해 동일한 응답을 받는다.[5] 이 과정 중에 사회를 구조화하는 애초의 구분, 질서 그리고 계층은 지라르가 미분화라고 부른 상태에 점점 더 가까이 가면서 분해될 것이다. 그 혼란스러운 상황은 점점 더 적과 친구를 구분하기 어려워진다는 것을 의미한다. 그러한 모방의 위기에, 공동체는 모두가 모두를 적대하는 파괴적 싸움을 하기 직전 상황에 있게 된다.

지라르에 따르면, 이러한 위기의 상태는 보편적으로 특별한 종류의 해소로 이끄는 것으로 보인다.

> 그러나 모두에 대한 모두의 적대는 갑자기 한 사람에 대한 모두의 적대로 대체된다. 이전에 특정한 갈등들의 혼란스러운 앙상블이 있었던 곳에, 이제 단일한 갈등이라는 단순성이 있다. 전체 공동체가 한편에 있고, 다른 한편에는 희생자가 있다.[6]

위기 상태에서 모든 사람은 비난할 누군가, 곧 희생양을 세심히 찾게 될 것이다. 관심을 불러일으킬 만큼 충분히 다르고, 갈등을 드러내는 공동체 안으로 충분히 통합된, 그리고 무엇보다 반격을 가하기에는 충분히 강하지 않은 그 희생양은 공동체의 주변부에서 선택될 것이다. 군중이 희생자의 책임을 확신하는 한, 희생자가 그 모방적 위기의 진정한 원인이 아니라는 것은 중요하지 않다. 그렇게 확신하면, 모든 잠재적 폭력은 내적 갈등에서 빠져나와 희생자의 처형이나 추방으로 방향을 바꾼다. 폭력에 배출구를 제공해 주는 것은, 즉각적으로 경쟁을 끝내고 공동체를 이전의 평화와 질서로 되돌리는 놀라운 효과가 있다. 그래서 대리-희생자 메커니즘은 특히 폭력 수단을 통해 평화를 회복하는 힘을 가지고 있다.

종교 신화와 의례의 핵심에는 공동체의 내적인 폭력적 경향성에 대한 이러한 해소가 있다. 성스러운 힘을 희생양에 투사함으로써, 신화는 평화를 회복하는, 희생양의 초인적 힘과 희생양에 대한 비난, 두 측면 모두를 모호하게 만든다. 신화의 본질적 기능은 희생자가 임의대로 선택되었다는 사실에 공동체를 눈멀게 하고 그래서 희생자에 대한 그들의 폭력에 정당화를 제공하는 것이다. 희생 제의에서, 모방적 위기부터 그것의 해소까지 모방의 전체적 순환은 재실행된다. "그래서 우리는, 종교적인 것의 대상은 희생양 메커니즘이며 그기능은 이 메커니즘의 효과를 영속시키거나 새롭게 하는 것, 다시 말해 폭력을 공동체 밖에 유지시키는 것이라고 단정한다."[7] 의미심장하게도, 모방적 순환의 인습화된 모사로서 대부분의 의례는 이중의 대리물을 사용한다. 원래의 희생자는 공동체의 대리물인 반면, 의례에서 대리물은 대리-희생자, 전형적으로 희생 동물이다. 그렇게 의례적 처형은 원래 희생양의 힘을 취하여 축적된 폭력에 대한 영원한 배출구를 제공한다.

의례와 금기는 함께 작용하여 문화를 세우고 폭력이 다시금 모방적 위기의 단계에 도달하지 않도록 예방한다.

> 금지 명령은 위기를 촉발하는 행동들을 금함으로써 그것을 피하려 시도하며, 그럼에도 불구하고 위기가 다시 발생하거나 그럴 조짐이 보이면, 의례는 임의적인 희생자여야 하는 존재를 희생하여 공동체를 회복하는 해결 방향으로 그 위기의 경로를 바꾼다. 사실 어떠한 개별 희생자도 모방적 위기에 책임이 있을 수 없다.[8]

마지막 문장은 고대 종교 자체로부터는 나올 수 없는 통찰을 드러낸다. 고대 종교의 신화는 언제나 진실을 위장한다. 기이하게도, 그것은 희생자의 결백에 대한 통찰이 특정 종교의 유산, 곧 유대-기독교 유산으로부터 유래한다는 지라르의 확신에 핵심적이다. 확실히 성서는 지라르의 신화 이해에 거의 들어맞는 서사들로 가득 차 있다. 성서는 금기와 의례로 관리되는 위기의 상태, 한 사람에 대한 모두의 적대, 그리고 뒤따르는 질서의 회복을 이야기한다. 우리는 그것이 에덴동산에서의 추방, 홍수, 카인과 아벨 그리고 요셉과 형제들 사이의 경쟁 등에서 반복되는 것을 발견한다. 그러나 성서의 설명에는 한 가지 결정적 차이가 있다. 카인도 요셉의 형제들도 신이 승인하지 않았다는 것이다. 신은 무고한 희생자의 편을 든다. 이것이 히브리 성서의 유일한 경향은 아니지만, 희생자들에 대한 신적인 돌봄이라는 테마는, 지라르의 생각에 복음서들에서 그 정점을 향한다.

그리스도의 수난에 대한 복음서의 설명에서 신화와 모방적 순환의 패턴이 다시 한번 확인된다. 수난은 모방적 위기가 잠식한 사회에서 일어나며, 군중은 자신들의 공격성을 서로에게서 도드라진 한 희생양에게로 돌린다. 희생양은 죽임당하고, 사회는 안정을 되찾고, 그래서 희생자는 죽음에서 되살아난다. 지라르는 이 신화적 구조가 결코 아이러니의 희곡이 아니라, 내재적으로 십자가와 관련된 계시에 속한다고 생각한다. 수난은 신화의 환상을 까발리기 위해 그 신화를 육화肉化한다. 희생 메커니즘의 성스러운 정당화는 없다. 그 희생자는 바로 신의 아들이다.[9] 이것은 그리스도에게만 적용되는 것이 아니다. 모든 신화의 전형으로서, 이러한 희생 메커니즘의 작동은 모든 신화로 되돌아간다. 희생양은 사람들이 희생자의 결백에 무지할 때에만 작동할 수 있다. 희생양의 합법성을 의심하는 한, 희생양을 통해 모든 폭력을 쏟기는 불가능하다. 그러므로 그리스도의 부활은 신화에 위장되는 성스러운 폭력에 대한 승리이다.

> 그리스도의 부활은 신화, 제의 그리고 인류 문화의 수립과 지속을 보장해 준 모든 것들의 비밀을 밝히고 또 이들을 전복하는 일을 완성한다. 복음서는 또 인류 역사의 모든 폭력과 모든 거짓 종교에 대한 인류의 책임을 이해하는 데 필요한 모든 것을 잘 보여준다.[10]

그리스도의 죽음과 부활은 신화를 안으로부터 전복시킨다. 그리고 그렇게 함으로써 희생적 폭력의 거짓을 폭로하고 무효화한다. 십자가 이후에, 인간은 희생의 신화, 의례 그리고 희생양 없이 사는 법을 배워야 한다.

계시와 종말

성서 계시에 대한 지라르의 이해의 한 결과로서, 폭력의 쇠퇴와 희생자의 보호로 이어지는 낙관적인 역사관을 취할 수 있다. 지라르는 종교의 탈신화화가 그 자체로 좋은 것이며, 또한 그것이 과장하기 어려운 역사적 영향을 미쳐 왔다고 생각한다. 그럼에도 불구하고, 놀랍게도 지라르는 계시가 종말을 향한 길을 닦아왔다고도 생각한다. "절대적으로 좋은 것인 탈신화화는 상대적으로 나쁜 것임이 드러났다. 왜냐하면 우리는 그 결과를 짊어질 준비가 안 되었기 때문이다."[11]

이러한 전망들은 가장 최근에 그의 이론의 넷째 단계에서 전면에 나오게 되었지만, 이미 오래전부터 전조가 있었다. 일찍이 1978년 『창세로부터 감추어진 것들Things Hidden Since the Foundation of the World』에서 그는 최종 목표를 향한 전진으로 이해되는 보편적 역사에 관한 모든 기독교 낙관주의와 맞선다. "근대에 사람들이 기독교적 역사 비전에 대해 말할 때, 종말론적일 수밖에 없는 기독교의 급진적인 역사적 전유에 대해 말하는 것이 아니다."[12] 『창세로부터 감추어진 것들』에서 그는 우리가 하나의 현실 가능성이 된 중간 시기에 있다고 말하는데, 거기서 세계의 종말은 임박한 것이 아니다.[13] 9·11 이후 지라르가 이 테마로 다시 돌아갔을 때 분석은 바뀌었다. "폭력은 더 이상 억제될 수 없다. 이 관점으로부터, 우리는 종말이 시작되었다고 말할 수 있다."[14] 하지만 지라르가 종말이 단지 점증하는 테러와만 관련되지 않는다고 생각하는 것은 사실이다. 핵 위협, 생태학적 위협, 인간 종의 생물학적 조작도 "시대의 표적"(마태복음 16장 3절)에 포함된다.[15] 그렇기는 하지만, 폭력이 새로운 역사적 단계, 곧 테러리즘으로 가장 분명하게 자각할 수 있는 종말의 단계에 이르렀다는 것은 지라르의 분석에서 여전히 중요하다.

신약 성서에 묘사된 종말에 대한 난감한 문제는 그것이 고대의 성스러움 개념으로의 후퇴를 수반하는 것으로 보인다는 것이다. 그리스도의 재림 이전에 펼쳐질 상상 속 신화의 드라마는 우주적 전쟁의 그림에서 생생하게 꾸며지는,

불신자와 악에 대한 신의 폭력적인 복수의 시대이다.[16] 그러나 지라르의 해석에서, 종말에 대하여 신화적인 것은 결코 없으며, 종말의 예언에는 어떠한 주술도 포함되어 있지 않다. 오히려 종말은 십자가 계시의 내적인 작동을 그것의 논리적 결론으로 이끌고 가는 문제이다. 희생양 메커니즘의 폭력적 논리를 까발림으로써 그리고 그와 함께 성스러움의 거짓된 초월을 폭로함으로써, 십자가는 평화와 질서를 세우는 원초적이고 가장 효과적인 방법을 우리에게서 빼앗아갔다. "희생양을 갖는다는 것은 우리가 희생양을 가지고 있음을 모른다는 뜻이다. 우리가 희생양을 가지고 있음을 알게 되는 것은 그것을 영원히 잃어버리고, 가능한 해소책이 없는 모방적 갈등에 우리 자신을 노출시키는 것이다."[17] 인간들이 모방적 경쟁을 완전히 포기하지 않는 한, 잠재적 폭력은 계속 누적될 것이다. 기독교 계시 이후에, 이것은 문화들이 상시적인 희생적 위기에 빠져 있음을 뜻한다. 그래서 기독교 계시는 모든 폭력의 종식 가능성과 종말의 가능성을 동시에 수반한다.

그래서 [독이든 치료제든] 어떤 형태의 약물적 해결책도 그 체계를 회복할 수 없으며, 모방적 폭력의 바이러스는 자유로이 퍼져나갈 수 있다. 그래서 예수는 "내가 세상에 화평을 주러 온 줄로 생각하지 말라 화평이 아니요 검을 주러 왔노라"(마태복음 10장 34절)라고 말했던 것이다. 십자가는 희생양 메커니즘의 정화 능력을 단숨에 없애버렸다. 복음서가 인류 역사에 해피엔딩을 제공해 주지 않는 것도 이 때문이다. 그것은 단순히 우리에게 두 개의 선택지를 보여주고 있을 뿐이다. …… 바로 모방적인 폭력을 단념하고 그리스도를 모방하느냐 아니면 자기 파멸의 위험을 감수하느냐 하는 것이다. 종말론의 느낌은 이런 자기 파멸의 위험에 근거해 있다.[18]

기독교 계시는 정말로 위험한 것이다. 너무도 위험해서 바울은 이 세대의 통치자들이 예수를 십자가에 못 박았을 때 무엇을 했는지 알았더라면 결코 그리하지 않았을 것이라고 말한다(고린도전서 2장 8절). 그래서 그 계시는 모방적 경쟁의 내적 작동을 넘어서는 것이 아니라 그 작동으로부터 검을 가져온다. 아들과 아버지가, 나라와 나라가 적대한다. 이 상황에서 희생양은 어느 때보다 더 필요하며, 그리고 사실 새 희생양을 위장할 새로운 방법이 부족한 적은 없었다. 그러나 변한 것은 폭력의 결과이다. 그것은 더 이상 생성적이지 않다. 곧 그것은, 폭력을 성스러움으로 변모시킴으로써 문화, 질서 그리고 평화의 기반을 생성할 힘을 잃어버렸다.[19] 폭력의 탈신화화는 폭력의 끔찍한 얼굴을 그대로 남겨둔다. "성스러움을 생산했던 폭력은 더 이상 자신 이외의 어떤 것도 생산하지 않는다."[20]

종말적 상황의 역사적 등장

지라르는 특별히 프로이센의 장군이자 군사이론가 칼 폰 클라우제비츠Carl von Clausewitz에 대한 성찰인 『클라우제비츠를 완성하다Battling to the End』에서 역사적인 차원에 더 많은 관심을 가지고 종말에 대한 설명을 채운다. 전쟁은 "단지 다른 수단에 의한 정치의 연속"이라는 클라우제비츠의 가장 유명한 진술은 정치가 전쟁의 수단을 정하고 제한할 수 있다는 것을 시사한다. 그러나 클라우제비츠의 이론에서 지라르의 관심을 끈 것은 그의 논고에 있는 내적 긴장이다. 명백하게 정치적으로 통제된 전쟁이라는 개념을 가지고 운용하고 있지만, 클라우제비츠는 그것과 반대 방향으로 끌어당기는 전쟁의 내적 논리에 대한 의식을 드러낸다. 지라르의 해석에서, 클라우제비츠는 원칙적으로 전쟁의 본질에 관계된 어떠한 제약도 없다는 것을 자각하고 있다. 그러나 클라우제비츠는 이 경악스러운 직관으로부터 물러서서, 길들여지고 합리화된 전쟁으로 몸을 돌린다. 그럼에도 불구하고, 지라르는 논리적 결론의 끝까지 생각해 볼 필요가 있는 것은 정확하게 이 제한되지 않는 전쟁의 논리, 클라우제비츠의 말로 "극단으로 치닫는 분쟁의 확대"라고 생각한다. 전쟁의 핵심에는 결투의 개념이 있다. 귀족들의 대결 방식임에도 불구하고, 클라우제비츠가 결투를 끌어오는 것은 공격에 이어 반격이 뒤따르고, 가능한 모든 물리적 힘으로 상대를 강제할 야심에 의해 서로 묶여 있는 상호성에 초점을 두기 때문이다. 일단 결투가 시작되면, 결투에 내적 제한은 없다. 왜냐하면 한쪽 힘의 증가는 다른 쪽 힘의 증가로 이어질 것이기 때문이다. 이것은 지라르가 고대 공동체들과 관련하여 발전시킨 모방적 폭력의 전염에 대한 이론이 국제전에도 적용된다고 주장할 수 있게 해준다.[21]

1800년대 초 클라우제비츠의 관점에서 세계적 전쟁은 순전히 이론적 가능성이며, 그가 실제 전쟁으로 인식한 것을 포착한 것으로 보지 않는다. 실제 전쟁에서는 물리적·경제적 제약이 있으며, 더 중요하게 전쟁의 확대를 제한하는 강한 정치 제도들이 있다. 국가 제도와 정치 제도 같은 차별화의 원칙들이 온전히 존재하는 한, 극단으로 치닫는 분쟁 확대는 예방될 것이다. 그러나 지라르의 마음을 사로잡고 놀라게 한 것은, 클라우제비츠의 순전히 이론적인 전쟁 개념이 지금의 현실에 잘 들어맞는 것으로 보이며, 그것이 차이를 구성하는 것들의 쇠퇴에 기인한다는 것이다. 20세기에 특히 두 차례의 세계 전쟁을 통하여 전쟁이 국민국가를 초월하여 지금까지 알려지지 않은 규모로 일어났다는 것은 의심할 여지가 없다. 그러나 냉전 동안에, 그것이 아무리 진정 위협적이었다 할지라도, 초강대국들 사이의 근본적인 구분은 약해진 것이 아니라 오히려 강화되었다.

지라르의 견해에 따르면, 우리가 최근 수십 년 동안 목격한 폭력은 점점 지역적 한계를 넘어서 글로벌한 범위에 이르고 있다. 지라르의 관점에서 볼 때 그러한 글로벌화 경향은 본질상 단지 부차적으로만 경제적이거나 기술적이다. 그것은 주로 문화들이 기반하고 있는 구조들이 해체된 결과이다. "희생양 메커니즘에 근거한 폐쇄 사회의 점진적인 해체야말로 진정한 원동력이다. 이것이 바로 고대 사회와, 이어서는 그것을 대체한 소위 '근대'라고 불리던 국가들까지 해체한 힘이다."[22] 세계화는 희생 메커니즘의 해체로 뒤늦게 맺힌 열매이며 결정적인 군사 단위로서의 국민국가를 해체하기 위해 작동 중이다. 이러한 불안을 예비했던 전 지구적 상호성은 20세기 전쟁들로 이데올로기가 주입되는 동안에 이미 진행 중이었다. 이제 상호성과 경쟁이 어떻게 지구적 상호성의 상태를 예비했는지 알 수 있다. 오늘날 중국 경제가 미국 경제에 반응하는 것처럼, 나치즘은 공산주의에 반응했다. 그러나 그들은 서로 싸우면서, 마치 짝패나 쌍둥이처럼 점점 더 서로를 닮아간다.[23]

세계화는 경제적 교환, 기술 그리고 특히 커뮤니케이션 기술을 통해 우리를 서로 더 가깝게 한다. 사람들을 서로 더 가깝게 하는 것은 좋은 것일 수 있지만, 쉽게 나빠질 수도 있다. 왜냐하면 지라르의 생각에, 차이의 약화는 언제나 모방적 위기의 위험을 나타내는 무차별의 상태로 이끌기 때문이다. 전쟁에 내재하는 상호성을 고려할 때, 이러한 무차별은 더 이상 정치적이거나 국가적 경계로 억제되지 않고 또한 군사적 표적과 민간인 표적 사이의 엄격한 구분을 지키지 않고 행해지는 폭력으로의 길을 닦는다. 지라르는 테러리즘이 전통적이고 제한된 전쟁을 대체해 왔다고 관찰한다. "이제 전 세계에 걸쳐 관찰되는 폭력의 종류가 있다. 어떠한 한계나 경계도 없는 테러리즘이다." 더 이상 전쟁을 구속할 수 있는 전쟁 계약은 없다는 것이 명백해지고 있다. 세계화는 법적 구조의 강화를 의미하는 것이 아니라, 오히려 그 반대 방향으로 이끌고 갔다. 임박한 위험은 폭력이 극단으로 치달으며 확대되는 것이다.

새뮤얼 헌팅턴Samuel P. Huntington의 '문명의 충돌'은 차이가 갈등과 폭력을 야기한다는 널리 퍼져 있는 견해의 가장 유명한 전형이다. 흥미롭게도, 지라르는 상당히 다른 관점을 제시한다. "테러리즘은 의심할 바 없이 우리와 '다른' 세계에 연관되어 있다. 그러나 테러리즘을 일으키는 것은 이 '차이'―테러리즘을 우리로부터 멀리 떼어놓고 우리의 이해력 범위를 넘어서게 하는 차이―가 아니다. 테러리즘을 일으키는 것은 반대로 수렴하고 닮고자 하는 악화된 욕망이다."[24] 구분과 차이는 평화와 질서를 보존한다. 갈등은 항상 차이가 해체되고 적수들이 더 같아지거나 '짝패'가 되는 정도에 이르기까지 증가한다. 무차별의 기저에는 적수들을 서로를 향해 끌어당기는 모방적 욕망이 있다. 테러리즘의 경우에도 그러하다. "그들[이슬람 테러리스트들]은 결코 서구로부터 등을 돌리는 것이 아니라, 오히려 서구를 모방하기를 피하지 않는다."[25] 이 시대에는 서구 국가들에게 결정적이었던, 특히 미국 문화에 표현된 것과 같은, 욕망의 대상의 지구적인 전파가 있다. 더 정확하게 말하자면, 지라르는 당연히 서구 사회가 향유하는 부와 번영을 욕망의 대상으로 지적한다.

그러나 미국이 공격자들을 모방함으로써 어떻게 대응했는지 간파하는 것도 가능하다. 조지 W. 부시George W. Bush의 종교적 뒷받침을 고려할 때, '테러와의 전쟁'은 이제 동일한 원리에 의해 인도되는 반격과 같아 보이기 시작한다.[26] 수렴은 위험한 확대의 가능성을 열기 때문에 위험하다. 경쟁의 동학은 일단 자원, 번영, 부와 같은 희소재를 향한 욕망에 촉발되면 특정 단계에서 욕망의 대상은 빠지고, 경쟁이 그 자체로서 위신의 문제가 되는 그런 것이다. 욕망의 삼각형은 상대방을 완전히 소유하거나 파괴하기 위한 싸움이 있는 양가적 욕망, 곧 지라르가 형이상학적 욕망이라고 부르는 것에 빠지게 된다.[27] 안으로부터 절대적 적대로 나타난 적수들은 짝패가 된다. 지라르는, 경쟁을 끝낼 차이도 없고 경쟁을 다른 데로 돌릴 희생양 메커니즘도 없다면, 경쟁이 폭력적인 종말론적 혼란으로 이어진다고 믿는다.

최고 희생자 보호 장치

지라르는 역사적으로 십자가가 희생자, 약자, 주변인, 억압받는 이들에 대한 근대적 관심으로 이어져왔다고 주장한다. 실제로 능력이나 소유로부터 독립적인 권리, 복지, 자선 그리고 인도주의가 기독교적 토양에서 자라왔다. 니체는 이것이 기독교의 결과였다고 전례 없이 명확하게 보았으며, 이의를 제기했다.[28] 그럼에도 불구하고, 희생양에 대한 확신이 점점 더 생기면서, 희생양을 찾아야 하는 필요는 사라지지 않았다. 그러나 어느 때보다 더 우리 시대는 어떠한 종류의 희생양도 매우 경계하고 있으며, 어떠한 가해자도 탐지해 내는 정교한 수단들을 발전시켜 왔다. 고대 사회에서 성스러움이 절대적인 지위를 가지고 있었다면, 근대에는 이데올로기가 절대적인 것들의 세속화된 연장延長

이었다. 소련과 동유럽에서 공산주의가 몰락한 이후, 사람들은 절대적인 것들이 사라질 것이라고 기대했다. 그러나 지라르는 그렇지 않다는 의구심을 갖고 있다. 절대적인 것은 단지 대체되었으며, 새로운 후보는 희생양 보호의 원칙이다. 희생자의 보호를 따질 필요가 없기만 한 것이 아니라, 실제로 그것에 도전하기 불가능해졌다. "희생양 보호가 성스러운 것이 되었는데, 그것이 바로 절대적인 것이기 때문이다."[29]

이 단계에서 희생자에 대한 관심은 무기로 변할 수 있다. 만약 어떤 희생자가 무고하고 순수하다면, 이제 모든 죄책은 박해자에게 전가된다. 이것은 희생 논리의 붕괴 이후 역설적인 형태로 희생양의 귀환을 예비한다. 폭력은 희생자가 아니라 가해자를 향하여 쏟아질 수 있다.

> 말하자면 유대 기독교의 핵심 문제를 우리의 방어 시스템에 편입시키고 있다. 우리는 우리 자신을 비판하기는커녕 그것을 타인에게 되돌리면서 지식을 나쁘게 사용하는 것이다. 우리는 제2단계의 희생양 사냥, 즉 희생양 사냥자에 대한 사냥을 행하는 것이다. 우리 사회의 의무적인 연민은 새로운 형태의 잔인함을 정당화한다.[30]

'사냥자의 사냥'의 커다란 매력은 그것이 사냥자들에게 폭력을 영속화한 것에 대한 그들 자신의 책임을 고려해야 할 의무를 면제한다는 것이다. 이 논리는 근대 세계에서 강한 장악력을 갖고 있다. 왜냐하면 부분적으로 그 논리가 희생자의 절대적 지위를 빌미로 삼고 있기 때문이며, 또한 부분적으로 폭력을 정당화하고 그것을 밖으로 돌리는 데 길을 내주기 때문이다. 그러나 고대 희생양에서와 같이, 그것은 폭력의 진정한 얼굴을 위장하며 그것을 자기의自己義로 감싸고 있다. 심지어 비판하는 것조차 거의 불가능하다. 그러나 희생자의 권리가 절대적인 한, 그것은 새로운 경쟁의 소용돌이로 이어질 수 있다. "역설적이게도 희생양에 대한 근심 자체가 모방적 경쟁 관계의 목표가 된 것이다."[31] 여기서 지라르가 '최고 희생자 보호 장치super-victimary machine'라고 부른 그 원동

력은 복수와 돌아오는 희생 메커니즘의 기이한 귀환이다.[32]

찰스 테일러Charles Taylor는 지라르의 분석에 많이 기대어서, 희생자임을 주장하는 것이 어떻게 테러리즘에 기여하는지 보여준다. 그는 다음과 같이 쓴다.

> 내가 희생자라는 것은 너는 가해자라는 뜻이다. 나는 순수하다. 희생자성의
> 주장은 우리의 순수성에 대한 주장이다. 우리는 모두 옳다. 게다가 우리의 명분
> 은 선하며, 그래서 우리는 싸울 수 있고 폭력을 가하는 것이 옳은 일이다. 그래서
> 우리는 다른 이들은 갖지 못한 끔찍한 일을 저지를 권리가 있다. 여기에 근대 테
> 러리즘의 논리가 있다.[33]

이 거룩한 폭력의 논리는 테러리스트들이 특별히 스스로를 희생자로 인식할 때, 그들의 손아귀에서 작동한다. 그리고 지라르는 거기에 무언가가 있다는 것을 부인하지 않는다. 그는 심지어 이슬람의 테러리즘을 서구의 오만함이 부추겼다고 말한다.[34] 그러나 이 지점에서 중요한 것은 그러한 추론이 박해자들에 대한 무제한의 폭력을 정당화한다는 것이다. 그러한 희생자 원칙에 대한 테러리스트들의 호소는 오사마 빈라덴Osama bin Laden의 레토릭의 일부였으나, 기독교와 유대교의 테러리스트들이 붙들고 있는 근원적인 확신과도 많은 것을 공유하고 있었다. 아네르스 베링 브레이비크Anders Behring Breivik도 예외는 아니다.[35] 이러한 경향은 특별히 스스로를 순교자로 보는 자살 테러범들 사이에서 더 강화된다. 그들은 자신의 눈에 희생자일 뿐만 아니라 다른 희생자들과의 연대 가운데 스스로를 희생한다. 그러나 희생자 메커니즘에서처럼, 이러한 순교의 복원은 매우 역설적이며, 심지어 기독교 개념을 왜곡한 것이다. 왜냐하면 비폭력 저항이 핵심이었던 곳에서, 그것이 이제 살인 행위로 변했기 때문이다.[36] 게다가 그러한 살인은 종말론적 방향으로 향하고 있다. 왜냐하면 글로벌 테러리즘은 대리자와 의례화를 통해 전달되는 '좋은' 생성적 폭력과 폭력 자체와 타인들을 직접 향하는 '나쁜' 폭력 사이의 선을 넘나들기 때문이다. 생성적 폭력과 파괴적 폭력 사이의 구분이 희미해질 때, 우리는 희생 위기의

소용돌이에 던져진다. 지라르에 따르면, 이것은 우리에게 극단으로 치달으면서 파괴만을 생성하는 고삐 풀린 폭력의 전망을 남긴다.

그러한 종말론적 전망에 직면하여, 지라르는 그럼에도 불구하고 자신이 비관주의자라는 것을 부인한다. 지라르에게, 세계적 상황의 심각함에 대한 의문은 없다. 다만 주장하는 것은 단지 그것을 받아들이려는 마음이 없음을 증명하는 것뿐이다. 그렇기는 해도 종말은 인간이 만들어내는 일이기 때문에 종말을 피하는 것도 우리의 능력 범위 안에 있다. 그러나 종말을 피하기 위해서는 모방적 폭력의 순환을 완전히 끊는 급진적인 변화를 이루어야 한다. 하지만 그러한 태도가 현재 상황을 변화시키리라고 보는 것이 현실적일까? 지라르는 이렇게 쓴다. "종말론은 세계의 끝을 선언하지 않는다. 그것은 희망을 창조한다. …… 우리가 임박한 위험에 대해 생각할 용기를 가진다면, 희망은 가능하다."[37] 지라르는 프리드리히 횔덜린J. C. Friedrich Hölderlin의 시를 인용하면서 자신의 성찰을 마무리한다.

위험이 있는 곳에
그러나 구원의 힘도 함께 자라네[38]

더 읽을 자료

Girard, René. 2000. *Battle to the End: Conversations with Benoit Chantre*. translated by M. Baker. Michigan: Michigan State University Press.

_____. 2003. *Things Hidden Since the Foundation of the World: Research Undertaken in Collaboration with Jean-Michel Oughourlian and Guy Lefort*. translated by S. Bann and M. Metteer. London: Continuum.

Girard, René and Robert Doran. 2008. "Apocalyptic Thinking after 9/11: An Interview with René Girard." *SubStance*, 37, pp.20~32.

Pallaver, Wolfgang. 2013. "Terrorism versus Non-Violent Resistance." *Journal of Religion and Violence*, 1, pp.218~249.

1 René Girard, Henri Tincq and Thomas C. Hilde, "What Is Happening Today Is Mimetic Rivalry on a Global Scale," *South Central Review*, 19(2002), p.22.

2 Robert Doran, "René Girard's Apocalyptic Modernity," *Comunicacao & Cultura*, 11 (2011), p.38.

3 René Girard and Robert Doran, "Apocalyptic Thinking after 9/11: An Interview with René Girard," *SubStance*, 37(2008), p.21.

4 René Girard, *Deceit, Desire, and the Novel: Self and Other in Literary Structure*, translated by Yvonne Freccero(Baltimore: Johns Hopkins University Press, 1966), pp.1~2[르네 지라르, 『낭만적 거짓과 소설적 진실』, 송의경 옮김(서울: 한길사, 2001), 40~41쪽]. Chris Fleming, *René Girard: Violence and Mimesis*(Cambridge: Polity Press, 2004), pp.10~16 참조.

5 René Girard, *Things Hidden Since the Foundation of the World: Research Undertaken in Collaboration with Jean-Michel Oughourlian and Guy Lefort*, translated by S. Bann and M. Metteer(London: Continuum, 2003), pp.12~13.

6 같은 책, p.24.

7 René Girard, *Violence and the Sacred*, translated by Patrick Gregory(Baltimore: Johns Hopkins University Press, 1977), p.92(originally published in French in 1972)[르네 지라르, 『폭력과 성스러움』, 김진식·박무호 옮김(서울: 민음사, 2000), 142쪽].

8 Girard, *Things Hidden*, p.25.

9 같은 책, p.170.

10 René Girard, *I See Satan Fall Like Lightning*, translated by J. G. Williams(New York: Orbis Books, 2001), p.125[르네 지라르, 『나는 사탄이 번개처럼 떨어지는 것을 본다』, 김진식 옮김(서울: 문학과지성사, 2014), 161쪽].

11 René Girard, *Battling to the End: Conversations with Benoit Chantre*, translated by M. Baker(Michigan: Michigan State University Press, 2010), p.x.

12 Girard, *Things Hidden*, p.250.

13 같은 책, p.260. 바울의 "막는 것(*katéchon*)"이라는 개념(데살로니가후서 2장 6, 7절), 곧 저지하는 힘의 측면에서 중간 시기에 대한 사상은 악을 제어하고 폭력에 제약을 가한다. 계시부터 종말까지 제한된 시기에 세계의 권세들은 가능한 한 폭력을 저지할 것이라는 함의이다. Wolfgang Palaver, "Hobbes and the Katéchon: The Secularization of Sacrificial Christianity," *Contagion: Journal of Violence, Mimesis, and Culture*, 2(1995), pp.61~63 참조.

14 Girard, *Battling to the End*, p.210.

15 Girard and Doran, "Apocalyptic Thinking," p.21.

16 영향력 있는 연구에서 마크 주어겐스마이어는 테러리즘의 핵심에 있는 것은 모방적 경쟁과 희생이라기보다는 정확하게 우주적 전쟁의 이미지라고 말한다. Mark Juergensmeyer, *Terror in the Mind of God: The Global Rise of Religious Violence*(Berkeley: University of California Press, 2000), pp.171~173.

17 Girard, *Battling to the End*, p.xiv.

18 René Girard, *Evolution and Conversion: Dialogues on the Origins of Culture*(London

T&T Clark, 2007), p.237[르네 지라르, 『문화의 기원』, 김진식 옮김(서울: 기파랑, 2006), 254쪽].

19 Girard, *Violence and the Sacred*, p.273[지라르, 『폭력과 성스러움』, 411쪽].

20 Girard, *Battling to the End*, p.x. James Warren, *Compassion or Apocalypse. A Comprehensible Guide to the Thought of René Girard*(Washington: Christian Alternative, 2012), p.311 참조.

21 Girard, *Battling to the End*, pp.4~6.

22 Girard, *I See Satan Fall*, p.166[지라르, 『나는 사탄이 번개처럼 떨어지는 것을 본다』, 209쪽].

23 Girard, *Battling to the End*, pp.40~42.

24 Girard, "What Is Happening," p.22.

25 같은 글.

26 Girard, *Battling to the End*, p.211.

27 Girard, *Things Hidden*, pp.296~297.

28 Girard, *I See Satan Fall*, p.172[지라르, 『나는 사탄이 번개처럼 떨어지는 것을 본다』, 215~216쪽].

29 Girard, *Evolution and Conversion*. pp.257~258[지라르, 『문화의 기원』, 282쪽].

30 Girard, *I See Satan Fall*, p.158[지라르, 『나는 사탄이 번개처럼 떨어지는 것을 본다』, 199쪽].

31 같은 책, p.164[지라르, 『나는 사탄이 번개처럼 떨어지는 것을 본다』, 206쪽].

32 Girard, *Evolution and Conversion*, p.236[지라르, 『문화의 기원』, 252~253쪽]. Stephen L. Gardner, "Modernity as Revelation: René Girard's Imagination of the Worst," *Journal of Religion and Violence*, 1(2013), p.300 참조.

33 Charles Taylor, "Notes the Sources of Violence: Perennial and Modern," in J. L. Heft (ed.), *Beyond Violence, Religious Sources of Social Transformation in Judaism, Christianity, and Islam*(New York: Fordham University Press, 2004), p.36.

34 Girard, *Battling to the End*, p.210.

35 Wolfgang Pallaver, "Terrorism versus Non-Violent Resistance," *Journal of Religion and Violence*, 1(2013), p.235.

36 Girard and Doran, "Apocalyptic Thinking," pp.30~31.

37 Girard, *Battling to the End*, p.xiii.

38 같은 책, p.xvii.

07 합리적 선택과 종교적 테러리즘

합리적 선택의 근거, 적용 그리고 미래 방향

스티븐 네메스

　많은 이들에게 '합리적 선택'이라는 용어는 개인의 선택에 대한 규범적 판단을 의미하겠지만, 학자들에게는 매우 다른 현실을 나타낸다. 사회과학자들에게 이 용어는 개인들이 자기 이익과 자신들의 행복감을 극대화하려는 욕구, 또는 경제학자들의 언어로 효용에 의해 동기가 부여될 것임을 가정하는 다양한 모델들을 가리킨다. 이 모델들은 테러리즘을 포함하여 다양한 경제적·사회적·정치적 과정들에 대한 과학적 연구를 가능하게 하면서 인간 행동에 예측 가능성이라는 요소를 부과했다. 게다가 합리적 선택은 또한 신앙의 형이상학적 차원에도 불구하고 종교적 테러리즘 연구에도 제공할 것이 많다. 이 장은 합리적 선택 모델의 전제들, 테러리즘 연구에서의 쓰임새, 종교적 테러리즘 연구에의 적용 가능성, 그에 대한 반론 그리고 미래의 적용들에 대해 논의한다.

합리적 선택 모델

가장 단순한 형식에서 합리적 선택 모델들은 행위자들이 자신의 효용을 극대화하려 애쓴다고 가정한다. 이 모델 안에서 효용은 다양한 정의를 갖고 있다. 가장 일반적으로 효용은 자기본위적self-regarding 행동으로 여겨진다. 부나 수입을 극대화하려는 노력이 가장 먼저 떠오른다. 또한 개인적인 목적의 완수, 또는 신자들에게는 깨달음의 얻음이나 내세의 보장에 따른 만족이 여기에 포함된다. 효용은 또한 타자본위적other-regarding 행동에 의해서도 개념화될 수 있다. 친구, 가족, 낯선 이들을 돕는 이타적 행위들도 대부분의 합리적 선택 모델들에 들어맞을 것이다.

합리적 선택 모델에서는 행위자가 각자의 효용을 극대화하기 위해서 세 가지 필요조건을 충족해야 한다.[1] 첫째, 개인은 잠재적 결과들에 대한 완전한 선호가 있어야 한다. 이것은 그 사람이 자신이 내리는 결정의 추정되는 결과를 좋아하는지 무관심한지 또는 싫어하는지 알고 있다는 의미이다. 둘째, 선호는 이행적이다transitive.+ 곧, 개인이 결과 a가 결과 b보다 우월하며 b가 c보다 우월하다고 믿는다면, 결과 a가 결과 c보다 낫다는 결론을 내릴 것임을 의미한다. 이 두 조건은 개인이 선호를 정렬하고, 가장 좋은 것부터 가장 나쁜 것까지 결과의 등급을 매기고, 세 번째 필요조건 곧 가장 선호하는 결과를 선택할 능력을 촉진한다. 결과적으로 합리적 선택 모델은 인간 행동을 일반화하고 예측할 수 있으며, 계량경제학적 기법을 통해 분석할 수 있게 해준다.

합리적 선택의 표준적인 개념과 사회과학에서 사용하는 개념 사이의 차이 때문에 발생하는 오해를 지적하는 것이 중요하다. 첫째, 합리적 선택은 행위자가 결정을 내리기 위해 사용하는 선호가 아니라 의사결정 과정에 대한 묘사를 가리킨다. 테러리스트는 도덕적으로 의심스러운 목적을 추구할 수 있다.

+ 경제학에서 선호 관계의 이행성은 소비자의 선호가 일관성이 있어야 한다는 의미이다.

그러나 그들은 자신들의 선택지를 평가할 때 합리적 선택 과정을 거쳤다. 그렇다면 합리적 선택은 '적절성의 논리'[2]라기보다는 '결과의 논리'에 대한 것이다. 둘째, 합리적 선택 접근이 묘사하는 과정은 실제 계산이나 인지 과정이 아니라 개인의 결정에 깔려 있는 기본 논리의 일반화된 묘사이다.

합리적 선택은 또한 각기 다른 개인들이 비슷한 상황에 처해 있다면 동일한 결정에 도달하리라는 것을 의미하는 것이 아니다. 그 대신에 결과에 대한 다른 행위자들의 선호를 반영하는 다양한 결과가 나올 수 있다. 테러리즘에서 어떤 조직은 자신들의 파괴적 잠재력으로 민간인 사상자를 극대화하는 어떤 행위만을 가치 있게 여길 수 있다. 반면, 다른 조직은 재산만 파괴하기를 원하기 때문에 파괴적이기보다는 상징적인 행위를 선호할 수 있다. 게다가 각기 다른 행위자들이 비슷한 선호를 공유하는 상황에서는 위험 감수에 대한 각자의 고유 성향이 다른 행위를 선택하게 할 수도 있다. 두 테러리스트 조직이 모두 정부를 전복하기를 원할 수 있으나, 한 조직은 다른 조직보다 위험을 더 수용하는 전략을 사용할 수 있다. 마지막으로, 합리적 선택은 결과에 오류가 없다는 것을 의미하지 않는다. 합리적 선택 과정의 결과는 선택지를 찾고 평가하는 행위자의 능력에 달려 있다.

고전적인 합리적 선택 접근이 제시한 경제적 인간*homo economicus*이라는 그림은 이내 여러 방면에서 도전받았다. 학자들은 사람들이 표준적인 접근이 제시한 과제를 완벽하게 성취할 수 있는 것은 아니라고 재빨리 언급했다. 오히려 개인들은 정보를 접했을 때 내재적인 인지적 한계와 과정상의 한계에 직면하여 고전적인 이상과는 다른 의사결정을 하게 된다. 이것을 설명하기 위해 학자들은 개인이 '제한적으로 합리적'이라고 제안하기 시작했다. 곧, 사람들은 가치를 극대화하는 것이 아니라 "충분히 좋은"[3] 결정으로 이끄는 충분한 정보를 모으고 처리하도록 해주는 인지 과정을 거친다는 것이다. 이것은 인간 의사결정 과정의 변형들과 합리적 선택 모델의 수칙이 지켜지는 정도에 대한 논의로 이어졌다. 이 변형들은 일반적으로 '엄격한thick' 합리성과 '느슨한thin' 합리성으로 일컬어진다.

학자들은 합리적 선택 과정의 결과로서 기대 효용 극대화라는 개념에 도전했다. 많은 사례에서, 특정한 결정과 연관된 결과들은 동일한 기준으로 비교할 수 없다. 예를 들어, 한 행위가 수입 손실을 낳는다면 얼마나 많은 종교적 편익의 '단위들'이 있어야 이 손실을 상쇄하거나 초과하겠는가? 해결책은 이전에는 비교가 불가능했던 비용과 편익을 비교 가능하게 전환시킬 수 있는 주관적 기대 효용을 창출하는 것이다.[4] 개인들이 어떻게 이 비용들을 합산하는지에 대한 논쟁은 후에 대안적이고 정교화된 수많은 결정 규칙들을 낳았다.

테러리즘에서 합리적 선택 모델

테러리즘에 합리적 선택 이론을 적용한 것은 윌리엄 랜디스William Landes가 항공기 납치 현상에 대한 미국의 대테러리즘 정책의 효과를 측정하기 위해 게리 베커Gary Becker의 범죄와 처벌 모델을 적용했을 때 시작되었다.[5] 베커의 원래 모델에서, 범죄자들은 합법적 고용과 범죄 생활 사이에서 선택할 능력이 있으며 자기 이익에 따라 행위하는 합리적 개인으로 상정되었다. 범죄는 그에 대한 보상이 a) 처벌의 확률, b) 처벌의 강도, c) 합법적 일에서 얻는 수입의 상실, 그리고 여타 변수들을 초과할 때 합리적 선택이 된다.[6] 그러므로 벌금을 올리거나 임금을 올리는 등, 이 변수들을 변화시키려는 노력은 개인이 범죄자가 되는 가능성이 줄어드는 결과로 이어질 것이다.

랜디스에 따르면, 잠재적인 항공기 납치범은 비슷한 원칙에 따라 행동했다. 항공기 납치의 효용은 그 개인이 잡힐 확률과 재판 및 결과적인 투옥과 관련된 범죄자 쪽의 금전적 비용뿐만 아니라 범죄자의 부와 상관관계가 있었다.[7] 1973년 미국 공항들의 금속 탐지기 설치와 같이 체포 확률을 높이려는 노력과 처벌을 강화하는 것은 납치 발생을 감소시키는 것으로 받아들여졌다. 랜디스는 1961년부터 1976년까지 미국에서 일어난 모든 항공기 납치에 대한 연방항공청Federal Aviation Administration: FAA 데이터를 사용하여, 변수 각각이 납치 발생에 갖는 실제 효과를 입증하면서 자신의 이론적 모델을 테스트했다. 특히 그는 검문과 같은 사전 대책들이 납치가 이미 일어난 후에 체포를 늘리는 사후 조치들보다 납치 가능성을 줄이는 데 훨씬 더 효과적이라는 것을 발견했다.

이 두 연구는 테러리스트들에게 적용될 때 합리적 선택 모델의 제한 범위parameters를 설정한다. 고전 모델처럼, 테러리스트들은 다음 세 가지 기본 가정 아래서 자신들의 효용(정치적 목적)을 극대화하려고 애쓰는 합리적 행위자들이다.[8] 첫째, 테러리스트들은 안정적이고 일관된 정치적 목적에 의해 동기가 부여된다. 곧, 정치적 불만이 테러리스트 폭력의 기반과 동기를 형성한다. 둘째, 테러리즘은 다른 형태의 정치적 참여가 막혔을 때 결정되는 행동 방침이다. 이 관점은 테러리즘을, 불법 행위의 비용이 낮고 비합법성에 대한 상대적 이익이 높아서 그 조직에서 보유한 자원의 총액이 가장 높을 때 이루어진 할당 결정으로 보는 연구와 일관된다.[9] 마지막으로, 테러리즘은 그 유효성이 다른 수단들의 유효성보다 더 클 때에만 사용된다. 이 주장을 변형하면, 또한 특정한 형태의 테러리즘이 그 유효성에 기초하여 다른 것들에 우선하여 사용된다는 것이 될 수 있다. 이것을 고려하면, 테러리스트들은 자신들의 공격을 차별화하고, 관련된 위험과 결과에 부합하는 폭력을 선택해야 한다.

월터 엔더스Walter Enders와 토드 샌들러Todd Sandler는 "대체 가능성"[10] 개념을 도입함으로써 테러리스트 합리성의 개념을 더 세련되게 만들었다. 그들은 합리성이 단순히 선택된 표적이나 사용된 수단에서만 분명한 것은 아님을 시사했다. 합리성은 또한 테러리스트들이 자원의 이용 가능성의 변화에 반응하는 방식에서도 발견될 수 있다는 것이다. 자원이 희소한 조건 아래에서 테러리스트들의 행동은, 자원이 풍부한 시기에 하는 행동과 다를 것이다. 작전의 특성은 예측 가능하다. 폭파와 같은, 적은 자원이 드는 운용상 '단순한' 활동들은 인질 테러와 바리케이드 작전과 같은 더 복잡하고 자원집중적인 활동들에 훨씬 우선한다. 또한 정부의 대테러리즘 노력은 특정 행위들의 비용을 증가시키기 때문에 이 행위들에 영향을 준다. 결과적으로 조직들은 폭력행위를, 비용이 적게 드는 행위나 심지어 비폭력적 활동들로 대체할 수 있다.

이 기간에 합리적 선택 모델은 광범위한 테러리스트 활동들을 설명하는 데 효과적이었다. 이 모델의 초점 대부분이 공격의 수를 결정하는 요소들에 맞추어져 있었던 반면, 다른 것들은 집단 유지, 전술 혁신, 기본 결정 그리고 그 밖의 많은 것들과 관련된 문제들에 초점을 두었다.[11] 이 장의 제한된 범위 내에서 이 작업들에 대해 완벽하게 설명하기란 불가능하다. 대신에 합리적 선택 접근을 사용한 테러리즘 연구에 대한 평가와 미래 방향에 관해 적은 샌들러의 「분석적 테러리즘 연구: 고찰The Analytical Study of Terrorism: Taking Stock」을 보라.[12]

합리성과 종교적 테러리즘: 클럽 모델

그러나 종교적 테러리즘을 고려할 때, 많은 이들이 합리적 선택 접근의 유용성을 일축한다. 이러한 반응은 이해된다. 종교적 테러리즘은 흔히 경악스러운 수준의 잔인성을 보여왔으며, 타협하지 않는 강경파의 레토릭과 어떠한 수준의 정치적 타협도 받아들이지 않으려는 의지가 두드러진 사람들이 옹호해왔다.[13] 확실히 신의 명령을 따르고 '사회의 법과 제약'으로부터 자유로이 행위하는 개인들은 다른 비경제적 논리를 보여준다.[14] 하지만 합리적 선택의 설명은 테러리스트 폭력에 대한 설명으로서 중요한 자리를 유지하고 있으며, 본질적으로 종교적 테러리즘과 세속적 테러리즘은 매우 유사하게 고려될 수 있다고 제시한다.

브라이언 캐플런Bryan Caplan이 관찰하듯이 테러리즘, 특히 종교적 테러리즘의 분석은 역설을 담고 있다.[15] 많은 이들이 테러리즘에 참여할 때 자신에게 생기는 보상을 믿겠지만, 매우 적은 사람만이 실제로 그런 보상을 받는다. 개인들이 합리적 선택 접근이 묘사하는 방식으로 행위하지 않았다면 신자들이 테러리즘을 이용하는 일은 훨씬 더 흔했을 것이라고 캐플런은 주장한다. 그렇다면 종교는 합리적 선택과 경쟁 관계에 있는 설명이라기보다는 그 모델 안에서 평가되어야 할 매개변수로 고려될 수 있다. 이 접근은 종교 신앙을 비용과 편익으로 분해 및 환원시킨다는 점에서 무익해 보일 수 있지만, 개인과 집단들이 왜 비논리적이고 비종교적으로 보이는 폭력을 행사할 수도 있는지 더 잘 이해하도록 해준다.[16] 종교에 대한 이러한 접근은 많은 이들에게 신앙이 가지는 가치를 부정하지 않으면서, 대신에 우리에게 이런 유형의 폭력을 이해하고 이를 잠재적으로 방지하는 틀을 제공해 준다.

이 접근에서 개인은 종교의 소비자로 이해된다. 개인이 신앙을 추구하는 것은 그것이 "일상생활의 통상적인 기술적 제약과 물리적 한계를 초월하는"[17] 길이기 때문이다. 특히 개인들이 일상생활에서 도전과 질문에 직면할 때, 종교는 그들에게 합리적이고 적절한 반응이다. 경제 용어로, 신앙을 받아들이는 것은 그에 따르는 비용이 충분히 낮다면 기대 효용을 증가시키는 결정이다. 이것은 '현명한 투자'로 여겨질 수 있다. 왜냐하면 어떤 특정한 믿음에 대한 깊은 헌신 대신에 신의 부재와 관련된 충분한 수준의 의심을 요구하기 때문이다.[18]

개인적인 신앙의 편익은 합리적 선택이 종교적 테러리즘을 설명하는 데 어떻게 사용될 수 있는지 하나의 설명을 제공한다. 테러리즘 행위가 내세에 보상된다고 믿어지거나, 이타주의의 형태로 여겨지거나, 또는 더 큰 집단의 목적을 증진시킨다면, 테러리즘에 참여한다는 결정은 합리적인 것일 수 있다. 테러리스트 개개인은 자신들의 행위가 죽음 이후에 인정받을 것을 확실히 믿을 수 있으며, 그리고 사후의 보상에 대한 우화寓話와 고귀한 자기희생의 유익이 세계 주요 종교들에서 두루 발견된다. 그러나 이 정당화는 투옥되었거나 자살 테러리즘 행위에 실패했던 테러리스트 사이에서는 지배적이지 않았다. 투옥된 수감자들과의 인터뷰는 문제점이 있기는 하지만, 폭력행위의 근거는 나머지 두 아이디어, 즉 이타주의나 더 큰 집단에의 기여와 연관되어 있을 가능성이 많다.[19]

이러한 정당화들이 보다 공동체적이라는 것을 고려하면, 많은 이들에게 의존하고 혜택을 주는 실체로서 종교의 역할을 평가하는 것 또한 필수적이다. 종교 조직을 편익 제공자로서 평가하는 것은 국가가 법과 질서, 교육 그리고 복지 서비스와 같은 기본적인 공공재—비경쟁적이고 비배제적인 것으로 여겨지는 산물들—를 공급할 수 없는 지역들에서 특별히 중요하다. 이런 유형의 상황에서는 종교 공동체가 서비스를 생산하고 제공하는 중심이 된다. '클럽 모델'에 이르도록 복종을 확보하기 위해 신앙 공동체가 제공하는 협력의 비용과 편익을 강조하는 것이 바로 이 측면이다.[20] 이것은 하마스Hamas, 헤즈볼라Hezbollah, 탈레반Taliban과 같은 조직들의 폭력과 그들의 자살 테러리즘이 성공적으로 수행되는 이유를 설명해 준다.

우선, 클럽 모델은 모든 조직들이 직면하고 있는 기본 문제 가운데 하나, 곧 "무임 승차자" 문제라고 불리는 개념[21]을 인정한다. 이것은 단순히 사람들이 반대급부로 아무것도 제공하지 않으면서 편익을 위해 공공재 조직을 사용하려는 성향이다. 조직은 진정한 신자들을 기회주의자들에게서 분리하는 비용을 들임으로써 이 문제를 해결하려고 시도한다. 종교 조직에서 이 비용은 직접적인 희생, 곧 가치 있는 자원의 파괴, 독특한 옷차림과 몸치장 습관 그리고 특정 활동 금지 등을 포함할 수 있다.[22] 이러한 것은 외부 세계로부터 그 집단을 어느 정도 떼어놓으며, 집단 활동을 더 가치 있게 만들고, 구성원의 참여를 고무한다.

참여자를 가려냄으로써, 조직이 제공하는 재화는 공공재에서 (비경쟁적이나 배제적인) 클럽재로 변화한다. 결과적으로, 구성원이 되는 이들은 높은 수준의 헌신과 참여를 요구받지만, 집단을 구성하지 못하는 이들보다 더 많은 혜택을 받는다. 그러면 수혜자들은 멤버십을 따르는 위험에도 불구하고 조직에 기여할 이유가 있다. 이 선발 작업을 통해 요구되는 높은 비용은 또한 나머지 조직원들에게 잠재적 지원자의 적합성에 대한 신호[+]를 생성한다.[23] 종교 조직들이 폭력의 창출에 유리한 점을 갖는 것이 바로 이 이유 때문이다.[24]

+ 신호 이론에 따르면, 합리적이고 이기적인 두 행위자 사이에서 한 주체가 보내는 신호를 다른 주체가 신뢰하기 힘든 상황에서, 신호의 진실성은 신호 자체를 생성하는 데 드는 비용에 비례한다. 테러 조직의 모집자는 잠재적 지원자가 잠입자일 가능성이 존재하기 때문에 지원자가 속이기 힘들 정도로 비용이 많이 드는 신호를 찾고자 한다.

이것은 종교적이든 세속적이든 테러리스트 조직의 평균 구성원이 배경 인구와 상당히 다를 가능성이 많다는 것을 의미한다. 테러리스트 지지자와 참여자의 프로필은 가난과 절박함보다는 상대적인 유복함과 교육 때문에 주목을 끈다.[25] 클럽 모델의 맥락에서 그 결과는 정신이 번쩍 들게 한다. 종교 조직이 더 나은 공급을 할수록(클럽이 더 강할수록), 구성원들은 더 충성스러우며, 집단은 자살 테러리즘을 사용할 가능성이 더 많다. 게다가 더 강한 클럽은 더 치명적인 공격에 개입할 가능성도 더 많다.

이러한 조직에 속한 사람에게 생기는 편익의 예는 찾아보기 어렵지 않다. 신입에게 주는 혜택과 그 가족들에게 주는 지급금은 체첸에서 확인된 바 있다.[26] 나스라 하산Nasra Hassan은 가자 지구에서는 자살 폭탄 테러범들과 그들의 가족이 존경을 받는다고 언급했다. 테러 실행자의 이미지는 인근 지역 곳곳에 낙서로, 또 '이달의 순교자' 달력을 포함하여 출판물에 새겨진다.[27] 실행자의 가족들은 가족 구성원의 희생을 존중하는 의식으로 환대받고, 축복과 축하를 보내는 지지자들로 둘러싸이며, 사회적 평판이 높아지고, 다른 이들이 자살 폭탄 테러범이 되도록 고무한다. 가족들은 재정적으로도 혜택을 받는다. 많은 조직들은 자살 폭탄 테러범이 죽은 후 오랫동안 그 가족들에게 관대한 혜택을 제공하는 사회복지 체계를 발전시켜 왔다.[28] 장 폴 아잠Jean-Paul Azam은 자살 테러리즘을 '세대 간 투자'의 한 형태로 볼 수 있다고 언급하는데, 잠재적 테러범들이 자살 테러리즘 행위를 자신의 직계 가족에게 유익한 부를 창출하고 전해주는 방법으로 본다는 것이다.[29] 이런 유형의 보상은 경제적 조건이 어렵고 미래의 지지자들을 대의명분으로 이끌기 용이한 지역에서 매력적일 수 있다.

클럽 모델은 지지자들에게 생기는 물질적 장려책에 초점을 맞추기 때문에 종교적 테러리즘을 다루는 방식이 애초에 생각했던 것보다 더 직접적이고 세속적 테러리스트들을 위한 정책 처방전에 더 가까울 수 있다. 세속적 해결을 회피하는 마크 주어겐스마이어Mark Juergensmeyer의 '우주적 전쟁' 개념 대신에, 사실상 여러 해답이 나올 수 있다.[30] 한 가지 해결책은 클럽 구성원들 사이에 탈퇴에 대한 장려책을 만드는 것이다. 그들의 동료가 진정으로 한패인지 아닌지 아무도 모르리라는 것을 고려하면, 신뢰의 유대를 파괴함으로써 집단의 활동을 줄일 수 있다. 이탈리아의 경우, 집단의 정보를 제공하는 대가로 징역형을 줄여주었기 때문에 '회개 법'으로 알려진 노력의 결과는 좌익과 우익 모두의 테러리즘 사건을 줄이는 데 성공적이었다.[31] 두 번째는, 특히 이미 테러리스트 폭력에 개입하고 있거나 할 수 있는 주민들에게 공공재를 제공하는 정부의 역량을 증가시키는 것이다. 이런 식으로 극단주의 종교 조직에 가입하지 않는 선택이 합리적인 것이 된다.

이것이 결코 세속적 테러리즘이 종교적 테러리즘보다 다루기가 더 쉽다는 것을 시사해서는 안 된다. 어떤 유형의 테러리즘에 대해서든, 앞에서 짧게 암시한 것처럼, 대테러 노력들은 '대체 효과'에 시달릴 가능성이 많다.[32] '대체 효과'라는 이름이 시사하는 것처럼, 테러리즘을 막으려는 시도는 테러리스트들이 전술을 바꾸고 잘 방어된 표적은 피하도록 이끌 것이다. 엔더스와 샌들러는 금속 탐지기 시행으로 공중 납치는 줄었지만 인질 테러는 증가했다는 것을 발견했다. 대사관을 요새화하는 노력은, 대사관 내에서 직원이 공격받는 수는 줄였지만, 개인이 대사관 밖에서 공격당해 암살되는 수는 증가시켰다. 1986년 레이건의 리비아 폭격과 같이 테러리스트들을 응징하려는 노력은 더 넓은 흐름에서 식별할 만한 효과를 거두지 못했다. 그 대신에 응징은, 고비용 공격의 수는 결국 '정상' 비율로 되돌리면서 저비용 테러리스트 활동을 증가시키는 결과를 낳았다.[33] 결과적으로, 종교 테러리스트 조직의 물질적 측면에 초점을 두는 행위들은 테러리즘 위협을 단지 일시적으로만 누그러뜨릴 수 있다.

합리적 선택 모델에 대한 비판

이 접근의 편재성이 비판으로부터 자유롭다는 것을 의미하지 않는다. 가장 잘 알려진 비판 가운데 하나로, 맥스 에이브럼스Max Abrahms는 합리적 선택 모델에 도전하는 테러리스트의 7가지 공통된 행동을 강조한다.[34] 첫째, 테러리스트들은 그들 행위의 잠재적 결과에 대해 완전하고 이행적인 선호를 가지지 않을 수 있다. 테러리스트의 성명들은 종종 이데올로기적 구분과 차이가 존중되지 않는 것으로 보이는 무정형적이고 일관되지 않은 정치 이데올로기를 드러낸다. 독일 우익 테러리스트 조직들은 사법 당국이 처음에 공산주의자들로 간주했던 좌파의 레토릭을 전적으로 채택했다.[35] 이탈리아에서 붉은 여단Red Brigades[+]은 '혁명적 정의'로 개념화된, 좌익과 우익이 뒤범벅된 사상에 기초하여 자신들의 행위를 정당화했다.[36] 일부 집단들은 원래 자신들의 입장과 거의 모순되는 신념을 위해, 이전에 공언했던 정치 플랫폼을 포기했다. 레토릭과 행위 모두에 있어서 뉘앙스의 부재와 확신의 결여는 테러리스트들이 잠재적 선택들 가운데서 결정을 하게 하는 어떠한 종류의 선호 서열도 가지고 있지 않을 수 있다는 것을 시사한다.

게다가 테러리스트 조직들은 자신들의 효용을 극대화하는 선택을 할 수 있는 것으로 보이지 않는다. 테러리즘이 정해진 목표를 달성하는 일은 드물기 때문에, 만약에 효용 극대화를 따른다면 대부분의 집단은 처음부터 테러리즘에 참여하지 않을 것이다. 오히려 테러리즘은 더 평화적이고 더 효과적인 정치 변화 수단보다 훨씬 더 많이 채택되는 첫 번째 선택이다. 비슷하게, 타협에 직면했을 때 많은 테러리스트 집단들은 폭력행위가 궁극적으로 자신들이 정한 최종 목적에 해가 될지라도 폭력 캠페인을 지속하기 위해 반사적으로 타협을 거부한다.

마지막으로, 조직이 테러리즘 행위에서 어떠한 이득을 얻기 위해서는 범인의 정체성이 알려져야 한다. 하지만 많은 집단들은 자신들의 참여를 감추고, 테러리스트 작전을 수행한 것을 인정받지 못한다.[37] 이러한 미스터리는 만연

+ 1970년 8월에 무장 투쟁으로 '혁명적' 국면을 조장하고 이탈리아를 북대서양 조약 기구에서 탈퇴시키기 위해 결성된 극좌 테러 조직.

해 있다. 에이브럼스는 1968년 이래로 글로벌 테러리스트 공격의 64퍼센트 정도와 9·11 이래로 공격의 4분의 3을 알려지지 않은 익명의 범인들이 저질렀다고 언급한다.[38] 그러한 행동은 효용 극대화의 전제와는 맞지 않다.

오히려 에이브럼스는 테러리스트들을 위한 장려책 구조가 조직의 정치적 목적에 초점을 맞추지 않으며, 개인들이 집단 연대의 기초 위에서 조직에 합류하고 끈질기게 남는다고 시사한다.[39] 다른 말로 해서, 조직 전체의 정치적 목표가 조직의 효용 함수의 기초를 형성하지 않기 때문에 집단들은 고전적 의미에서 합리적이지 않다. 그 대신에 집단이 주는 개인적 관계와 사회적 혜택이 집단의 효용 함수를 형성한다. 이것의 한 원인은 테러리스트 모집 과정에 있다. 집단들은 새 구성원들을 모으기 위해 기존의 사회 접촉을 이용하며, 일단 구성원이 합류하면 그들을 조직 안에 가둔다. 그 결과 신참자와 외부 세계의 연결은 끊기고, 그들의 충성심은 조직과 동료 구성원들에게 굳게 결합된다. 게다가 이 강한 사회 결속은 더 큰 작전 목적을 희생시키는 중에도 그 연결을 온전히 유지하는 행위를 추구하도록 할 것이다. 이것은 테러리즘의 정치적 소득을 적게 만드는 행위가 대테러리즘 전략에 효과적이지 못하다는 것을 시사한다. 더 현명한 대테러리즘 전략은 구성원 간의 사회 네트워크에 초점을 두고 테러리스트 조직들을 사회적으로 호감 가는 것으로 만드는 연결을 끊는 것이어야 한다.

미래 방향

베커와 랜디스의 초기 작업에서 시작된 테러리즘 연구는 위협 그 자체의 성장과 복잡성에 다양한 방식으로 반응하면서 진화하고 점점 더 복잡해졌다.[40] 합리적 선택 모델에 대한 도전이 존재하기는 하지만, 이 모델의 전반적인 건전성은 탁월하다. 이는 이 분야의 새로운 발전이 증명한다. 많은 발전들이 있지만 여기서는 최근 두 가지 발전, 곧 조직 간 역학을 포착하는 게임이론적 모델과 공간 방법론 활용의 성장을 논의해 보고자 한다.

게임이론적 모델은 합리적 선택 모델에 전략적 요소를 제공한다. 곧, 게임이론은 두(또는 그 이상의) 합리적 선택 행위자들의 상호작용을 계산한다. 게임 내의 행위자들은 단순히 자신에게 최상의 행위가 무엇인지 결정하기보다는, 다른 행위자의 가능한 결정을 함께 고려하면서 무엇이 효용을 극대화하는지를 결정해야 한다. 이처럼 이 모델은 테러리스트 집단과 정부, 경쟁 테러리스트 조직, 또는 테러리스트 조직 내에서 경쟁하는 분파들 사이의 상호작용을 이해하는 데 유익하다.

이 작업은 이미 인상적인 결과를 산출해 왔다. 에단 부에노 데 메스키타Ethan Bueno de Mesquita와 에릭 딕슨Eric Dickson은 극단주의자나 온건파라고 파악되는 테러리스트 조직들이 분개한 대중을 이끌 리더십을 놓고 경쟁한다고 주장한다.[41] 극단주의자들은 대중을 통제하면서 차별적이거나 무차별적인 정부 반응을 유발하기 위해 폭력행위에 개입한다. 차별적인 대테러 활동은 대중을 급진화하지 않는 반면, 무차별적 대테러 활동은 대중을 급진화하고 극단주의자들을 대담하게 만들어서 조직원 동원을 증가시키고 더 큰 폭력으로 이끌기 때문에 비생산적이다. 그러나 강력한 탄압이 테러리즘을 다루는, 유일하게 효과적으로 인식된 방법일 수 있기에 국가들은 딜레마에 빠졌다. 이것은 왜 종교적 테러리스트 조직들이 흔히 자멸적인 전략을 추구하는지 설명해 줄 수 있으며, 왜 그들이 흔히 비종교적인 것으로 규정되는 이들의 지지를 얻는지 이해할 수 있게 한다.[42]

제이컵 샤피로Jacob Shapiro와 데이비드 시걸David Siegel은 집단 간 역학에 주목하면서, 규모가 크고 재원이 충분한 조직을 위해서 일하는 요원들이 왜 가난한지 그 양극화를 연구한다.[43] 그들은 주인-대리인principal-agent 과정이 작동하고 있다고 상정한다. 지도자들은 중개자에게 작전 자금을 위임하나, 작전의 보안 때문에 자금이 쓰이는 방식을 추적할 수는 없다. 관리 감독의 부재에서 유익을 얻는 중개자는 자신들에게 주어진 자금을 빼돌리고, 작전 요원들에게는 자원이라고 할 만한 것을 별로 남겨주지 않는다. 어떤 경우에는 돈을 빼돌린 손실이 너무 커서, 이 탐욕 때문에 지도자들이 공격 자금을 끊는 일이 일어날 것이다. 자금 착복에 대한 우려는 보편적인 것으로, 종교적 테러리스트 조직들은 경건을 고백함에도 불구하고 작전 요원들 사이에서 세속적 조직보다 더 신뢰받는 것은 아니다. 오히려 샤피로는 이 문제가 이데올로기보다는 위계적이든 다른 형식을 통해서든 집단이 조직되는 방식과 더 관련된다고 언급한다.[44]

이 분야의 두 번째 주요한 발전은 지리정보시스템Geographic Information Systems: GIS의 적용이다. 점점 더 작은 집단 단위에서 지리정보시스템 방법론이 개선되고 데이터 수집에 대한 초점이 갱신되면서 테러리즘 연구자들이 새로이 초점을 맞출 흥미로운 영역이 생겨났다. 그리고 이를 통해 국가 내 수준에서 발견되는 특징에 따라 테러리즘 위험이 달리 나타나는 국가들 안에 합리적 선택 이론의 통찰을 적용할 수 있다.[45] 합리적 선택 관점의 영향력을 존중하면서도, 국가적 수준과는 다른 지역 조건들의 영향을 반영하면서 더 현실적인 방식으로 그것을 적용하는 것이다. 클럽 모델의 통찰, 특히 이런 유형의 조직들 사이에서 강화되는 헌신의 수준과 관련되는 통찰들은 지리적 데이터에 드러나야 한다. 클럽 모델의 타당성은 종교적 테러리스트 조직들이 다른 유형의 조직들과 체계적으로 구분되는 '어려운' 표적과 지역을 더 공격할 가능성이 많음을 보여줄 것이다.

결론

합리적 선택 이론의 렌즈를 통해 테러리즘과 종교적 테러리즘을 이해하는 것은 그것의 형성과 유행 그리고 잠재적인 저력을 아는 데 크게 도움을 주었다. 확실히 비판은 존재한다. 테러리스트 행동의 양상들은 효용 극대화에 대한 논의에서 여전히 일관성을 갖지 못한다. 다른 이들은 합리적 선택이 수십억의 사람들에게 위안을 주는 신앙 체계에 적용되기에는 지나치게 계산적이고 공리주의적으로 보인다고 주장한다. 그러나 요약하자면, 합리적 선택 접근의 유용성은 종교가 왜 폭력에 대한 호소로서 기능하는지 그리고 왜 극소수만이 그 부름에 귀를 기울이는지를 이해할 수 있게 해주는 간결성과 설명력에 있다.

더 읽을 자료

Abrahms, Max. 2008. "What Terrorists Really Want: Terrorist Motives and Counterterrorism Strategy." *International Security*, 32, pp.78~105.

Berman, Eli. 2009. *Radical, Religious, and Violent: The New Economics of Terrorism*. Cambridge: MIT Press.

Juergensmeyer, Mark. 2003. *Terror in the Mind of God: The Global Rise of Religious Violence*. Berkeley: University of California Press.

Sandler, Todd. 2014. "The Analytical Study of Terrorism: Taking Stock." *Journal of Peace Research*, 51, pp.257~271.

Shapiro, Jacob. 2013. *The Terrorist's Dilemma*. Princeton: Princeton University Press.

1　Herbert Simon, "A Behavioral Model of Rational Choice," *Quarterly Journal of Economics*, 69(1955), pp.99~118; Anthony Downs, *An Economic Theory of Democracy*(Boston: Addition-Wesley Publishing Company, 1957).

2　James March, *A Primer on Decision Making*(New York: Free Press, 1994).

3　Herbert Simon, *Administrative Behavior: A Study of Decision-Making Processes in Administrative Organizations*(New York: Macmillan, 1947); Herbert Simon, *Models of Man: Social and Rational*(New York: Wiley, 1957).

4　John von Neumann and Oskar Morgenstern, *Theory of Games and Economic Behavior* (Princeton: Princeton University Press, 1944).

5　William Landes, "An Economic Study of U.S. Aircraft Hijacking, 1961~1976," *Journal of Law and Economics*, 21(1978), pp.1~31; Gary Becker, "Crime and Punishment: An Economic Approach," *Journal of Political Economy*, 76(1968), pp.169~217.

6　Becker, "Crime and Punishment."

7　Landes, "An Economic Study of U.S. Aircraft Hijacking, 1961~1976."

8　Max Abrahms, "What Terrorists Really Want: Terrorist Motives and Counterterrorism Strategy," *International Security*, 32(2008), pp.78~105.

9　Todd Sandler, John Tschirhart and Jon Cauley, "A Theoretical Analysis of Transnational

Terrorism," *American Political Science Review*, 77(1983), pp.36~54.

Walter Enders and Todd Sandler, "The Effectiveness of Antiterrorism Policies: A Vector-Autoregression-Intervention Analysis," *American Political Science Review*, 87 (1993), pp.829~844.

Brian Lai, "'Draining the Swamp': An Empirical Examination of the Production of International Terrorism, 1968~1998," *Conflict Management and Peace Science*, 24(2007), pp.297~310; Patrick Brandt and Todd Sandler, "What Do Transnational Terrorists Target? Has it Changed? Are We Safer?" *Journal of Conflict Resolution*, 54(2010), pp.214~236; Michael Horowitz, "Nonstate Actors and the Diffusion of Innovations: The Case of Suicide Terrorism," *International Organization*, 64(2010), pp.33~64; Navin Bapat, "Understanding State Sponsorship of Militant Groups," *British Journal of Political Science*, 42(2012), pp.1~29.

Todd Sandler, "The Analytical Study of Terrorism: Taking Stock," *Journal of Peace Research*, 51(2014), pp.257~271.

Mark Juergensmeyer, *Terror in the Mind of God: The Global Rise of Religious Violence* (Berkeley: University of California Press, 2003) 참조.

같은 책, p.221.

Bryan Caplan, "Terrorism: The Relevance of the Rational Choice Model," *Public Choice*, 128(2006), pp.91~107.

같은 글; Laurence Iannaccone and Eli Berman, "Religious Extremism: The Good, the Bad, and the Deadly," *Public Choice*, 128(2006), pp.109~129; Eli Berman and David Laitin, "Religion Terrorism, and Public Goods: Testing the Club Model," *Journal of Public Economics*, 92(2008), pp.1942~1967; Eli Berman, *Radical, Religious, and Violent: The New Economics of Terrorism*(Cambridge: MIT Press, 2009).

Laurence Iannaccone and Eli Berman, "Religious Extremism: The Good, the Bad, and the Deadly."

같은 글, p.113.

Jerrold Post, Ehud Sprinzak and Laurita Denny, "The Terrorists in Their Own Words: Interviews with 35 Incarcerated Middle Eastern Terrorists," *Terrorism and Political Violence*, 15(2003), pp.171~184; Ariel Merari et al., "Personality Characteristics of 'Self Martyrs'/'Suicide Bombers' and Organizers of Suicide Attacks," *Terrorism and Political Violence*, 22(2009), pp.87~101.

Iannaccone and Berman, "Religious Extremism"; Berman and Laitin, "Religion, Terrorism, and Public Goods"; Eli Berman, *Radical, Religious, and Violent*.

Mancur Olson, *The Logic of Collective Action: Public Goods and the Theory of Groups* (Cambridge: Harvard University Press, 1965)[맨슈어 올슨, 『집단행동의 논리: 공공재와 집단이론』, 최광·이성규 옮김(서울: 한국문화사, 2013)].

Iannaccone and Berman, "Religious Extremism"; Berman and Laitin, "Religion, Terrorism, and Public Goods"; Eli Berman, *Radical, Religious, and Violent*.

Thomas Hegghammer, "The Recruiter's Dilemma: Signalling and Terrorist Recruitment

Tactics," *Journal of Peace Research*, 50(2013), pp.3~16. 이것이 세속 집단 내에서도 일어난다는 것을 언급하는 것이 중요하다. 크렌쇼(Crenshaw, 1985)는 대의명분에 대한 신참의 헌신을 평가하는 방법으로서 '막대한 입회 비용'을 언급한다. Martha Crenshaw, "An Organizational Approach to the Analysis of Political Terrorism," *Orbis*, 29(1985), p.485.

24 Berman and Laitin, "Religion, Terrorism, and Public Goods."

25 Nasra Hassan, "Letter from Gaza: An Arsenal of Believers," *The New Yorker*, November 19, 2001; Alan Krueger and Jitka Maleckova, "Education, Poverty, and Terrorism: Is There a Causal Connection?" *Journal of Economic Perspectives*, 17(2003), pp.119~144; Ethan Bueno de Mesquita, "The Quality of Terror," *American Journal of Political Science*, 49(2005), pp.515~530.

26 Valery Tishkov, *Chechnya: Life in a War-Torn Society*(Berkeley: University of California Press, 2004).

27 Hassan, "Letter from Gaza," p.39.

28 Iannaccone and Berman, "Religious Extremism."

29 Jean-Paul Azam, "Suicide Bombing as Intergenerational Investment," *Public Choice*, 122(2005), pp.177~198.

30 Juergensmeyer, *Terror in the Mind of God*, p.10.

31 Franco Ferracuti, "Ideology and Repentance: Terrorism in Italy," in Walter Reich(ed.), *Origins of Terrorism*(Washington D.C.: Woodrow Wilson Center Press, 1998), pp.59~64.

32 Enders and Sandler, "The Effectiveness of Antiterrorism Policies."

33 Bryan Brophy-Baermann and John Conybeare, "Retaliating Against Terrorism: Rational Expectations and the Optimality of Rules Versus Discretion," *American Journal of Political Science*, 38(1994), pp.196~210.

34 Abrahms, "What Terrorists Really Want."

35 같은 글, p.88.

36 Luigi Manconi, "The Political Ideology of the Red Brigades," in Raimondo Catanzaro (ed.), *The Red Brigades and Left-Wing Terrorism in Italy*(London, UK: Pinter, 1991), pp.115~143.

37 Aaron Hoffman, "Voice and Silence: Why Groups Take Credit for Acts of Terror," *Journal of Peace Research*, 47(2010), pp.615~626.

38 Abrahms, "What Terrorists Really Want," p.89.

39 같은 책.

40 Becker, "Crime and Punishment: An Economic Approach"; Landes, "An Economic Study of U.S. Aircraft Hijacking, 1961~1976."

41 Ethan Bueno de Mesquita and Eric Dickson, "The Propaganda of the Deed: Terrorism, Counterterrorism, and Mobilization," *American Journal of Political Science*, 51(2007), pp.364~381.

42 Post, Sprinzak and Denny, "The Terrorists in Their Own Words."

43 Jacob Shapiro and David Siegel, "Underfunding in Terrorist Organizations," *International Studies Quarterly*, 51(2007), pp.405~429.

44 Jacob Shapiro, *The Terrorist's Dilemma*(Princeton: Princeton University Press, 2013).

45 Claude Berrebi and Darius Lackdawalla, "How Does Terrorism Risk Vary Across Space and Time? An Analysis Based on the Israeli Experience," *Defense and Peace Economics*, 18(2007), pp.113~131; Richard Medina, Laura Siebeneck and George Hepner, "A Geographic Information Systems(GIS) Analysis of Spatiotemporal Patterns of Terrorist Incidents in Iraq 2004~2009," *Studies in Conflict and Terrorism*, 34(2011), pp.862~882; Stephen Nemeth, Jacob Mauslein and Craig Stapley, "The Primacy of the Local: Identifying Terrorist Hot Spots Using Geographic Information Systems," *Journal of Politics*, 76(2014), pp.304~317.

08 희생 제의로서의 테러?
자살 폭탄 테러에 대한 (신)뒤르켐주의 접근 논의

로렌츠 그라이틀

서론

자살 폭탄 테러의 전 지구적인 확산과 함께, 1897년 발표된 에밀 뒤르켐Émile Durkeim의 이타적 자살 이론이 새로운 르네상스를 맞았다. 뒤르켐에 따르면, 이러한 종류의 자발적 죽음은 사회 안으로의 '과잉 통합'의 결과이며, 그래서 거부되는 것이 아니라 높이 찬양된다. 몇몇 학자들은 뒤르켐의 중요한 저작 『자살론Suicide』을 참조하는데, 그 용어들을 사용하는 방식이 원래의 용법에서 벗어날 때가 종종 있다. 이것은 이러한 개념들에 대해 상당히 다양한 해석을 낳는다. 뒤르켐의 이타적 자살 이론은 '미개 사회들'에 대한 그의 견해에 근거해 있다. 그러므로 그것을 오늘날의 현상에 적용하는 것은 많은 도전들로 이어진다. 그 개념이 19세기 사회진화론자의 사고방식으로부터 분리될 수 있을까? 사회 통합은 어떻게 조작화될 수 있을까? 통합이 어떻게 이타적 동기와 구분될 수 있을까? 이 죽음들은 실제로 얼마나 크게 사회적으로 받아들여질까? 뒤르켐의 『자살론』과 별도로, 뒤르켐 학파의 다른 저자들이 발전시킨 선물과 희생 개념을 사용하는 저자는 소수이다. 뒤르켐의 의례와 의식 이론은 테러리즘과 정치적 폭력에 대한 연구와는 별 관련을 갖지 못하고, 주로 미디어 연구에서 사용되었다. 예를 들어, 다니엘 다얀Daniel Dayan과 엘리후 카츠Elihu Katz는 미디어 사건들을 통합과 공동체 창조 기능을 하는 준準종교적 의식으로 간주한다.[1] 테러 행위는 미디어 사건으로 묘사되기도 했다. 그러나 그것은 파괴적이고 무질서한 성격 때문에 정반대의 기능을 수행한다. 다양한 수용자들이 다양한 방식으로 인식하는 사건들의 다차원적 특성을 인정하면서, 자살 폭탄 테러나 참수와 같은 극단적 폭력이 뒤르켐의 의례 범주 안에 들어갈 수 있는지 질문할 수 있다.

뒤르켐과 자살 폭탄 테러 연구

현대 자살 폭탄 테러의 역사는 1980년대 초 레바논에서 시작되었다. 미국과 이스라엘에 대항한 싸움에서 헤즈볼라Hezbollah의 군사적 성공은 다른 집단들이 이 전술을 채택하는 데 기여했다. 헤즈볼라의 성공을 모방하려 했던 집단들은 이데올로기적으로 다양했다. 1980년대와 1990년대 사이에 그러한 집단에는 시리아 사회국가당Syrian Social Nationalist Party: SSNP, 터키의 쿠르디스탄 노동자당Kurdish Workers' Party: PKK, 스리랑카의 타밀일람 해방 호랑이Liberation Tigers of Tamil Eelam와 같은 세속적-민족주의적 조직들뿐만 아니라 팔레스타인의 하마스Hamas와 이슬람 지하드Islamic Jihad 같은 이슬람 민족주의자들도 있었다. 그 시대에 자살 폭탄은 대개 중동과 스리랑카에 한정되어 있었다. 이것은 2000년 이래로 극적으로 변화했다. 이제는 자살 임무의 대부분을, 목표 선택에서 훨씬 더 자주 그리고 훨씬 더 무차별적으로 그 전술을 사용하는 알카에다al-Qaeda와 이슬람 국가IS 같은 살라피-지하디Salafi-Jihadi 이데올로기를 가진 집단들이 저지르고 있다. 오늘날까지 5430건의 공격이 40개국 이상에서 일어났다.[2] 2015년에만 636건의 공격이 행해졌고, 이는 지금까지 한 해 최고치이다.[3]

사람들이 다른 사람들을 죽일 목적으로 왜 자신의 삶을 끝내려고 하는지 설명하려고 할 때, 학자들은 1897년에 첫 출간된 뒤르켐의 『자살론』을 흔히 참고한다. 여기서 뒤르켐은 자신의 사회학적 접근의 이론적 가치를 드러내려고 노력하면서, 자발적인 죽음에 대한 모든 주요한 현대적 설명들을 논의한다. 뒤르켐에 따르면, 정신병, 알코올 소비, 기후, 계절 그리고 모방과 같은 '비사회적' 요소들은 중요성이 거의 없거나 아예 없다. 그 대신에 사람들이 의도적으로 죽음을 추구하는 이유는 두 가지 힘, 곧 사회 통합과 사회 규제의 결과이다. 이러한 사회적 요인 각각의 경우에, 과잉과 결여 모두 자살을 낳는다. 이러한 가정에 기초하여 뒤르켐은 네 가지 자살 유형을 구성한다. 아노미적 자살은 '사회 규제'가 결여된 결과이며, "집단적 질서가 흔들"리는,[4] 곧 사람들의 활동이 혼란스럽게 되고 고통이 뒤따르는 이혼, 실직 또는 사회경제적 위기 동안에 나타난다.[5] 아노미적 자살에 상보적인 유형은 과도한 사회 규제로 야기되는 숙명적 자살이다. 뒤르켐은 아주 젊은 기혼자들, 자녀가 없는 기혼여성들, 노예들을 예로 언급한다.[6] 이기적 자살은 가족, 교회 또는 국가가 제공하는 데 실패한, 충분치 못한 사회 통합의 결과이다.[7] "개인과 사회를 연결하는 유대가 느슨해"질 때,[8] 사람은 삶에 대한 관심을 잃는다. 그 반대가, 뒤르켐에 따르면 지나친 사회 통합으로 유발되는 이타적 자살에 해당한다.[9] '근대 사회들'이 이기적 자살의 토양을 조성한 반면, '미개 사회들'은 "이타적 자살의 주요 무대"이다.[10] 뒤르켐은 비서구 사회들의 이질성을 인식했으나, 그럼에도 불구하고 당시 지배적이었던 사회진화주의 패러다임에 따라 그 사회들을 가장 발전된 나라들의 초기 발전 단계로 간주했다.[11] 자신의 목숨을 끊는 것이 "인간 인격에 대한 숭배cult of human personality"[12]와 모순되는 유럽과 반대로, '미개 사회들'은 "미발달한 개인화"[13]로 특징지어진다. 거기서는 사람들이 "집단적 인격"[14]에 포섭되어 있으며, 지배적인 도덕성은 생명의 가치를 경시한다.[15] 유럽에서 이타적 자살의 예는 그 구조와 도덕이 '미개 사회들'과 유사한[16] 이전 세기들의 기독교 순교자들과[17] 군대에 한정된다. 그러나 군대에서도 이 오래된 유물은 진행 중인 근대화 과정 속에서 완전히 사라지고 있는 중이다.[18] 뒤르켐은 고대 켈트족과 고트족에서부터 북미, 아프리카, 아시아, 오세아니아의 다양한 사례들에 이르기까지 이렇게 사회적으로 승인된 형태의 자살에 대한 광범위한 사례 목록을 거론한다. 자발적 희생의 사회적 원인은 항상 동일하지만, 뒤르켐은 사회적 강제의 정도에 기초하여 세 가지 하위 유형을 구별한다. 첫 번째 것은 의무로서 수행되는 "의무적인 이타적 자살"이다. 뒤르켐은 (사티sati로 알려진) 인도의 미망인 화장火葬 사례들과 미망인, 하인 그리고 종자들이 저승길에 "따라가는"(순장) 추가 사례들을 언급한다.[19] 다른 사례에서, 자기희생에 대한 주변 사회의 요구는 덜 명확하다. 이 하위 유형은 "선택적인 이타적 자살"[20]이라고 불린다. 뒤르켐은 사소한 이유로 스스로 할복하곤 한다는 '일본인들'과 사소한 실망에도 자살을 꾀하는 다코타 Dakota족과 크릭Creek족의 미심쩍은 사례들을 가지고 이 유형을 설명한다.[21] 마지막으로, "순수하게 희생 자체의 기쁨을 위해서"[22] 행해지는 자살이 있다. 사회는 이를 요구하지는 않지만, 높이 칭송할 만한 것으로 본다. 뒤르켐은 이러한 행위를 "격정적인 이타적 자살"이라고 부르면서, 인도를 그러한 자살의 "고전적인 나라"라고 언급한다.[23] 신비스러운 이유들이 힌두교의 브라만들을 갠지스강의 물결 속으로 뛰어들게 하고, 인도의 자이나교도들을 스스로 굶어 죽게 하며,[24] 일본 불교도들이 "진정한 자아를 찾는 과정에서 자신의 허물을 버리"기 위해[25] 스스로를 동굴 속에 유폐시키도록 동기를 부여한다. 뒤르켐에 따르면, 이타적 자살은 유럽에서는 드문 현상이지만 비서구 사회에서는 지배적인 형태의 자살이다. 그것은 과도한 통합이 야기한다. 자신의 생명을 포기하게 하는 사회적 의무의 정도는 다양할 수 있지만, 이타적 자살은 대개 사회가 이를 수용하고 칭송한다.

뒤르켐의 『자살론』은 역대 가장 유명한 사회학 고전 가운데 하나로 남아 있다. 자살에 대한 많은 연구들이 이 중요한 저작을 여전히 참조하고 있으며, 그 가설들을 경험적으로 확인하거나 새로운 모델을 가지고 애초의 질문들에 대답하려고 시도한다. 뒤르켐은 이타적 자살에 대한 자세한 묘사를 제공했지만, 그 개념 자체는 그것이 발전된 이후 첫 100년 동안 별다른 학술적 관심을 끌지 못했다.[26] 많은 학자들이 그 개념을 다시 논의한 것은 2000년대 초 자살 폭탄 테러의 증가 이후였다.[27]

몇몇 저자들은 자살 폭탄 테러에 대한 연구 질문들을 제기할 때, 미시 수준, 중간 수준, 거시 수준으로 구별할 것을 제안한다.[28] 이런 방식으로 연구자들이 답하려고 하는 주요 질문들은 다음과 같다. 개인들은 왜 자기 자신과 다른 많은 사람들을 죽이려고 하는가? 집단들은 왜 이 전술을 이용하려고 결정하며 이 행위는 어느 정도로 사회적 지지를 받는가? 뒤르켐의 이타적 자살 이론은 잠재적으로 미시, 중간, 거시의 모든 수준에서 사용될 수 있다. 이 분야의 몇몇 연구는 그들의 주요 주장에 덧붙여 특정 주제들을 탐구하는 데 뒤르켐을 참조한다.[29] 다른 저자들은 그들의 주요한 이론적 틀로서 뒤르켐의 작업을 가지고 그 현상을 설명하려고 한다.[30]

자살 폭탄 테러에 대해 가장 많이 인용되는 저작 가운데 하나는 정치학자 로버트 페이프Robert Pape의 『승리를 위한 죽음Dying to Win』이다. 그의 주요 주장은 집단들이 전략적인 의사결정을 통해 공격자들을 이 임무에 보낸다는 것이다. 자살 폭탄 테러는 한 집단이, 대중의 종교가 다르고 민주 국가의 형태를 취하면서 자신들의 땅을 점령하고 있는 적과 대항하여 싸우는 상황에서 주로 일어난다. "개인적 논리"에 대한 장에서 페이프는 "자살 테러리즘을 매우 잘 조명해 주는"[31] 자살 모델을 제공하는 뒤르켐에 크게 의존하고 있다. 그에 따르면, 이타적 자살은 작은 집단에 통합된 개인들이 저지르며, 그 행위를 사회가 승인한다.[32] 일부 이기적이거나 혼합된 동기를 가질 수 있으나, 페이프는 오늘날 자살 폭탄 테러범 대부분이 이 자살 범주에 속한다고 주장한다.[33] 다음 네 가지 주장이 이를 뒷받침한다. 첫째, 자살 폭탄 테러가 자주 일어나는 대부분의 나라들은 국가적으로 자살률이 높지 않다. 이것은 자살 공격이 일반적으로 어떤 문화적인 자살 경향의 일부가 아니라는 것을 보여주기 위해 제시된다. 둘째, 페이프는 이 공격이 전쟁과 위기, 곧 뒤르켐이 아노미라고 부른 조건에 의해 발생하는 자살 경향의 일부라는 테제를 거부한다. 대부분의 사례에서, 분쟁으로 분열된 연관 지역들에서 전체적인 자살률은 증가하지 않았다. 셋째, 페이프에 따르면 1980년과 2003년 사이에 전체 자살 폭탄 테러범 462명 가운데 212명, 곧 46퍼센트가 동시에 동일 목표를 겨냥한 연합 임무의 일원으로서 죽었다.[34] 마지막으로, 이타적 동기는 사회적 승인에 의존하고, 조직들은 "일반적으로 사회의 주요 부분"이며, 지역 사회는 대개 죽은 공격자들을 순교자로 예우한다.[35] 이 주장들의 정확성을 평가하기 전에, 아미 페더저Ami Pedahzur, 아리 펄리거Arie Perliger, 레너드 와인버그Leonard Weinberg의 "이타주의와 숙명주의Altruism and Fatalism"를 살펴보는 것이 도움이 된다.[36] 이 연구는 뒤르켐의 과잉 통합 모델뿐만 아니라 과잉 규제의 한 형태로서 숙명주의라는 아이디어를 사용하여 자살 공격에 접근하는 여러 연구 중 하나이다.[37] 페더저와 동료들은 ≪하아레츠Haaretz≫[+]를 데이터 수집의 주요 출처로 사용하여, 80명의 팔레스타인 자살 폭탄 테러범들뿐만 아니라 자살 시도는 하지 않았지만 폭력행위에 가담한 734명의 비교 집단을 표본으로 제시했다. 이 행위들은 1993년 4월과 2002년 2월 사이에 저질러진 것이었다.[38] 이전의 테러리스트 행위 경험, 교육 유형, 이데올로기적 소속, 나이, 결혼 여부, 사회경제적 배경 그리고 젠더가 관심 변수들이었다.[39] 경험적 데이터가 이타적이고 숙명적인 자살에 해당하는 것으로 묘사된 사회 조건들과 비교되었다. 페더저와 동료들은 이 주제들에 대해서 주로 이차 문헌들을 참조했으며,[40] 뒤르켐의 『자살론』 자체는 그다지 언급하지 않았다. 통제 집단과 비교해서, 표본의 자살 폭탄 테러범들은 이전에 테러리스트 행위 참여 경험이 높았으며(80%), 주로 종교 학교에서 교육받았고(82.8%), '종교적 근본주의' 조직에 소속된 경우는 더 많았다(88.4%). 그렇다면 이 결과는 자살 폭탄 테러범들이 이전의 활동들을 통해, 유대가 긴밀한 조직들에 잘 통합되었다는 증거로 해석된다. 게다가 강한 종교적 지향은 뒤르켐의 격정적 이타적 자살 유형과 일치한다고 할 수 있다.[41] 덧붙여, 표본의 자살 공격자들은 비자살 테러리스트들보다 더 젊고, 미혼자가 더 많고, 가족의 유대가 적고, 사회경제적 지위가 더 낮았다. 페더저와 동료들은 이 결과를 "무력감과 공허함에 빠지도록"[42] 되어 있는 폭탄 테러범들의 미래를 담은 숙명적 요

+ 이스라엘의 신문.

소로 해석했다. 자살 공격자들의 사회적 조건이 이타적이면서 숙명적이기 때문에, 저자들은 그들의 죽음이 "숙명적인 이타적 자살"이라고 불리는 새로운 유형으로 범주화되어야 한다고 제안한다. 혼합 유형의 아이디어를 도입한 사람은 뒤르켐 자신이었다.[43] 숙명주의에 대한 무관심 때문에, 그는 이기주의, 아노미, 이타주의의 혼합만 논의했던 것이다. 이렇게 숙명주의에 기반한 혼합 유형을 구성하는 것은 일견 논리적으로 보인다. 그러나 페더저와 동료들의 그 용어 사용은 뒤르켐의 개념뿐만 아니라 부분적으로는 그에 관한 이차 문헌과도 거리가 멀어 보인다. 개념과 범주를 재해석하거나 재구성하는 것은 당연히 정당하며 자주 필요하지만, 저자들은 그들의 텍스트 어느 부분에서 그러한 재해석이나 수정이 있어야 하는지에 대해 정확해야 한다.[44] 페더저와 동료들의 연구에서, 경험적 결과들을 뒤르켐의 용어로 나타내는 것이 불가피하지는 않았을 것이다. 그들은 종종 『자살론』의 묘사에 잘 들어맞지 않는 숙명주의와 이타주의의 동시성을 발견한다. 그들의 표본에서 많은 수의 폭탄 테러범들은 촘촘한 가족 네트워크가 없는 미혼 남자들이며, 반면에 뒤르켐은 숙명주의의 힘의 사례로서 아주 젊은 기혼 남자들을 언급했다. 가족 유대의 부재는 사실상 이타주의와 맞지 않는 낮은 수준의 통합의 증거이다. 종교적으로 동기가 부여된 팔레스타인의 자살 공격자들에게 낙원이라는 보상이 유의미한 것일지라도, 그들의 행위를 격정적인 이타적 자살, 곧 "순교자들의 자살"[45]로 보는 페더저와 동료들의 해석은 뒤르켐이 그러한 유형을 어떠한 사회적 압력도 없는 순전히 자발적인 것으로 묘사했다는 점에서 숙명주의의 억압적 경향과 조화를 이루지 않는다. 페더저와 동료들이 숙명주의 용어를 사용하는 경우처럼 원래의 개념에서 멀어지든지, 또는 더 '문자주의적인' 접근을 사용하든지 간에, 자살 폭탄 테러를 이해하기 위해 뒤르켐을 이용하려는 연구들은 다음의 도전들, 곧 뒤르켐의 진화주의적 개념화와 현대적 아이디어의 화해, 사회 통합 조작화, 이타주의적 동기 부여와 사실상 통합인 것의 구별 그리고 사회적 승인 수준의 평가를 다루어야 한다.

뒤르켐은 이타적 자살을 '미개 사회들'과 '원시 부족들'의 특징으로 간주했으며, 여기에는 켈트족과 같은 유럽의 역사적 문화들, 인도, 중국, 일본 같은 나라들뿐만 아니라 동시대 유럽 밖의 다양한 소규모 사회들도 포함했다. "안락의자 인류학"[46]의 작업물인 『자살론』에서 그런 사회들에 대한 묘사는 비판될 수 있다. 바클리 존슨Barclay Johnson은 뒤르켐의 출처들이 "아주 오래된 저자, 초기 인류학자, 역사가 그리고 여행가들의 인상에 한정되어 있어 의심스럽다"라고 쓰고 있다.[47] 이것이 뒤르켐의 모든 사례들이 그저 지어낸 것이라는 뜻은 아니다. 그러나 그 사례들은 자주 왜곡되거나 과장된 방식으로 제시되어 있다. 일본에서 할복Seppuku은 매우 다양한 동기에서 행해졌다.[48] 인도에서는 미망인을 제물로 바치는 것이 뒤르켐이 묘사했던 것보다 덜 강압적이었고, 수 세기 동안 그 관례에 대한 반대가 있었으며 그러한 관습이 확고하게 받아들여졌던 것은 아니었다.[49] 그가 저술하던 시기에도, 근대의 이기적 자살과 고대의 이타적 자살 사이의 뒤르켐의 구분은 의심스러웠다. 1894년에 이미, 또 다른 사회학자 세발트 루돌프 스타인메츠Sebald Rudolf Steinmetz는 동일한 출처에 기대어 "원시 부족에서 일어나는 자살"에 대해 쓰면서, "동기는 일반적으로 모든 문명사회에서 자살로 이끌었던 동기들과 동일하다"라는 결론에 도달했다.[50] 그래서 이 '원시 사회'의 모델을 스리랑카, 터키 또는 아랍 국가들과 같은 동시대의 사회에 적용하는 것은 비역사적일 뿐만 아니라 잘못된 가정에 기반하고 있다. 19세기에도 비서구 사회에서 자발적인 죽음은 보통 순전히 개인적인 이유로 시도되었으며, 항상 집단을 위한 희생으로 인식되지는 않았다. 페더저와 동료들은 원시 사회라는 진화주의적 개념을 사용하지는 않지만, 이타적 자살과 숙명적 자살 용어들이 가장 잘 적용되는 곳인 팔레스타인의 사례에서처럼, 탈산업 사회와 이행기에 있는 전통 사회라는 시간적 구분은 사용한다.[51] 존슨의 1965년 논문은 이 숙명주의 개념의 출처로 알려져 있지만, 사회들 사이에 이러한 성격 규정을 사용하지는 않는다.[52] 사회들 사이에 존재하는 사회경제적 차이를 무시하지 않는다 해도, 그러한 대비는 자살 폭탄 테러의 본질을 완전히 설명할 수 없다. 현대의 많은 테러 공격범들이 독일, 영국, 미국 그리고 다른 탈산업 사회들에서 사회화되었기 때문이다.

뒤르켐의 이론 모델을 적용하는 데 있어 또 다른 어려움은 '사회 통합'을 어떻게 조작화할 수 있느냐이다. 『자살론』에서 사회 통합에 대한 묘사는 상당히 모호하며 정확한 정의를 제시하기 어렵다. 비정상적으로 높은 수준의 사회 통합을 측정하고 판단하는 것은 훨씬 더 큰 도전을 제기할 것이다. 편견 없는 정보를 모으는 것이 어렵듯이, 과학적 합의가 존재했다 할지라도 데이터를 모으는 것은 매우 신뢰하기 힘든 일일 수 있다. 폭탄 테러범들의 가족은 그 사람을 미화하거나 희생물로 삼을 수 있으며, 언론 보도는 폭탄 테러만 아니었다면 평범했을 사람의 생애를 선정적으로 다루거나 악마화할 수 있다. 실제로, 데이터는 흔히 부족하며 기존의 담론 틀 안에서 주로 해석된다. 그래서 '과잉 통합'의 증거로서 제시되는 경험적 발견들은 항상 설득력 있는 것이 아니다. 페이프는 자살 공격자들의 절반가량이 팀으로 임무에 착수하기 때문에 그들이 매우 통합되어 있다고 주장한다.[53] 술레이카 세바요스Zuleyka Zevallos는 이것이 실제 이타주의의 지표라기보다는 조직이 내린 전술적 결정이라고 주장한다.[54] 사실상 페이프는 후에 "내셔널[+] 자살 폭탄 테러범들은 흔히 개인적으로 집단에 합류한 자발적인 지원자들이며", "주로 개인적으로 공격을 수행한다"라고 쓰면서,[55] 자신의 이전 관찰을 부정한다. 미래의 연구들은 사회 통합이 어느 정도로 일어나는지 탐구할 수 있다. 이것은 가족, 친구, 확대된 지역 네트워크 그리고 심지어 온라인 공동체들에서 관계들의 강도와 특징을 조사하는 것을 의미할 수 있다. 아리엘 메라리Ariel Merari에 따르면, 관련된 것은 더 큰 사회가 아니라 "테러리스트 집단 자체"의 사회적 분위기이다.[56] 그러나 그들이 응집성이 매우 강하다는 사실에도 불구하고, 전 세계 무장집단들 가운데

[+] 페이프는 자신의 저서 『승리를 위한 죽음』에서, 내셔널리즘을 일단의 구별되는 인종적, 언어적 그리고 역사적 특징을 공유하고 외국인들의 간섭 없이 자신들의 조국을 통치할 자격이 주어진 공동체 구성원들 사이의 믿음으로 정의하며, 외국의 간섭으로부터 독립적인 공동체의 지역정치적·종교적·사회적 제도들을 영속화하려는 욕구가 외국의 점령에 직면한 개인들이 자살 테러리즘을 포함하여 값비싼 대가를 치르고 공동체를 지키려고 애쓰는 현상을 설명해 준다고 적었다. 내셔널 테러리즘은 바로 자신의 공동체를 지키기 위한 극단적 행동이다.

소수만이 자살 공격에 의지해 왔다.[57] 과잉 통합이 반드시 이타적 희생을 낳지는 않으며, 그 반대 또한 사실이다.

스티브 테일러Steve Taylor는 이미 이타적 자살은 어떤 특정 사회와도 연결되어 있지 않다는 주장을 제기했다.[58] 이타적 자살은 언제나 과잉 통합의 결과는 아니다. 그 대신에 그것은 자주 "과잉 애착"에서 초래된다.[59] 그러므로 잭 더글러스Jack Douglas나 룽창 영Lung-Chang Young이 주창했던 자발적 죽음의 주관적 의미의 차원은 더 엄밀하게 고려되어야 한다.[60] 그러나 많은 연구들은 공공선을 위한 희생으로서의 이타적 동기 부여는 자동적으로 고도의 통합과 일치한다고 전제하며, 그러한 동기 부여가 적당하고 심지어는 낮은 통합 수준에서도 일어날 수 있다는 것을 무시한다. 희생이 집단의 이름으로 일어난다는 사실은 사회가 항상 그러한 행위를 인정하는가 하는 의문을 제기한다. 페이프는 "사회적 승인은 뒤르켐이 인식하고 있듯이 이타적 자살의 논리에 핵심적이다"라고 쓴다.[61] 페이프에 따르면, 테러범은 "정확하게 사회가 그 행위를 지지하고 존중하기 때문에 자발적인 죽음을 기꺼이 받아들인다".[62] 세바요스는 공동체의 지지에 대해 의문을 가지면서, 공적인 기념은 종종 테러리스트 조직이 부담하며 그렇게 탄생한 벽화나 성물聖物은 순교 문화의 증거가 아니라고 주장한다.[63] 그럼에도 불구하고, 국가적 맥락에서 작동하면서 자신들을 '외부 적들'에 맞선 수호자로 제시하는 쿠르디스탄 노동자당PKK, 스리랑카 타밀일람 해방 호랑이LTTE 또는 하마스와 같은 조직들은 항상 어느 정도 공동체의 지지를 받아왔다. 하지만 예를 들어 팔레스타인 사회는 자살 폭탄 테러에 대해 상당히 반대하고 있으며, 이 전술에 대한 지지는 시간이 흐르면서 갈등의 전개와 관련하여 변했다.[64] 그래서 일반적이고 자동적인 승인은 관찰될 수 없다. 지하디-살라피스트 집단들이 자행하는 자살 폭탄 테러가 흔히 거의 전체 인구를 목표로 삼는 이라크, 시리아 또는 파키스탄과 같은 지역들에서는 사회적 수용의 정도가 확실히 훨씬 더 낮다. 파키스탄의 대부분의 수니파 무슬림들뿐만 아니라 목표가 된 소수 집단들은 학교나 모스크를 폭파하는 집단들을 지지할 이유가 없다. "자살 폭탄 테러범들은 그들의 사회에서 좌절하고 쫓겨난 사람들이다"라는 진술에 63.7퍼센트의 동의 비율을 기록한 파키스탄에서의 조사 연구는 이것을 잘 보여주고 있다.[65] 지하디-살라피 자살 폭탄 테러범들은 또한 순교자로 존경받지만, 자신들의 사회보다는 소속된 조직 그리고 많은 타국가들에 거주하는 탈영토화된 동조자들의 환경 속에서 더 존경받는다.

자살 폭탄 테러의 의례적 차원과 폭력

자살 폭탄 테러 현상을 설명하려고 할 때, 대부분의 학자들은 그 논의를 뒤르켐의 『자살론』에 한정 짓는다. 그러나 아이번 스트렌스키Ivan Strenski는 뒤르켐의 『종교 생활의 원초적 형태Elementary Forms of the Religious Life』뿐만 아니라 마르셀 모스Marcel Mauss와 앙리 위베르Henri Hubert의 『희생: 그 본질과 기능Sacrifice: Its Nature and Functions』(1899), 모스의 『증여론The Gift』 그리고 모리스 알박스Maurice Halbwachs의 『자살의 원인들The Causes of Suicide』도 폭탄 테러범들의 동기를 이해하는 데 필수적이라고 주장한다.[66] 뒤르켐 학파의 이 저작들을 사용해 스트렌스키는 자신이 팔레스타인의 "인간 폭탄"이라고 부른 것을 그들의 종교와 국가를 위한 희생 제물sacrificial gifts이라고 해석한다. 이 행위를 자살이라고 이름 붙이는 것은 그 행위에 부여된 사회적 의미를 간과하는 것이다. 뒤르켐 자신은 전쟁 영웅과 같은 특정한 자발적 죽음의 사례들이 자신의 자살의 정의와 어떻게 조화될 수 있을지 고심하고 있었다. "그 이유는 이타적 자살은 분명히 자살의 성격을 가졌으면서도 우리가 존경심을 느끼고 감탄하며 명예를 부여하는 행동의 범주와 매우 유사하기에, 사람들이 흔히 이것을 자살로 간주하려들지 않기 때문이다."[67]

그러한 사례들에 대한 추가적인 논의에서, 그는 어떤 영웅적 죽음의 변형들을 자살의 정의에서 제외해야 하는가 하는 질문에 답할 수 없었다. "자살이라고 불리는 행위의 동기가 충분히 칭송할 만한 것으로 여겨지지 않을 때는 언제인가?"[68] 이 문제에 대해 그의 제자인 모리스 알박스가 답했는데, 그의 해결책은 스트렌스키에 따르면 "신기하게도 뒤르켐보다 더 뒤르켐주의적이다".[69] 자살 자체의 객관적인 정의에 초점을 맞추는 대신에,[70] 알박스는 스스로 선택한 죽음에 대한 사회적 인식을 반영한다. 자살에 관하여, 알박스는 "사회는 자살을 인정하지 못하며 거부한다. 사회는 이것을 바란 적이 없다"[71]라고 쓴다. 반대로 희생은 그 의례적 성격에 의해 구별된다. 대개 숨은 장소에서 일어나고 사회 규범에 저항하는 자살과는 다르게, 희생은 "공동체의 한가운데서" 일어나며 높이 존중된다.[72] 사회의 한 부분이 희생의 효력을 문제시한다면, 그것은 의례적 성격을 상실하고 통상적인 자살이 된다.[73] 뒤르켐주의자들의 작업에 기초하여, 스트렌스키는 자살 폭탄 테러를 팔레스타인에 바치는 제물로보며, 팔레스타인인들은 국가적 투쟁을 지속함으로써 이 선물에 화답해야 한다. 탈랄 아사드Talal Asad는 스트렌스키의 이슬람 용어들에 대한 기술뿐만 아니라 뒤르켐의 광의의 '성聖' 개념에 기초한 "무언가를 거룩하게 만들기"로서의 희생이라는 문자적 해석에도 동의하지 않는다.[74] 아사드는 나아가 이스티샤하드istishahād[75]와 같은 이슬람 개념들의 근대적 성격과 "관련된 사람들이 실제로 사용하는 개념을 다뤄야" 한다고 강조한다.[76] 자살 폭탄 테러범들의 마지막 유언과 서약을 보면, 그들의 레토릭이 흔히 자살과 희생에 대한 알박스의 분석적 구분을 반영하고 있다는 것이 드러난다. 이슬람 집단들과 살라피-지하디 집단들은 또한 영어와 독일어로 (번역된) 미디어를 제작할 때, '제물offering'과 '희생' 같은 용어들을 사용한다. 세속적 민족주의에 영향을 받은 하마스와 연계된 한 웹사이트는 하마스의 요원들이 "사람들이 행복할 수 있도록 자신들의 생명을 희생할 것"[77]이라고 공표하는 헤드라인을 게시했다.

희생의 열매는 IS의 나쉬드nasheed(찬송가)에 자주 등장하는 동기이다. 독일 출신 래퍼였던 데니스 쿠스퍼트Denis Cuspert는 '러시아인들'을 폭파시킨 체첸공화국의 무자헤딘을 찬양하면서, "천사들에 둘러싸여 숲을 보호하면서 그들은 그들의 피와 생명을 샤리아를 위해 바친다"라고 언명한다(YouTube, 2013).[78] 비슷하게, 잘 알려진 IS 찬송가는 "이슬람 국가는 영혼을 바친 경건한 자들의 지하드에 의해 소생했다"라고 천명한다.[79] 그래서 의례, 선물, 희생을 강조하는 뒤르켐주의 관점은 종교적·정치적 폭력을 설명하는 데 여전히 쓸모가 있다. 뒤르켐주의 관점은 또한 확장되어 세속적 민족주의 일반[80] 또는 "희생적 마르크스주의"를 수행하는 터키의 혁명민족해방전선DHKP-C과 같은 비종교적 집단들이 자행하는 자살 폭탄 테러도 담아낼 수 있다.[81] 물론 무장집단들의 담론 세계에서 나온 용어들은 '희생'이나 '순교'와 같은 과학적인 메타 범주들과 완전히 일치하지 않는다. 페터르 스할크Peter Schalk는 타밀 호랑이와 특히 그들의 지도자 프라바카란Pirapākaraṇ이 영웅적인 죽음을 묘사한 여러 가지 다른 용어들을 연구했다. 사용된 묘사 가운데 하나는 타르코타이*tarkoṭai*(자신의 선물), 곧 동물 제사에서의 의무적인 희생 이미지와 구별되는 이타적이고 사심 없는 선물이다. 스할크는 또한 타밀일람 해방 호랑이의 지도자들이 지닌 순교 개념과 그 운동과 가까운 가톨릭 사제들이 갖고 있는 순교 개념의 차이점을 지적한다.[82] 이것은 그들의 관점에서 사회들이 결코 획일적이지 않음을 또다시 상기시켜 주는 것이다.

뒤르켐 학파의 저작들은 19세기 후반과 20세기 초로 거슬러 올라가는데, 그들은 근대적 의례와 폭력행위가 어떻게 해서 신체적으로 현존하는 사람들만이 아니라 미디어 수용자들에게도 맞춰지는지 분석하지 않는다. 다얀과 카츠는 신뒤르켐주의 관점에서 미디어 사건 이론을 발전시키고 있는데, 그들은 미디어 사건을 생중계되고 일상을 깨뜨리는 미리 계획된 행위로 정의한다.[83] 그러한 행위들의 의례적 성격은 해당 미디어 사건에 공동체를 창조하는 기능을 부여한다.[84] 이 접근은 기능주의자인 닉 쿨드리Nick Couldry가 비판했는데, 그는 미디어 사건의 통합 효과는 환상이라고 주장했다.[85] 그 대신에 그는 "미디어 의례"에 대하여 "포스트뒤르켐주의" 접근을 주창하는데, 미디어 의례는 "'매개된 중심의 신화'를 구성하는 미디어 커뮤니케이션의 형식들"이다.[86] 쿨드리, 안드레아스 헤프Andreas Hepp, 프리드리히 크로츠Friedrich Krotz가 공동 편집한 책에서, 카츠를 포함하여 몇몇 저자들은 새로운 미디어화와 세계화 과정을 고려하면서 미디어 사건들에 대한 원래 접근을 재고하고 확대하려고 한다.[87] 다얀과 카츠는 미디어 사건의 정의를 1977년 이집트 대통령 안와르 사다트M. Anwar

Sadat의 이스라엘 첫 방문, 존 F. 케네디John F. Kennedy의 장례식 또는 올림픽 게임과 같은 정복, 대관식, 경쟁 등에 한정 지었다.[88] 그러한 "의례적 미디어 사건"과 별개로 테러 공격, 자연재해, 전쟁을 포함하여 갈등적인 미디어 사건들도 있다.[89] 가브리엘 와이만Gabriel Weimann은 1987년에 이미 테러 공격도 주의 깊게 조직되고 미리 계획되며 생중계되고 그리고 드라마적인 스토리텔링의 요소들을 갖고 있기 때문에 미디어 사건으로 간주해야 한다고 주장했다.[90] 비행기 납치와 같이 스펙터클했던 당대 테러리스트 행위들은 그가 '강제'라고 부른 미디어 사건의 네 번째 장르를 구성한다. 그의 견해에 따르면, 극적인 테러리즘 행위는 "보다 관례적인 의례의 기능들과 유사하게 중요한 사회적 기능을 완수한다".[91] 이것을 썼을 때 그는 이 시대의 드라마들을 미디어와 테러리스트들이 함께 생산했다는 것은 인정하지만, 오로지 서구의 수용자들만을 염두에 두고 있었던 것으로 보인다. 문제는, 예를 들어 IS의 극단적 폭력, 참수 그리고 자살 폭탄 테러가, 목표로 한 다양한 수용자들에게 파열을 낳지 않으면서 동시에 의례로 받아들여지는지의 여부이다. 적대 사회들을 목표로 할 때 그 목적은 사회 질서를 위협하고 불안정하게 하는 것이어야 하며, 반면에 자신의 공동체는 공유된 승리의 경험과 순교의 기념 의례 속에서 더욱 결속시켜야 한다.[92]

결론

이 장에서 보여준 바와 같이, 뒤르켐과 뒤르켐 학파의 아이디어들은 자살 폭탄 테러, 비행기 납치 또는 참수와 같은 종교적으로(그리고 정치적으로) 동기 부여된 폭력을 묘사하는 데 여러 가지 방식으로 사용될 수 있다. 학자들이 고전 저작의 동일한 장을 사용할 때에도 그 개념들을 어떻게 해석하고 적용하는지에 대해 동의하는 일은 드물다. 토테미즘에 대한 뒤르켐의 저술을 염두에 두면서, 애덤 쿠퍼Adam Kuper는 옛 거장이 민속지적인 부정확성 때문에 의심을 받았지만 그의 추상적인 아이디어는 여전히 강력하다고 쓴다.[93, 94] 비판적으로 다시 읽고 개념들의 적용 가능성이 경험적으로 확증된다면, 뒤르켐 저작의 영감은 여전히 생산적일 수 있다.

더 읽을 자료

Durkheim, Émil. [1897]1951. *Suicide*. London: Routledge and Kegan Paul.

Halbwachs, Maurice. [1930]1978. *The Causes of Suicide*. London: Routledge and Kegan Paul.

Hubert, Henri and Marcel Mauss. [1899]1964. *Sacrifice: Its Nature and Functions*. Chicago: University of Chicago Press.

Mauss, Marcel. [1920]1990. *The Gift: Forms and Functions of Exchange in Archaic Societies*. London: Routledge.

Pape, Robert. 2005. *Dying to Win: The Strategic Logic of Suicide Terrorism*. New York: Random House.

Pedahzur, Ami, Arie Perliger and Leonard Weinberg. 2003. "Altruism and Fatalism: The Characteristics of Palestinian Suicide Terrorists." *Deviant Behavior: An Interdisciplinary Journal*, 24, pp.405~423.

Strenski, Ivan. 2003. "Sacrifice, Gift and the Social Logic of Muslim 'Human Bombers'." *Terrorism and Political Violence*, 15(3), pp.1~34.

1 Daniel Dayan and Elihu Katz, *Media Events: The Live Broadcasting of History*(Cambridge, MA: Harvard University Press, 1994).

2 CPOST, Suicide Attack Database, October 12, 2016, http://cpostdata.uchicago.edu/search_results_new.php(검색일: 2017.4.27).

3 같은 글.

4 Émile Durkheim, *Suicide*(London: Routledge and Kegan Paul, [1897]1951), p.246[에밀 뒤르켐, 『자살론』, 황보종우 옮김(서울: 청아출판사, 2008), 303쪽].

5 같은 책, p.259[뒤르켐, 『자살론』, 323쪽].

6 같은 책, p.276[뒤르켐, 『자살론』, 348쪽]. 뒤르켐은 '숙명적 자살'을 중요하게 여기지는 않았기 때문에 그 용어가 각주에 단 한 번 언급되지만, 그는 이 유형으로 범주화될 수 있는 사례들을 반복해서 논의한다[Barclay Johnson, "Durkheim's One Cause of Suicide," *American Sociological Review*, 30(6)(1965), p.877].

7 Durkheim, *Suicide*, p.208[뒤르켐, 『자살론』, 249쪽].

8 같은 책, pp.214~215[뒤르켐, 『자살론』, 259쪽].

9 휘트(Whitt, 2006)는 이타적 자살이라는 용어를, 규범적인 입장에서 그 문제를 다루었던 홉

킨스(Hopkins, 1880)가 이미 사용하고 있었다는 것을 발견했다[J. Hopkins, "A Consideration of Suicide," *Popular Science Monthly*, 16(1880), pp.789~803; Hugh Whitt, "Durkheim's Precedence in the Use of the Terms Egoistic and Altruistic Suicide: An Addendum," *Suicide and Life-Threatening Behavior*, 36(1)(2006), pp.125~127]. 뒤르켐은 홉킨스를 인용하지 않았기 때문에, 그의 논문을 읽었는지 여부는 알려지지 않았다. 『자살론』에는 홉킨스를 상기시키는 장이 두 개가 있다. 이는 뒤르켐이 그의 저작에 익숙했다는 것을 알려주는 것일 수 있다.

10 Durkheim, *Suicide*, p.227[뒤르켐, 『자살론』, 276쪽].

11 뒤르켐은 초기 사회학자 오귀스트 콩트(Auguste Comte)가 발전시킨 모델과 반대되게 다선적인 진화 모델을 인정한다. 그럼에도 불구하고 그는 단선적인 발전의 주장으로 자주 돌아간다[Adam Kuper, "Durkheim's Theory of Primitive Kinship," *The British Journal of Sociology*, 36(2)(1985), pp.227~228; Roland Girtler, *Kulturanthropologie: eine Einführung* (Münster: LIT Verlag, 2006), p.30].

12 Durkheim, *Suicide*, p.334[뒤르켐, 『자살론』, 426쪽].

13 같은 책, p.221[뒤르켐, 『자살론』, 267쪽].

14 같은 책, p.228[뒤르켐, 『자살론』, 277쪽].

15 같은 책, pp.240, 348[뒤르켐, 『자살론』, 295, 447쪽].

16 같은 책, pp.228~239[뒤르켐, 『자살론』, 277~293쪽].

17 같은 책, p.227[뒤르켐, 『자살론』, 276쪽].

18 같은 책, p.237[뒤르켐, 『자살론』, 290쪽].

19 이러한 관습의 역사적 설명에 대해서는 Jörg Fisch, *Burning Women: A Global History of Widow Sacrifice from Ancient Times to the Present*(Oxford: Seagull Books, 2006) 참조.

20 Durkheim, *Suicide*, p.223[뒤르켐, 『자살론』, 270쪽].

21 같은 책, p.222[뒤르켐, 『자살론』, 269쪽].

22 같은 책, p.223[뒤르켐, 『자살론』, 271쪽].

23 같은 책[뒤르켐, 『자살론』].

24 이 관습은 자이나교에서 산타라(*Santhara*) 또는 살레카나(*Sallekhana*)라고 불리며, 오늘날에도 일어나고 있다[T. K. Tukol, *Sallekhana is Not Suicide*(Ahmedabad. LD Institute of Indology, 1976); James Laidlaw, "A Life Worth Leaving: Fasting to Death as Telos of a Jain Religious Life," *Economy and Society*, 34(2)(2005), pp.178~199.

25 Durkheim, *Suicide*, p.225[뒤르켐, 『자살론』, 273쪽].

26 Lung-Chang Young, "Altruistic Suicide: A Subjective Approach," *Sociological Bulletin*, 21(2)(1972), pp.103~121; Joseph Blake, "Death by Handgrenade: Altruistic Suicide in Combat," *Suicide and Life-Threatening Behavior*, 8(1)(1978), pp.46~60; Jeffrey Riemer, "Durkheim's 'Heroic Suicide' in Military Combat," *Armed Forces & Society*, 25(1)(1998), pp.103~120.

27 Seth Abrutyn and Anna S. Mueller, "When Too Much Integration and Regulation Hurts: Reenvisioning Durkheim's Altruistic Suicide," *Society and Mental Health*, September 8(2015), pp.1~16; Antoon Leenaars and Susanne Wenckstern, "Altruistic Suicides: Are They the Same or Different from Other Suicides?" *Archives of Suicide Research*, 8(2004),

pp.131~136; Ronald Maris, Alan Berman and Morton Silverman(eds.), *Comprehensive Textbook of Suicidology*(New York: Guilford, 2000); Ariel Merari, *Driven to Death: Psychological and Social Aspects of Suicide Terrorism*(Oxford: Oxford University Press, 2010); Robert Pape, *Dying to Win: The Strategic Logic of Suicide Terrorism*(New York: Random House, 2005); Ami Pedahzur, *Suicide Terrorism*(Cambridge: Polity, 2005); Steven Stack, "Emile Durkheim and Altruistic Suicide," *Archives of Suicide Research*, 8(1)(2004), pp.9~22; Ellen Townsend, "Suicide Terrorists: Are They Suicidal?" *Suicide and Life-Threatening Behavior*, 37(1)(2007), pp.35~49.

28 Mohammed Hafez, *Suicide Bombers in Iraq: The Strategy and Ideology of Martyrdom* (Washington: US Institute of Peace, 2007); Merari, *Driven to Death*(Oxford: Oxford University Press, 2010); Assaf Moghadam, *The Globalization of Martyrdom: Al Quaeda, Salafi Jihad, and the Diffusion of Suicide Attacks*(Baltimore: JHU Press, 2008); Pape, *Dying to Win*(New York: Random House, 2005); Ami Pedahzur and Susanne Martin, "Suicide Attacks"(2015), www.academia.edu/10588202/Suicide_Attacks(검색일: 2015. 10.10).

29 Pape, *Dying to Win*.

30 Nicholas W. Bakken, "The Anatomy of Suicide Terrorism: A Durkheimian Analysis" (University of Delaware, 2007), www.ifpo.org/wp-content/uploads/2013/08/Bakken_Suicide _Terrorism.pdf(검색일: 2015.10.7); Philipp Thomas Holdredge, "A Durkheimian Explana- tion for Suicide Terrorism"(2007), https://www.hamilton.edu/documents/levitt-center/ Durkheim-Suicide%20Terrorism%20paper.pdf(검색일: 2010.7.12); Dana S. Snellens, "A Durkheimian Analysis of the Development of Terrorism and the Motives of Suicide Bombers," *Social Cosmos*, 3(1)(2012), pp.9~13.

31 Pape, *Dying to Win*, p.179.

32 같은 책, p.172.

33 같은 책, pp.180~186.

34 같은 책, p.185.

35 같은 책, p.187.

36 아미 페더저의 중요한 책 *Suicide Terrorism*(Cambridge: Polity, 2005)에서 뒤르켐의 범주 는 여기서 논의된 논문에서만큼 두드러진 위치에 있지는 않다.

37 또한 Bakken, *The Anatomy of Suicide Terrorism*; A. Holdredge, *Durkheimian Explanation for Suicide Terrorism*; Snellens, "A Durkheimian Analysis of the Development of Terrorism and Motives of Suicide Bombers" 참조.

38 Ami Pedahzur, Arie Perliger and Leonard Weinberg, "Altruism and Fatalism: The Char- acteristics of Palestinian Suicide Terrorists," *Deviant Behavior: An Interdisciplinary Journal*, 24(2003), pp.412~413.

39 같은 글, p.413.

40 예: Barclay Johnson, "Durkheim's One Cause of Suicide," *American Sociological Re- view*, 30(6)(1965), pp.875~886; Lung-Chang Young, "Altruistic Suicide: A Subjective Approach," *Sociological Bulletin*, 21(2)(1972), pp.103~121.

41 Pedahzur et al., "Altruism and Fatalism," pp.408~410, 417.

42 같은 글, p.420.

43 Durkheim, *Suicide*, pp.277~294[뒤르켐, 『자살론』, 346~371쪽]. 햄린과 브림(Hamlin and Brym, 2006)이 관찰했듯이, 뒤르켐의 혼합 유형은 그가 이전에 묘사했던 사회적 조건들이 아니라 행위 이전의 개인의 감정적 상태에 기초하고 있다[Cynthia Lins Hamlin and Robert J. Brym, "The Return of the Native: A Cultural and Social-Psychological Critique of Durkheim's Suicide Based on the Guarani-Kaiowá of Southwestern Brazil," *Sociological Theory*, 24(1)(2006), pp.42~57]. 과도한 통합과 불충분한 통합은 동시에 일어날 수 없으므로, 뒤르켐의 이기적-이타적 유형은 논리적 모순일 것이다(Johnson, "Durkheim's One Cause," p.877).

44 예를 들어, 이타적 자살을 재개념화하려는 아브루틴과 뮬러(Abrutyn and Mueller, 2015)의 시도를 참조하라(Abrutyn and Mueller, "When Too Much Integration and Regulation Hurts").

45 Pedahzur et al., "Altruism and Fatalism," p.408.

46 Nick Couldry, "Media Rituals: Beyond Functionalism"(2005), http://eprints.lse.ac.uk/52494/1/Couldry_Media_rituals_beyond_functionalism_2005.pdf(검색일: 2015.10.3).

47 Johnson, "Durkheim's One Cause," p.880.

48 Maurice Pinguet, *Voluntary Death in Japan*(Cambridge: Polity, 1993); Jack Seward, *Hara-kiri: Japanese Ritual Suicide*(Rutland: Tuttle, 1968).

49 Arvind Sharma, *Sati: Historical and Phenomenological Essays*(New Delhi: Motilal Banarsidass Publ., 1988).

50 Sebald Rudolf Steinmetz, "Suicide among Primitive Peoples," *American Anthropologist*, 7(1)(1894), p.59.

51 Pedahzur et al., "Altruism and Fatalism," p.408.

52 1965년에 탈산업주의는 여전히 새로운 아이디어였으며, 확실히 뒤르켐 자신은 그 용어를 사용하지 않았다. 앞서 언급한 바대로, 존슨은 비서구 사회들에 대한 뒤르켐의 성격 규정에 대해 매우 비판적이었다.

53 Pape, *Dying to Win*, p.185.

54 Zuleyka Zevallos, "What Would Durkheim Say? Altruistic Suicide in Analyses of Suicide Terrorism," *Proceedings of the Annual Conference of the Australian Sociological Association: Sociology for a Mobile World*(2006), http://researchbank.swinburne.edu.au/vital/access/services/Download/swin:25063/SOURCE1(검색일: 2015.10.7).

55 Robert Pape and James Feldman, *Cutting the Fuse: The Explosion of Global Suicide Terrorism and How to Stop It*(Chicago: University of Chicago Press, 2010), p.57.

56 Merari, *Driven to Death*.

57 같은 책, p.204.

58 Steve Taylor, *Durkheim and the Study of Suicide*(London: Macmillan, 1982), p.91.

59 같은 책.

60 Jack Douglas, *The Social Meanings of Suicide*(Princeton: Princeton University Press, 1967); Lung-Chang Young, "Altruistic Suicide."

61 Pape, *Dying to Win*, p.187.

62 같은 책.

63 Zevallos, *What Would Durkheim Say?*, p.7.

64 Merari, *Driven to Death*, pp.295~303.

65 Syed Faraz Kazim et al., "Attitudes toward Suicide Bombing in Pakistan," *Crisis*, 29(2) (2008), p.83.

66 Ivan Strenski, "Sacrifice, Gift and the Social Logic of Muslim 'Human Bombers'," *Terrorism and Political Violence*, 15(3)(2003), pp.1~34.

67 Durkheim, *Suicide*, p.239[뒤르켐, 『자살론』, 293쪽].

68 같은 책, p.240[뒤르켐, 『자살론』, 294쪽].

69 Strenski, "Sacrifice, Gift and the Social Logic of Muslim 'Human Bombers'," p.7.

70 Durkheim, *Suicide*, pp.41~46[뒤르켐, 『자살론』, 16~24쪽].

71 Halbwachs, *The Causes of Suicide*, p.306.

72 같은 책, p.307.

73 같은 책. 앞에서 논의한 것처럼, 오늘날의 순교는 국가든 인종이든 종교든 전체 집단이 받아들이는 일이 드물다.

74 Talal Asad, *On Suicide Bombing*(New York: Columbia University Press, 2007), pp.42~50[탈랄 아사드, 『자살 폭탄 테러』, 김정아 옮김(서울: 창비, 2016), 74~88쪽].

75 '자기희생'으로 번역할 수 있다.

76 Asad, *On Suicide Bombing*, pp.44, 52[아사드, 『자살 폭탄 테러』, 78, 91쪽].

77 The Palestinian Information Center, "*Hamas: Our Cadres Will Sacrifice Their Lives for the Welfare of Their People*," http://english.palinfo.com/site/pages/details.aspx?item id= 61488(검색일: 2015.10.10).

78 Nasheed Chechnya, YouTube video, 6:27, Posted by "GhurabaI3i1Ithnillah," January 12, 2013, www.youtube.com/watch?v=TOt4_wLPbqw(검색일: 2015.11.6). 필자가 독일어 가사를 직역함.

79 My Ummah, Dawn Has Appeared Best Jihadic Nasheed امتى قد لاح فجر English subtitles, YouTube video 4:31, Posted by "Hafiz Tila," January 7, 2015, www.youtube.com/whatch?v=RYjt1-TEQk4(검색일: 2015.11.6). 아랍어 곡의 영어 자막에서 인용함. 이 찬송가는 IS 멤버나 동조자가 번역한 것으로 추정된다.

80 Carolyn Marvin and David Ingel, *Blood Sacrifice and the Nation: Totem Rituals and the American Flag*(Cambridge: Cambridge University Press, 1999).

81 Banu Bargu, *Starve and Immolate: The Politics of Human Weapons*(New York: Columbia University Press, 2014), p.239.

82 Peter Schalk, "Die Lehre des heutigen tamilischen Widerstandes in Īḷam/Laṅkā vom Freitod als Martyrium," *ZfR*, 17(2009), p.79.

83 Dayan and Katz, *Media Events*.

84 같은 책.

85 Couldry, *Media Rituals*.

86 Andreas Hepp and Nick Couldry, "Introduction: Media Events in Globalized Media

Cultures," in Nick Couldry, Andreas Hepp and Friedrich Krotz(eds.), *Media Events in a Global Age*(London: Routledge, 2010), p.5.

87 Nick Couldry, Andreas Hepp and Friedrich Krotz(eds.), *Media Events in a Global Age* (London: Routledge, 2010).

88 Dayan and Katz, *Media Events*.

89 Hepp and Couldry, "Introduction: Media Events," p.12.

90 Gabriel Weimann, "Media Events: The Case of International Terrorism," *Journal of Broadcasting & Electronic Media*, 31(1)(1987), pp.25~27.

91 같은 글, p.27.

92 쿨드리가 주장하듯이, 이것은 신화일 수도 아닐 수도 있다(Couldry, "Media Rituals").

93 Adam Kuper, "Durkheim's Theory of Primitive Kinship," *The British Journal of Sociology*, 36(2)(1985), pp.224~237.

94 예를 들어, 토테미즘의 재해석에 기반한 미국의 민족주의에 대해서는 마빈(C. Marvin)과 잉글(D. W. Ingle)의 저작 *Blood Sacrifice and the Nation*을 참조하라.

09 테러의 모방

종교와 테러리즘의 연관에 대한 회고적 분석의 적용

제임스 루이스

나의 하루 일과는 에드 샌더스Ed Sanders가 난방유를 암모늄 질산 비료와 혼합하는 것을 돕기 시작했던 어제 5시 조금 이전에 시작되었다. …… 우리는 100파운드 자루들을 하나씩 세우고 스크루드라이버로 위에 깔때기 끝을 집어넣을 정도의 작은 구멍을 냈다. …… 모두 44개의 자루를 만드는 데 거의 세 시간이 걸렸고, 그 작업을 하고 나서 완전히 지쳐버렸다. …… 마지막으로, 나는 기폭장치에서 나온 케이블과 스위치를 화물 공간의 틈을 통해 트럭 운전석 안으로 설치했다.

[그런 다음 우리는 그 위치로 차를 몰았다. 그리고 조지와 나는, 트럭으로 따라온 헨리와 함께 그 빌딩으로 향했다. …… 주차하기 좋은 곳을 찾을 때까지. [마지막으로, 우리는 그곳을 빠져나왔고 스위치를 눌렀다.]

발아래 노면이 심하게 흔들렸다. 바로 직후에, 폭발 충격파가 우리를 덮쳤다. 귀청이 터질 듯한 쾅 소리와 함께 주위에서 유리가 깨지는 날카로운 소리가 울렸고 우르릉대는 거대한 충격음이 이어졌다.

뒤집힌 트럭과 자동차들, 부서진 사무실 집기들 그리고 건물 파편들이 여기저기 마구 흩어져 있었고, 놀라울 정도로 많은 희생자들의 시체도 널부러져 있었다. 눈과 폐를 태울 듯한 그리고 밝은 아침을 어둑어둑하게 만들어버린 짙은 먹

구름 같은 검은 연기가 모든 것 위에 드리워져 있었다. …… 우리는 그 참사를 보며 공포와 의기양양함을 동시에 느끼며 입을 떡 벌리고 있었다.

어제 하루 종일 그리고 오늘 대부분의 시간 동안 우리는 시체와 부상자들을 건물 밖으로 옮기는 구조팀의 텔레비전 중계를 지켜보았다. 책임감의 무게는 견디기 힘들었다. 왜냐하면 우리 폭탄의 희생자 대부분은 우리와 마찬가지로 역겨운 철학이나 인종적으로 파괴적인 체계the System의 목적에 열성적이지 않은, 단지 장기판의 졸들이었기 때문이다. 그러나 수많은 무고한 사람들을 해치지 않고 그 체계를 파괴할 길은 전혀 없다. 그것은 우리 육체 안에 너무나 깊이 뿌리내리고 있는 암이다. 체계가 우리를 파괴하기 전에 우리가 그 체계를 파괴하지 않는다면, 이 암을 우리의 살아 있는 육체에서 도려내지 않는다면, 우리 종족 전체가 사라져버릴 것이다.

그럼에도 불구하고, TV 카메라가 잔해에서 어떤 가련한 소녀의 훼손된 사체나 심지어 FBI 요원을 끌어내는 장면을 비출 때마다, 위가 뒤틀리는 듯하고 숨을 쉴 수가 없다. 그것은 우리 앞에 놓인 정말 끔찍한 과업이다.

티머시 맥베이Timothy McVeigh의 편지의 일부일까? 테리 맥니콜스Terry McNichols의 일기의 내용일까? 1995년 4월 19일 오클라호마시 폭탄 테러 이후 소설로 쓰인 사건일까? 오클라호마시 연방 빌딩 폭탄 테러와 비교해 보면 섬뜩하지만, 이 사건의 예언적 묘사는 1978년 소설 『터너의 일기The Turner Diaries』에서 가져온 것이다.[1] 이 어두운 소설의 서사는 모든 비백인 종족들의 절멸로 끝나는 종말론적 인종 전쟁을 중심으로 구성되어 있다. 그 이야기는 결국 마지막 자살 순교 행위로서 펜타곤을 폭파하는 백인 혁명가 얼 터너Earl Turner의 눈을 통해 전해진다. 티머시 맥베이가 총기 전시회에서 생존 물품들과 『터너의 일기』를 팔면서 생계를 이었다는 것은 결코 우연이 아니다.

미국 백인 인종주의 하위문화 내부의 숨은 '고전'인 『터너의 일기』는 백인 우월주의 테러리스트들을 위한 이론적 근거와 예언적 청사진을 제공한다. 특별히 잘 쓰인 것은 아니지만, 이 서사에는 '체계'에 대항하여 직접적이고 폭력적인 행위를 취하도록 여러 많은 우익 극단주의자들을 고무했던 어떤 이상한 호소력이 있다. 오클라호마 연방 빌딩의 폭탄 테러는 단지 가장 잘 들어맞는 극적인 사례일 뿐이다. 『터너의 일기』에 유사하게 영감을 받은 백인 혁명가 집단, 곧 '침묵의 형제단The Silent Brotherhood'이라고 알려진 '디 오더The Order'의 활동도 아주 흥미롭다. 1983~1984년에 디 오더는 주로 미국 서부에서, (그들이 기대했던) 연방 정부에 대한 다발적 공격의 개시를 준비하기 위한 범죄의 급증에 관여했다. 1984년과 1986년 사이에 디 오더의 구성원들은 체포되어 재판받았으며, 지도자인 로버트 매슈스Robert Matthews는 FBI와의 총격전에서 사망했다.

『터너의 일기』의 저자로 추정되는 윌리엄 피어스William L. Pierce는 자신의 소설이 그렇게 문자 그대로 읽히는 것을 의도하지 않았겠지만, 그가 그의 아리안 형제들이 대비하기를 원했던 미래의 인종 전쟁을 상상했다는 것은 분명하다. 유대-기독교 성경의 할리우드식 각색에서 친숙한, 가운을 입고 수염을 기른 은둔자의 스테레오타입에는 맞지 않지만, 그는 어떤 의미에서 현대의 예언자였다. 주요한 차이는 피어스가 단지 사건들을 예언했다기보다는 결국에 사건들로부터 수많은 유사의례적 행위를 고무할 '신화적' 모델이라고 부를 수 있는 것을 제공했다는 것이다.

신화학

신화와 의례 관련 주제들은 19세기에 인류학과 종교학이 시작된 이래로 이 부문 연구자들의 체계적인 관심을 끌어왔다. 그러나 초기 연구자들은 신화(뿐만 아니라 의례)의 공통점을 찾는 데 특별히 관심이 있었던 반면, 비교신화학으로 일컬어진 이 접근은 최근 수십 년 사이 인기를 잃어버렸다. 현대적 접근들은 신화들의 차이[2]뿐만 아니라 종교의 배태적embedded 성격을[3] 강조하는 경향이 있다. 이는 부분적으로, 특히 미르체아 엘리아데Mircea Eliade의 저작에 나타났던 것과 같은,[4] 보편화하는 초기의 접근들에 대한 더 일반적인 반발 때문이다. 이 장에서 나는 많은 테러리스트 행위들이 드러내 보이는 신화적/의례주의적 특징을 해석하는 기초로서 신화에 대한 이러한 초기의 이해를 선별하여 사용할 것이다. 이것이 테러리즘에 대한 포괄적 이해를 제시하는 것과 같지는 않음을 강조해야겠다. (엘리아데의 여러 개념들을 사용하는 것이 엘리아데의 전체 체계에 대한 옹호로 해석되어서도 안 된다.) 이 장의 후반부에서, 나는 이 오래된 접근을 최근의 연구와 이론화의 측면에서, 특히 '모방' 개념에서 이전의 접근과 새로운 접근이 중첩되는 방식으로 재고할 것이다.

신화와 관련한 문제들 가운데 하나는 그것이 다중적인 의미를 가지고 있다는 것이다. 그 가운데 하나는 '신화'와 '실재'가 대조되는 용어로 사용될 때 볼 수 있는 것처럼 '허위'로서의 신화이다. 종교 연구 학문들 내에서 유용한, 신화에 대한 짧은 정의는 어떤 주어진 신화를 역사적으로 참인지 거짓인지 즉각적으로 판단하지 않은 채 '성스러운 이야기'로 보는 것이다. 또 다른 문제는 흔히 양립하기 어려운 수많은 신화 이론들이 있다는 것이다.

신화에 대한 한 가지 유명한 접근, 곧 칼 융Carl G. Jung과 조지프 캠벨Joseph Campbell의 심층심리학적 접근은 학계 밖에서도 광범위한 지지를 받고 있다. 이 접근은 신화를 순전히 심리학적 의미를 나타내는 것으로 본다.[5] 융의 말로, "신화는 전前의식적인 심혼psyche의 표시로, 무의식적인 정신적 사건들에 관한 의도하지 않은 표명이며, 물리적인 사건들의 비유에 불과한 것이 아니다".[6] 비행접시에 대한 신고들이 심리학적 투사를 나타낸다는 융의 인식은 여전히 호의적으로 언급되지만,[7] 학계 주류는 대개 이 학파를 적어도 포괄적인 신화 이론으로서는 거부해 왔다.

초기 신화 연구들은 신화적 서사(예: 고전 신화) 텍스트들에 초점을 두었으며, 신화의 의미에 대해 문화적 맥락과는 독립적으로 숙고하는 경향이 있었다. 20세기 초에 이 접근은 영향력 있는 인류학자 브로니슬라브 말리노프스키Bronislaw Malinowski로부터 지속적인 비판을 받게 되었다. 트로브리안드Trobriand 도민島民들 속에서 진행한 현지 조사에 기초하여, 말리노프스키는 신화를 다음과 같이 묘사한다.

[신화는] 단지 전해지는 이야기가 아니라 생생한 실재이다. …… 신화는 원시 문화에서 필수불가결한 기능을 수행한다. 그것은 믿음을 표현하고, 증진시키며, 코드화한다. 신화는 도덕성을 지키고 강화한다. 신화는 의례의 효능을 보증하며, 인간을 인도하기 위한 실천 규칙들을 담고 있다. 신화는 그래서 인간 문명의 필수적인 요소이다. 신화는 쓸모없는 이야기가 아니라, 과도할 정도로 활동적인 힘이다. 신화는 지적인 설명이나 예술적인 상상이 아니라, 원시 신앙과 도덕적 지혜의 실용적인 헌장이다.[8]

현재의 논의를 위해서 말리노프스키의 견해에서 이끌어내고자 하는 신화의 두 가지 기능이 있다. (1) 신화는 특정한 행위뿐만 아니라 기존 사회 질서의 특정 측면들을 정당화할(즉, 이것들을 위한 '헌장'으로서 기능할) 수 있다. 추가적으로, (2) 신화는 공식적인 의례뿐만 아니라 일상 행동에서 우리가 모방할 수 있는 패러다임 또는 모델을 제공할 수 있다. 이러한 신화의 두 측면은 명백하게 서로 긴밀히 관련되어 있다.

나는 또한 빅터 터너Victor Turner의 (전체 모델은 아닐지라도) '사회적 드라마' 개념의 몇 가지 부분들에 기대고자 한다. 『인간 사회와 상징 행위Dramas, Fields, and Metaphors』에서 터너는, 갈등 상황이 일상적인 대응 기제를 돌파하는 지점까지 고조될 때 사회 집단들뿐만 아니라 개별 사회 행위자들은 그들의 개별적인 문화가 제공하는 신화, 은유 그리고 다른 극적 구조들에 기댄다고 주장한다. 집단의 상징 '저장고'에서 선택된 은유나 서사 구조는 분열적 상황에 대처할 수 있는 본보기를 제공한다.

구조와 반反구조 사이의 역동적 양극성에 대한 초기 이론화 안에서 사회적 드라마라는 아이디어를 정교화하면서, 터너는 상징 구조의 선택을 많은 선택지가 가능한 비기계적인 과정으로 묘사한다. 그러나 또한 토머스 베켓Thomas Becket과 헨리 2세의 대립[9]과 같은 터너의 사례들은, 선택된 서사는 일단 받아들여지면 역사적 행위자가 심지어 비극적 플롯이라 하더라도 끝까지 따라갈 정도로 그 행위를 엄격하게 구조화하기도 한다는 것을 의미한다. 이런 종류의 분석이 어떻게 해서 『터너의 일기』가 오클라호마 폭탄 테러에 미친 영향을 아우를 뿐만 아니라 피어스의 소설에 영향을 받은 다른 활동들에까지 확대될 수 있는지 이해하기는 어렵지 않다.

어떠한 갈등에서도, 과연 어떤 서사나 상징 구조가 행위의 패러다임으로 제기될지는 미리 정해져 있지 않다. 예를 들어, 분명히 종교 집단과 개인들은 정당성뿐만 아니라 행위 모델을 위해 자신들의 경전과 역사 전통에 기댈 것이다. 대개 테러리스트 사건으로 간주되지는 않지만,[10] 특별히 다윗교의 비극과, 그 지도자인 데이비드 코레시David Koresh가 성경적 모델을 따라 자신과 1993년 자신의 공동체에 대한 법집행 공격 그리고 뒤이은 포위를 이해하려 한 노력 가운데서 한 가지 통렬한 사례를 찾아볼 수 있다.

"성경은 우리 시대를 위해 쓰였다"

다윗교 포위를 잘 모르는 독자를 위해 짧은 배경을 설명하자면, 1993년 2월 28일 주류·담배·화기단속반the Bureau of Alcohol, Tobacco and Firearms: ATF 요원 70명이 텍사스주 웨이코Waco 외곽에 위치한 다윗 공동체를 급습했다. 그 급습은 연방 요원들과 다윗교도들 사이의 총격전으로 이어졌다. 그 결과로 초래된 교착상태는 51일 동안의 포위로 발전했고, (ATF로부터 포위를 인계받은) FBI가 마운트 카멜Mt. Carmel(다윗교 본거지)에 대한 새로운 공격을 개시한 4월 19일에 끝났다. 연방 정부 요원들은 군사 장비를 사용하여 건물에 구멍을 뚫었고, 다윗교도들을 밖으로 끌어내기 위해 그 구멍을 통해 유독 가스를 주입했다. 건물 안에서 화재가 발생했고, 80명 이상의 교도들이 죽었다.

다윗교도들은 성경에 기초해 있었으나, 그 성경은 살아 있는 예언자의 계시를 통해 해석되었다. 코레시가 예언자의 역할을 한 것은 전통적인 기독교로부터 근본적으로 벗어난 것으로 보이지만, 원칙적으로 다윗교의 모태가 되는 재림파의 전통에서 살아 있는 예언자를 인정하는 것은 낯설지 않은 일이었다. 이런 방식으로 신은 지속적으로 그의 예언자들을 통해 새로운 진리를 드러내기 때문에, 그들의 지도자가 도입한 신학적 혁신은 합당한 것으로 인정되었다.[11] 마운트 카멀 공격에 대한 코레시의 반응을 이해하는 데 특별히 중요한 그의 계시 가운데 하나는 성경이 문자적으로 "우리 시대를 위해 쓰였다"[12]라는 것이었다.

ATF 급습 바로 직후 진행된 생방송 라디오 인터뷰에서 코레시는 청취자들에게 "우리는 지금 다섯째 봉인에 있다"[13]라고 말했다. 이 다섯 번째 봉인은 요한계시록 6장 9~11절에 묘사되어 있다.

> 그 어린 양이 다섯째 봉인을 뗄 때에, 나는 제단 아래에서, 하나님의 말씀 때문에 또 그들이 말한 증언 때문에 죽임을 당한 사람들의 영혼을 보았습니다. 그들은 큰 소리로 "거룩하고 참되신 통치자님, 우리가 얼마나 더 오래 기다려야 땅 위에 사는 자들을 심판하시고 또 우리가 흘린 피의 원수를 갚아주시겠습니까?" 하고 부르짖었습니다. 그리고 그들은 흰 두루마기를 한 벌씩 받아 가지고 있었고, 그들은 그들과 같은 동료 종들과 그들의 형제자매들 가운데서 그들과 같이 죽임을 당하기로 되어 있는 사람의 수가 차기까지, 아직도 더 쉬어야 한다는 말을 들었습니다.+

맥베이의 『터너의 일기』 독해와 다르지 않게, 코레시도 성경을 다음에 무슨 일이 일어날지 말해주는 그리고 무엇을 해야 할지 지침을 주는 각본으로 읽고 있었다. 그는 "죽임을 당한 사람들의 영혼"이 최초의 ATF 급습 동안에 죽은 6명의 공동체 거주자들을 가리키는 것으로 받아들였다. 그들은 "더 기다

+ 표준새번역 사용.

려야 한다"라고 지시받고 있었다. 그러나 그들은 또한 그들이 "곧 죽임을 당할" 것이라고 지시받고 있었다. 특별히 계시 신앙에 관심이 있는 두 성경학자, 필립 아널드Phillip Arnold와 제임스 테이버James Tabor는 FBI와 접촉해서 그 상황의 심각성을 전달하려고 했다. 그들은 특히 다윗교도들이 신이 주신 성경 각본의 다음 단계를 끝까지 따라가야 한다고 믿으면서, 그 상황을 여섯 번째 봉인, 곧 심판의 날까지 밀어붙이기 위해 (오늘날 '순교 작전'이라고 불릴 수 있는 형태로) 폭력적인 종국을 야기할 수 있다고 염려했다.[14]

코레시의 표면적 자신감에도 불구하고, 그가 혼란스러워했다는 것은 분명했다. 계시록의 마지막 때 시나리오는 요한계시록 6장 9~11절에 묘사된 사건들을 필요로 했지만, 그는 이전에 이 모든 것이 다른 시간 다른 장소에서 일어나리라고 예견했었다. 게다가 이 특정한 구절들이 외견상 맞아 들어가는 것처럼 보인다고 해도, 해당 성경 본문과 맞지 않아 보이는 다른 많은 것들이 일어났다.

테이버와 다른 이들이 분석했듯이, 성경 텍스트로 현대적 사건들을 해석하는 일의 역학은 세 가지 주요 요소들을 포함한다.

1. 불변하는 성경 텍스트
2. 텍스트를 이해하고 사건들에 적용하려고 시도하는 해석자
3. 개인이나 집단이 자신을 발견하는 유동적 맥락[15]

성경은 변화될 수 없는 로드맵으로 작용하지만, 그 텍스트를 실제 사건들에 적용하는 데에는 고도의 유연성이 있다. 해석자는 항상 해석한다. 그래서 그 두 학자는 그들이 코레시의 해석 세계에 개입하여 대안적인 시나리오를 제시할 수 있으리라 생각했다.

FBI로부터 오케이 사인을 받은 후, 아널드와 테이버는 계시록에 대한 대안적 해석을 제기하기 위해, 다윗교도들이 듣고 있는 것으로 알고 있던 라디오 프로그램에서 말하려고 준비했다. 그 대안적 해석은 공동체의 남아 있는 구성

원들은 죽을 필요가 없다는 것이었다. 구체적으로 그들은 요한계시록 10장의 주제인 '작은 책'에 대해 논의했다. 아널드와 테이버는 코레시가 자신을 그 텍스트에서 말하는 대로 "그 종 예언자들에게 전하여 주신"(요한계시록 10장 7절) '신의 신비'를 담은 책을 받은 인물로 인식했다는 것을 알고 있었다.

4월 14일 라디오 프로그램이 나가고 2주 후 그리고 FBI 공격 5일 전에, 코레시는 기다림의 기간이 지났다고 선언했다. 신은 그에게 일곱 봉인의 의미를 드러내는 책을 쓸 것을 명령했다. 아널드와 테이버는 고무되었고, 코레시가 자신의 말을 지켜서 일곱 봉인에 대한 주해를 마친 후 평화적으로 밖으로 나올 것이라고 확신했다. 하지만 불행하게도, 자신들이 "성경 주절주절Bible babble"이라고 일컬었던 것에 지친 FBI는 이것도 또 하나의 지연 전술이라고 마찬가지로 확신하고 공격을 감행했다.

4월 19일 밤에 불같은 마지막 홀로코스트가 지나고, 공격을 통솔했던 FBI 요원 제프리 저마Jeffrey Jamar는 〈래리 킹 쇼Larry King Show〉와 〈나이트라인Nightline〉에서, FBI가 기밀 감시 기술을 통해 코레시가 주해 원고의 작성을 시작하지도 않았을 뿐만 아니라 그럴 의도도 전혀 없었다는 "반박의 여지가 없는 증거"를 가지고 있다고 주장했다. 그러나 이 자신만만한 주장은 잘못된 정보나 대담한 거짓에 기반하고 있었다. 다윗교의 예언자는 사실 첫 번째 봉인에 대한 주해를 마친 상태였다. 4월 18일에, 그 공격의 몇 안 되는 생존자 가운데 한 명인 루스 리들Ruth Riddle은 코레시가 손으로 쓴 원고의 첫째 장을 타이핑했다. 화재가 난 그날에 그녀는 자신의 재킷에 이 원고 기록을 담은 컴퓨터 디스크를 가지고 탈출했다.[16]

모방

우리는 대부분 자신들의 여러 행위를 위한 모델로서 전통에 호소하는 종교 보수주의자들에 익숙하다. 사실 이 유형은 너무나 익숙해서 우리는 일반적으로 그에 대해 더 깊은 종류의 질문을 하지 않는다. 그러나 잠시 돌이켜보면, 종교 전통들에서 발견되는 명령들에 복종하는 것(예: 십계명에 순종하기)과 종교 인물을 우리 행위의 모델로 삼는 것(예: 하디스 문헌에 묘사된 무함마드의 행위 모방하기) 사이에는 구분이 있다는 것을 알 수 있다. 신적인 모델을 찾고 모방하는 것은 자연스러운 일이라고 말할 수 있다. 그러나 우리의 모방[17] 욕구는 훨씬 더 깊다.

(이 책의 제6장에서 논의된) 르네 지라르René Girard의 폭력 이론의 기본 구성 요소 가운데 하나는, 우리는 목마름과 배고픔과 같은 기본적인 것들을 넘어서 우리 환경에 있는 다른 사람들을 모델로 삼아 행동하며 무엇을 욕망할지 배운다는 것이다. 이것이 지라르의 모방 욕구 개념이다.[18] 다른 더 일반적인 수준에서 보면, 우리의 모방 욕구는 리처드 도킨스Richard Dawkins의 '밈meme'―그가 '유전자'와 유사한 것으로 보는―논의에서 문화의 근본적인 단위로서 핵심적인 역할을 한다. 밈은 이러한 모방 욕구의 결과로서 한 사회 안에서 전해지며 나중에 세대들을 통해 전수된다. 도킨스는 다음과 같이 말한다.

> 밈의 예에는 곡조, 사상, 표어, 의복의 유행, 단지 만드는 법, 아치 건조법 등이 있다. 유전자가 유전자 풀pool 내에서 퍼져나갈 때 정자나 난자를 운반자로 하여 이 몸에서 저 몸으로 옮겨 다니는 것과 같이, 밈도 밈 풀 내에서 퍼져나갈 때 넓은 의미로 모방이라 할 수 있는 과정을 거쳐 뇌에서 뇌로 건너다닌다.[19]

도킨스의 이론은 많은 비판을 불러일으켰지만, 그의 이론이 기반하고 있는 기초적인 관찰, 즉 서로를 모방하려는 인간들의 보편적 성향에 대한 체계 부분이 비판받았던 것은 아니다.

그러나 이 분석을 훨씬 더 근본적인 수준까지 끌고 내려가 보면, 모방은 아동 학습의 필수적인 요소이며 "사회 행위자라는 내재적 자아 감각의 초기 발달에 구성적인 역할을 한다".[20] 우리의 모방 능력은 두뇌의 특정 신경세포들과 연결되어 있으며,[21] 갓난아기가 어른의 얼굴 표정을 어떻게 모방하는지에 대한 연구도 수행되어 왔다. 예를 들면, 다음과 같다.

앤드루 멜초프Andrew Meltzoff와 키스 무어M. Keith Moore는 혀 내밀기와 입 열기를 포함하여 아기들이 특정 얼굴 표현을 모방하는 능력을 평가하기 위해 생후 21일 된 12명의 아기에 대한 연구를 수행했다. 아기들은 연구자들의 얼굴 표정을 정확하게 모방할 수 있었다. …… 이 연구들은 얼굴 모방이 매우 어린 나이에 존재하며, 타고난 것으로 보인다고 시사한다.[22]

보편적으로 인간은 인지된 유사성이 학습과 발달을 위한 기초를 제공할 뿐 아니라 우연적인 연관성 이상을 포함하는 것으로 생각해 왔다. 그래서 제임스 프레이저James Frazer는 『황금가지The Golden Bough』에서 마법에 대한 고전적 논의를 통해 전 세계에 걸쳐 발견되는 두 가지 형태의 마법을 논의하는데, 그 가운데 하나가 모방 마법이다. 이 유형의 마법의 한 사례로서, 마법사는 가뭄 동안에 비를 부르기 위한 노력으로 천둥소리를 모방하면서 땅에 물을 붓는 의례를 시도할 수 있다. 또는 다른 흔한 유형을 생각해 보면—프레이저는 이질적인 문화에 있는 이와 관련된 많은 사례들을 제시했다[23]—어떤 개인은 적을 해하기 위해 적의 형상을 만들어 파괴한다. 여기서 근본적인 아이디어는 바라는 결과를 의례에서 모방하는 것이 자연 세계 또는 다른 사람과의 마법적 연결을 구축하고 그렇게 함으로써 비슷한 결과가 나오게 한다는 것이다.

이러한 방식의 분석은 우리를 신화학의 주제로 되돌아가게 한다. 말리노프스키는 신화를 사회적 헌장으로 이론화하는 데 덧붙여, 또한 "신화와 관련하여 정말 중요한 것은 신화의 회고적인 성격, 즉 항상 존재하는 생생한 실제성이다. 그것은 원주민에게는 허구적 이야기도 아니고 죽은 과거의 이야기도 아니다. 그것은 여전히 부분적으로 살아 있는 더 큰 실재의 표현이다"[24]라고 강조했다. 그는 이 개념을 자신의 저서에서 계속 반복하여 강조했는데, 이는 신화학 분야에서 이전의 많은 작업이 고대 그리스와 로마의 성스러운 이야기들에 초점을 맞추었으며, 원래의 사회문화적 모체로부터 벗어나 추상화된 텍스트 인공물로서 연구되어 왔기 때문이다.

프레이저와 말리노프스키에게서 비롯된 이러한 아이디어들은 실제로 의례, 곧 흔히 신화적 시간에(*in illo tempore*: '그때 그 시간에'를 뜻하는 라틴어 구절) 일어난 신들의 활동을 모방하는 의례의 맥락에서 여전히 살아 있는 신화적 과거의 호출에 대한 엘리아데의 이론화를 통해 결합된다. 엘리아데가 부가한 것은 고대 사람들이 "의미, 영원, 아름다움 그리고 완전성뿐만 아니라 슬픔으로부터의 탈출"[25]에 대한 욕망, 곧 의례 중에 "신들 사이에" 현존함으로써 성취될 욕망[26] 때문에 이러한 성스러운 과거(*illud tempus*: 그때)를 불러내도록 고무되었다는 관념이었다. 그래서 의례적 모방은 공동체들이 신들이 지닌 불멸의 힘과 마법적인 또는 신화적인 연결을 구축할 수 있게 해준다.

> 신이나 신화적 영웅들의 모범적인 행동을 모방하면서 또는 단순히 그들의 모험을 이야기하면서, 고대인은 세속적인 시간으로부터 분리되어 위대한 시간, 곧 성스러운 시간에 마법처럼 다시 들어갔던 것이다.[27]

추정컨대, 의례에서 성스러운 이야기들의 플롯을 실연하는 것은 앞서 빅터 터너의 사회적 드라마에 대한 논의에서 언급했던 것과 동일한 목적을 성취할 것이다. 엘리아데 역시 그의 저작 대부분의 주안점은 아니지만, 신화적 서사를 인간 행동의 더 일반적인 모델로 보았다.[28]

누군가는, 그 동기가 복수였다고 알려진 티머시 맥베이의 오클라호마 연방 빌딩 공격에 이런 종류의 도식을 적용할 수 있는지 질문할 수 있다. 아마도 이러한 연결은 단순히 피어스의 서사에 나오는 허구상의 공격에 영감을 받은 것이겠지만, 분명 소설이 신화처럼 기능할 수 있다고 시사한 이가 내가 처음은 아닐 것이다.[29]

다른 한편으로, 이 유형이 다윗교도들에 대해 갖는 관련성은 명백하다. 특히 코레시의 경우, 공격과 포위라는 극적인 현재의 시간이 성경의 성스러운 시간으로 완전하게 받아들여져, 그는 요한계시록을 연구함으로써 다음에 일어날 일을 예견하려 했다.

우리가 여기서 고려할 수 있는 또 하나의 간단한 사례는 보수적인 이슬람주의자들이다. 예를 들어 수니파 테러리스트들은, 반드시 그런 것은 아니지만 주로 살라피의 배경을 갖고 있다.[30] 살라피들은 이슬람 초기 3세대 — 특히 쿠란, 하디스hadith(무함마드에 대한 전통적인 이야기와 그의 말들) 그리고 시라sira('예언자'의 초기 전기)에 나타난 예언자 무함마드와 그 동료들—가 세운 본보기를 엄격하게 모든 삶의 모델로 삼아 따르려 한다. 이 이슬람의 형성기는 사실상 일종의 역사화된 그때illud tempus로서(또는 신화화된 역사라고 말할 수 있는 것으로서) 기능하게 된 것이다.

> '예언자'는 모든 면에서 본보기가 되어야 한다. 살라피들은 또한 '예언자'의 동료들(살라프)의 모범도 따른다. 왜냐하면 그들은 신의 사자로부터 직접 이슬람에 대해 배웠으며, 그래서 '예언자'의 본보기에 대한 정확한 묘사를 가장 잘 제공할 수 있기 때문이다.[31]

살라피 무슬림들은 '예언자'가 옷을 입은 방식, 이를 닦은 방식과 같이 세세한 것들을 모방하기까지 한다. "심지어 외모, 일상 행동, 예배의 사소한 것들도 하디스에 포함되어 있으며, 그것들을 진지하게 받아들이는 이들에게는 중요한 것으로 보인다."[32]

살라피들은 쿠란과 하디스를 '해석'하기보다는 거기서 나오는 자명한 원칙들을 적용하고 있다고 느낀다. 살라피 전통이나 다른 문자주의적 이슬람 분파의 지하디스트들은 초기 무슬림 전통에 자신들의 행위의 근거를 두는 것에 마찬가지로 단호하다.

> 모든 전략은, 군사 전략, 공격 우선순위 그리고 목표 선택을 포함하여 투쟁에서 수행되는 모든 행위가 무함마드의 삶에 의해 인도되어야 하며 쿠란, 하디스 또는 시라의 지지를 받아야 한다는 원칙 위에 입각해 있다.[33]

그래서 예를 들어, 이른바 9·11 핸드북, 곧 비행기 납치범들을 위한 지침을 담고 있는 아랍어로 쓰인 4쪽짜리 문서는 "정당하고 영감을 주는 모델로서 무함마드의 군사적 실천"을 언급하고 있으며,[34] "모두 우리 선조들이 전쟁에 나가기 전에 했던 것처럼 이를 악물어야 한다"라는 권유와 같이 매우 자세한 지침을 제공한다.[35] 그래서 오늘날의 지하디스트들은 그들의 현재 투쟁을 '예언자'와 그의 동료들의 투쟁의 연속으로 본다.

예를 들어, 알카에다al-Qaeda의 공격은 7세기 무함마드의 군사 행동과 마찬가지로 '출정ghazawāt'으로 불린다. 자살 공격은 '순교 작전al-'amaliyyāt al-istishhādiyya'으로 이름 붙여지고, 그래서 초기 이슬람 시대에 전장에서 쓰러진 순교자shuhadā' 뿐만 아니라 고전적인 순교istishhād 개념과도 관련된다. 이러한 공격의 실행은 완벽하게 의례화되어 있으며, 이 '순교 작전'의 혁신적 성격에도 불구하고, 그들은 전장에서 '순교를 추구했던' 무함마드의 동시대인들과 끊임없이 관련된다. 알카에다의 공격은 '예배'ibāda' 행위로 그리고 '예언자'의 공격을 재현한 것으로 표현된다(이 책에 실린, 피터르 나닝하가 쓴 11장에서 인용함).

알카에다의 운동과 같은 것에서, 무함마드와 그의 의로운 동료들의 시대는 신자들이 현재의 상황을 이해하고 이에 반응할 수 있는 범례를 제공하는 '그때illud tempus', 곧 "시간을 초월한 진리의 성스러운 보고"가 된다.[36] 엘리아데가 신화라는 성스러운 과거를 의례적으로 재연하는 일의 효과를 묘사했던 것과 같이, 현재 행위를 '예언자'와 그의 초기 공동체의 이야기에서 발견되는 범례들과 일치시키는 것은 행위자들이 "과거의 표본적인 사건들로 현재의 행동에 무감각해지도록" 만든다.[37]

결론

내가 앞서 언급하는 데 신중했듯이, 이 글은 종교와 테러리즘에 대한 포괄적 이론을 제시하려는 시도가 아니었다. 그보다 나의 목적은 신화들에 대한 초기 이론화, 특별히 미르체아 엘리아데가 논의한 일부 아이디어들을 탐구하고, 그것들을 특정 테러리스트 행위가 체화하고 있는 신화적/의례적 성격과 연결시키는 것이었다. 나는 특별히 이런 종류의 행동을 인간에게 특징적인 모방 욕구, 곧 출생 직후 활성화되기 시작하는, 타고난 것으로 보이는 욕구의 관점에서 이론화하는 데 관심이 있었다.

성스러운 서사에서 발견되는 범례를 모방하는 일에 우리가 끌리는 것을 이해하기 위해 엘리아데가 추가하는 중요한 설명적 요소 가운데 하나는 우리가 의미를 필요로 한다는 것이다.

> 우리가 만약 때때로 과도하게 추상적인 엘리아데의 용어들과 그의 신비스러운 개념들을 판단하기를 중지한다면 …… 그는 단순히 인간은 본질적으로 자신들의 삶을 살고 거주할 의미 있는 장소를 건설하기를 원한다고 말한다. 그들은 더 큰 전체의 일부가 되고, 뿌리를 내리고, 중심에 있다고 느끼기 원하며, 때로는 일상의 제약과 평범함 그리고 진부함으로부터 자유를 느끼기 원한다.[38]

오늘날 관찰자들은 왜 일부 개인이, 특히 무슬림 배경을 가진 젊은 사람들이 상대적으로 편안한 집을 떠나 알카에다나 이슬람 국가IS에 합류하는지에 대해 추정해 왔다(이 책의 제5장 마지막 부분과 제11장에서 짧게 논의되었다). 많은 분석이 흔히 놓치고 있는 것은 무함마드 시대에 있었던 것과 같은 이슬람 공동체를 실제로 재건설한다고 주장하는 운동들이 발휘하는 강력한 유인력이다. 그러한 주장을 받아들이는 개인들에게 알카에다나 IS에 합류하는 것은, 현재를 떠나 '예언자'와 그의 초기 동료들의 시대로 되돌아가서 결국 무슬림의 '그때'에 마련된 범례를 모방함으로써 의로운 동료 중 한 명이 되는 것과 다를 바 없을 것이다. 물론 이것은 왜 무슬림 청년들이 시리아와 이라크로 떠나는가 하는 질문에 완벽한 대답은 아니다. 그러나 나는 그것이 순전히 사회학적·정치적·경제적 변수들에 기반하는 설명들에 잠재적으로 유용한 보충 설명을 제공한다고 주장한다.

1 Andrew Macdonald[William L. Pierce], *The Turner Diaries*(Washington, DC: National Vanguard Books, 1978).

2 Robert A. Segal, *Theorizing About Myth*(Amherst: University of Massachusetts Press, 1999), p.148.

3 다음의 논의를 참조하라. Michael Stausberg, "Prospects in Theories of Religion," *Method and Theory in the Study of Religion*, 22(2010), p.226.

4 예를 들어, Mircea Eliade, *The Myth of the Eternal Return: Cosmos and History*, translated by Willard Trask(Princeton: Princeton University Press, 1971)[미르치아 엘리아데, 『영원회귀의 신화』, 심재중 옮김(서울: 이학사, 2003)].

5 이 점에 대해서는 예를 들어 Segal, *Theorizing*, pp.67~97과 pp.135~141 참조.

6 Carl G. Jung, *The Archetypes and the Collective Unconscious*, translated by R. F. C. Hull(Princeton: Princeton University Press, 1968), p.154[칼 구스타프 융, 『원형과 무의식』, 한국융연구원 C.G.융 저작 번역위원회 옮김(서울: 솔, 2002), 241쪽].

7 Carl G. Jung, *Flying Saucers: A Modern Myth of Things Seen in the Sky*, translated by R. F. C. Hull(Princeton: Princeton University Press, 1978).

8 Bronislaw Malinowski, "Myth in Primitive Psychology"(orig. 1926), in Ivan Strenski(ed.), *Malinowski and the Work of Myth*(Princeton: Princeton University Press, 1992), pp.81~82.

9 Victor Turner, *Dramas, Fields, and Metaphors: Symbolic Action in Human Society*(Ithaca: Cornell University Press, 1974), Ch.2[빅터 터너, 『인간 사회와 상징 행위: 사회적 드라마, 구조, 커뮤니타스』, 강대훈 옮김(서울: 황소걸음, 2018), 2장].

10 그러나 주류·담배·화기단속반(ATF)은 다윗교도들이 텍사스 웨이코의 시민들을 대상으로 테러 공격을 계획했다고 혐의를 제기했다. 이것은 사실 ATF의 급습이 개시된 구실 중 하나였다. ATF 관계자의 말에 따르면, 다윗교도들은 "나와서 웨이코 시민들을 공격하려고 했다"[James R. Lewis, "The Mount Carmel Holocaust: Suicide or Execution?" in James R. Lewis and Carole M. Cusack(eds.), *Sacred Suicide*(Surrey, UK: Ashgate, 2014), p.235].

11 그 상황은 일반적으로 모르몬교로 알려져 있는 예수 그리스도 후기성도 교회의 것과 다르지 않다. 모르몬교는 자기 교회의 수장을 새로운 진리를 드러내기 위해 권능을 받은 살아 있는 예언자로 인정한다.

12 Eugene V. Gallagher, "Theology Is Life and Death: David Koresh on Violence, Persecution, and the Millenium," in Catherine Wessinger(ed.), *Millennialism, Persecution, and Violence: Historical Cases*(Syracuse: Syracuse University Press, 2000), p.86에서 인용.

13 James D. Tabor, "Religious Discourse and Failed Negotiations," in Stuart A. Wright(ed.),

Armageddon in Waco: Critical Perspectives on the Branch Davidian Conflict(Chicago: University of Chicago Press, 1995), p.265에서 인용.

14 James R. Tabor, "The Waco Tragedy: An Autobiographical Account of One Attempt to Avert Disaster," in James R. Lewis(ed.), *From the Ashes: Making Sense of Waco* (Lanham, MD: Rowman & Littlefield, 1994), pp.15~17.

15 Tabor, "Religious Discourse," p.270.

16 이 짧은 설명은 Tabor and Gallagher(1995)의 부록을 포함하여 여러 곳에 등장했다.

17 혼란을 피하기 위해서, 모방은 흉내와는 다르다는 것을 언급해야 한다. "흉내는 문자적이며, 가능한 한 똑같이 복사하려는 시도이다. 모방은 흉내처럼 문자적이지 않다. 부모의 행동을 따라하는 자식은 부모의 행위 방식을 모방하지만 행동 그대로를 흉내 내는 것이 아니다"[Merlin Donald, *Origins of the Modern Mind: Three Stages in the Evolution of Culture and Cognition*(Cambridge, Massachusetts: Harvard University Press, 1991), p.16].

18 Jean-Michel Oughourlian, "From Universal Mimesis to the Self Formed by Desire," in Scott R. Garrels(ed.), *Mimesis and Science: Empirical Research on Imitation and the Mimetic Theory of Culture and Religion*(East Lansing: Michigan State University Press, 2011), pp.41~54.

19 Richard Dawkins, *The Selfish Gene*(Oxford: Oxford University Press, 2nd ed. 1989), p.173[리처드 도킨스, 『이기적 유전자』, 홍영남·이상임 옮김(서울: 을유문화사, 2010), 323쪽].

20 Jean Decety and Thierry Chaminade, "The Neurophysiology of Imitation and Intersubjectivity," in Susan Hurley and Nick Chater(eds.), *Perspectives on Imitation: From Neuroscience to Social Science*(Cambridge, Massachusetts: MIT Press, 2005), p.133.

21 예를 들어, Giacomo Rizzolatti, "The Mirror Neuron System and Imitation," in Hurley and Chater, *Perspectives*, pp.55~76. 거울 신경세포의 중요성이 논의되었다는 것도 언급해야 한다. 이 점에 대해서는 다음을 참조하라. Gregory Hickok, *The Myth of Mirror Neurons* (New York: Norton, 2014).

22 James A. Van Slyke, *The Cognitive Science of Religion*(Surrey, UK: Ashgate, 2011), pp.101~102. 과거에는 인지-진화적 관점에 이끌리지 않았는데, 내가 이 관점에 대해 제대로 인식하게 된 것은 종교 연구 내의 더 극단적인 일부 반(反)보편화 입장, 곧 연구자가 초문화적 유형들을 논의할 때마다 본질주의라는 비난을 상쇄시켜 주는 목소리에 대해 이 관점이 제공하는 평형력 덕분이다.

23 Sir James George Frazer, *The Golden Bough: A Study in Magic and Religion*(Hertfordshire, UK: Wadsworth, 1993; rpt. 1922), pp.12~13.

24 Malinowski, "Myth," p.100.

25 Daniel L. Pals, *Nine Theories of Religion*(New York: Oxford University Press, 3rd ed., 2015), p.247.

26 같은 책, p.237.

27 Mircea Eliade, *Myths, Dreams and Mysteries*, translated by Philip Mairet(New York: Harper & Row, 1967), p.23[미르체아 엘리아데, 『신화·꿈·신비』, 강응섭 옮김(고양: 숲, 2006), 18쪽].

28 Robert A. Segal, "Are There Modern Myths?" in Bryan Rennie(ed.), *Changing Religious Worlds: The Meaning and End of Mircea Eliade*(Albany: State University of New York Press, 2001), p.26.

29 예를 들어, Thomas C. Sutton and Marilyn Sutton, "Science Fiction as Mythology," *Western Folklore*, 28(4)(1969), pp.230~237; Yusuf Nuruddin, "Ancient Black Astronauts and Extraterrestrial Jihads: Islamic Science Fiction as Urban Mythology," *Socialism and Democracy*, 20(3)(2006), pp.127~165.

30 참고로 이 점에 관하여 오해가 없도록, 대다수 살라피주의자들은 평화적이라는 것에 주목하기 바란다. 살라피즘에 대해 권위 있게 다루고 있는 Meijer(2009) 참조.

31 Quintan Wiktorowicz, "Anatomy of the Salafi Movement," *Studies in Conflict & Terrorism*, 29(2006), p.209.

32 Mary Habeck, *Knowing the Enemy: Jihadist Ideology and the War on Terror*(New Haven: Yale University Press, 2006), p.45.

33 같은 책, p.137.

34 Bruce Lincoln, *Holy Terrors: Thinking about Religion after September 11*(Chicago: University of Chicago Press, 2003), p.10[브루스 링컨, 『거룩한 테러』, 김윤성 옮김(파주: 돌베개, 2005), 38쪽].

35 Hans G. Kippenberg and Tilman Seidensticker(eds.), *The 9/11 Handbook: Annotated Translation and Interpretation of the Attackers' Spiritual Manual*(London: Equinox, 2006), p.16에서 인용.

36 Lincoln, *Holy Terrors*, p.35[링컨, 『거룩한 테러』, 86쪽].

37 같은 책, p.12[링컨, 『거룩한 테러』, 42쪽].

38 David Cave, "Eliade's Interpretation of Sacred Space and Its Role toward the Cultivation of Virtue," in Rennie, *Changing*, p.238.

10 타밀일람 해방 호랑이

일라타밀족의 자결권 확립을 위한 비종교적 · 정치적 · 전투적 운동

페터르 스할크

벨루필라이 프라바카란Vēluppiḷḷai Pirapākaraṇ(1954-2009)은, 1972년과 2009년 사이에는 도시 게릴라 운동이, 후에는 정규군이 수호한 사실상의 국가를 이끈 인물로, 이들은 스리랑카의 북부와 동부에 기구들을 설립하며 영토 지배력을 증진시켜 나갔다. 1987년부터 타밀일람 해방 호랑이the Liberation Tigers of Tamil Eelam―LTTE 또는 '타밀 호랑이'로 알려짐―는 스스로를 UN A/Res/42/159에 따라 자결권을 가진 민족 해방 운동으로 여겼다. 그러나 해방 호랑이는 인권에 대한 요구를 따르지 않는 것으로 여겨졌기 때문에 국제 공동체에서 국가로 인정받지 못했다. 스리랑카 국가는 해방 호랑이를 테러리스트들이 만든 것으로 간주했으며, 일라타밀족Ilattamiḷs(타밀일람 해방 호랑이의 목적에 동조한 지지자들)이 자결권을 갖고 있다는 것을 부정했다. 게다가 자결권을 인정받기 위한 타밀 호랑이의 투쟁은 인도와 미국과 같은 다른 나라들의 지정학적 이해관계에 맞지 않았다.

벨루필라이 프라바카란은 2009년 5월 18일 물리바이칼Muḷḷivāykkāl에서 스리랑카 공군에 대항한 무장 투쟁 중에 죽었다. 그곳에서 해방 호랑이는 파멸되었으나, 스리랑카 정부GoSL에 대항한 초국적 저항운동은 계속 남아 있다. 그

운동은 유엔이 일라타밀족의 자결권을 인정하게 하기 위해 스리랑카의 북부와 동부에서 정치적 수단들을 동원한 투쟁을 지속하고 있다.[1]

이 글은 종교가 타밀 호랑이 운동에서 중요한 것이 아니었고 또한 아니라고 주장한다. 분리 독립을 위한 벨루필라이 프라바카란의 협상과 투쟁의 근거는 일라타밀족과 같은 사람들을 위한 보편적 자결권의 개념이었다. 스리랑카 정부, 인도 그리고 나머지 세계의 의지에 반하여 이 권리를 수립하고자 했던 협상이 실패한 이후, 벨루필라이 프라바카란은 비종교적·정치적·군사적 순교학 martyrology을 가르침으로써 무장 투쟁에서 그의 핵심 요원들을 이끌었다.[2]

*

벨루필라이 프라바카란의 언어가 전통적인 타밀 종교 용어—역사가들이 명확히 밝힐 수 있는 의미와, 더 중요하게는 의미상 변화—로 가득 차 있다는 것을 고려할 때 모순되어 보이는 시도이긴 하지만, 내가 벨루필라이 프라바카란의 정치적 프로그램에 적용한 '비종교적'이란 용어부터 짚어보고자 한다. 호랑이 운동은 '마비라르māvīrar(위대한 영웅)'란 용어를 영어 단어인 '마터martyr(순교자)'에 자주 비교했다. 영어 단어 '마터'의 경우 정의상 종교적 함의를 가지고 있지만, 타밀어 '마비라르'는 아니다. 심지어 영어 단어 '마터'의 의미도 다의적이다. 이 단어는 현대 사회에서 고통당하는 사람을 가리키기 위해 비종교적으로 사용될 수 있다. 타밀어에서 '마비라르'의 개념은 종교적인 함의를 자아내지 않는다. 오히려 그것은 전투에서 '비라차부vīraccāvu', 곧 '영웅으로서 죽음'에 이르는 사람을 가리킨다.

물론 타밀어로 출판된 벨루필라이 프라바카란의 광범위한 저작들은 언어와 내용 면에서 그 저작들이 생산된 상황에 영향을 받았다. 그것은 20세기 초에 시작된 타밀과 시할라Sihala 대변인들 사이의 말의 전쟁에 이어, 1970년대 중반부터는 양쪽이 비타협적으로 싸웠던, 전면전으로 알려진 극단적 상황이었다.[3] 우리는 이 말의 전쟁에서, 특히 벨루필라이 프라바카란의 언어에서 어휘소 형식의 점진적인 과격화에 대해 말할 수 있는데, 이는 의미론적 변화와 변이, 곧 언어 사용의 일탈로 이어졌다. 여기서 일탈은 정치적 소요의 맥락에서 대담한 표현의 형태로 일어난, 의식적이고 의도적인 언어 변화로 이해된다. 그 변화는 물론 비상시국에 나타난 정치의 일탈을 반영하며 그에 의존한다. 벨루필라이 프라바카란의 경우에, 이 변화는 종교적 의미장에서 비종교적 의미장으로의 과격한 의미 전치轉置로 이루어졌다. 어떤 이는 벨루필라이 프라바카란이 타밀 용어 아람*aram*(산스크리트어 다르마*dharma*)을 사용했기 때문에 그를 인도의 종교들에 연결시킬 수도 있을 것이나, 프라바카란의 사상 속에서 이것은 보편적인 인권 개념을 가리킨다.[4]

✳

몇몇 인터뷰에서 벨루필라이 프라바카란은 자결自決은 가능하지만 반드시 내일 실현될 수 있는 것은 아니라고 확신하게 되었다고 증언했다. 그의 세대에서 자결은 예측 불가능하거나, 불확실하거나, 우연적인 아이디어라고 느껴졌다. 타밀일람 독립 국가가 존재하게 되는 것은 먼 미래, 곧 '언젠가'였다. 다른 말로 해서, 자결이 '비우연적'이 되는 것은 바로 이 장기간의 관점에서만 가능했다.

이마누엘 칸트Immanuel Kant로부터 유래하는 전통에서, '우연성'은 환경, 대상 그리고 사건에 투사되는 것이라고 할 수 있다. 일부 신학자들은 세계는 우연적이며 신은 우연적이지 않다고 말한다. 역사과학적 관점에서 세계는 물론 우연적인 것이 아니지만, 우연성의 경험이라고 부를 수 있는, 세계의 부재와 비필연성의 상상된 가능성과 관련되는 당혹스런 경험이 있다. 우연성이라는 용어는 객관적 세계보다는 세계를 주관적으로 경험하는 인간 세계에 속한다.[5]

벨루필라이 프라바카란으로 다시 돌아가서, 그의 성찰 가운데 하나는 다음과 같다.

언젠가 타밀일람이 일어서리라는 것은 확실하다. 당신도, 우리의 사람들도 자유를 얻으리라는 것은 확실하다. 평등한 사회로서 우리의 나라가 번영하리라는 것은 확실하다. 이 희망과 정신적 투지를 갖고 우리는 해방을 위한 우리의 길을 망설이지 않고 영웅적으로 행진해 갈 것이다.[6]

벨루필라이 프라바카란과 주변의 추종자들은 잠재적이고 숨은 우연성의 경험을 가지고 매일을 살았다. 그는 추종자들에게 행위는 반드시 목적으로 이어져야 한다는 역사적 결정론을 가르쳤다.[7] 그는 다음과 같이 말한 것으로 잘 알려져 있다. "역사는 나의 안내자valikāṭṭi이다."[8] 그리고 그는 그에 대한 충성의 확인을 통하여 스스로 안내자의 역할을 담당했다.[9] (유산/기억으로 이해될 수 있는[10]) 역사와 자신에 대한 이러한 확신은 실패의 가능성을 제거했으며, 이는 오로지 하나의 결과, 곧 성공만이 가능하다는 것을 뜻했다. 복잡성은 감소했으며, 이는 프라바카란에게 자신감을 불러일으켰다.

프라바카란은 염려스러운 불확실성의 경험을 감소시키기 위해 또 하나의 방법을 실천했다. 그가 살았던 환경은 카이밤Caivam(시바파Shivaism), 바이나밤 Vaiṇavam(비슈누파Vaishnavism), 무캄마티야 카마얌Mukammatiya camayam(이슬람), 키리타부 카마얌Kiṟittavu camayam(기독교), 파우탐Pauttam(불교)과 같은 종교들에 깊이 영향을 받았다.[11] 이러한 신앙들은 '성스러운 것'으로 주장되는 가치들을 드러냈다. 이러한 환경에서 종교적 개념들은 감정적으로 그리고 인지적으로 불확실성을 감소시킬 수 있는 충분한 힘을 가지고 있었다. 그것들은 염려스러운 우연성의 경험이 감소되는 초월 세계의 경험을 나타냈다. 벨루필라이 프라바카란은 이것을 인지했으며, 이 종교적 개념들의 세계로부터 아이디어를 빌려왔다. 일부 정치인들이 종교 레토릭에 몰두하는 방식을 고려할 때, 그러한 행위는 특별히 독창적으로 보이지 않을 수 있다. 그러나 프라바카란은 호랑이 운동에 종교적 요소가 포함되어 있다는 생각을 일축했다. 그 운동의 이데올로기와 실천은 그 전투원들 사이에 종교를 위한 자리를 남겨두지 않았다.[12] 이 비종교적 이데올로기는 영토적·언어적·역사적·문화적 민족주의뿐만 아니라 애국주의의 이름으로 헌신과 의례적 실천에 대한 도덕적 요청을 포괄했다.[13] 우리는 독특한 관계와 마주하고 있다. 프라바카란의 언어는 전통적인 종교 개념들을 다양하게 참조하고 있는데, 이는 비종교적 의미장의 맥락에서 이해되어야 한다. 예를 들어, 전투에서 목숨을 버렸던 경건하거나 성스러운 수도자의 용감한 이미지를 사용하여 그는 전사한 전사들을 언급했다. 그러나 죽음에 대한 그러한 의례에는 카이밤이나 기독교가 전혀 언급되지 않았으며, 사제나 목사가 그 의례를 수행하지도 않았다. 프라바카란은 이렇게 썼다.

> 다른 사람들의 행복한 삶을 위해 스스로를 소멸시키는 용기를 갖는 것은 경건한 금욕*teyvīkat turavaram*이다. 그 경건한 계보*teyvīkap piravikal*는 진정한 검은 호랑이들의 계보이다.[14]

'금욕'과 함께 '경건한'이 두 번 사용된 것을 고려하면, 이 인용문은 철저하게 종교적인 것으로 보인다. 그러나 이 텍스트에 대한 힌두교적인 또는 기독교적인 해석은 원래의 기의가 기표에 '부가'되거나 '부착'된 것이라고 전제하는데 이는 흔한 오류이다.[15]

첫째, 우리는 군사적인 순교와 마주하고 있다는 것을 깨달아야 한다. 전투원들은 살인 행위에 자신들의 삶을 바치지만, 이것은 막시밀리안 콜베Maximilian Kolbe와 같은 가톨릭 순교자의 근대적이고 이상화된 이미지와는 잘 맞지 않는다. 군사적인 순교는 다르다. 어떤 이는 그것은 결코 순교가 아니라고 말할 것이다. 그러한 견해는 종교적이지만 역사적이지는 않다. 군사적인 순교는 전 세계에 널리 퍼져 있었으며, 지금도 그러하다. 그러나 비종교적인 군사적 순교는 드물다.

둘째, 우리는 '경건한'이란 용어를 '성스러운'(이하 내용 참조)과 같은 방식으로 해석할 수 있다. 투라바람*turavaram*, 곧 '금욕'이란 낱말에 관한 한, 이것은 삶의 즐거움의 포기, 거부 그리고 자제로 정의될 수 있다. 여기서 벨루필라이 프라바카란은 카이밤 그리고/또는 기독교—이 종교들은 외적·내적 금욕주의를 천상에서의 영혼 구원을 위한 전조라고 일컫는다 — 에서 표현을 따왔으나, 그는 그것을 모든 일반 전투원들(검은 호랑이Black Tiger, 레오파드Leopards, 닌자와 같은 특수부대 집단들)이 그들의 군사 경력에서 통과해야 하는 쿠야 올루캄*cūya oḷukkam*, 곧 '자기 훈련'에 요구되는 엄격한 실천에 적용했다. 그들의 삶은 천상에서 끝나는 것이 아니라 무덤에서 그리고 살아 있는 자들의 기념 속에서 끝난다. 그 너머에는 아무것도 없다.

훈련이라는 개념은 자기 훈련으로 이해된다. 기본 길잡이로서 전사를 표현하는 6가지 필수 특징*paṇpukaḷ*을 정교화한 행동 수칙이 있다. 그 가운데 하나는 필요에 따라 청산가리를 먹고 자카트*jakkaṭ*를 입을 정신적 준비이다. 이 용어는 영어 '재킷jacket'을 타밀어화한 것으로, 허리 주위에 폭탄 벨트를 두르고, 주어진 과업을 완수할 필요를 상기시켜 주는 것으로서 목 주위에 작은 청산가리 병을 다는 복장을 일컫는다. 이러한 자기 훈련과, 전사 훈련의 성취를 위한 다른 행동 규칙들에 대해 종교 용어인 '금욕'을 사용함으로써, 프라바카란은 진정한 금욕은 전사 훈련이라는, 곧 전사 훈련이 카이바와 기독교의 금욕과 다를 바 없다는 아이디어를 암묵적으로 표현한다. 인도 고유의 종교 집단들이 배출하는 순수한 종교 금욕주의자는 자아 중심성("외로운 코뿔소") 때문에 전사로서는 쓸모가 없다. 서로에게 완전히 의존하는 닌자 암살 집단에서 그러한 금욕주의자와 무엇을 할 수 있겠는가? 프라바카란이 헌신과 훈련의 요청 때문에 카이바와 기독교 금욕주의자의 이미지에서 매력을 발견했다고 말하는 것은 타당할 것이다. 그러나 그는 헌신된 힌두교 신자, 곧 그의 전사들을 카이바 금욕주의자로 변화시킨 구루guru는 아니었다.[16] 다른 말로 해서, 그는 기표 '금욕주의'의 기의를 '신에 대한 헌신'으로부터 '자결권에 대한 헌신'으로 변화시켰다.

6개의 행동 규칙 가운데 하나는 전투원들에게 혼전 섹스, 술, 흡연을 멀리하도록 명령하는 것이었다. 도박 역시 인정되지 않았다. 이것들은 모두 민족의 자결권을 위한 활동에 집중하고 헌신하는 데 영향을 줄 수 있는 행동들이었다. 그들은 영혼 구원과 같은 종교적 목적은 갖고 있지 않았다. 아르피*Arppi*,

곧 '헌신'은 희생이라는 종교적 함의를 가지고 있으나, 벨루필라이 프라바카란은 이를 탈종교화했다. 그 헌신은 협상이 아니라 무장 투쟁을 통해서라도 자결권을 성취하는 것에 대한 헌신이었다.

민간인 사회는 호랑이 운동에 동의하고 심지어 지지하는 전통 종교를 발전시켰지만, 호랑이 운동의 비종교적 이데올로기와 실천은 민간인 사회에 부과된 것이 아니었다.[17] 타밀 호랑이들은 반종교적이거나 무종교적인 것이 아니라 프랑스 외인부대처럼 비종교적이었다. 종교는 제거된 것이 아니라, 전투원들의 삶에서 유보되거나 일부에 불과했다. 전투원이 잠시 집에 들를 때, 그/그녀는 자신의 종교를 실천할 수 있었다. 종교는 호랑이 운동에서 사사화私事化된 것으로 이해되었다. 복무 중인 전투원은 사적인 개인이 아니다. 이러한 종교의 제외는 공동의 전선을 약화시킬 수 있는 종교나 종파적인 태도에 기반한 갈등을 예방하는 기능을 했다. 그것은 업무적이고 실용적이었던 것이지, 반종교적인 것은 아니었다.

*

이제 '비종교적'이라는 용어를 사용할 때, 호랑이 운동이 상상하는 것을 나 또한 상상한다. 비종교적인 것은 '비非카이바,' '비기독교' 그리고 '비초월적'인 것이다.

'위대한 영웅'은 그리스도를 모방하여 행했던 순교자라는 견해나 적극적인 전투원은 카이바 금욕주의자와 같다는 추정과 같이, 숨은 종교적 의제를 호랑이 운동에 귀인歸因시키는 활발한 토론들이 있다.[18] 철저하게 종교적인 문화 안에 있는 사람이 어떻게 그의 정치 프로젝트의 우연성이라는 경험을 비초월적 아이디어로 변형시킬 수 있을까?

나는 벨루필라이 프라바카란의 언어에 있는 종교 개념들에 대한 나의 분석을 참조하여,[19] 여기서는 한 가지 아이디어, 곧 그가 종교를 다루는 방식의 사례로서 푸니타*punita*('성스러운/거룩한' 또는 '순수한')에 대해서만 덧붙일 것이다.[20]

스리랑카와 타밀나두Tamilnāṭu에서, 카이밤과 기독교 모두를 위한 타밀어에는 신학적 개념들을 위한 공동의 기초가 있다.[21]

카이밤과 기독교의 관점에서 성스러운 것은 초월적인 게시이다. 신적 초월 없이 신성함은 없다. 벨루필라이 프라바카란은 독립이 성스러운 권리(이하 내용 참조)라고 말하는데, 그것은 카이바/기독교적 해석의 경우에 그가 이 권리를 신이 주신 것으로 상상한다는 것을 함축한다.

벨루필라이 프라바카란이 성스러운 것으로 생각하는 것은 무엇인가? 그에게 '성스러운 것'은, 예를 들어 자결권에 담겨 있는 분리 독립할 권리를 사용함에 따라 일어나는 독립이다.

> 독립은 흥정을 통해 물건을 사고파는 것이 아니다. 피를 흘림으로써 획득되는 성스러운 권리oru puṇitamāṇa urimai이다.[22]

벨루필라이 프라바카란은 기독교인이나 유대인이나 카이바나 또는 무슬림처럼 생각하지 않는다. 그는 그 권리의 명백함을 다르게 정당화한다.

이 점을 부연하기 전에, 벨루필라이 프라바카란이 진술에서 이 권리가 피흘림을 통해서 성스러워지는 것이 아니라, 그러한 유혈을 통해 성취되어 왔다고 말하는 것에 주목하자. 그래서 우리는 아직 왜 이 권리가 성스러운 것으로 여겨지는지 모른다. 여기에는 벨루필라이 프라바카란의 다른 진술들에서 규칙적으로 강조되는 무언가 빠진 것이 있다.[23] 그의 성찰 가운데 하나를 검토하여 왜 이 권리가 여러 권리 중 하나일 뿐 아니라 이른바 성스러운 권리인지 찾아보자.

> 우리는 무엇을 요구하는가? 우리는 왜 싸우고 있는가? 우리는 우리의 땅에서, 역사적으로 우리의 거주지에서, 우리가 태어나고 자란 고향에서, 평화와 명예를 지키며 다른 이들에게서 독립cutantiram하여 살기를 원한다. 우리는 또한 인간namum maṇitarkaḷ이고, 기본적인 인권을 가지고 있는 인간 사회maṇitarkaḷukkāṇa

*aṭippaṭai urimaikaḷai koṇṭa oru maṉita camūkam*이다. 우리는 별개의 문화적 삶과 역사를 가진 별개의 민족 공동체이다. 우리는 우리 자신이 구별되는 특징을 가진 인간 사회로서 받아들여져야 한다고 요구한다. 우리는 우리의 정치적 삶을 스스로 결정할 권리를 가지고 있다. 이 권리의 바탕 위에, 우리는 스스로 통치하는 정부 체계를 세우고자 한다.[24]

프라바카란이 '인민people'은 스스로 결정한다는 보편법에 호소하고 있는 것이 여기에 분명히 나타나 있다. 이 글은 스스로를 해방 운동으로 주장하기 원했던 세계의 다른 많은 집단처럼, 호랑이 운동이 비국가 무장집단으로서 1988년에 서명한 인권 헌장에 쓰여 있는 사실이다.[25] 그가 타밀인들을 '인민'으로 만드는 속성 가운데 하나로서 종교를 언급하지 않는 것이 주목할 만하다.[26] 종교에 해당하는 통상의 타밀어 낱말인 차마얌*camayam*과 마탐*matam*은 프라바카란의 성찰을 모은 모든 선집에서 빠져 있다.[27] 게다가 그 지역에 퍼져 있는 다른 종교들은 이름도 언급되지 않았다. 그의 문화적 민족주의는 의도적으로 종교를 배제한 채 고안되었다. 그것은 공통의 영토, 공통의 언어 그리고 일라타밀의 공통 과거에 기반하고 있다.

벨루필라이 프라바카란은 일라타밀족이 단지 타밀인들만이 아니라 보편적 가치를 대표하고, 그 가치를 통해 인권 헌장의 의미에서 '인민'으로 여겨질 수 있음을 유엔에 보여야 한다는 것을 의식하고 있었다. 그는 또한 이 '인민'이 내부적 갈등에도 불구하고 함께하고 있다는 것을 보여주어야 했다. 프라바카란은 위 텍스트에서 민족주의라는 패를 꺼내지 않는다.[28] 여기서 그가 '인간 사회'와 '근본적인 인권'과 함께, 테치얌*tēciyam*('국가')이 아니라 '인민'을 말한다는 것이 인상적이다. 텍스트는 타밀인들이 특별하다는 것이 아니라 그들이 보편적인 인간임을 강조한다. 그는 독자들에게 호소하면서, 다른 점에서는 특별한 것을 보편화하려고 애쓴다. "우리도 인간이다." 그러므로 일라타밀인들도 인권을 가지고 있다는 것이 뒤따른다. 그는 인류의 이름으로 자결권을 위한 호소를 한다. 그는 일부가 아니라 전체를 위해 말한다. 누가 그것을 반대하겠는가?

이제 우리는 '성스러운'이란 용어로 돌아갈 수 있다. 벨루필라이 프라바카란은 광고나 스포츠 보도에서처럼 설득력 있는 방식으로만 '성스러운'을 사용하는 것은 아니었다. 종교 용어들이 지닌 감정적 과잉은 동원의 목적을 위해서 사용될 수 있지만 통찰력을 전달하기 위해서도 사용될 수 있다. 우리는 종교 용어에서 '초월'이라고 칭하는 인지적 순간을 알고 있지만, 벨루필라이 프라바카란의 사고에서는 초월성이 보편성으로 바뀌었다는 것을 발견하게 된다.

이 맥락에서 프라바카란이 도입하는 문장은 흥미롭다. 그는 독립이 매매할 수 있는 상품이 아니라고 설명한다.[29] 이마누엘 칸트의 도덕 이해는 도덕은 가격을 갖지 않아야 한다는 것이다. 가격이 없는 것은 존엄성을 갖는다.[30] 칸트가 프라바카란에게 미친 영향은 국제적인 인권단체의 언어를 통해, 특히 보편적인 순수 이성의 선험적 산물로서 칸트의 도덕 원칙에 대한 설명에 철학적으로 밀접한 국제 앰네스티Amnesty International를 통해 매개되었다.[31] 그는 글로벌 인권단체의 개입적인 영향력 아래에서 자신의 의식을 형성했다. 글로벌 인권단체가 파리Paris를 거쳐 호랑이 운동에 중요한 영향을 미쳤다는 것은 의심의 여지가 없다. 도덕은 기준들이 보편적이어야만 도덕적이라는 것이 이 단체의 토대였다. 이 아이디어는 이마누엘 칸트의 유산이다. 사실 칸트의 이 개념은 심지어 그것을 뛰어넘는다. 도덕은 모든 사람에게 절대적 필요성으로 적용될 때에만 도덕적이다. 보편에 대한 칸트의 견해는 인간을 넘어 모든 다른 합리적 존재들에게 적용하는 데까지 확장된다.[32]

이마누엘 칸트는 모든 도덕 개념들의 의미와 기원은 선험적이며, 그 개념들의 기원의 순수성Reinigkeit에 그것들의 존엄성이 있다고 가르쳤다. '불순한' 것은 즉각적인 것에 관련되는 반면, '순수성'은 초월적인 것의 신성함에 부여되는 특징이다. 푸니타Puṇita도 순수성으로 해석될 수 있다. 이마누엘 칸트에 따르면, 순수성은 이성의 선험적 특징이며 보편성과 동일하다(그리고 암묵적으로, 불순한 것은 경험적인 것이다). 여기에 우리는 도덕성을 보편적 행동원리로 보는 이마누엘 칸트의 정언 명령에 대한 정식화를 부가할 수 있다.

그대가 하고자 꾀하고 있는 것이 동시에 보편 법칙이 되는 원칙에 따라 행
하라.33

우리는 만약 신이 존재하지 않는다면, 반드시 신이 발명될 필요는 없다는
것이 명백하다고 결론 내릴 수 있다. 왜냐하면 이미 신의 대체자, 곧 규범들을
복종할 만한 것으로 만드는 가치의 보편성이 있기 때문이다. 이런 의미에서
이마누엘 칸트는 정언 명령이 순수한 이유는 신이 그것을 부여했기 때문이 아
니라, 우연하고 경험적인 것의 불순으로부터 벗어난 순수 이성의 보편적 가치
를 표상하기 때문이라고 말할 것이다.

벨루필라이 프라바카란은 '자결권'이라는 기표의 기의를 변화시켰다. "사람
들에게 스스로 결정할 권리는 성스러운 것이다"라는 생각은 "사람들에게 스스
로 결정할 권리는 초월적 신이 부여한 것이어서 반박할 수 없는 것이다"라는
것과 더 이상 동일하지 않다. 그 대신에 자결은 보편적 가치가 되고, 그래서
반박의 여지가 없다. 벨루필라이 프라바카란은 '성스럽다'고 말하지만 '보편적
인 것'을 상상한다.

우리는 또한 벨루필라이 프라바카란의 민족 공동체가 자신들의 권리를 위해
싸우고 피 흘렸다는 그의 진술을 고려해야 한다. 그는 이 아이디어에 대해 부
연하지는 않지만, 오늘날의 타밀 저항운동은 그렇게 해왔다. 그 진술은 피 흘
림은 재분배적 정의 개념의 맥락에서 이해되어야 하며, 그러기에 그것은 보편
적인 것으로 여겨진다고 말한다. 타밀 사람들은 그들의 고통을 통해서 이 고
통에 대한 보상으로서 독립할 권리를 얻었다. 프라바카란은 '재분배적 정의'나
'치유적 정의'라는 구절을 사용하지 않았다. 이 전문 용어들은 유엔이 2009년
전쟁의 마지막 국면에서 스리랑카 정부의 엄청난 인권 침해가 있었음을 인정
한 것에 대한 반응으로서 인권 활동가들이 도입했다.34 일부 인권 활동가들은
이 침해를 집단 학살로 규정했다.35 독일의 유대인 집단 학살에 이어 1948년
에 이스라엘에게 주어졌던 것과 유사하게, 집단 학살이라는 인식에 이어 국가
의 건설이라는 형태로 재분배적/치유적 정의를 실현해야 한다는 요구가 뒤따

랐다. 홀로코스트 경험과 뒤이은 법적 요구는 국제화되었다.[36]

*

요약하자면, 벨루필라이 프라바카란이 사용한 성스러운 독립의 권리에 대한 개념은 이 권리에 대한 요구를 고취하는 과정에서 우연성의 경험을 감소시켜 주는 신성divinity과 관련이 없다. 그보다는, 마찬가지로 이 우연성의 경험을 감소시켜 주는 인권의 보편성에 기대고 있다. 왜냐하면 보편성은 모든 우연성의 경험을 넘어서기 때문이다. 보편성에 대한 언급은 깨뜨릴 수 없고, 반박할 수 없고 그리고 복종할 만한 것으로 여겨진다.

우리는 가장 고귀한 가치들에 대해 말할 때 '최대의', '절대적인', '최종적인', '궁극적인'과 같은 강한 단어들을 사용할 수도 있다. 벨루필라이 프라바카란은 '성스러운'을 사용하지만, 이것은 신적인 것이나 일반적으로 말해서 초월적인 것과 관계가 없다. 그러나 그것은 그가 활동했던 깊이 있는 종교적 문화의 맥락에서 강한 감정적 힘을 가지고 있다. 그는 그러한 종교적 용어들의 감정적인 부분을 보존했다. 우리는 비종교적 맥락을 고려해서 '궁극적인' 또는 '절대적인'과 같은 단어를 사용할 수 있다. 프라바카란의 텍스트에서 모든 '성스러운'을 '궁극적인'으로 대체할 수 있다. 그러나 종교 용어 사용은 메시지를 급진화하는 그의 방식이다.

종교 용어의 초월성에 대한 그의 호소는 복종할 만한 것이 되는, 곧 보편적인 인권이 되는 다른 어떤 것을 향해 재구성되고 방향 지어졌다. 그가 인권을 성화聖化시켰다고 말하는 것은 물론 비논리적일 것이다.

현재의 타밀 저항운동 내부에서, 벨루필라이 프라바카란의 군사적 언어는 2009년 5월 이후 중단되었다. 그것은 너무 개인적이었다. 디아스포라 상황에서 일라타밀인들을 위한 자결권은 저명한 국제법 전문가들이 다루고 있다. 이 권리는 '강행 규범jus cogens'이자 특성상 예외 없이 적용되는 보편적이고 관례적인 국제법 원칙, 곧 '모두를 향한' 절대적 권리로서 고려된다. 내가 벨루필라이 프라바카란을 이해하는 한, 이것이 바로 그가 원했던 것이다. 하지만 드라비다 운동Dravidian movement의 영웅적 전통에 속한, 과장되고 화려한 언어에 대한 의존— 전쟁에서 언어의 과격화와 종교적 목표가 갖는 과잉된 힘을 사용하고자 하는 유혹—은 그가 종교의 어휘를 빌려오도록 했지만 항상 그런 것은 아니었다. 서구 외교관, 정치인 그리고 인권 활동가들을 향했던 성찰에서 보여진 바와 같이, 그는 종교적 어휘를 빌리지 않고도 표현할 수 있었다.

> 도덕적 수준*tārmīka aṭippaṭaiyil*에서 우리는 결정적인 토대 위에 서 있다. 우리 투쟁의 목적은 공정하다*niyāyamāṇatu*. 그것은 국제적인 인간성의 윤리와 일치한다 *carvatēca maṇita aṟatiṟkku icaivāṇatu*. 우리 민족은 자결권을 가지고 있다*taṉṉāṭci urimaikku*. 그들은 그들 자신의 국가를 세울 자격이 있다*taṉiyaracu*. 국제법*carvatēca caṭṭatin*에 따라 어느 누구도 이 권리를 거부할 수 없다.[37]

결론적으로, 벨루필라이 프라바카란의 언어에서 일탈은 전면전의 상황에서 그리고 종교 개념들이 여전히 인지적 지시reference와 감정적 과잉을 포함했던 특정한 문화 환경에서 발전되었다. 전쟁에서의 패배의 결과로, 대담한 개념들을 가지고 수행된 그의 언어적 곡예는 실패했다. 그러나 그의 목적은 실패하지 않았다. 그 목적은 이제 스리랑카 정부에게 집단 학살의 책임을 묻는 초국가적 저항운동을 통해 비폭력적으로 추구되고 있다. 궁극적 목적은 유엔의 자결권 인정의 형태로 재분배적/치유적 정의를 획득하는 것이다.[38] 무장 투쟁에 참여한 호랑이 운동에 대한 최종적 설명은 그 운동이 종교의 요구를 따른 것이 아니라, 이전 협상들에서 거부되었던 일라타밀인들의 자결권을 확립하기를 원했다는 것이다. 호랑이 운동은 비종교적, 민족적, 무장 운동의 한 모델이다. 종교는 중요하지 않았다. 비종교적·정치적·군사적 순교학이 그 전투원들에게 가르쳐졌다.[39]

1　Peter Schalk, "On Resilience and Defiance of the Īḷattamiḻ Resistance Movement in a Transnational Diaspora," in Volkhard Krech and Marion Steinicke(eds.), *Dynamics in the History of Religious between Asia and Europe: Encounters, Notions, and Comparative Perspectives*(Leiden, Netherlands: Brill, 2012), pp.391~411 참조.

2　Peter Schalk, "Martyrdom," in *Religions of the World: A Comprehensive Encyclopedia of Beliefs and Practices*(ABC/Clio: 2010), pp.1814~1819; Peter Schalk, "Memorialisation of Martyrs in the Tamil Resistance Movement of Īḷam/Laṃkā," in Axel Michaels(ed.), *State, Power, and Violence: Ritual Dynamics and the Science of Ritual III*(Wiesbaden, Germany: Harrassowitz Verlag, 2010), pp.55~73.

3　스리랑카 정부와의 무장 충돌은 1983년이 아니라 1970년대 초에 시작되었다.

4　cintaṉai 63:4, in Peter Schalk, *Die Lehre der Befreiungstiger Tamilīḷams von der Selbstvernichtung durch göttliche Askese: Vorlage der Quelle Überlegungen des Anführers (talaivariṉ cintaṉaikaḷ)*(Uppsala, Sweden: Acta Universitatis Upsaliensis, 2007), p.244. 또한 Schalk, *Die Lehre*, pp.119~122; Peter Schalk, "Ist die LTTE eine hinduistische Sekte?" in *Südasien: Zeitschrift des Südasienbüro*, 5(1998), pp.18~19 참조.

5　우연성 개념에 대해서는, Niklas Luhmann, *Funktion der Religion*(Frankfurt am Main, Germany: Suhrkamp, 1977); Peter Vogt, *Kontingenz und Zufall: Eine Ideen-und Begriffs-geschichte*(Berlin, Germany: Akademie Verlag, 2011) 참조.

6　talaivariṉ cintaṉaikaḷ 31:1, in Schalk, *Die Lehre*, p.223.

7　Schalk, *Die Lehre*, p.127f 참조.

8　talaivariṉ cintaṉaikaḷ 8:1, in Schalk, *Die Lehre*, p.209.

9　Schalk, *Die Lehre*, p.38.

10　역사와 유산 사이의 양극화를 서로의 관계에서 논의하고 있는 Peter Schalk, *Cāvilum vāḻvōm, "Auch im Angesicht des Todes werden wir leben": Īḷamtamile sein im Krieg und in der Fremde*(Dortmund, Germany: Internationaler Verein Emigrierter Tamilischer Schriftsteller e.V., 2006), pp.123~149 참조.

11　스리랑카의 종교들에 대한 개요는 Schalk, *Cāvilum vāḻvōm*, pp.94~122 참조. 스리랑카의 카이밤과 디아스포라에 대해서는 Peter Schalk, *God as Remover of Obstacles: A Study of Caiva Soteriology among Īḷam Tamil Refugees in Stockholm, Sweden*(Acta Universitatis Upsaliensis, Historia Religionum 23)(Uppsala: Acta Universitatis Upsaliensis, 2004) 참조.

12　N. Malathy, *A Fleeting Moment in My Country: The Last Years of the De-Facto State* (Atlanta, GA: Clear Day Books, 2012), p.118.

13　Schalk, *Cāvilum vāḻvōm*, pp.150~160; Schalk, *Die Lehre*, pp.27~32 참조.

14　Schalk, *Die Lehre*, pp.93~96, 102~104; cintaṉai 36:4, in Schalk, *Die Lehre*, p.227.

15　Peter Schalk, "Konsten att dö: om den ritualiserade fridöden bland Īḷavar på ön Īḷam," in *Riter och ritteorier, religionshistoriska diskussioner och teoretiska ansatser*(Stockholm: Nya Doxa, 2002), pp.157~215; Schalk, "Memorialisation," pp.60~71.

16　William Harman, "The Militant Ascetic Traditions of India and Sri Lanka," in Pratap Kumar(ed.), *Contemporary Hinduism*(Durham, NC: Acumen, 2013), pp.252~256.

17　Malathy, *A Fleeting Moment in My Country*, p.117 참조.

18 이런 종류의 귀인에 대해서는 Schalk, *Die Lehre*, p.138 참조.

19 Schalk, *Die Lehre*, pp.77~131; Schalk, "Konsten att dö," pp.192~198.

20 Schalk, *Die Lehre*, p.123f 참조.

21 Bror Tilliander, *Christian and Hindu Terminology: A Study in the Mutual Relations with Special Reference to the Tamil Area*(Uppsala, Sweden: Uppsala University, 1974).

22 *talaivariṉ cintaṉaikaḷ* 19:4, in Schalk, *Die Lehre*, p.264.

23 Schalk, *Die Lehre*, p.200, p.249.

24 *talaivariṉ cintaṉaikaḷ* 72:3, in Schalk, *Die Lehre*, p.295.

25 Oliver Bangerter, "Internal Control: Codes of Conduct within Insurgent Armed Groups," *Occasional Paper of the Small Arms Survey*, 31(2012), p.6.

26 Schalk, *Die Lehre*, pp.153~386.

27 이러한 생각에 대해서는 Peter Schalk, "Tamilische Begriffe für Religion," in Peter Schalk(ed.), *Religion in Asien? Studien zur Anwendbarkeit des Religionsbegriffs*(Acta Universitatis Upsaliensis, Historia Religionum 32)(Uppasala, Sweden: Acta Universitatis Upsaliensis, 2012), pp.80~124 참조.

28 *talaivariṉ cintaṉaikaḷ* 72:3, in Schalk, *Die Lehre*, p.295.

29 *talaivariṉ cintaṉaikaḷ* 19:4, in Schalk, *Die Lehre*, p.264.

30 Immanuel Kant, "Grundlegung der Metaphysik der Sitten," in *Kants gesammelte Schriften, Band 4*(Berlin, Germany: Preußische Akademie der Wissenschaften, 1911), p.411.

31 Stephen Hopgood, "Moral Authority, Modernity and the Politics of the Sacred," *European Journal of International Relations*, 15(2009), pp.229~255.

32 Kant, "Grundlegung der Metaphysik der Sitten," p.389.

33 같은 글, p.421.

34 Schalk, "On Resilience," p.394f; *Report of the Secretary-General's Internal Review Panel on United Nations Actions in Sri Lanka*(2012), http://www.un.org/News/dh/infocus/Sri_Lanka/The_Internal_Review_Panel_report_on_Sri_Lanka.pdf(검색일: 2015.7.10); *Report of the Secretary-General's Panel of Experts Report on Accountability in Sri Lanka* (2011), www.un.org/News/dh/infocus/Sri_Lanka/POE_Report_Full.pdf(검색일: 2015.7.10).

35 NESoHR, *"Damit Wir Nicht Vergessen": Massaker an Tamilen 1956~2008*(mit einer Einführung von Professor [em.] Dr. Peter Schalk)(Heidelberg, Germany: Draupadi Verlag, 2012).

36 익명, "Remedial Sovereignty," on *TamilNet*, https://www.tamilnet.com/art.html?catid=79&artid=34499(검색일: 2015.7.10).

37 *talaivariṉ cintaṉaikaḷ* 24:2, in Schalk, *Die Lehre*, p.219. 이 번역은 *talaivariṉ cintaṉaikaḷ* 63:4에서 반복된다.

38 Schalk, "On Resilience."

39 Schalk, "Memorialisation" 참조.

11 알카에다 폭력에서 종교의 역할

피터르 나닝하

알카에다al-Qaeda의 폭력에서 종교의 역할은 2001년 9월 11일 공격 이래로 격렬하게 논의되어 왔다. 공적 논쟁에서는 흔히 종교에 설명을 위한 역할을 부여해 왔다. 알카에다에 대한 학술 문헌들에서 해석은 나뉜다. 예를 들어 2005년부터 있었던 자살 공격에 대한 연구에서, 로버트 페이프Robert A. Pape는 알카에다 폭력을 설명하는 데 있어서 종교의 역할을 경시한다. 그는 "알카에다에게 종교는 중요하지만, 주로 외국의 점령에 대한 민족 저항의 맥락에서 그러하다"라고 쓴다.[1] 아사프 모하담Assaf Moghadam은 반대로, 알카에다의 장기적 과업은 "근본적으로 종교적이다", 곧 "기독교인과 유대인들의 불경스러운 동맹에 대항한 우주적 투쟁을 수행하는 것이다"라고 강조했다.[2] 다른 이들은 알카에다의 "거의 순수하게 정치적인" 즉각적 목적과 "뚜렷하게 이슬람적인" 궁극적 목적을 구분함으로써 이런 주장들에 대한 절충적 설명을 제공했다.[3]

이 장은 알카에다 폭력을 종교 연구의 통찰과 관련시킴으로써 알카에다 폭력에서 종교의 역할에 대한 보다 함축성 있는 이해를 제공하는 것을 목적으로한다. 테러리즘의 종교적 차원에 대한 논쟁들에서, 이 분야의 몇몇 학자들은 종교가 정치와 같은 다른 요소들로부터 분리되어서는 안 된다고 주장해 왔다.

그들은 종교가 특별한 맥락에서만 테러리스트 공격에 특정한 (하지만 대개 주요하지는 않은) 역할을 할 수 있다고 주장한다.[4] 다른 학자들, 그중에서도 가장 중요한 윌리엄 캐버노William T. Cavanaugh는, 한발 더 나아가 폭력을 설명하는 데 있어 '종교'라고 불리는 무언가에 독립적인 역할을 부여하려는 어떠한 시도도 이치에 맞지 않다고 주장한다. 종교를 그것의 세속적 대응물(로 추정되는 것으)로부터 분리할 수 있는 일관된 방법이 없기 때문이다.[5]

이 장은 1996년과 2011년 기간에 아프가니스탄과 파키스탄에서 오사마 빈라덴Osama bin Laden을 중심으로 하던 집단인 '알카에다 센트럴al-Qaeda Central' 지도자들의 진술에 기초하여, 추상적 범주인 종교가 알카에다 폭력에 역할을 했는지 안 했는지를 묻는 것은 매우 무익하다고 주장한다.[6] 그 대신에, 이 장은 지난 15년 동안 지하디스트 폭력에서 종교의 역할에 대한 질문이 왜 그렇게 유행했는지를 질문하는 것이 더 흥미롭다고 주장한다.

"이 전쟁은 근본적으로 종교적이다"

알카에다는 1980년대 아프가니스탄에서 소련군과의 전쟁에 참여했던 지하드 전사들의 다양하고 역동적이며 탈중심화된 네트워크로서 등장했다. 1990년대 중반 그 네트워크의 지도자들은 그들 지하드의 초점을 서구로 이동시켰고, 1996년에 '미군'에 대한 전쟁을 선포하는 성명에서 이를 강조했다. 그때부터 서구에 대한 알카에다의 전쟁은 전적으로 종교 전쟁으로 제시되었다. 1996년의 성명은 그것이 "이슬람의 사람들"과 "시온주의자-십자군 동맹 및 그들의 연합군들" 사이의 투쟁이라고 언급한다.[7] 빈라덴은 5년 후 알카에다가 2001년 9월 11일 적의 땅에서 적을 공격한 직후, 스스로 "이 전쟁은 근본적으로 종교적이다"라고 주장함으로써 훨씬 더 명확하게 표현했다. 그는 그것이 무슬림들과 "서구의 십자군 사람들" 사이의 갈등이며, 그들 사이의 증오는 "신앙과 신조의 문제이다"라고 썼다.[8]

1996년과 2001년 사이의 성명들에서 알카에다가 표현한 갈등은 전 세계에 걸친 종교 갈등이다. 알카에다 지도부에 따르면, '지하디스트 전위부대'가 진두지휘하는 전 세계의 무슬림 공동체(움마 umma)는 서구 세계와 그 동맹들 그리고 무슬림 세계의 '기만적인 지배자'로 알려진 이들로 구성된 적들의 연합과의 갈등에 참전하고 있다. 그러나 이 갈등은 단순한 갈등이 아니다. 빈라덴의 말로, 현재의 갈등은 심판의 날까지 계속될 "진리와 거짓" 사이의 영원한 갈등의 한 에피소드에 불과하다.[9]

알카에다 지도자들은 이 갈등에 있어서 현재 상황이 개탄스럽다고 강조한다. 이슬람의 땅들은 '불경한 군대'에 점령당하고 있고, 무슬림들은 아프가니스탄, 이라크, 사우디아라비아, 팔레스타인과 그 밖의 곳에서 억압당하고 굴욕을 당하고 있다. 알카에다에 따르면, 무슬림 자신들이 이 상황에 대해 책임이 있다. 그들은 무슬림 첫 세대들('경건한 선조들al-salaf al-sālih')의 '순수한 이슬람'으로부터 어긋났으며, 그것이 그들의 불행의 원인이다. 빈라덴은 말한다. "우리 중 많은 이들이 이슬람 종교에 대한 정확하고 포괄적인 이해가 없기 때문에 이러한 비참한 상황에 이르게 되었다."[10] 그러므로 알카에다 지도자들은 무슬림들이 올바른 신조'aqīda와 방법manhaj으로 돌아가야 한다고 반복해서 주장한다.[11] 이것은 신의 방법fī sabīl Allāh으로 지하드를 수행하는 것을 포함하는데, 알카에다의 성명에 따르면 이 전쟁 수행은 무슬림 땅을 '불경한 군대'의 점령으로부터 해방시켜야 할 의무가 있다.

알카에다는 무슬림 첫 세대들의 '순수한 이슬람'을 따를 것을 주장한다. 알카에다의 폭력도 그와 같이 '예언자'와 그의 동료들의 투쟁의 연속으로서 제시된다. 예를 들어, 알카에다의 공격은 7세기 무함마드의 군사 행동과 같이 '출정ghazawāt'으로 불린다. 자살 공격은 '순교 작전al-'amaliyyāt al-istishhādiyya'으로 이름 붙여지고, 그래서 초기 이슬람 시대에 전장에서 쓰러진 순교자shuhadā'뿐만 아니라 고전적인 순교istishhād 개념과도 관련된다. 이러한 공격의 실행은 완벽하게 의례화되어 있으며, 이 '순교 작전'의 혁신적 성격에도 불구하고, 그들은 전장에서 '순교를 추구했던' 무함마드의 동시대인들과 끊임없이 관련된다. 알

카에다의 공격은 '예배*'ibāda*' 행위로 그리고 '예언자'의 공격을 재현한 것으로 표현된다.[12]

그래서 알카에다의 표현에 따르면, 그들의 투쟁은 전적으로 종교적인 투쟁이다. 그러나 알카에다 담론에서 '종교'의 의미는 정확히 무엇인가? 이 점에 있어서 핵심 용어 가운데 하나가 '딘*dīn*'이다. 이 용어는 대개 '종교'로 번역되지만, 알카에다는 그것을 '신의 종교', 곧 이슬람을 지시하기 위해 사용한다.[13] 따라서 알카에다의 담론에서, 딘은 이만*imān*(신앙)과 밀접하게 연관되어 있으며, 그것의 반대는 흔히 서구에서 이해되는 것처럼 '세속적'이 아니라 '불신앙*kufr*'이다. 이것은 신의 딘, 곧 이슬람에 대한 불신앙을 가리키며, 그래서 이른바 무신론자들과 서구 담론에서는 '종교적'이라고 정의될 수 있는 유대인 및 기독교인들과 같은 집단들도 여기에 포함된다.

알카에다가 인지된 갈등을 재현하는 데 있어서, 적들의 정확한 믿음은 별로 의미가 없다. 예를 들어, 알카에다는 자주 서구의 적들을 '나사라*naṣārā*'('기독교인들'을 가리키는 쿠란의 용어) 또는 '살리비윤*ṣalībiyyūn*'('십자군')이라고 부름으로써 그들의 기독교 배경을 언급하지만, 또한 "종교*dīn*를 믿지 않는" 서구에 대해서도 동일하게 부른다.[14] 이것은 서구 담론에서는 역설적으로 들릴 수 있으나, 알카에다의 관점에서는 '기독교인들'과 '종교*dīn*를 믿지 않는 자들'은 이슬람을 충실히 지키지 않거나 심지어 반대하는 공통된 특징을 갖고 있는 동일한 불신자*kuffār*의 범주에 속한다. 이것은 갈등이 "근본적으로 종교적이다"라는 빈라덴의 언급을 다른 관점에 위치시킨다. 그것은 다른 종교 간 전쟁이나 세속적 전쟁에 반대되는 종교적 전쟁이 아니라, 딘의 추종자들, 곧 무슬림들과 불신자들*kuffār* 사이의 전쟁이다.

이 전쟁에서 알카에다는 스스로를 이슬람과 움마의 수호자로 드러낸다. 그 지도자들은 그들의 투쟁이 정치나 테러리즘과 어떠한 관련이 있다는 생각을 명확하게 거부한다. 정치와 관련하여, 그들은 성명에서 종교와 정치*siyāsa*를 구분한다. 종교의 중요성은 강조되는 반면, 정치는 대개 맹렬히 비난받는다. 알카에다의 담론에서 정치의 장은 주로 불신앙의 영역, 특별히 서구와 연관되어 있다. 의회와 민주주의와 같이, 흔히 서구의 제도와 개념이라고 말하는 것들은 거부된다. 왜냐하면 그것들은 인간이 만든 법을 따르는 것이며, 그래서 신의 주권을 반대하기 때문이다.[15] 게다가 정치는 서구와 무슬림 세계에 있는 서구 꼭두각시 정권들에 의한 억압 및 위선과 관련되어 있다.

미국이 주도한 '테러와의 전쟁'은 서구적인 이중 잣대의 주요한 상징으로 인식된다. 흥미롭게도, 알카에다 지도자들이 그들의 행위를 '테러리즘irhāb'으로 부르는 것을 항상 거부했던 것은 아니다. 몇몇 성명에서, 그들은 적들을 "공포에 떨게 하는 것"이 의무라고 시사하며(쿠란 8:60 참조), 빈라덴이 "미국에 대항한 우리의 테러리즘은 칭송받는 테러리즘이다"라는 결론에 이르도록 이끌었다.[16] 그러나 서구 지도자들이 '테러리즘' 용어를 사용하는 방식은 매우 위선적인 것으로 비난받는다. 빈라덴은 9·11 공격 직후 "이것이 테러리즘과의 전쟁이라고 주장하는 자들"에게 질문했다. "움마의 사람들이 수십 년 동안 학살되어 온 마당에 그들이 말하는 이 테러리즘은 무엇인가?"[17] 약 3년 후에 그는 결론을 내렸다. "파괴는 자유와 민주주의라고 불리는 반면, 저항은 테러리즘과 편협이라고 불린다."[18]

그래서 알카에다는 종교 전쟁을 벌인다고 주장하지만, 종교, 정치 그리고 테러리즘 개념에 부여하는 의미는 서구에서 지배적인 의미와 다르다. 종교, 정치, 테러리즘은 보편적인 초역사적 의미를 가지고 있지 않다. 그 개념들은 그들의 특정한 맥락에서 특정한 행위자들―그들 중에는 알카에다 지도자와 요원들이 있다―에 의해 협상되고 있는 문화 구성물들이다.[19] 이것은 알카에다 폭력에서 종교의 역할을 논의하는 데 영향을 미친다.

'종교 폭력'의 사례

알카에다 지도자들의 레토릭에도 불구하고, 알카에다의 폭력을 '종교'라고 불리는 무언가의 탓으로만 돌릴 수 없다는 것은 분명하다. 알카에다의 공격을 이해하기 위해서는 그들의 특정한 맥락에서 조직자와 실행자들의 구체적인 배경과 동기를 살펴보아야 한다. 그러나 종교가 알카에다의 폭력에 기여했는가 하는 질문은 여전히 남아 있다.

행위자들이 종교적이라고 여기는 특별한 믿음의 구성물들이 폭력에 기여할 수 있다는 것을 보여주는 경험적 자료는 무척 많다. 예를 들어, 알카에다 자살 폭탄 테러범들의 환송 비디오에 대한 나의 연구는 전 세계의 종교 갈등에 대한 알카에다의 메시지가 이들에게 행위 주체 의식을 제공하며, 적들에 대항하여 움마를 수호하는 순수한 이슬람의 추종자들로 주장되는 자들로서 그들에게 힘을 부여했다는 것을 보여준다.[20] 그러나 이것은 알카에다의 자살 공격을 '종교 폭력'으로서 지칭하거나 추상적 범주로서 '종교'가 이 공격에 기여했다고 주장하는 것과는 뭔가 다르다. 알카에다 성명들을 자세히 살펴보면 드러나듯이, 종교에 특정한 역할을 부여하는 것은 자의적이다. 두 가지 보기를 제시하겠다.

첫째, 알카에다의 지도자들은 서구에 대항한 자신들의 전쟁을 정당화하기 위해 미국과 유럽 국가들이 무슬림 세계에서 저지른 '범죄'를 자주 강조해 왔다. 2002년 11월 온라인으로 포스팅된 편지에서 빈라덴은 미군에게 알카에다가 왜 그들과 싸우고 있는지 설명한다. 빈라덴에 따르면, 미군은 "우리의 나라들을 점령하고", "우리의 부와 오일을 훔치고", 제재 수단을 통해 "이라크의 무슬림들을 굶겨 죽이고 있다". 그들은 이스라엘, 러시아, 인도가 각각 팔레스타인, 체첸, 카슈미르에서 무슬림들을 학살하는 것을 지원해 왔으며, 그뿐 아니라 무슬림들을 억압하고 있는 중동의 정부들과 협력해 왔다. 게다가 미국은 신의 법(샤리아)에 의해 지배되는 것이 아니라 고리대금업, 중독, 도박 그리고 비도덕성을 허용하고 여성들을 상품처럼 착취한다. 마지막으로 미군은 위선적이다. "너희의 주요 특징 가운데 하나를 우리 모두 잊지 말자. 곧, 너희의 예의와 가치의 이중성, 너희의 예의와 원칙 모두의 위선이다. 모든 예의와 원칙과 가치에는 너희들을 위한 것과 그 밖의 모두를 위한 것이라는 두 가지 척도가 있다."[21]

그래서 빈라덴은 알카에다가 미국과 전쟁을 벌이는 다양한 이유를 제공하

는데, 일견 '종교적인' 주장들이 우리가 '역사적', '정치적', '경제적'이라고 부를
수 있는 주장들과 나란히 사용된다. 더 정확하게 말해서, 이 '종교적인' 그리고
'비종교적인' 요인들은 서로 강하게 연결되어 있으며 일관되게 분리될 수 없다.
빈라덴이 자신의 편지에서 언급하는 미국의 무슬림 땅 '점령'에 초점을 두자
면, 1990~1991년 걸프전 이래로 미군의 사우디아라비아 주둔은 이 점에 있어
서 알카에다의 주요 관심사 가운데 하나였다. 빈라덴과 동료들은 이미 1998년
에, 미국은 "사우디아라비아의 부를 강탈하고, 지배자들에게 명령하고, 사람
들을 모욕하고, 이웃 국가들을 공포에 떨게 하고, 아라비아반도의 기지들을
이웃 무슬림 사람들과 싸우기 위한 최전선 부대로 만들고 있다"라고 썼다.[22]
서구적인 종교-세속의 구분을 전제하면, 이러한 공식화는 사우디아라비아의
'점령'이 서구에 대항한 알카에다의 저항을 설명하는 비종교적인(곧 정치적·경
제적인) 주장으로 여겨져야 한다는 결론으로 우리를 이끌 수 있다. 이것은 사
실 로버트 페이프가 알카에다 자살 공격에 대한 분석에서 주장하는 바이다.
그러나 알카에다의 관점에서, 아라비아반도의 점령은 철저하게 종교적인 문
제이다. 지하드 수행에 대한 권위 있는 법률에 따라, 알카에다는 불신자들의
이슬람 땅 점령은 이 무슬림 땅을 해방시키기 위한 지하드 수행을 각 무슬림
의 개인적인 의무로 만든다고 주장한다.[23] 따라서 빈라덴은 자신의 편지에서
미국인들에게 말한다. "전능하신 신께서 이 압제에 대해 복수할 권한과 선택
을 법률로 정하셨다. 그래서 우리는 공격받으면, 반격할 권리가 있다." 그는
미국인들에게 이것은 "우리의 종교가 명령하는 것이다. 그래서 우리에게서 지
하드와 저항과 복수 이외의 어떤 것도 기대하지 말라"라고 경고한다.[24]

그래서 점령이 알카에다 폭력에 대한 '종교적' 정당화로 여겨져야 하는지
아닌지에 대한 질문이 제기된다. 이 질문은 '종교적인' 영역과 '세속적인' 영역
사이의 확실하고 분명한 구분을 전제하기 때문에, 이에 대한 저마다의 답은
자의적일 것이다. 그러나 우리가 이미 알카에다의 종교 개념화에 대해 논의할
때 주목한 바와 같이, 이 영역들의 개념화는 장소와 시간에 따라 다르며, 특정
한 역사적·문화적 맥락의 산물이다.[25] 그래서 미군의 사우디아라비아 주둔은

명백하게 알카에다의 폭력에 기여했지만, '종교'라 불리는 무언가가 그들의 공격에 기여했는지에 대한 어떠한 결론도 일치하지 않는다.

둘째로, 이러한 관찰은 알카에다 지도자들이 공격 자체에 부여한 의미들에 의해 강조된다.[26] 앞에서 언급했듯이, 알카에다 지도자들은 움마가 비참한 상태에 있다고 인식한다. 그들의 성명에서 움마를 특징짓는 핵심 용어들은 '약함wahn', '수치dhull'이며, 무슬림의 '명예'ird'와 '존엄karāma'이 훼손되고 있다는 구절들이다. 반대로 지하디스트들은 움마의 운명을 부끄러워하고 적들의 범죄에 복수함으로써 명예를 회복하는 자들로 표현된다. 그 지도자들의 말로, 알카에다의 공격은 "우리의 움마를 명예롭게 하고", "이슬람 땅을 정복한 굴욕과 불신앙을 뿌리 뽑고", "움마가 현재 경험하고 있는 나약함, 무력함, 굴욕을 제거하는" 길이다.[27] 알카에다 폭력의 실행자들도 유사한 용어들로 자신들을 표현했다. 예를 들어, 9·11 공격자들 가운데 한 명은 자신의 고별 비디오에서 "나는 굴욕의 삶에서 아무런 즐거움을 느끼지 못한다. 내 심장은 나에게 내 주님의 종교를 따라 명예롭게 살도록 요구했다"라고 말한다. 그래서 그는 지하드에 헌신했으며, "그래서 나는 미국인들과 다른 이슬람의 적들을 죽이고 내 형제들의 피를 복수할 수 있다"라고 설명한다. 그는 자신의 공동체의 불명예를 복수했으며, "명예롭게 죽으러 나갔다"라고 하면서 성명을 마친다.[28] 알카에다의 폭력은 명예로운 것으로 여겨지며, 사상자들의 결과적인 숫자와 관계없이 움마의 존엄 회복에 기여하는 것으로 생각된다.

폭력에 대한 연구는 알카에다의 굴욕, 명예 그리고 복수에 대한 강조가 그러한 관점에서 예외적인 것이 아님을 보여주었다.[29] 특히 명예 감각이 강하게 발전한 문화에서는 공적인 모욕과 굴욕(곧 명예의 침범)은 수치감을 낳을 수 있으며, 결과적으로 폭력을 야기할 수 있다. 이런 사례들에서 폭력은 모욕당한 개인이나 집단의 명예를 되찾는 것으로 경험될 수 있다.

이러한 통찰은 지하드 개념이 유래한 맥락에서 부족의 구조와 가치가 지니는 의의를 고려할 때 중요하다. 7세기 아라비아에서 공동체'aṣabiyya, 특히 부족에 대한 충성은 사회 구조의 기초를 구성했다. 개인의 명예는 친족 집단에 강하게 연관되어 있으며, 친족 집단이 굴욕을 당했을 때 복수는 명예를 회복하는 데 중요하게 여겨졌다. 흔히 폭력은 명예 회복을 위한 적절한 수단으로 여겨졌다. 초기 무슬림들은 대개 충성, 명예, 복수의 관념을 취했지만, 그들은 주로 친족 집단보다는 움마에 적용했다. 이제 보호되어야 할 것은, 그리고 굴욕을 당한 경우에 보복해야 할 것은 움마의 평판이었다.[30] 이것이 지하드 개념이 발전된 맥락이었으며, 그 결과로 지하드는 초기 이슬람 원전들에서 충성, 명예, 복수와 같은 덕들과 긴밀하게 연결되었다.[31] 분명히 이 원전들은 21세기로 그대로 옮겨질 수 없다. 초기 무슬림들의 명예 규약은 수 세기를 거치면서 변화되고, 재정의되고, 재협상되었다. 그러나 수치와 명예는 부인할 수 없게 여전히 지하드에 대한 권위 있는 원전들에서 그리고 많은 지하디스트들이 태어나고 또한 활동하는 지역들에서 중요한 역할을 한다.[32]

점령의 사례에서와 마찬가지로, 굴욕, 명예 그리고 복수의 감정들이 알카에다 폭력의 종교적 동기로서 간주되어야 하는지 아닌지 결정하는 것은 불가능하다. 알카에다 담론에서 굴욕, 명예, 복수는 무슬림 공동체와 지하드 같은 개념들에 분리할 수 없게 연결되어 있으며, 그래서 이슬람을 위한 그들의 투쟁의 일부로 보인다. 그러나 종교와 세속적인 것의 구분을 전제할 때, 명예와 복수는 부족적 가치이며 그래서 세속적 동기로 여겨져야 한다고 주장할 수도 있다. 이 사례에서도, 어떠한 결정도 자의적일 것이다. 지하드나 움마 같은 '종교적' 개념들과 명예나 복수 같은 '부족적' 가치들 사이에 인위적인 구분을 유지하는 대신, 둘 다 지하디스트들이 그들의 폭력에 동기를 부여하고, 폭력을 실현하고, 폭력에 의미를 제공하기 위해 끌어들이는 문화적 레퍼토리의 일부로 보는 것이 나을 수 있다.

그래서 무슬림의 땅이 정복당했다는 것과 굴욕, 명예, 복수의 감정들은 분명히 알카에다의 폭력에 기여해 왔지만, 추상적인 '종교' 범주도 마찬가지인지를 묻는 것은 매우 생산적이지 못하다. 그 대신에, 알카에다 폭력에서 종교가 수행한 역할에 대한 질문들이 지난 15년 동안 왜 그렇게 유행했는지 묻는 것이 더 흥미롭다.

'종교 폭력'의 유행

윌리엄 캐버노는 서구에 초점을 두면서, 종교와 세속적인 것의 인위적 구분은 종교적이고, 광신적이며, 통제되지 않는 '타자'에 반대하여 세속적이고, 합리적이며, 근대적인 서구의 자기 정의를 재확인하고 인정하기 때문에 그렇게 자주 폭력에 적용되어 왔다고 주장했다. 캐버노에 따르면, 이른바 세속 폭력은 일반적으로 서구의 국가들과 이상들에 관련되어 있다. 반대로 종교 폭력은 전형적으로 비서구, 특히 무슬림 문화 형태의 산물로서 인식된다. 세속 폭력은 합리적이고, 기능적이며, 통제된 것으로 여겨지는 반면, 종교 폭력은 광신적이고, 제약되지 않는 것으로 보여진다. 이 이분법은 종교 광신도들을 억제하는 데 필수적이라고 여겨지는 세속 폭력을 서구 국민국가들의 이름으로 승인할 수 있다. 그래서 캐버노의 정통한 주장을 과도하게 단순화하자면, "종교 폭력의 신화"는 잘 작동하기 때문에 서구에서 유지된다.[33]

우리가 앞에서 주목했듯이, 알카에다의 성명들에서 유지되고 있는 이분법은 세속 폭력과 종교 폭력 사이의 구분이 아니라 (이슬람을 적대하는) 불신자들의 폭력과 자신들의 종교를 수호하는 알카에다 무자헤딘의 폭력 사이의 구분이다. 이러한 차이에도 불구하고, 캐버노의 통찰은 알카에다에 적용될 수 있다.

알카에다의 성명들에서, 적들의 폭력은 내재적으로 적의 불신앙에 연결되어 있다. 서구에 대한 알카에다의 표현에 초점을 맞추자면, 서구의 딘*dīn*의 결여는 '원칙과 예의'의 부재를 초래했다. 이것은 서구의 중동 정책이 위선이라는 주장을 설명해 준다. 알카에다 지도자들에 따르면, 민주주의, 인권, 자유에 대한 서구의 레토릭은 공허하다. 빈라덴은 말한다. "당신들에게 가치와 원칙은 단지 다른 이들에게 요구하는 무엇이지 당신들 스스로 지켜야 하는 것이 아니다." 예를 들어, 그는 "당신들이 요구하는 자유와 민주주의는 당신 자신들과 백인만을 위한 것이다. 나머지 세계에 대해서 당신들은 괴물 같고, 파괴적인 정책과 정부를 강요한다"라고 말한다.[34] 알카에다의 성명에 따르면, 서구의 불신앙은 자기 이익과 물질주의 태도에 의해서만 특징지어지는 정책들로 이끌었다. 부와 석유의 탈취를 포함하여, 무슬림 세계에서 서구가 행한 정책들이 보여주듯이, 서구인들은 세속적인 이익을 목표로 한다. 게다가 그들은 세속적 삶에 매여 있으며, 그 결과로 싸울 명분이 없는 그 군대는 사기가 없고, 죽음을 두려워하며, "안전하고 무사하게" 머물면서 멀리서 폭격하는 것을 선호한다.[35] 그러므로 알카에다 지도자들은 적들이 그들의 기술과 장비 때문에 우월해 보일 수 있으나 사기와 믿음이 관건인 국면이 되면 그들은 쉽게 굴복할 것이라고 강조한다.[36] 이렇게 무슬림 세계에서 서구의 폭력은 서구의 불신앙을 반영한다. 서구는 위선적이고, 비열하며, 물질적 이익을 목표로 하고, 어떠한 확신도 결여하고 있다.

알카에다에 따르면, 서구는 알카에다가 그에 대항하여 자신을 규정하게 하는 '타자'로서 기능한다. 성명들에서 적들의 불신앙은 무자헤딘의 순수한 믿음, 방법 그리고 신조와 대조된다. 서구의 자기 이익은 그와 달리 충성과 명예와 같은 가치에 인도되고 있는 알카에다 전사들의 태도에 반대된다. 서구는 무슬림들을 억압하지만, 알카에다의 무자헤딘은 움마를 지키는 자들로 나타난다. 그들의 싸움은 자기 계발과 세속적 이익을 목표로 하는 것이 아니라, 영웅주의, 명예, 남성다움 그리고 순수성을 상징한다. 그들은 세속적 존재에 집착하지 않고, 신의 방법으로 투쟁하는 데 헌신하기 위해 세속적 지위와 소유를 포기한다. 그들은 물질적 삶을 단념하고, 그들을 고도로 동기화하고 결국에는 승리를 가져다줄 그들의 종교를 위하여 자신을 기꺼이 희생하려고 한다.[37]

적들의 불신앙과 그로 인한 공허함, 위선 그리고 테러리즘은 알카에다가 스스로를 무함마드의 진정한 추종자로서 그리고 자신들의 공격을 승인된 저항으로서 제시할 수 있게 한다. 이슬람과 불신앙 사이의 구분은 알카에다가 움마의 선봉으로서 자신을 정의하는 데 기여하며, 자신들의 폭력을 진리와 거짓 사이의 영원한 전쟁의 부분으로서 정당화한다. 그 결과는 알카에다가 목표로 하고 있는 무슬림 청년들에 대한 강력한 호소로 나타난다.

굴욕을 당한 움마에 대한 알카에다의 메시지는 전 세계 무슬림 사이에 공유된 불만과 반서구 정서를 폭넓게 아우른다. 알카에다는 자신들을 전 세계 종교 갈등의 일부로 표현함으로써 이러한 불만과 관심을 연결시키며, 이는 (잠재적) 지지자들을 동료 무슬림들과, 그리고 그에 따라, 곤경에 처한 형제자매들을 위해 일어선 알카에다의 무자헤딘과 쉽게 동일시하도록 고무한다. 게다가 순수한 이슬람에 대한 알카에다의 강조는 호소력을 증가시킨다. 살펴보았듯이, 알카에다는 자신들의 메시지를 진정한 무슬림 전통으로 인식되는 것에 단단히 고정시켜, 그 메시지를 특정한 문화나 국가, 민족에 상관없이 모든 상황에 적용 가능하게 만든다.[38] 그러나 동시에 '진정한' 이슬람 전통은 새로운 상황에 적용되고 있고, 그래서 새로운 의미들을 제공했다. 그 결과는 뚜렷하게 세계화되고 있지만 그럼에도 불구하고 지역 관습 및 전통과 쉽게 섞이는 역동적인 하이브리드 이데올로기이다.[39] 알카에다의 메시지는 진정으로 이슬람임을 주장하고 그렇게 인식됨으로써, 그리고 동시에 근대적이고 지역적이고 글로벌한 맥락에 적용됨으로써 다양한 배경을 가진 사람들에게 매력적일 수 있다. 그 메시지는 전 세계의 젊은 무슬림들에게, 모욕당한 동료 신자들을 도울 수 있는 모델을 제공한다. 그것은 그들에게 행위 주체라는 감각과 '예언자'처럼 이슬람의 영광을 되찾을 수 있는 움마의 수호자로서 힘을 더해준다. 간단히 말해서, 알카에다의 메시지는 세계의 여러 다른 지역의 젊은이들에게 삶의 의미를 주는 길을 제공하며, 그 길은 진정으로 이슬람적이면서 동시에 완전히 근대적인, 그래서 그들에게 힘을 주고 그들의 필요와 경험에 잘 들어맞는 것으로 경험된다.[40]

결론

종교가 알카에다 폭력에 기여했는가 하는 질문이 유행하는 것은 이해할 만하다. 그것은 그 문제에 대한 서구의 인식을 강화했던, 갈등의 종교적 본질에 대한 알카에다의 강조 때문만은 아니다. 그러나 그 질문은 종교 개념이 가지고 있지 않은 일관성을 전제하고 있기에 올바른 질문이 아니다. 종교는 초역사적인 본질을 가지고 있는 것이 아니라, 다양한 관찰자들에게 다양한 것을 의미한다. 예를 들어, 서구 담론에서 종교는 흔히 세속적인 것에 반대되지만, 알카에다는 종교, 곧 이슬람을 불신앙과 구별한다. 무엇이 종교를 구성하는지는 특정한 역사적·문화적 맥락에 따라 달라진다. 그러므로 종교 폭력과 비종교 폭력 사이를 일관되게 구별하거나, '종교'라고 불리는 무언가가 폭력의 원인이 된다거나 폭력에 기여한다고 주장하는 것은 불가능하다. 행위자들이 종교적이라고 여기는 특정한 믿음, 가치 그리고 실천이 특정한 환경에서 폭력을 부채질할 수 있다. 분석적 관점에서 볼 때, 아직 이러한 믿음, 가치, 실천에 일관되게 '종교적'이라는 이름을 붙일 수는 없다.

폭력에서 종교의 역할을 연구하기보다는, 왜 흔히 전쟁과 폭력이 종교적 전쟁과 종교적 폭력으로 인식되는지를 탐구해야 한다. 알카에다 사례에서, 이것은 신앙이 없는 적들과 무자혜딘 사이의 대립이 알카에다가 예언자 무함마드의 길을 따라 움마를 수호하는 진정한 무슬림 집단으로 스스로를 정의하는 데 기여했다는 것을 보여준다. 이러한 이분법은 신앙이 없는 '타자'에 대한 알카에다의 주장된 우위를 재확인하고 승인했으며, 그리하여 '예언자'의 순수한 이슬람과 21세기에 고통당하는 그 추종자들의 이름으로 폭력을 정당화했다.

1 Robert A. Pape, *Dying to Win: The Strategic Logic of Suicide Terrorism*(New York: Random House, 2005), p.104.

2 Assaf Moghadam, "Suicide Terrorism, Occupation, and the Globalization of Martyrdom: A Critique of Dying to Win," *Studies in Conflict and Terrorism*, 29(8)(2006), pp.707~729, 특히 p.718. 또한 Assaf Moghadam, *Globalization of Martyrdom: al-Qaeda, Salafi Jihad, and the Diffusion of Suicide Attacks*(Baltimore: The Johns Hopkins University Press, 2008) 참조.

3 Mark Sedgwick, "Al-Qaeda and the Nature of Religious Terrorism," *Terrorism and Political Violence*, 16(4)(2004), pp.795~814.

4 R. Scott Appleby, *The Ambivalence of the Sacred: Religion, Violence, and Reconciliation* (Lanham: Rowman & Littlefield Publishers, Inc., 2000); Mark Juergensmeyer, *Terror in the Mind of God: The Global Rise of Religious Violence*(Berkeley: University of California Press, 2003); James W. Jones, *Blood that Cries out from the Earth: The Psychology of*

Religious Terrorism(Oxford: Oxford University Press, 2008); Charles Selengut, *Sacred Fury: Understanding Religious Violence*(Lanham: Rowman & Littlefield Publishers, Inc., 2008) 참조.

5 William T. Cavanaugh, *The Myth of Religious Violence: Secular Ideology and the Roots of Modern Conflict*(Oxford: Oxford University Press, 2009).

6 여기서 '알카에다'라는 용어는 '알카에다 센트럴'만을 가리킨다. 그래서 이른바 알카에다의 계열 조직이나 지부, 그중에서도 마그레브, 아라비아반도 그리고 이라크 지역 내의 조직들은 제외한다. 여기서 논의하고 있는 기간은 알카에다가 1996년 미국에 대항한 전쟁을 선포한 때부터 2011년 빈라덴이 죽기까지이다.

7 Osama bin Laden, "I'lān al-jihād 'alā al-Amrīkiyyīn al-muḥtalīn li-Bilād al-Ḥaramayn" ("두 거룩한 땅을 점령한 미국에 대한 지하드의 선포"), *Al-Quds al-'Arabi*, August 23, 1996, www.tawhed.ws/r?i=1502092b(검색일: 2014.5).

8 오사마 빈라덴의 제목 없는 편지, *Al-Jazeera*, November 3, 2001, translated in Bruce Lawrence, *Messages to the World: The Statements of Osama bin Laden*(London: Verso, 2005), pp.133~138, 특히 pp.134~135.

9 오사마 빈라덴의 제목 없는 오디오 성명, *Al-Jazeera*, January 4, 2004, translated in Lawrence, *Messages to the World*, pp.212~232, 특히 p.217. 또한 다음을 참조하라. 알카에다의 미디어 그룹 알사하브 미디어(al-Saḥāb Media)가 공개한 비디오에서 확인되지 않는 목소리의 성명, "Al-qawl qawl al-ṣawārim: ghazwa al-mu'adhin Abū Gharīb al-Makkī"["말은 칼들의 말이다. 무에진 아부 하리브 알마키(Muezzin Abu Gharib al-Makki)의 습격"], September 4, 2008, https://archive.org/details/AsSahab-TheWordIsTheWordOfTheSwords1(검색일: 2015.12, 0:20-0:41′).

10 빈라덴, January 4, 2004, translated in Lawrence, *Messages to the World*, p.227.

11 알사하브 미디어를 통한 아이만 알자와히리(Ayman al-Zawahiri)의 성명, "Ḥiṣād 7 sanawāt min al-ḥurūb al-ṣalībiyya("십자군 7년 전쟁의 결과"), September 17, 2008, https://archive.org/details/AsSahab-ResultsOf7YearsOfTheCrusades(검색일: 2015.12, 1:11:08-1:13:13).

12 Hans G. Kippenberg, "Defining the Present Situation of Muslims and Re-enacting the Prophet's Ghazwas," in Hans G. Kippenberg and Tilman Seidnsticker(eds.), *The 9/11 Handbook: Annotated Translation and Interpretation of the Attackers' Spiritual Manual* (London: Equinox Publishing Ltd., 2006), pp.47~58; Pieter Nanninga, "The Liminality of 'Living Martyrdom': Suicide Bombers' Preparations for Paradise," in Peter Berger and Justin Kroesen(eds.), *Ultimate Ambiguities: Investigating Death and Liminality*(New York; Berghahn Books, 2015), pp.79~96.

13 *dīn*의 의미에 대한 보다 미묘한 논의는 L. Gardet, "Dīn," *Encyclopaedia of Islam*(Leiden: Brill Online, 2012) 참조.

14 후자에 대해서는 중요한 알카에다 이론가의 성명, the Saudi Attiya Allah, in al-Saḥāb Media, "Ḥiṣād 7 sanawāt," 35:33-37:25 참조.

15 예를 들어, Ayman al-Zawahiri, "Advice to the Community to Reject the Fatwa of Sheikh Bin Baz Authorizing Parliamentary Representation," n.d., in Gilles Kepel and Jean-Pierre

Milelli(eds.), *Al Qaeda in its Own Words*, translated by Pascale Ghazaleh(Cambridge: The Belknap Press of Harvard University Press, 2008), p.192 참조.

16 알사하브 미디어를 통한 오사마 빈라덴의 성명, "Badr al-Riyāḍ 1"("리야드의 보름달 1"), February 4, 2004, https://archive.org/details/moon_BR(검색일: 2015.12, 19:00-19:08).

17 빈라덴, November 3, 2001, translated in Lawrence, *Messages to the World*, p.135.

18 오사마 빈라덴의 비디오 성명, "Risāla ilā al-shaʿb al-Amrīkī"("미국인에게 보내는 메시지"), *Al-Jazeera*, October 30, 2004, translated at www.aljazeera.com/archive/2004/11/200849163336457223.html(검색일: 2015.12).

19 심지어 알카에다의 성명 내에서도 이들의 의미가 서로 다르고 그것이 특정한 성명의 역사적 맥락과 성명을 하는 개인, 성명을 듣는 청중들에 좌우됨을 강조하는 것이 중요하다.

20 Pieter Nanninga, "Jihadism and Suicide Attacks: Al-Qaeda, al-Sahab and the Meaning of Martyrdom"(Ph.D Thesis, University of Groningen, 2014).

21 오사마 빈라덴의 제목 없는 성명, October 6, 2002, translated at www.theguardian.com/world/2002/nov/24/theobserver(검색일: 2015.12).

22 World Islamic Front for Jihad against the Jews and Crusaders, "Bayān al-Jabha al-Islāmiyya al-ʿĀlamiyya li-jihād al-yuhūd wa-l-ṣalībiyyīn"("유대인과 십자군에 대한 지하드를 위한 세계 이슬람 전선 성명"), *Al-Quds al-ʿArabi*, February 23, 2008, www.library.cornell.edu/colldev/mideast/fatw2.htm(검색일: 2015.12).

23 지하드 개념에 대해서는 David Cook, *Understanding Jihad*(Berkeley: University of California Press, 2005) 참조.

24 빈라덴의 성명, October 6, 2002. 알카에다의 지하드에 대한 더 세련된 정당화에 대해서는 World Islamic Front, "Bayān al-Jabha al-Islāmiyya al-ʿĀlamiyya" 참조.

25 Talal Asad, *Genealogies of Religion: Discipline and Reasons of Power in Christianity and Islam*(Baltimore: The Johns Hopkins University Press, 1993); Talal Asad, *Formations of the Secular: Christianity, Islam, Modernity*(Stanford: Stanford University Press, 2003) 참조.

26 Nanninga, *Jihadism and Suicide Attacks* 참조.

27 오사마 빈라덴의 제목 없는 오디오 성명, February 14, 2003, translated excerpts in Lawrence, *Messages to the World*, pp.186~206, 특히 p.195; 알사하브 미디어를 통한 빈라덴의 성명, "Tadmīr al-mudammira al-amrīkiyya Kūl"("미국 구축함 [USS] 콜의 파괴 2"), summer, 2001, https://archive.org/details/AsSahab-StateOfTheUmmah2(검색일: 2015.12, 27:55-28:35); 알사하브 미디어를 통한 무스타파 아부 알야지드(Mustafa Abu al-Yazid)의 성명, "Jihād wa-istishhād: al-qʾāid Abū al-Ḥasan"("지하드와 순교: 사령관 아부 알하산"), July 8, 2008, https://archive.org/details/Jihad-wa-Esishhad(검색일: 2015.12, 3:27-4:44).

28 알사하브 미디어를 통한 아흐마드 알하즈나위(Ahmad al-Haznawi)의 성명, "Waṣāyā abṭāl ghazawāt Nīw Yūrk wa-Wāshintun: Aḥmad al-Haznāwī"("뉴욕과 워싱턴을 급습한 영웅들의 뜻"), April 15, 2002, https://archive.org/details/Haznawi(검색일: 2015.12, 50:27-54:53).

29 Anton Blok, "Introduction," in Anton Blok, *Honour and Violence*(Cambridge: Polity Press, 2001), pp.1~13 참조.

30 Timothy Winter, "Honor," *Encyclopaedia of the Qur'an 2*(Leiden: Brill Academic Publishers, 2002).

31 Reuven Firestone, *Jihad: The Origin of Holy War in Islam*(Oxford: Oxford University Press, 1999), pp.30~36.

32 예를 들어, Philip Carl Salzman, *Culture and Conflict in the Middle East*(New York: Humanity Books, 2008) 참조.

33 Cavanaugh, *The Myth of Religious Violence*, 특히 pp.225~230.

34 빈라덴의 제목 없는 성명, October 6, 2002.

35 이 점에 있어서, *dīn*이라는 용어가 *dunya*, 곧 '세계' 또는 '물질적 삶의 영역'의 반대말로도 사용된다는 점에 주목하는 것이 흥미롭다. Garde, "Dīn" 참조.

36 알사하브 미디어를 통한 오사마 빈라덴의 성명, "Waṣāyā abṭāl," 39:59~40:39; 알사하브 미디어를 통한 확인되지 않는 목소리의 성명, "Jihād wa-istishhād," 0:23~2:59.

37 아티야 알라(Attiya Allah)는 그 갈등을 "진리와 거짓 사이의", "유일신을 믿는(*tawhīd*) 사람들과 불신앙(*kufr*) 사람들 사이의", "이슬람의 아들들과 딘(*dīn*)을 믿지 않는 물질주의적이고 무신론적인(*mulhid*) 서구의 아들들 사이의" 그리고 "신이 명령한 대로 신의 땅에서 신을 예배하고 사랑하는 순수하고 억압받는 사람들과 불의한 폭군들, 도를 지나친 파렴치하고 비도덕적이고 반역하는 사람들 사이의" 갈등으로 묘사함으로써 거울 이미지를 표현했다. 그래서 그는 "우리의 전쟁 개념은 모든 개념 가운데 가장 고상하고 가장 정의로운 것이다. 왜냐하면 그것은 신에 대한 두려움과 신의 의지와 그의 딘(*dīn*)을 돕는 것에 기초하고 있기 때문이다"라고 결론 내린다. al-Saḥāb Media, "Ḥiṣād 7 sanawāt," 35:33~37:25.

38 Olivier Roy, *Globalized Islam: The Search for a New Ummah*(New York: Columbia University Press, 2004), pp.257~287 참조.

39 예를 들어, David Leheny, "Terrorism, Social Movements, and International Security: How Al Qaeda Affects Southeast Asia," *Japanese Journal of Political Science*, 6(1)(2005), pp.87~109; Madawi Al-Rasheed, "The Local and Global in Saudi Salafi-Jihadi Discourse," in Roel Meijer(ed.), *Global Salafism: Islam's New Religious Movement*(London: Hurst & Company, 2009), pp.301~320 참조.

40 이 주장에 대한 더 정교한 논의는 Nanninga, *Jihadism and Suicide Attacks* 참조.

12 야만의 의미
테러, 종교 그리고 이슬람 국가(IS)

피터르 나닝하

2004년에 지하디스트 이론가 아부 바크르 나지Abu Bakr Naji는 무자헤딘의 적들을 패배시키기 위한 장기 전략의 윤곽을 서술한 "야만의 경영Management of Savagery"이라는 제목의 논고를 썼다. 장기간의 지속적인 폭력 캠페인을 통하여, 그리고 테러와 혼란을 일으킴으로써, 칼리프 국가가 재건설될 수 있는 영토들을 획득할 수 있으리라는 내용이었다.[1]

이슬람 국가IS는 흔히 나지의 청사진을 따랐던 것으로 여겨진다. 2006년에 '이라크의 이슬람 국가Islam State of Iraq'로 설립된 이 집단은 이라크에서의 미군 철수와 시리아 내전 발발 이후 유명해졌다. 2013년 봄, 시리아로의 확장을 선언했으며, '이라크 알샴 이슬람 국가Islam State of Iraq and al-Sham: ISIS'라는 이름 아래 이라크와 시리아 양국 수니파 지배 지역의 넓은 영토를 정복했다. 그러한 성공에 고무된 IS는 초기 이슬람 제국을 재건설하고 묵시적 예언을 완수하기로 결의하고 2014년 6월 29일에 지도자 아부 바크르 알바그다디Abu Bakr al-Baghdadi를 새 칼리프로 선포하면서 칼리프 국가의 재건을 선언했다. 나지의 소책자가 출판된 지 10년 후, '신의 약속'은 이루어졌다.[2] IS는 수많은 잔인한 폭력행위를 거쳐 기반을 확립했으며, 더 많은 폭력행위들이 이후 몇 년 동안 이어졌다.[3]

이 주제에 대한 대부분의 문헌에서 IS의 폭력은 나지의 전략 노선을 따르는 두려움의 수단으로 인식되어 왔다. 이에 따라 이 집단의 폭력은 주로 적군이 든지, 자칭 칼리프 국가 지역의 사람들이든지, 또는 다른 표적 사회의 사람들 이든지 간에, 표적 청중들 사이에 공포와 혼란을 확산시키는 수단으로서 해석 되어 왔다.[4] 이 관점은 중요하나 충분치 않다. 폭력에 대한 연구가 보여주었듯 이, 폭력은 단지 목적을 위한 수단이 아니다. 폭력행위는 참여자들에게 문화 적 의미를 체화시키고 청중에게 무언가를 '말하는' 표현적 행위이기도 하다.[5] 따라서 IS의 폭력은 그것의 문화적 맥락에서 그리고 관련된 행위자들에게 그 것이 갖는 의미를 조사함으로써 연구되어야 한다.

이 장에서 나는 IS의 폭력이 그 폭력 참여자에게 갖는 문화적 의미를 탐구 할 것이다. 그렇게 하면서 나는 종교의 역할에 특별한 주의를 기울일 것인데, 일부 저자들에 따르면 그것은 극적이고 상징적인 폭력 사례에서 특히 유의미 하다.[6] 이러한 목적으로 나는 서구를 목표로 한 IS의 두 가지 상징 폭력 사례, 곧 비디오로 녹화된, 2014년 미국과 영국의 저널리스트와 국제 구호 요원 네 명의 참수와 2015년 11월 13일 파리 공격에 초점을 둘 것이다. 이 두 사례에 기초하여 나는, IS가 극적인 상징 폭력행위를 일으키기 위해 끌어오는 근거를 무슬림의 전통이 제공한다고 주장할 것인데, 여기서 극적인 상징 폭력행위는 두려움을 일으키는 수단일 뿐만 아니라 행위자가 다른 이들에게 자신들의 사 회 상황을 드러내는 공연이기도 하다.[7]

"적들의 목을 치기"

2014년 8월 19일과 10월 3일 사이에 IS의 가장 중요한 매스컴인 알푸르칸 미디어al-Furqān Media는 미국 저널리스트 제임스 폴리James Foley와 스티븐 소틀 로프Steven Sotloff 그리고 영국의 국제 구호 요원 데이비드 헤인스Daivd Haines와 앨런 헤닝Alan Henning의 처형 모습을 담은 영상 네 개를 각각 공개했다.[8] 각 영상은 라카Raqqa 근처 언덕 어딘가의 모래 위에서, 손은 뒤로 묶인 채 오렌지색 점프슈트를 입고 무릎을 꿇고 있는 포로를 보여준다. 그 포로 뒤에는 복면을 쓴 검은 옷의 사형 집행인이 서 있다. 그는 '지하디 존Jihadi John'으로 알려졌으며, 후에 런던 출신의 모하메드 엠와지Mohammed Emwazi로 확인되었다. 포로와 '지하디 존'이 각각 그 처형의 이유에 대한 짧은 성명을 발표한 후에, '지하디 존'은 인질을 땅바닥으로 밀치고 칼을 희생자의 목에 갖다 대고 톱질하듯 자르기 시작한다. 카메라는 장면 전환을 하고, 그러고 나서 엎어진 채 잘린 머리가 등 가운데 놓인 희생자의 참수된 몸이 보인다.

무엇이 IS가 이러한 살인을 하도록 동기를 부여했는가? 이 사건에 대한 미디어 보도에 따르면, 처형의 주요 동기는 정확하게 첫 번째 비디오가 공개되기 11일 전에 시작된 미국 주도의 대IS 공습이었다. IS는, 예를 들어 각 참수 영상을 미국 대통령 버락 오바마Barrack Obama, 영국 수상 데이비드 캐머런David Cameron 또는 폭격에 대해 논평한 신문 기자의 짧은 동영상과 함께 시작함으로써, 처형을 이 군사 행위에 대한 보복으로 규정한다. 공습은 또한 포로들과 그들의 처형자가 발표한 성명의 주요 주제였으며, 처형자는 "너희들의 미사일이 지속적으로 우리 국민들을 공격한strike 것처럼, 우리의 칼은 계속하여 너희 국민들의 목을 칠strike 것이다"라고 말한다.[9] IS의 온라인 잡지 ≪다비크Dabiq≫의 3호에서 동일한 내용이 주장되었다. 이 잡지는 제임스 폴리의 참수에 대한 8개의 주장을 제시했는데, 모두 그 지역에 대한 미국의 정책들과 관계가 있다.[10]

그래서 참수는 IS를 겨냥한 서구의 공습에 대한 성명으로 인식될 수 있으며, 미국과 미국 동맹국들의 '충격과 공포shock and awe' 작전에 대한 보복으로 서구에 충격과 공포를 야기하는 것을 목표로 했다. 그 살인들은 "인질은 위협적인 방식으로 제거해야 하며, 그 방식은 적과 그 지지자들의 가슴에 공포를 전달할 것이다"라고 쓴 나지의 「야만의 경영」의 청사진을 따른 것이었다.[11] 이 노선을 따라, 이 처형은 공습이 계속되는 한 더 많은 피가 뒤따를 것임을 강조한 것이었다. 엠와지가 표현하듯이 서구가 "물러나서 우리 민족을 가만두지" 않는다면 처형될 다음 인질이 처형자와 함께 있는 모습을 보여주는 네 영상의

마지막 장면들은, 이 점에서 진땀이 나게 하는 무서운 장면으로 기능했다.[12]

그러나 처형의 주요 맥락을 '정치적'인 것으로 이름 붙일 수 있겠지만, '종교적'이라고 지칭될 수 있는 요소들도 역할을 하고 있다. IS의 관점에서, 참수와 그들이 보복이라고 주장하는 공습은 전 세계 종교 갈등의 일부이다. 칼리프 국가의 재건을 선포한 이래로 IS는 스스로를 전 세계 무슬림들의 수호자로 드러내 왔다. 흔히 불리는 대로 "'예언자'의 방식을 따르는 칼리프 국가"는 전 세계에서 굴욕을 당하는 무슬림들을 위한 성소로 묘사되어 왔다. IS 대변인 아부 무함마드 알아드나니Abu Muhammad al-'Adnani가 표현했듯이, 그것은 "억눌린 자, 고아, 과부 그리고 가난한 자들"을 위해 샤리아Sharī'a 법과 정의가 지배하는 국가이다. 그러나 IS가 강조하듯이, 칼리프 국가의 정의로운 법은 또 다른 측면이 있다. 지난 수십 년 동안 무슬림들에게 수치를 준 적들은 보복당하리라는 것이다. 폴리 비디오가 공개되기 7주 전 알아드나니는 IS가 "적의 목을 꺾을 것이다"라고 말했다.[13] 이러한 관점에서 참수는 단지 정치적인 두려움의 수단만이 아니라, 전 세계 무슬림 공동체, 곧 엠와지가 성명에서 간접적으로 가리킨 그것을 수호하기 위한 IS의 종교 투쟁의 맥락에서 이해해야 한다.[14]

이것은 이른바 정치적이고 종교적인 요소들이 IS의 관점 안에 강하게 얽혀 있다는 것을 보여준다. 이 책에 쓴 알카에다al-Qaeda에 대한 글에서 내가 주장했듯이, 정치와 종교의 개념은 시간과 장소에 따라 다르며 특정한 문화적 맥락의 산물이다. 그런 이유로, 폭력이 (본질적으로) 정치적인지 종교적인지를 묻는 것은 별 도움이 되지 못한다. 그 대신에 무슬림 신앙, 텍스트, 상징 그리고 실천들이 폭력을 형성하고 폭력에 의미를 제공하기 위해 어떻게 사용되는지를 탐구하는 것이 더 유익할 것이며, 이 절의 나머지 부분에서 그 작업을 할 것이다.

연관된 행위자들에게 폭력이 어떤 의미가 있는지 이해하기 위해서는 폭력의 상징 형식을 조사하는 것이 필수적이다.[15] IS의 처형 사례에서, 조직자들이 무슬림 전통에 확립되어 있는 처형의 수단을 선택했음을 언급하는 것이 중요하다.[16] 참수는 수라sūra 47:4과 같은 쿠란의 구절들로 정당화될 수 있다. 그 구절은 "믿지 않는 자들을 만나면, [그들의] 목을 치라ḍarb al-riqāb"라고 말한다.[17] 게다가 메디나에서 유대인 바누 쿠라이자Banu Qurayza 부족 700명을 참수한 사례와 같이, 몇몇 전통들도 예언자 무함마드와 그의 동료들뿐만 아니라 계승자들, 곧 '정통 칼리프al-rāshidūn'들이 적들의 참수를 명령하거나 실행했다고 이야기한다.[18]

이 권위 있는 초기 이슬람 전통들은 IS가 자신들의 행위에 의미를 부여할 수 있는 중요한 근거들을 제공한다. 엠와지는 처형을 적들의 "목을 치는 것"으로 표현함으로써 반복적으로 참수에 대한 쿠란의 승인(으로 주장되는 것)을 암시한다.[19] 게다가 첫 번째 참수 영상 공개 하루 뒤에, IS를 지지하는 이론가 후사인 빈마무드Hussayn bin Mahmud는 인질의 참수는 전적으로 이슬람적인 것이라고 주장하는 "참수 문제에 관하여"라는 제목의 성명을 발표했다. 빈마무드는 수라 47:4과 그에 대한 해석들뿐만 아니라 적들을 참수한 무함마드와 초기 칼리프들에 대한 전통들을 광범위하게 언급함으로써 자신의 주장을 뒷받침한다. 그는 다음과 같이 결론 내린다. "'예언자'와 정통 칼리프들의 시대에 목을 치는 것은 어떠한 모호함도 없이 잘 알려지고 유명한 그리고 실행된 무언가였다."[20] 이렇게 엠와지와 빈마무드 모두 과거와의 연속을 주장함으로써 참수를 정당화하려고 시도한다. 게다가 그렇게 함으로써 그들은 살인을 IS가 "'예언자'의 방식"에 기반하고 있는 또 하나의 사례로서 제시한다.

관련된 점으로서, IS는 처형을 통해 무함마드의 발자취를 따르는 이슬람의 수호자로서만이 아니라 하나의 국가로서, 또는 더 정확하게 말하자면 모든 무슬림들에 대한 권위를 주장하는 칼리프 국가로서 자신을 묘사한다. 참수는 사형의 수단으로 그 역사가 오래되었으며, 역사를 통해 보면 권력을 드러내고 정당화하려는 국가들이 사용해 왔다.[21] 이것 또한 IS의 처형이 제시되는 맥락이다. 엠와지는 첫 번째 참수 영상에서 미국 정부에게 말한다. "너희들은 더 이상 반란과 싸우고 있는 것이 아니다. 우리는 이슬람 군대이며, 전 세계 대다수의 무슬림들이 인정하는 국가이다." 그래서 그 런던 사람은 주장한다. "IS를 향한 어떠한 공격도 무슬림을 향한 공격이며", 무슬림이 이슬람 칼리프 아래

안전한 삶을 사는 것을 허용하지 않으려는 오바마의 어떠한 시도도 보복당할 것이다.[22] IS는 공개 처형을 통해서 스스로가 합법적인 국가임을, 곧 전 세계 무슬림들을 책임지고 있으며 '예언자'의 방식에 따라 외부 공격에 대항하여 자신을 지킬 권리가 있는 칼리프 국가임을 알린다.

이것은 포로들의 참수가 메시지의 핵심 주제 일부를 표현하는 폭력의 상징 행위로서 인식될 수 있다는 것을 보여준다. 게다가 폭력은 IS와 적들 사이의 경계를 표현하고 정당화한다. 참수를 실행하는 정확한 방식은 다음 두 사례가 보여주듯이 이 점에서 중요하다.

첫째, 비디오로 녹화된 참수를 통하여 IS는 지하디스트 경쟁자들과 자신을 구별했다. 지난 20년 넘게 체첸, 이집트, 아프가니스탄, 사우디아라비아, 이라크 같은 나라들에 있는 여러 지하디스트 집단들은 적들을 참수하여 처형해 왔다. 이러한 참수의 형태는 예를 들어 집행 장소, 의상, 무기, 성명뿐만 아니라 참수된 신체의 전시와 관련해서도 종종 다양했다.[23] 서구인 네 명에게 행한 IS의 참수가 이라크에서 아부 무사브 알자르카위Abu Mus'ab al-Zarqawi의 알카에다가 행한 처형과 유사하다는 것은 인상적이다. 2004년과 2005년에 이라크의 알카에다는 일부 서구인을 포함하여 여러 명의 인질을 참수했으며, 비디오 녹화로 공개하여 온라인으로 퍼뜨렸다. IS의 처형과 마찬가지로 이 처형들도 오렌지색 점프슈트를 입고 손은 뒤로 묶인 채 땅바닥에 앉아 있거나 무릎을 꿇고 있는 인질들, 그들 뒤에서 검은 옷을 입고 서 있는 복면을 쓴 처형자들, 처형자와 희생자의 처형 동기에 대한 성명, 희생자의 목을 베는 참수, 그리고 등 가운데에 머리가 놓인, 참수된 신체의 전시를 포함하고 있다.[24] 그래서 IS는 이 '학살자들의 지도자sheikh of the slaughterers' — 때때로 알자르카위가 불리던 이름 — 로부터 참수의 구조를 전용했는데, 당시 알카에다의 참수는 전 세계 미디어의 관심을 끌고, 그래서 이라크에서 미국의 정책들에 대항한 저항의 메시지를 전면에 내세우는 데 성공적인 방식으로 증명되었다.

IS가 이라크 알카에다의 '시그니처'를 베꼈다는 것은 두 집단 사이의 역사적이고 이데올로기적인 결속 관계로 인해 두드러져 보이지 않을 수 있다.[25] 그러나 이 관찰은 녹화된 참수 영상에 대한 지하디스트 내부 주장을 배경으로 보면 더 흥미로워진다. 2005년 6월 당시 오사마 빈라덴의 대행이던 아이만 알자와히리Ayman al-Zawahiri는 알자르카위에게 편지를 써서 참수 영상에 대해 강하게 비판했다. 알자와히리는 일반 청중이 이 '학살의 장면들'을 용납하지 못하기 때문에 지하디스트의 명분에 해롭다고 주장한다. 그는 "우리는 우리 움마의 마음과 정신을 위한 경주에서 미디어 전쟁 중이기 때문에, 이런 영상이 필요없다"라고 썼다.[26] 이라크의 알카에다 참수와 닮은 참수 영상을 전파함으로써, IS는 알카에다의 현재 지도자인 알자와히리에 반대하고 알자르카위와 보조를 맞추면서 이 논쟁 안에 스스로를 위치시킨다. 이것은 현재 IS가 알카에다와 알카에다 시리아 지부인 자브하트 알누스라Jabhat al-Nusra―현재 자브하트 파테 알샴Jabhat Fateh al-Sham으로 알려져 있는―와 갈등하고 있는 맥락에서 특별히 중요하다. 이들은 2013년 봄 이래로 전장과 미디어에서 싸워왔다.[27] IS는 서구 인질들을 알자르카위 스타일로 참수한 것을 공개함으로써, 자신의 지하디스트 계보를 재확인했으며, 자신과 지하디스트 경쟁자들 사이의 경계를 (재)구축했다.

둘째, IS의 참수 형태는 잘 알려진 무슬림 의례인 동물 도살 희생 제의와 유사하다. 희생 동물들은 땅 위에 누인 상태에서 뒤에서 칼로 목을 베어 죽이는데, 이는 정확하게 IS가 서구 인질들을 처형한 방식이다.[28] 일부 저자들은 희생 제의와의 유사성 때문에 다른 지하디스트 집단들의 참수를 '성스러운 행위'로 묘사해 왔지만, IS가 실제로 폭력을 그와 같이 인식했다는 증거는 없다.[29] 사회적 실천의 의례화가 반드시 성스러움과 관계되는 것은 아니다.[30] 그러나 조사 연구는 의례화가 특정 행위를 다른 방식의 행위와 구별 짓는 전략으로 여겨질 수 있다는 것을 보여주었다. 형식성, 고정성 그리고 반복성과 같은 특징들로 말미암아, 의례화는 행위들을 보다 일상적인 활동들보다 더 강력하고 중요한 것으로서 구분 짓는 특권적 차이를 확립한다.[31] 따라서 처형을 표준화하고 형식화하고 반복함으로써, IS는 그 행위들을 다른 행위들과 구별한다. 참수는 예를 들어 전장에서 '통상적으로' 적들의 목을 베는 것보다 더 중요한 것으로 강조된다. 보다 중요하게는, 참수의 의례화된 성격은 IS와 서구의 적들 사이의 차이를 강조한다.

언급해 온 바와 같이, 그들이 말하는 처형의 주된 이유는 무슬림들에 대한 미국과 영국의 공습이다. 서구의 관점에서 볼 때, 미국 주도의 이라크·시리아 공습은 보통 정확하고 깔끔한 것으로 여겨진다. 이를 결정적으로 보여주는 것이 최첨단 폭탄들이 정확하게 겨냥한 목표를 타격하는 것을 보여주는 위성 화면이며, 그 한 사례가 폴리 비디오에 포함되어 있다.[32] 그러나 IS에 따르면, 폭격은 실제로는 무차별적으로 "무슬림들을 향한 공격"을 수행하는 행위이다.[33] 스톨로프가 직접 쓴 것으로 여겨지는 ≪다비크≫의 기사가 시사하듯이, 그 폭격은 무장한 사람들과 무장하지 않은 사람들을 구별하지 않는다.[34] 그 잡지는 서구가 "이라크에서 수많은 무슬림들을 죽였다"라고 주장하는데, 2015년 9월 15일에 신자르Sinjar 근처에서 "십자군의 제트기"의 공격으로 여성 9명과 어린이 5명이 죽은 것을 서술하고 묘사함으로써 그것을 분명히 보여준다.[35] 따라서 IS의 눈에는 현재 서구의 군사 작전이 이미 수십 년 동안 서구가 벌이고 있는 이슬람에 대한 전쟁에 딱 들어맞는다. 빈마무드는 참수에 대한 성명에서 "수백만의 무슬림들이 죽임을 당했고, 처벌당했으며, 쫓겨났다. 그리고 수천 명의 무슬림 여성들의 명예를 미군들이 더럽혔다"라고 쓴다.[36]

미국 주도의 공습에 대한 IS의 인식과 자신들의 처형 사이의 대조는 주목할 만하다. 최첨단의 비특정 폭격 대신에, 참수는 처형자와 희생자 사이에 신체적 근접성과 가까움이 수반된다.[37] 첨단 공습에 보복하기 위해 단순한 칼과 물리력이 의도적으로 잔인하고 충격적인 방식으로 사용된다. 게다가 공습이 무슬림들을 무차별적으로 살상하는 것과 대조적으로, IS의 희생자들은 무작위로 인식되지 않는다. 오히려 참수 영상에서 시사하듯이, 그들은 서구 사회의 상징적 대표자들로 볼 수 있다.[38] 게다가 이 상징적 희생자들은 고도로 구조화되고 의례화된 방식으로 살해당하며, 이것은 혼돈에 대한 통제력을 함축한다.[39] 따라서 참수는 무슬림의 피를 부당하게 흘린 것에 대한 칼리프 국가의 통제된 복수를 나타낸다. 그것은 "칼로 한 사람을" 죽이는 일 대對 "미사일 발사 버튼을 누름으로써 전 세계 수천 명의 무슬림 가족들을 죽이는 일"이라

고 ≪다비크≫는 IS의 관점을 요약한다.[40]

그래서 그 폭력은 IS와 서구의 적들, 용감함과 비겁함, 정의와 위선, 신에 대한 믿음과 기술에 대한 의존 그리고 움마의 수호자들과 무슬림의 살인자들 사이의 대조를 표현한다. 게다가 그것은 관타나모만과 아부 그라이브에 있는 무슬림 포로들의 굴욕과 명백한 관계가 있는 오렌지색 점프슈트가 시각적으로 보여주듯이, 이제 수치를 당하는 쪽은 서구라는 것을 보여준다. 게다가 네 명의 서구인들은 굴욕적인 방법으로 죽임을 당하는데, 이것은 의례화된 처형 과정 가운데 그들의 비참한 자세 때문만이 아니라, 신체의 절단이 적에게 굴욕적인 것으로 여겨지며, 그래서 집행자의 명예를 회복하는 것으로 경험되기 때문이다. 2004년 알자르카위는 오렌지색 점프슈트를 입고 있는 미국인 니컬러스 버그Nicholas Berg를 직접 참수하기 전에 미국 정부에 이렇게 말했다. "우리는 당신들에게 아부 그라이브의 무슬림 남성과 여성들 그리고 다른 이들의 존엄이 피와 영혼에 의하지 않고서는 회복되지 않는다고 말한다."[41]

짧게 말해서, IS는 진정한 이슬람으로 인식되는 전통들을 포함하여 여러 출처들을 끌어들임으로써, 클리퍼드 기어츠Clifford Geertz의 용어로 자신들에 대한 이야기를 말하는 강력한 공연을 구성했다.[42] 네 명의 서구인의 참수는 IS의 메시지의 핵심 주제 가운데 일부를 표현하며, IS와 적들 사이의 경계를 (재)구성한다. 그래서 그 참수는 IS 스스로의 공연으로 보일 수 있다. 약 1년 후, 9명의 남성들이 파리에서 같은 이야기를 즉흥적으로 하게 된다.

"'예언자'의 방식으로 출정"

2015년 11월 13일 금요일 밤에, 일련의 조직화된 공격이 프랑스의 수도를 뒤흔들었다. 130명이 죽고 350명 이상이 부상당했다. 프랑스 대통령 프랑수아 올랑드François Hollande에 따르면, 그 공격들의 배후 목적은 매우 분명했다. "우리를 분열시키고, 우리가 중동에서 테러리즘과 싸우지 못하도록 공포를 심는 것이었다."[43]

　다음 날 IS는 자신들이 공격을 저질렀다고 주장하는 성명을 발표했는데, 성명이 시사하듯이 IS에게는 적을 공포에 떨게 하는 것이 절대적으로 중요하다. 그 성명은 "일단의 칼리프 국가 군사들이" "유럽에서 십자군의 선두에 있는 파리"를 목표로 삼는 데 나섰다고 설명한다. 그리고 이어서 이렇게 주장한다. "알라신이 그들의 손에 승리를 주셨고, 십자군들의 바로 그 고향 땅에서 그들의 심장에 공포를 심으셨다."[44] 몇몇 공격 실행자들의 고별 성명을 담고 있는 IS 미디어 그룹 알하야트al-Hayat의 영상에는 그 공격에 대한 유사한 견해가 분명하게 드러나 있다. 대부분 시리아에서 녹화된 이 고별 성명에서 공격자들은 모두 프랑스에 공포와 테러를 심고자 하는 자신들의 의도를 나타낸다. 그들 각자는 카메라 앞에서 이른바 '배교자murtadd'를 처형함으로써 이러한 위협을 강조하며, 그 후에 목이 잘린 희생자들의 운명이 유럽의 미래에 대한 섬뜩한 경고로서 제시된다. 범인들 가운데 한 명은 방금 자신이 참수한 남자의 잘린 머리를 손에 든 채로 "이것이 너희들의 운명이 될 것이다. 신의 뜻이라면"이라고 말한다.[45] 이 장면들이 담고 있는 의미는 명백하다. 적의 대중 가운데 추가적인 충격을 일으키는 것이다.

　그러나 앞 절에서 논의한 서구인들의 참수와 같이, 파리 공격은 두려움의 수단 이상의 것으로 구성되어 있었다. 이 공격도 IS가 그것이 무엇에 대한 것인지 보여주는 공연으로 이해될 수 있다. 그 사건들에 대한 IS의 미디어 재현을 자세히 살펴보면 이것은 분명해진다.

　앞 절에서 논의한 참수 영상과 일치하게, IS가 파리 공격에 대해 발표한 것들의 핵심 주제는 그 폭력은 프랑스의 시리아·이라크 폭격에 대한 보복으로 여겨져야 한다는 것이다. IS의 온라인 잡지인 ≪다비크≫와 ≪다르 알이슬람Dār al-Islām≫의 여러 기사들과 IS의 '지부wilayāt'가 공개한 공격에 대한 12개의 영상은 모두 이러한 노선을 따라 공격을 규정했다. 범인 자신들에게도 마찬가지이다. 압델하미드 아바우드Abdelhamid Abaaoud(일명 아부 우마르 알벨지키Abu 'Umar al-Belgiki)는 고별 메시지에서 "이것은 너희들의 정책의 결과이다"라고 언명하는 한편, 푸에드 무하메드 알아가드Foued Muhamed al-Aggad(아부 푸아드 알피란시Abu Fu'ad al-Firansi)는 "너희들이 칼리프 국가에서 그랬던 것처럼 우리가 피를 흘리게 할 것이다"라고 주장한다.[46] IS의 프랑스어 잡지인 ≪다르 알이슬람≫은 "우리가 더 분명할 수는 없다고 생각한다. 이 위협의 원인은 바로 맹목적인 프랑스의 폭격이다"라고 요약한다.[47]

IS는 프랑스의 시리아·이라크 공습을 특별히 강조하면서, 그 공습을 프랑스의 일반적인 '대對이슬람 전쟁'의 일부분으로 규정한다. 아프가니스탄과 말리에서의 프랑스의 군사 작전, 프랑스 주간지 ≪샤를리 엡도Charlie Hebdo≫의 '예언자'에 대한 저주, 프랑스 내 무슬림들이 느끼는 굴욕이 다른 불만들로서 반복적으로 언급된다.[48] 파리 공격은 프랑스의 반이슬람 정책 일반에 대한 복수로 여겨진다. 리비아의 알제리인 전사는 그 공격에 대해 이렇게 말한다. "너희들의 역사는 피로 물들어 있다." 그래서 이제는 "우리가 복수할 차례이다".[49] 프랑스인 범인 이스마엘 오마르 모스테파이Ismaël Omar Mostefaï(아부 라얀 알피란시 Abu Rayyan al-Firansi)는 "우리는 우리 자매와 형제들의 고통을 갚아줄 것이다. …… 너희들은 우리가 겪은 것과 같은 고통을 경험할 것이다"라고 말한다.[50] 파리 공격은 그래서 IS가 외부의 공격에 대항하여 스스로를 지킨다는 인식을 표현하고 있다. 게다가 그 공격들은 IS가 단지 칼리프 국가 안에 사는 무슬림들만 지키는 것이 아니라 전체 움마의 수호자로서 여겨져야 한다는 것을 시사한다.

관련하여 그 공격들은 IS가 이 역할을 성공적으로 완수하고 있다는 증거로 인식된다. 프랑스는 지구상에서 군사적으로 가장 발전한 국가 중 하나로 재현되고, IS는 "그 수도의 중심에 정확하게 선택한 목표들"에 대하여 수차례의 "동시 공격"을 실행할 수 있음을 강조한다. 결과적으로 파리는 "십자군들의 발밑에서 동요되었다"라고 11월 14일의 성명은 주장한다.[51] ≪다비크≫의 한 기사는 분명하게 공습을 언급하면서 "파리는 충격을 받았고, 두려움에 사로잡혔다"라고 언급한다. "프랑스가 이슬람의 면전에서 다년간 교만을 보인 끝에, 여덟 명의[원문 그대로] 기사들knights이 파리의 무릎을 꿇게 했다. 칼과 폭탄 벨트만으로 무장한 여덟 명의 행위의 결과로서 전국적인 비상사태가 선포되었다."[52] 그래서 IS는 이전 시기에 시리아와 이라크의 전장에서는 어느 정도 후퇴를 경험했지만, 파리 공격은 적의 심장에서 적을 타격할 능력을 보여줌으로써 IS의 지속적인 힘을 나타낸다.

한편, IS의 미디어 발표에 따르면, 그 공격들은 서구의 내재적 약점을 보여주었다. 범인들은 프랑스의 군사적·기술적 우월성을 알고 있었지만, 이스마엘 오마르 모스테파이는 고별 메시지에서 이렇게 표현했다. "너희의 장비는 알라신 앞에서 너희를 돕지 못할 것이다."[53] 무자혜딘은 신을 자기편으로 두고 있으며, 그들이 수라 59:2 부분을 인용하면서 반복적으로 강조하듯이, "그들은 그들의 요새가 신으로부터 그들을 지켜줄 것이라고 생각했다. 그러나 신은 그들이 예상치 못한 곳으로부터 그들에게 임하셔서 그들의 심장에 공포를 주조해 넣으셨다"라고 믿는다.[54] 그러므로 IS의 눈에는 파리 공격이 단지 프랑스 정책들에 대한 저항만을 시사하는 것이 아니라, 여러 곳에서 이루어진 공격들에 대해 자신의 수도를 지킬 수 없었던 프랑스의 취약함을 보여주었고 그정부의 권위를 손상시킨 일이었다.[55] 폭력은 단지 공습에 대한 보복만이 아니라, 세계 강국들에 대항한 IS의 성공적인 투쟁을 상징했다.

앞의 논의는 이 사례에서도 IS가 자신들의 폭력을 포괄적인 종교 전쟁의 부분으로서 인식하고 있다는 것을 시사한다. 게다가 무슬림 전통으로부터 유래한 특정한 신앙, 가치 그리고 실천들이 공격의 의미를 구성하는 중요한 '도구'를 제공한다. 이 경우에 눈에 띄는 사례는 그 사건들에 대한 IS의 발표에 자주 등장하는 순교istishhād의 개념이다. '순교자'의 아랍어인 샤히드shahīd(복수형은 슈하다shuhadā)는 문자적으로 '증인'을 뜻하지만, 그 용어의 두 의미는 긴밀하게 연결되어 있다.[56] 순교자들은 그들의 행위로 그들의 대의에 대한 증언을 한다. 그들은 그들의 믿음 체계로 관심을 끌어모으고, 공개적으로 그것을 위해 고통당하고 심지어 죽을 준비가 되어 있음을 보여주며, 이는 그 믿음 체계에 대한 신뢰성을 증가시킨다. 이것은 순교자들을 그들의 대의에 대한 강력한 광고자로 만든다.[57] 이어 논의하겠지만 이는 파리 공격의 경우에도 그러하다. 순교자와 관련하여 네 가지 점이 특별히 주목할 만하다.

첫째, '순교자들'은 IS가 무슬림들을 위해 일어서서 '예언자'의 발자국을 따라 공격을 통해 적들에게 복수를 하고 있다는 IS의 핵심 메시지를 증거한다. 예를 들어, 공격은 '출정raid, ghazwa'으로 반복적으로 지칭되는데, 이것은 예언자 무함마드의 군사 작전에 대해 사용된 동일한 용어이다. 이 용어를 사용함으로써 IS는 두 투쟁 사이의 연속성을 강조한다.[58] 유사하게, ≪다르 알이슬람≫의 장문의 한 기사는 파리 공격은 "예언자의 방식으로 공격attentats sur la voie prophétique"한 것으로 여겨야 한다고 설명한다. 그 기사는 그 공격들이 이슬람의 법과 완전히 연결되어 있으며, 그래서 심원하게 이슬람적이라고 주장한다.[59] "칼리프 국가의 아홉 사자들lions이 …… 타우히드tawhīd의 기치를 올렸다."[60] 알하야트의 파리 사건 영상은 이어서 파리 공격자들이 그들의 믿음을 증언했다고 강조한다. "그들은 불신자들이 어디에 있든지 그들을 죽임으로써 쿠란의 구절대로 살았다."[61] 이 인용들이 보여주듯이, '순교자들'은 공격을 통하여 IS의 메시지의 증인으로서 행동했다.

둘째, 그 사람들이 그것을 위해 기꺼이 죽겠다는 의지를 보여주었기에 이 증언은 특히 강력하다. 이러한 증언은 공격에 대한 IS의 메시지들에서 여러 차례 반복되는데, 예를 들어 그들은 "알라에게 자신을 희생 제물로 기꺼이 바치는 군사들"이라고 말한다.[62] 11월 14일의 성명은 그들이 "알라를 위해 죽임 당하기를 소망하면서 적들을 향해 전진했으며, 그분의 종교와 그분의 예언자와 그분의 동맹들을 지지하기 위해 그렇게 했다"라고 주장한다.[63] 대의를 위해 기꺼이 죽을 의지를 보임으로써, 그들은 자신들이 세속의 일보다 자신들의 종교와 동료 무슬림들에 더 마음을 쓰고 있다는 것을 보여주었다. 그들은 IS의 미디어 제작물에서 반복적으로 등장하는 구절인 수라 9:38이 묘사하듯이 "현세에 만족"하지 않는다.[64] 파리 공격의 범인들은 심지어 현세의 삶을 경시한다. ≪다르 알이슬람≫에 실린 서면 증언에서, 압델하미드 아바우드는 무슬림들에게 권고한다. "알라의 방식으로 일하고, 칼리프 국가의 건설과 발전을 위해 꾸준히 노력하시오. 여러분들의 시간과 지식과 능력을 이 일에 바치고, 여기 아래 세계의 헛된 일에 바치지 마십시오."[65] 이것은 순교자들이 공격을 통하여 IS가 그 투쟁에 완전히 헌신되어 있음을 표현한다는 것을 보여준다. "지상에서 승리하거나 알라의 방식으로 순교하거나"라고 아바우드는 말한다.[66]

셋째, 파리 공격의 실행자들은 그들이 현세의 일들로부터 거리를 두고 있다는 것을 강조함으로써, 무자혜딘과 전투에 참여하지 않은 무슬림들과의 차이를 강조한다. 파리 공격자들의 관점에서, "무슬림이라고 주장하는 자들은" 현세적 삶에 지나친 애착을 갖고 있어서 종교와 동료 신자들을 위해 희생할 수 없다. 실행자들 가운데 한 명은 전투에 참여하지 않은 무슬림들에게 질문한다. "무슬림들이 피를 흘리고 있는 와중에 세상에 집착하는 당신들에게 도대체 무슨 문제가 있는 건가?" 또 다른 실행자는 말한다. "당신들은 임금을 받고 재정 지원을 받으면서 평범한 삶을 사는 와중에, 형제와 자매들이 죽임당하고 학살당하는 것을 보고 있다." 그들의 수동성의 원인은 '나약함al-wahn', 곧 "현세적 삶을 사랑하고 죽음을 두려워하는 것"이라고 아바우드는 시사한다.[67] 그래서 9명의 남성들은 무슬림들이 잠에서 깨어나서 곤궁에 처한 형제와 자매들을 위해 일어서야 한다고 강조한다.[68] 이 성명들은 단지 동원 요청을 하는 것 이상으로, 파리 공격이 그 실행자들의 지고한 희생과 다른 이들의 현세적 삶에 대한 애착 사이의 대조를 강조하고 강화한다는 것을 시사한다. 우리가 4명의 서구인들의 참수가 IS와 적들 사이의 경계를 확고히 했음에 주목했던 것과 같이, 파리 공격은 IS를 아직 싸움에 합류하지 않은 무슬림들과 구별한다.

넷째, 그리고 앞의 사항들과 관련해서, '순교자들'은 IS 투쟁의 명예로운 본질을 개인화한다. 서구가 제트기로 무슬림들에게 "비겁하게 폭격을 퍼붓고" 무슬림들은 형제와 자매들이 죽임당하고 있는 와중에도 "한가하게 거기에 앉아 있는" 반면에, 무자혜딘은 움마의 굴욕에 보복하는 "용감한 기사들"이다.[69] 그들은 자신들의 종교가 수치를 당하도록 놔두는 것이 아니라 불신자들에게 굴욕을 되돌려 줌으로써 이슬람의 명예를 회복한다. "무자혜딘은 주인이지 종이 아니다"라고 아바우드는 고별 메시지에서 강조한다. "그들은 머리를 들고 살아간다. 그들은 알라의 대의를 위해 싸우며, 얼굴에 빛나는 웃음을 띠고 죽는다."[70] 파리 공격은 명예와 존엄을 표상하며, 그럼으로써 굴욕의 시대가 끝났다는 IS의 메시지를 강조한다. ≪다비크≫ 12호는 아부 바크르 알바그다디 Abu Bakr al-Baghdadi의 말을 인용함으로써 이 점을 강조한다.

알라신에 의해서, 우리는 복수할 것이다! …… 오래지 않아, 알라신이 허락하시어, 무슬림이 어디에서나 주인으로서 명예를 갖고, 존경받으며, 머리를 높이 들고, 존엄을 지키며 걸을 날이 올 것이다. …… 그래서 우리가 오늘날 새로운 시대에 살고 있다는 것을 세계가 알게 할 것이다. 부주의한 자들은 누구든지 이제 경계심을 가져야 한다. 잠자고 있는 자들은 누구든지 이제 깨어나야 한다. 충격 받고 두려움에 사로잡힌 자들은 누구든지 이해해야 한다. 오늘날 무슬림들은 크고 뇌성 같은 성명을 가지고 있으며, 강력한 군대를 소유하고 있다. 그들은 세계가 테러리즘의 의미를 듣고 이해하게 할 성명을 가지고 있다.

"종교와 움마에 대한 보복으로서" 적들의 피를 흘리게 했기 때문에, 파리 공격의 '용감한 기사들'은 복수를 한 것이라고 ≪다비크≫의 편집자들은 이어서 강조한다.[71] 파리 공격은 단지 그들이 초래한 죽음과 파괴에 대한 것만이 아니었다. IS의 관점에서 볼 때, 그 공격들은 무슬림들이 불의에 맞서 일어서고 이슬람의 명예가 회복되는 새로운 시대의 새벽을 나타내는, 그 자체로 명예로운 행위였다.

간단히 말해서, 파리 공격은 IS의 메시지를 재확인했으며, IS와 적들 사이의 경계를 재확립했다. 1년 전 서구인 4명의 참수와 같이, 파리 공격은 IS 자체의 공연으로 이해될 수 있다. 그러나 그 공격들은 단지 IS가 무엇에 대한 존재인지만을 보여준 것이 아니었다. 다른 공연들처럼, 그 공격들은 그 행위를 목격하는 사람들에게 직접 또는 간접으로 수행적 영향performative impact을 미쳤다.[72] 그 공격들은 전 세계 청중들에게 IS를 나타냈을 뿐만 아니라, IS의 건설에도 기여했다. 그 공격들은 IS의 정체성을 정의하고 승인했으며, 지지자들 사이에 결속을 창출했고, 그들에게 권능감을 제공했다.[73]

결론

이 장에서 보았듯이, IS의 극적인 폭력행위는 테러 행위 이상의 것으로 이루어져 있다. 우리는 그 행위들의 극적이고 표현적인 측면과 문화적 의미에 초점을 맞춤으로써, 행위자들이 그들의 칼리프 국가가 무엇에 대한 것인지 다른 사람들에게 보여주는 공연으로서 그 행위들에 접근할 수 있다고 생각해 보았다.

기어츠가 공적 의례의 사례에서 주장했듯이, IS의 폭력은 실재에 대한 모델이자 실재를 위한 모델로 여겨질 수 있다.[74] 한편으로, 폭력은 IS와 그들의 투쟁에 대한 통찰을 청중에게 제공한다는 점에서 실재에 대한 모델이다. 상당히 일관되게, 참수와 파리 공격은 IS의 메시지의 일부 주요 주제를 표현한다. 그것들은 서구가 주도하는 대이슬람 전쟁에 대항하여 성공적으로 보복하고, 억압당한 무슬림들을 수호하기 위해 희생하며, 무슬림 첫 세대들의 명예와 존엄을 회복하는 한 집단의 이야기를 말해준다. 게다가 그 행위들을 통하여 말해진 이야기는 IS와 다른 이들, 곧 서구의 적들, 지하디스트 경쟁자들, 또는 아직 투쟁에 합류하지 않은 무슬림들 사이의 경계를 재구축하고 강화한다. 그래서 폭력적인 공연은 청중에게 IS가 무엇에 관한 것인지 보여줌으로써 IS 자신을 정의하고 승인한다. 다른 한편으로, 그 폭력은 또한 실재를 위한 모델을 제공한다. 폭력은, 청중에게 행동을 취하고 무슬림들의 인지된 굴욕에 맞서 일어서는 방법을 제공한다. 폭력은, '예언자'의 방식을 따르는 칼리프 국가의 구성원으로서 무슬림들에게 힘을 부여하는 역할을 제공하며, 현세에서든 내세에서든 불의에 복수하고 승리를 얻기 위해 현세적 일들을 기꺼이 희생하려고 했던 역할 모델들을 보여준다.

이러한 관점에서, 추상적인 범주로서 종교의 역할에 대해 질문하는 것은 IS의 폭력에 대한 분석을 용이하게 하지 않는다. 역사적, 정치적, 사회적, 문화적 그리고 종교적이라고 이름 붙일 수 있는 요소들은 강하게 얽혀 있어서 일관되게 분리될 수 없다. 그 대신에 이 연구는, 예를 들어 국가와 칼리프 국가,

학살과 출정, 굴욕과 명예, 정의와 복수, 순교와 희생에 대한 특별하고 맥락적으로 결정되는 해석들이 지난 몇 해 동안 있었던 수많은 극적 폭력행위들에 기여해 왔다는 것을 보여주었다. 이 폭력행위들은 특정 맥락에 있는 실행자들을 포함하여 특정 행위자들에 의해 '종교적' 행위로 규정되어 왔다. 그러나 이 관점을 액면가대로 취하기보다는, 왜 그들이 그렇게 했는지 질문하는 것이 더 좋을 수 있다. IS의 사례에서, 우리는 그 집단이 특정한 환경에서 갈등을 종교 갈등으로 규정함으로써 이득을 보았다는 것을 살펴보았다. 특히 그 지지자들에게 말할 때, 이슬람에 대한 전 세계적인 전쟁과 이슬람을 지키는 신실한 소수라고 하는 IS의 메시지는 강력한 것이었다. 이 메시지는 IS가, 과거로부터 권위를 끌어냄으로써, 때로는 혁신적인 그들의 실천들을 정당화할 수 있게 해 주었다. 그 메시지는 IS가 자신들의 투쟁에 정당성을 부여하고 적에 대항하여 자신들을 정의하도록 촉진했으며, 전 세계의 무수한 사람들이 칼리프 국가의 기치 아래 목적과 의미를 찾을 수 있도록 힘을 부여해 왔다.

1 Abū Bakr Nājī, "Idāra al-tawaḥḥush: akhṭar marḥala satamurru bihā al-umma"("야만의 경영: 움마가 거칠 가장 중요한 단계"), n.p., n.d. Original version and English translation by William McCants(2006), https://pietervanostaeyen.wordpress.com/category/idarat-at-tawahhush(검색일: 2016.3).

2 al-Furqān Media, 무함마드 알아드나니의 오디오 성명, "Hadha wa'd Allah"("이것은 알라의 약속이다"), June 29, 2014, https://pietervanostaeyen.wordpress.com/2014/06/29/the-islamic-state-restores-the-caliphate(검색일: 2015.3) 참조.

3 IS의 역사와 이데올로기에 대해서는 Cole Bunzel, "From Paper State to Caliphate: The Ideology of the Islamic World," The Brookings Project on US Relations with the Islamic World: Analysis Paper, No.19(2015), https://www.brookings.edu/~/media/research/files/papers/2015/03/ideology-of-islamic-state-bunzel/the-ideology-of-the-islamic-state.pdf(검색일: 2016.3); Charles R. Lister, The Syrian Jihad: Al Qaeda, the Islamic State and the Evolution of an Insurgency(London: Hurst Publishers, 2015); William McCants, The ISIS Apocalypse: The History, Strategy and Doomsday Vision of the Islamic State(New York: St. Martin's Press, 2015); Michael Weiss and Hassan Hassan, ISIS: Inside the Army of Terror(New York: Regan Arts, 2015) 참고.

4 Abdel Bari Atwan, Islamic State: The Digital Caliphate(London: Saqi Books, 2015), pp.153~164; Jessica Stern and J. M. Berger, ISIS: The State of Terror(London: HarperCollins

Publishers, 2015), pp.199~218 참조.

5 Anton Blok, *Honour and Violence*(Cambridge: Polity Press, 2001), pp.103~114; Ingo W. Schröder and Bettina E. Schmidt, "Introduction: Violent Imaginaries and Violent Practices," in Ingo W. Schröder and Bettina E. Schmidt(eds.), *Anthropology of Violence and Conflict* (London: Routledge, 2001), pp.1~24 참조.

6 예를 들어, 마크 주어겐스마이어는 종교 폭력이 "거의 전적으로 상징적이며, 눈에 띄게 극적인 방식으로 수행된다"라고 주장한다. 공적 의례가 "전통적으로 종교의 영역이었기" 때문에 이것은 이해 가능하며, 공연으로서의 폭력은 "종교 배경을 가진 활동가들에게서 자연스럽게" 나온다는 것을 뜻한다. Mark Juergensmeyer, *Terror in the Mind of God: The Global Rise of Religious Violence*(Berkeley: University of California Press, 2003), pp.127~128, 220.

7 Jeffrey C. Alexander, "Cultural Pragmatics: Social Performance Between Ritual and Strategy," *Sociological Theory*, 22(4)(2004), pp.527~573, 529 참조.

8 Al-Furqān Media, "A Message to America," August 19, 2014, http://clashdaily.com/201 4/08/beheaded-isis-beheads-us-journalist-james-foley-graphic-video; Al-Furqān Media, "A Second Message to America," September 2, 2014, https://leaksource.info/2014/09/02/gra phic-video-islamic-state-beheads-american-journalist-steven-sotloff; Al-Furqān Media, "A Message to the Allies of America," September 13, 2014, https://leaksource.info/2014/09/1 3/graphic-video-islamic-state-beheads-british-aid-worker-david-haines/; Al-Furqān Media, "Another Message to America and its Allies," October 3, 2014, www.youtube.com/watch ?v=NCzDa2WBPAA.

9 Al-Furqān Media, "A Second Message to America," 2:09~2:17.

10 Al-Ḥayāt Media Centre, "Forward," *Dabiq*, 3, August 30, 2014, pp.3~4, https://azelin. files.wordpress.com/2015/02/the-islamic-state-e2809cdc481biq-magazine-322.pdf(검색일: 2016.3).

11 Nājī, "Idāra al-tawaḥḥush," p.3.

12 앨런 헤닝의 참수를 보여주는 네 번째 비디오에 나온 다음 인질은 미국인 피터 (압둘 라만) 케이시그[Peter (Abdul Rahman) Kassig]이다. 그러나 그의 처형은 다섯 번째 영상으로 나오지 않았다. 그 대신에 2014년 11월 16일에 공개된 비디오 "불신자들은 싫어하지만(Although the Disbelievers Dislike It)"은 케이시그의 잘린 머리 위에 서 있는 '지하디 존'이 나오는 마지막 장면을 포함하여, 22명의 시리아 정권 군인들의 처형을 보여준다. 케이시그의 죽음을 왜 이렇게 다른 방식으로 발표했는지는 아직 알려져 있지 않다. 이 영상에 대한 자세한 분석은 Quilliam Foundation and Terrorism Research and Analysis Consortium, "Detailed Analysis of Islamic State Video: Although the Disbelievers Dislike It," n.d., www.quilliamfoundation.org/wp/wp-content/uploads/publications/free/detailed-analysis-of-islamic-state-propaganda-video.pdf(검색일: 2016.2) 참고.

13 Al-Furqān Media, "Hadha wa'd Allah."

14 예를 들어, 엠와지는 IS에 대한 공습을, 자신이 또한 '우리 민족'이라고 부르는 '무슬림들' 을 겨냥한 공격으로 표현한다. Al-Furqān Media, "A Message to America," 4:02′; Al-Furqān Media, "A Second Message to America," 2:12′ 참조.

15 Blok, Honour and Violence, p.108; Juergensmeyer, *Terror in the Mind of God*, pp.124~128.

16 이슬람 경전과 역사에서의 참수에 대한 개괄적인 설명은 Timothy R. Furnish, "Beheading in the Name of Islam," *Middle East Quarterly*, 12(2)(2005), pp.51~57 참고.

17 다르게 번역될 수도 있지만, 주요 무슬림 학자들은 이 구절을 참수를 정당화하는 것으로 해석해 왔다. "내가 믿지 않는 자들의 가슴에 두려움을 새겨 넣을 것이니, 그들의 목을 치라(aḍrabū fawq al-aʿnāq)."

18 'Abd al-Malik Ibn Hisham, *The Life of Muhammad: A Translation of Isḥāq's Sīrat Rasūl Allāh*, with introduction and notes by A. Guillaume(Karachi: Oxford University Press, [1955]2004), pp.461~469.

19 Al-Furqān Media, "A Second Message to America," 2:13′; Al-Furqān Media, "Another Message to America and Its Allies," 1:08′ 참조.

20 Ḥussayn bin Maḥmūd, "Masʾala qaṭʿa al-ruʾūs"("참수 문제에 관하여"), August 20, 2014, https://justpaste.it/gran(검색일: 2016.3), Transl. https://justpaste.it/decap3170(검색일: 2016.3).

21 참수의 역사에 대해서는 Frances Larson, *Severed: A History of Heads Lost and Heads Found*(New York: Liveright Publishing Corporation, 2014) 참고. 권력과 공적 고문과 처형의 관계에 대해서는 Michel Foucault, *Discipline and Punish: The Birth of the Prison*, translated from French by Alan Sheridan(New York: Random House, [1975]1977)[미셸 푸코, 『감시와 처벌: 감옥의 역사』, 오생근 옮김(서울: 나남, 2016)] 참고.

22 Al-Furqān Media, "A Message to America," 3:47~4:18′.

23 Pete Lentini and Muhammad Bakashmar, "Jihadist Beheading: A Convergence of Technology, Theology, and Teleology?" *Studies in Conflict and Terrorism*, 30(4)(2007), pp.303~325; Dawn Perlmutter, "Mujahideen Blood Rituals: The Religious and Forensic Symbolism of Al Qaeda Beheading," *Anthropoetics*, 11(2)(2005~2006), http://anthropoetics.ucla.edu/ap1102/muja.htm(검색일: 2016.3) 참조.

24 이라크에서의 알카에다의 참수와 IS의 참수는 차이점도 보여준다. 그 가운데 가장 중요한 것은 이라크에서 알카에다는 여러 처형자들을 등장시켜 전체 참수 과정을 보여준다는 것이다.

25 두 집단 사이의 관계에 대해서는 Bunzel, "From Paper State to Caliphate"; Weiss and Hassan, *ISIS: Inside the Army of Terror*; Stern and Berger, *ISIS: The State of Terror* 참고.

26 아이만 알자와히리가 아부 무사브 알자르카위에게 보낸 제목 없는 편지, July 9, 2005, www.ctc.usma.edu/v2/wp-content/uploads/2013/10/Zawahiris-Letter-to-Zarqawi-Original.pdf(검색일: 2016.3).

27 IS와 알카에다 사이의 갈등은 2013년 4월 이라크의 IS가 시리아로 확장하여, '이라크와 시리아의 이슬람 국가(ISIS)' 건설을 공포한 이후 공개적으로 터져 나왔다. ISIS는 자브하트 알누스라와의 통합을 주장한 반면, 자브하트 알누스라 측은 이 주장을 부인했으나, 결국 알자와히리가 이를 지지했다. 그때 이후로 2014년 6월 '이슬람 국가(IS)'로 다시 명명한 ISIS는 미디어와 시리아의 전장에서 알카에다와 자브하트 알누스라와 계속 갈등했다. 자브하트 알누스라의 건설과 성장 그리고 ISIS와의 갈등에 대한 자세한 설명은 Lister, *The Syrian Jihad*, pp.51~218 참고.

28 IS는 의례적인 동물 도살을 지칭하는 데 사용하는 '다비하(dhabīḥa)'라는 용어를 적들의

참수에 사용한다.

29 Farhad Khosrokhavar, *Suicide Bombers: Allah's New Martyrs*, translated from French by David Macey(London: Pluto Press, 2005), pp.68~69; Perlmutter, "Mujahideen Blood Rituals," p.2. 이 점에서 탈랄 아사드(Talal Asad)가 자살 공격을 희생적 폭력으로 언급한 것은 주목할 만하다[Talal Asad, *On Suicide Bombing*(New York: Columbia University Press, 2007), pp.42~45][탈랄 아사드, 『자살폭탄 테러』, 김정아 옮김(서울: 창비, 2006), 74~80쪽].

30 Barry Stephenson, "Ritual," in Robert A. Segal and Kocku von Stuckrad(eds.), *Vocabulary for the Study of Religion* 3(Leiden: Brill, 2015), pp.243~249 참조.

31 Catherine Bell, *Ritual Theory, Ritual Practice*(Oxford: Oxford University Press, 1992), pp.88~93; Catherine Bell, *Ritual: Perspectives and Dimensions*(Oxford: Oxford University Press, 1997), pp.138~169[캐서린 벨, 『의례의 이해』, 류성민 옮김(오산: 한신대학교출판부, 2007), 273~331쪽] 참조.

32 Al-Furqān Media, "A Message to America," 1:39-1:49. 연합군의 폭력 재현에 대한 흥미로운 묘사는 연합 합동군(Combined Joint Task Force)의 내재적 결의 작전(Operation Inherent Resolve) 웹사이트 참고, www.inherentresolve.mil(검색일: 2016.3).

33 Al-Furqān Media, "A Message to America," 4:02.

34 Al-Ḥayāt Media Centre, "A Message from Sotloff to His Mother Days Before His Execution," *Dabiq*, 4, October 12, 2014, pp.47~51, at 48, https://azelin.files.wordpress.com/2015/02/the-islamic-state-e2809cdc481biq-magazine-422.pdf(검색일: 2016.3).

35 같은 글, pp.49~51.

36 Bin Maḥmūd, "Mas'ala qaṭ'a al-ru'ūs."

37 Ellis Goldberg, "Sacrificing Humans," *Jadaliyya*, February 23, 2015, www.jadaliyya.com/pages/index/20934/sacrificing-humans(검색일: 2016.3) 참조.

38 네 명의 인질 모두의 성명에, "나는 영국 시민의 한 사람이다" 또는 "나는 미국 시민이 아닌가?"와 같은 구절이 포함되어 있는 것이 주목할 만하다. Al-Furqān Media, "A Second Message to America," 1:09-1:11; Al-Furqān Media, "Another Message to America and its Allies," 0:34-0:36' 참조.

39 Bell, *Ritual Theory*, p.174 참조.

40 Al-Ḥayāt, *Dabiq*, 3, p.3.

41 Ronald H. Jones, "Terrorist Beheadings: Cultural and Strategic Implications," Strategic Studies Institute, June, 2005, www.strategicstudiesinstitute.army.mil/pdffiles/PUB608.pdf 에서 인용(검색일: 2016.3).

42 Clifford Geertz, *The Interpretation of Cultures*(New York: Basic Books, Inc., 1973), p.448[클리퍼드 기어츠, 『문화의 해석』, 문옥표 옮김(서울: 까치, 1998), 527쪽].

43 François Hollande, "Speech by the President of the Republic Before a Joint Session of Parliament," November 16, 2015, https://www.diplomatie.gouv.fr/en/french-foreign-policy/defence-security/events/article/speech-by-the-president-of-the-republic-before-a-joint-session-of-parliament(검색일: 2016.3).

44 "A Statement on the Blessed Paris Raid against the Crusader Nation of France," Novem-

ber 14, 2015, https://justpaste.it/attaqueParis(on November 14, 2015).

45 Al-Ḥayāt Media Centre, "Et Tuez-Les Oú Que Vous Les Rencontriez"("그들이 어디에 있
    든지 그들을 죽이라"), January 23, 2016, 16:55~17:02, https://ia601502.us.archive.org/27/
    items/KillThemArabic/kill%20them-arabic.mp4(on January 23, 2016).

46 Al-Ḥayāt, "Et Tuez-Les," 3:47~3:51, 7:17~7:21.

47 Al-Ḥayāt Media Centre, "Introduction," *Dār al-Islām*, 7, November 30, 2015, http://jihad
    ology.net/2015/11/30/new-issue-of-the-islamic-states-magazine-dar-al-islam-7/(검색일:
    2015.3.3~4).

48 예를 들어, "A Statement on the Blessed Paris Raid," Al-Maktab al-Iʻlāmī li-wilāya Ḥimṣ,
    "Wa-l-qādim adhā wa-ʻamr"("더 강하고 잘 통솔되는 이들이 오고 있다"), November 18,
    2015, 8:18~8:24, https://ia801501.us.archive.org/25/items/limaerit_tmail_135/135.mp4(on
    November 18, 2015) 참고.

49 Al-Maktab al-Iʻlāmī li-wilāya al-Barqa, "Min Barqa ila Bārīs"("바르카에서 파리까지"),
    December 2, 2015, https://ia801503.us.archive.org/3/items/FROMBARQAHTOBARIS
    (on December 2, 2015).

50 Al-Ḥayāt, "Et Tuez-Les," 14:53~14:55.

51 "A Statement on the Blessed Paris Raid."

52 Al-Ḥayāt Media Centre, "Foreword," *Dabiq*, 12, November 18, 2014, p.2, http://jihadology.
    net/2015/11/18/new-issue-of-the-islamic-states-magazine-dabiq-12%E2%80%B3(검색
    일: 2016.3).

53 Al-Ḥayāt, "Et Tuez-Les," 13:30~13:36.

54 "A Statement on the Blessed Paris Raid"; Al-Ḥayāt, *Dabiq*, 12, p.2; Al-Ḥayāt, *Dār
    al-Islām*, 7, p.3 참조.

55 Juergensmeyer, *Terror in the Mind of God*, pp.128~135 참조.

56 이 아랍어는 아마도 또한 '증인'을 의미하는 시리아어 *sahda*를 거쳐 그리스어 *martys*에서
    유래했을 것이다. 그러나 2세기 이래로 기독교인들도 자신들의 순교자를 지칭하기 위해
    이 용어를 사용했다. 쿠란에서 순교자들을 지칭하는 것으로 보이는 일부 구절들이 있기는
    하지만(예: Q. 3:140, 4:69), 주로 '증인들'을 가리키는 데 사용한다(예: Q. 2:143, 2:282,
    22:78, 24:4). E. Kohlberg, "Shahīd," *Encyclopaedia of Islam*(Leiden: Brill, 2010).
    www.referenceworks.brillonline.com(검색일: 2016. 3) 참조.

57 David Cook, *Martyrdom in Islam*(Cambridge: Cambridge University Press, 2007), pp.1~2.

58 예를 들어, "A Statement on the Blessed Paris Raid" 참고.

59 Al-Ḥayāt Media Centre, "Attentats sur la voie prophétique," *Dār al-Islām*, 8, 2016, pp.6~
    38, http://jihadology.net/2016/02/06/new-issue-of-the-islamic-states-magazine-dar-al-is
    lam-8(검색일: 2016.3).

60 타우히드(*Tawḥīd*)라는 용어는 신의 단일성과 절대적 통일성을 일컫는다. IS에 따르면, 타
    우히드는 신 외에는 누구도 경배될 수 없다는 것뿐만 아니라, 인간이 만든 법을 지키는 것
    은 우상숭배(*shirk*)라는 것을 의미한다. 그 원리에 대한 엄격한 해석 때문에, 그들은 많은
    무슬림들을 우상숭배를 저지르는 자들(*mushrikūn*)로 생각한다.

61 알하야트는 아홉 공격자들의 모습과 함께 이 텍스트를 보여준다. Al-Ḥayāt, "Et Tuez-Les,"

2:05-2:23. 그 영상의 제목이기도 한 "그들이 어디에 있든지 그들을 죽이라"라는 구절은 Q. 2:191에서 따온 것이다.

62 Al-Ḥayāt, "Et Tuez-Les," 14:42-14:46′.

63 "A Statement on the Blessed Paris Raid."

64 Al-Ḥayāt, "Et Tuez-Les," 7:34-7:37.

65 Al-Ḥayāt Media Centre, "Le Testament de Notre Frère Abū ʿUmar al-Baljīkī," *Dār al-Islām*, 8, p.41.

66 Al-Ḥayāt, "Et Tuez-Les," 3:06-3:10.

67 Al-Ḥayāt, *Dār al-Islām*, 8, p.41.

68 Al-Ḥayāt, *Dabiq*, 12, pp.2~3; Al-Ḥayāt, *Dār al-Islām*, 7, pp.3~4.

69 Al-Ḥayāt, *Dabiq*, 12, pp.2~3; Al-Ḥayāt, "Et Tuez-Les," 6:33-6:52.

70 Al-Ḥayāt, "Et Tuez-Les," 3:27-3:37.

71 Al-Ḥayāt, *Dabiq*, 7, pp.2~3.

72 '수행적 폭력'과 그 영향에 대해서는 Juergensmeyer, *Terror in the Mind of God*, pp.124~128 참고.

73 Peiter Nanninga, "Paris through the Eyes of IS Supporters," *The Religion Factor*, November 24, 2015, https://religionfactor.net/2015/11/24/paris-through-the-eyes-of-is-supporters(검색일: 2016.3) 참조.

74 Clifford Geertz, *The Interpretation of Cultures*(New York: Basic Books, Inc., 1973), pp.87~125[클리퍼드 기어츠, 『문화의 해석』, 문옥표 옮김(서울: 까치, 1998), 111~156쪽].

13 샤를리는 어디에 있는가?

2015년 1월 7일 이후 프랑스의 종교 폭력 담론

페르-에릭 닐손

서론

2015년 1월 7일과 8일 파리에서 풍자 주간지 ≪샤를리 엡도Charlie Hebdo≫와 코셔 슈퍼마켓 이페르 카세르Hyper Cacher에 대한 잔인한 공격에 뒤이어, "나는 샤를리다Je suis Charlie"라는 해시태그가 뉴스와 소셜 미디어에서 빠르게 확산되었다.[1] 그것은 곧 프랑스 국체國體에 대한 지지를 나타내는 표어가 되었다. 1월 11일 파리의 공화국 행진에 150만 명이, 전국적으로는 400만 명이 참가했으며, 이는 프랑스 역사에서 가장 큰 시위 가운데 하나였다. 그날 이후 "우리는 모두 샤를리다"가 뉴스 미디어를 통해 메아리쳤다. 한 저널리스트에 따르면, 그 행진은 "1944년 파리 해방에 버금가는 국가적 성찬national communion이었다".[2] 다음 몇 달 동안 프랑스 시민들은 "나는 샤를리다"라는 로고를 옷에 부착하여 입었고, 마찬가지로 자동차 스티커로, 소셜 미디어의 프로필 사진으로 달았다. ≪샤를리 엡도≫를 전혀 읽지 않던 사람들도 구독료를 냈으며, 공격 후에 나온 호는 평상시 3만 부 팔리던 것이 700만 부나 팔렸다.

그러나 모두가 샤를리이기를 원했던 것은 아니며, 모두가 샤를리가 되도록 허용된 것도 아니었다. 샤를리 됨을 문제시했던 사람들, 곧 다양한 종류의 프랑스 반인종주의 조직, 비판적 사회학자, 탈식민주의 페미니스트들은 재빨리 비판받았다. 앞서 언급된 저널리스트가 말하듯이, 그들은 정당화할 수 없는 것을 정당화하는 비합리성을 이해하려고 시도하고 있었으나 답은 간단했다. '서구와 이슬람주의 사이에 진행되고 있는 전쟁이 있다'는 것이었다.[3] 그러나 또 다른 저널리스트는 그들이 결과적으로 이슬람교도의 맹습에 둔감해져 꼭 두각시가 되게 하는 사악한 이데올로기인 사회학주의sociologism를 실천하고 있다고 비난했다.[4] 부분적으로 예민한 공적 논쟁이었던 것을 대표하지는 않지만, 이런 종류의 진술들은 전국적인 "나는 샤를리다" 운동의 중요한 이데올로기적 기능을 전형적으로 보여준다. 그래서 보안 경보 체계Plan Vigipirate가 최고 경계 상태에 있을 때 주의 깊은 성찰은 필요 없다. 우리 공화국의 지도자들은 이미 무슨 일이 벌어지고 있는지 알고 있다. 프랑스인들의 적은 그저 가까이 에만 있는 것이 아니다. 적은 우리 사이에 있다. 이 순간 당신들은 우리와 함께하거나 아니면 우리를 적대하거나, 공화국과 함께하거나 아니면 이슬람(주의)에 반대하고 있다. 당신은 샤를리이거나 아니면 샤를리가 아니다.[5] 샤를리를 보호하기 위해 예외적인 대책들이 요청된다. 이것은 질문을 야기한다. "1·7 이후에 샤를리는 어디에 있었는가?"

이 장에서는 내가 종교 폭력 담론이라고 부르는 것을 분석함으로써 그 질문에 답하고자 한다.[6] 이것은 주어진 시기에 특정한 진술들이 잠재적으로 모순되고 역설적임에도 불구하고 어떻게 공통의 존재론적·인식론적 토대를 공유하는지 이해하는 것을 의미한다. 그것은 또한 담론의 창조적이고 금지적이고 규율적인 권력, 곧 담론이 주체의 생산과 주체를 통한 권력의 수행적 파급을 목표로 하는 방식을 강조하는 것을 함축한다.[7] 샤를리 사건 이후에 대한 논쟁 과정에서 종교 폭력 담론 자체는 세 가지 상호연관된 담론적 수사修辭, 곧 동일시identification, 치환displacement, 확장expansion에 따라 해석되었다.

동일시

동일시 수사는 이분법적 정체성, 곧 우리와 다른 사람, 친구와 적, 종교와 세속을 나누고 분류하며 금지한다. 그것은 우리 시대의 담론 접합에 대한 인식 장epistemic field을 제공하는 데 의도적으로 영향을 미치는, 수백 년에 걸친 유럽중심적, 오리엔탈리스트적, 식민지적 지식 생산에 의존한다.[8] '종교'라는 범주가 오도될 수 있는 것과 마찬가지로 종교 폭력의 담론은 다소 신중하게 호출되어야 하는데, 이는 우리 시대의 담론 접합이 세속적 질서 안에서 악역을 수행하는 무슬림이라는 타자의 이미지로부터 이데올로기적 연료를 얻기 때문이다.[9] 그러나 희생자이자 가엾은 신체로서의 유대인들도 이 담론에서 모호한 역할이 부여되어 있었다. '모두'가 샤를리였을 때, 다소 징후적으로 이페르 카셰르에는 소수의 유대인 희생자들이 '있었다'. 이스라엘민족중앙회Israelite Central Consistory 회장인 조엘 메르기Joël Mergui는 "이페르 카셰르에 대한 공격이 기만 했다면 거리에 400만 명의 사람들이 나왔겠는가?"라고 질문했다.[10]

≪샤를리 엡도≫가 자유의 집합적 상징이 되었다면, 편협한 반무슬림 카툰을 그려왔던 살해당한 만화가들부터 스웨덴 예술가 라르스 윌크스Lars Wilks에 이르기까지 반무슬림 글이나 만화로 명성(악명)이 높은 백인 중년 남성들은 개인 영웅으로서 등장했다.[11] 공격 후에 발행된 ≪샤를리 엡도≫에서 이러한 자유의 영웅들에 반대되는 이미지는 전형적으로 무슬림 '래그헤드raghead'+를 축 늘어진 성기의 소유자나 에펠탑의 강간 희생자로 묘사했으며, 그것은 상징적으로 남성성의 탈환과 국가적 파토스의 재생을 형상화하고 있었다.[12] 그러나 샤를리 사건 이후 논쟁에서 무슬림이라는 타자가 편파적으로만 묘사되었다고 말하는 것은 잘못이다. 좋은 무슬림과 나쁜 무슬림으로서 양면적 이미지에 대해 이야기가 있었다고 하는 편이 더 정확하다.[13]

+ 터번이나 쿠피야(kufiya)나 머리 스카프를 쓴 아랍인을 비하해서 쓰는 말.

뉴스 미디어의 여러 기사에서, 마치 무슬림들이 하나의 집단으로서 그 사건에 대해 말할 특별한 무언가가 있는 것처럼, 좋은 무슬림에게는 발언권이 주어졌다. 총기 테러범들의 이슬람 정체성은 그들의 프랑스 국적, 젠더 또는 계급에 우선했을 뿐만 아니라, 무슬림 일반을 묘사하는 선험적인 해석 틀이 되었다. 이것이 수많은 저널리스트와 정치인이 논쟁 가운데 "모든 무슬림들이 테러리스트인 것은 아니다", 그리고 "테러리즘은 실제로 이슬람이 아니다"와 같은 진술들을 재생산했던 이유이다.[14] 여기서 문제는 이들 '무슬림들'이 프랑스 태생이지만, 그들이 어떻게 생각하고 행위하고 있는지에 결정적인 요소가 된다고 가정되는 그들의 상상된 종교적-민족적 기원으로 되돌아가고 있었다는 것이다.

나쁜 무슬림, 곧 니콜라 사르코지Nicolas Sarkozy 전 대통령의 말을 인용하자면 "내부의 적"의 전형이 쿠아치Kouachi 형제와 쿨리발리Coulibaly가 된 것은 놀라운 일이 아니었다.[15] 수많은 성명이 그들은 단지 빙산의 일각이라는 것을 명확히 했다. 이러한 종교적 타자의 생성은 소문, 가십 그리고 공식 채널들에 의해 뉴스로 탈바꿈한 조작된 이야기들로부터 구성되었으며, 대변인과 정치인들에 의해 사실로 받아들여졌다.[16] 무슬림에 대한 본질주의적·문화주의적·인종주의적 이해는 그들이 이런 일을 가능하게 하는 존재라는 것이며 사실이 무엇인지는 중요하지 않았다. 왜냐하면 우리는 이미 그들이 실제로 누구인지 알기 때문이다. 또한 프랑스에서 무슬림에 대한 이 상상된 진리는 저명한 학자이자 공공 지식인인 마르셀 고셰Marcel Gauchet의 말과 같이 식민지 패권을 상기시키는 거만하고 가부장적인 진술들을 정당화했다. 공화국이 "무슬림들을 그들의 자리로 보낼", 무슬림들에게 "책임에 대한 교훈을" 줄 시간이 도래한 것이다.[17] 프랑스 영웅/희생자와 무슬림 범인의 이분법은 (백인) 프랑스 시민들을 샤를리의 화신化身으로 변화시킨 반면, 문화적 인종주의 논리는 무슬림들이 공격을 영원히 포기하도록 강제했으며, 이러한 헤게모니적 국가 정서에 순응하지 않는 어떠한 무슬림들도 잠재적 테러리스트로 만들어버렸다.

여기서 유럽중심적이고 식민지적인 중심과 주변 논리를 기반으로 하는 종교 폭력 담론이 어떻게 정체성 수사에 따라 사회 공간을 나누고 해석하고 구조화하는지를 이해하는 것이 중요하다.[18] 샤를리는 파리 중심부 공화국 광장 *Place de la République*에 위치해 있는 반면, 그 상대는 교외*la banlieue*에 있다. 프랑스의 교외는 대개 대규모 주택 프로젝트*cités*, 인종적 소수, 가난, 폭력, 이슬람(주의)과 연관되어 있다. 흔히 젊은 갱 두목들이나 살라피스트들의 지배하에 있는 무법 지역으로 묘사되는 교외는 백인 중상층 프랑스 시민들은 거의 가지 않는 신화적인 장소이다. 뉴스 미디어, 학자, 정치인들은 모두 이 장소를 그렇게 이해하는 데 각자 역할을 해왔다.[19]

마뉘엘 발스Manuel Valls 총리가 선언했듯이, 공화국 행진에 참가하는 것은 모두가 해야 하는 무언가였다.[20] 그러나 보도된바 공화국 행진에서 교외 지역 참가자들의 부재는 샤를리 됨의 거부로 해석되었다. 예를 들어, 이것은 "교외의 젊은이들"과 "마그레브에서 온 이민자 2세대와 3세대의" 참여가 미약했던 것에 우려를 표명했던 저명한 역사가 뱅자맹 스토라Benjamin Stora의 결론이었다.[21] 교외가 배제가 자동적으로 작동하는 프랑스의 내부였다면, 9·11 이후 소리를 지르고 깃발을 태우는 남성들의 이미지는 분노한 '무슬림 세계'를 묘사했다. 뉴스 미디어에서 '무슬림의 분노'에 대한 탈맥락화되고 획일적인 설명들은 '무슬림 세계'를, 보코 하람Boko Haram과 탈레반Taliban이 알제Aligers의 평화 시위자들이나 예루살렘에서 기도하는 무슬림들과 동일한 수준에 있는, 비판적 성찰 없이 보도될 수 있는 편재한 공간으로 해석했다.[22] 여기서 요점은 교외가 객관적으로 문화화된 장소, 곧 공화국 한복판에 존재하는 이질적인 동양으로의 관문으로 등장했다는 것이다.

치환

동일시 수사와 치환 수사는 세속적 국민국가에게는 금지를 주입하는 것이다. 치환은 종교적 타자에 대해 세속적 국민국가가 폭력 행사를 기도할 수 있

게 한다. 종교 폭력 담론 자체는 세속 폭력을 온화한 것으로, 광신적이고 근본
주의적이고 비합리적인 종교 폭력을 통제하고 규율하는 데 필요한 것으로 이
해한다.[23] 현대 프랑스에서 이것은, 특히 "백인 남성이 갈색 남성으로부터 갈
색 여성을 구원한다"라는 논리에 의해서,[24] 공립 학교와 공공장소에서 여성이
이슬람 복장을 착용하지 않게 하기 위한 두 법의 승인 과정에서 매우 중요했
다. 그들의 폭력을 비합법화하는 것과 대비하여 우리의 폭력을 합법화하는 복
잡한 상호의존성을 풀어내기 위해서는 슬라보이 지제크Slavoj Žižek의 주관적 및
객관적 폭력 개념을 통해 그 질문에 접근하는 것이 유용하다.[25]

주관적 폭력은 두드러지게 눈에 띄는 가해자와 함께, 마찬가지로 분명하게
식별 가능한 희생자가 있는 폭력행위를 가리킨다. 이 폭력은 돌출적이고 파괴
적이며, 대량 살상과 테러리즘 또는 눈에 띄는 인종차별주의·성차별주의·선동
행위들과 같은 직접적인 물리적 폭력과 관련된다.[26] 중요한 것은, "비폭력을
배경으로 하여 경험되는 주관적 폭력"은 "사물의 '정상적인' 상태"를 방해한다
는 것이다.[27] 주관적 폭력은 이런 의미에서 기만적이다. 그것은 과시적인 것,
비정상적인 것 그리고 종교 폭력 담론의 렌즈를 통하여 이해되는 것, 곧 이슬
람(주의)을 먹이로 삼는다. 마치 새뮤얼 헌팅턴Samuel P. Huntington의 무의미한 문
명 충돌 이론의 할리우드판이 만들어지기라도 한 것처럼, ≪샤를리 엡도≫와
이페르 카세르에 대한 공격들은 상징적인 사례들이다.[28]

주관적 폭력의 다른 한쪽은 객관적 폭력, 곧 사물들의 정상적인 질서에 '내
재하는' 폭력이다. 그것은 두 가지 형태를 가지고 있는데, 상징적(의미 생성) 형
태와 체계적(구조적) 형태이다.[29] 객관적 폭력의 항구적인 작동─경제적 착취, 사
회 불평등, 가부장적 구조, 인종 차별─은 세속적 국민국가 안에 깊이 배어 있는
문제로서, 취급되는 일이 드물다. 그 폭력들은 중립화되고 감추어진 것이라는
전제 위에서 기능하며, 공중들the public이 볼 수 있도록 표면에 떠오를 때는 병
리 현상이거나 또는 호의적이고 건전하고 필수적인 것으로 합리화된다. 이것
의 한 보기가 프랑스의 반유대주의이다. 수많은 연구가 반유대주의가 증가하
고 있음을 보여주는 와중에도,[30] (백인) 프랑스인들의 반유대주의 행위는 일상

적으로 합리화되는 반면, (갈색) 프랑스 시민들의 행위는 문화화된다.[31] 한 보고서가 언급하듯이, 오늘날 프랑스의 주요 문제는 (2세대 또는 4세대 프랑스인) 북아프리카 이민자들의 추정된 종교-문화적 본질의 일부로서 '수입된' 반유대주의이다.[32] 뉴스 미디어에서, 1·7 이후 프랑스 유대인들이 이슬람의 반유대주의 증가 때문에 집단적으로 알리야aliyha, 곧 예루살렘으로의 이주를 하고 있다는 공동 성명이 있었다. 그러나 앞서 언급했던 이스라엘민족중앙회 회장은 세속주의를 취하는 프랑스인들이 유대인 이주의 가장 중요한 원인이라고 주장한다.[33]

여기서 이데올로기적 문제는, 종교 폭력 담론의 렌즈를 통해 쿠아치 형제와 쿨리발리의 행위와 생애를 이해하는 것이 프랑스 국민국가의 잠재적 책임을 중화시킨다는 것이다. 심지어 종교 폭력 담론의 논리에 따라서, 1·7 이후에 대한 발스 총리의 선언이 있기 오래전에 프랑스는 테러리즘과의 전쟁을 벌이고 있었다. 지난 30년 동안 프랑스는, 중앙아프리카와 북아프리카에서의 신식민지적 전쟁에서는 주도적으로, 또는 테러리즘에 대한 미국 주도의 글로벌 전쟁에서처럼 국제적 개입의 일부로서, 수십 번의 군사 작전에 개입했다.[34] 전쟁에서 적의 복수는 놀랄 일이 아니다. 헌팅턴식 문명의 충돌처럼, 미국과 프랑스 같은 국가들이 주도한 그것은 반작용을 낳는 것이다. 게다가 이 글을 쓰고 있는 시점에, 프랑스와 서구에 대한 세 총기 테러범의 증오가 ≪샤를리 엡도≫의 만화가 아니라 아부 그라이브에서 유출된 미국 주도의 드론 공격 사진과 프랑스 국민국가의 객관적 폭력의 결과였음을 시사하는 증거가 공개되었다.[35] 파리 교외의 오베르빌리에Aubervilles에 있는 고등학교 교사 네 명이 말하듯이, "우리 또한 세 명의 암살범의 부모이다".[36] 이 말을 통해, 테러리즘에 대한 전쟁이 있어야 한다면 어디에서 어떻게 치러져야 하는지는 종교 폭력 담론이 제시하는 것처럼 쉽게 대답되지 않는다는 것을 자각해야 한다.

그래서 폭력의 치환과 공간성·정체성과의 결합은 상징 수준에서 반무슬림 인종주의(또는 이슬람 혐오)를 정당화한다. 무슬림 자체가 사실상 프랑스에서 증가하고 있는 그들 자신에 대한 상징적·체계적 배척의 근원이라고 결론 내리는 것은 매혹적일 만큼 쉬워 보인다.[37] 이것이 바로 무슬림들이 지속적으로 이슬람(주의)을 포기하고 세속적인 국민국가에 대한 그들의 사랑을 고백하도록 기대받는 이유이다. 이것은 이길 수 없는 게임이다. 정체성과 공간성 수사의 논리를 따라 무슬림들이 주관적 폭력을 비난할 때, 그들은 그들 자신의 본질을 비난하는 것이며, 그래서 그것은 거짓말이다. 오늘날 주관적 폭력과 무슬림들의 가장 흔한 인종주의적 결합은 단지 유행일 뿐만 아니라 용감하고 영민한 성명으로 보인다.[38]

확장

탈랄 아사드Talal Asad가 제시하듯이, 종교적 타자의 폭력의 비합법화는 단지 틀 짓기의 문제만은 아니다. 적법성의 원칙은 객관적 폭력의 확장이 지속되는 데 핵심이다.[39] 오늘날 테러리즘은 시민권과 기본 인권의 분배와 박탈이 실천되는 법적 범주가 되었다.[40] 9·11과 유사하게 1·7은 실행을 기다리는 대책들을 촉발하는 계기이자 프랑스의 선제적 대테러리즘 기구를 강화하는 또 다른 단계가 되었으며, EU와 EU 회원국들을 "세계에서 가장 잘 감시되고 검열되는 지역"으로 만들기 위한 또 하나의 발걸음이 되었다.[41] 이런 방식으로, 민주주의를 구하기 위해 민주주의와 법의 지배를 훼손하는 역설적 논리가 이 과정들을 인도하고 있는 곳에서, 종교 폭력 담론은 종교적 타자를 구체적인 목표로 삼으면서 기존의 그리고 새로운 억압적 규율과 처벌 대책들을 합리화하고 정당화하고 확장하게 되었다.[42]

선제적 대테러리즘 대책들이 모든 시민에게 거슬리는 것이기는 하지만, 그 대책들은 구체적으로 특정한 집단들을 목표로 한다. 이런 점에서 종교적 타자의 문화화는 중요하다. 시몽 파트리크Simon Patrick의 말을 바꾸어 표현하면, 공화국은 인종을 차별하지 않아야 하지만 정치 행위자들은 인종에 차별을 두어야 한다.[43] 9·11 이후 아랍 또는 무슬림 외양을 가진 시민들은 사회적·법적·정치적 조치들에 의해 서구 전역에서 표적이 되었다.[44] 그리고 토니 버니언Tony Bunyan이 표현했듯이, 유럽에서 "매우 엄격한 것에서부터 솔직히 이상한 것에 이르는 조치들이 유럽 전역에서 무슬림 공동체들을 표적으로 삼았다".[45] 공화주의자의 언어로 말하자면 외국인들을 국가적·세속적 공동체로 흡수하는 것으로 가장 잘 이해되는, 공화국의 통합 문제에 대한 토론이 1·7 직후에 있었다는 것은 징후적이다.[46] 총기 테러범들의 행위의 이유 가운데 하나는 프랑스 공화국의 가치, 특히 세속주의에 대한 적절한 이해의 부족으로 추정되었다. 교육부 장관 나자트 발로벨카셈Najat Vallaud-Belkacem은 학생과 교사들이 "공화국의 가치들" 안에서 철저하게 교육될 필요가 있으며, "종교, 국가, 자유와 세속주의의 비판적 성찰을 위한 도구들"이 필수적이라고 말했다.[47] 발로벨카셈 장관은 또한 세속주의로 교육된 1000명의 교사들이 특별히 임명되고, 12월 9일은 세속주의의 날로 지정하고, 공화국의 가치들을 위험에 빠뜨리는 학생들은 체계적으로 보고되고 징계받아야 한다고 제안했다.[48] 많은 지식인과 대변인들도 '테러리즘에 대한 전쟁'의 현장으로서 학교의 중요성을 강조했다.[49] 그러나 문명적 계몽이 필요한 뒤떨어진 타자로서의 종교적 타자 이미지는, 일부 시민들이 공화국을 공격하기로 선택하고 ISIS와 같은 외국의 무장세력에 합류하는 상징적이고 구조적인 이유들을 외면한 채 재생산된다. 공화국 가치들과 특히 세속주의는 종교적 타자를 표적으로 삼는 규율 기제의 도구, 곧 단일문화적 국체를 창조하기 위해 사용되는 기술이 된다.[50]

종교적 타자를 감시하는 최근의 한 조치는 의견들의 범죄화이다. 한동안 프랑스에서는 (잠재적) 테러리스트들이 법률상 "범법자와의 연관association de malfaiteurs"이라는 명목으로 체포되어 왔다.[51] 리즈 페케트Liz Fekete가 언급하듯이, 그 용어는 "매우 부정확하고 창의적인 법적 해석에 열려 있어서, 발언을 포함해서 모든 종류의 '행위'가 기소 가능하다".[52] 이 새로운 반테러법에 의해서 프랑스 안보 기관은 법적 도구에 매우 모호한 또 하나의 용어를 추가할 수 있었다. 모든 행동이 테러리즘에 대한 찬양, 지지, 미화 그리고 정당화를 의미하는 '테러리즘의 옹호 apologie du terrorisme'로 처벌될 수 있다. 이런 조항은 1881년

'출판자유법'에 존재하지만, 2014년 11월 의회는 그것을 최대 징역 7년과 10만 유로의 벌금형을 선고할 수 있는 형법에 포함시키는 새로운 반테러법을 비준했다.[53] 공격 이후에, 그 법의 모호성은 경찰과 사법부가 속성 재판에 시민들을 기소하는 데 이용되었다. 공격이 있은 지 딱 한 달 만에 약 70명의 유죄 선고가 있었는데, 그중 대다수는 술이나 마약의 영향으로 위협적인 말을 하거나 1·7 공격을 미화하는 것과 관련되어 있었다. 학교에서는 200개가 넘는 '옹호' 사례가 보고되었는데, 교사와 '무슬림' 학생들에 대한 경찰 조사로 이어졌고, 그중 가장 어린 학생은 8살이었다.[54] 이데올로기적으로 '중립적인' 공립 학교는 국가주의가 구체화되는 장소가 되었다. 샤를리가 구호로서 기능하게 된 것과 유사한 이런 방식으로, 어떤 시민에게는 표현의 자유인 것이 다른 시민에 의해 테러리즘을 위한 옹호로 바뀌는 것처럼, '옹호'는 지하디스트들의 모집을 막는 도구라기보다는 공격의 결과로서 공화국의 법을 강화하고 (의무적인) 국가 연대를 드러내는 거대한 장치가 되었다.[55] 프랑수아 올랑드François Hollande 대통령과 다른 장관들이 "모든 증오, 인종주의, 반유대주의 또는 동성애 혐오 발언들이" 형법에 저촉된다고 확언했다 하더라도, 무엇이 인종주의적이고 증오인지, 그리고 누구를 향한 것인지 판단하는 것은 인종, 민족, 종교성, 세속성, 젠더 등의 계열을 따라 부호화된다.[56] 표현의 자유가 여기서는 세속적 국체에 대한 비판을 무효화시키는 도구로 사용될 위험이 있다.

게다가 옹호에 대한 법은 모든 (갈색, 무슬림) 신체가 잠재적으로 위장하고 있는 지하디이고, 모든 (백인, 세속적) 신체가 잠재적 국가 정보원인 자기감시적 판옵티콘 사회를 가능하게 한다.[57] 올랑드 대통령은 2015년 6월 24일에 비준된 새로운 감시법을 통과시키기 위해 압력을 행사하면서,[58] 테러리즘과의 싸움에서 "악의 공범이 되기를 원치 않는다면" 모두가 특히 통신 회사들이 책임이 있다고 말함으로써 조지 W. 부시George W. Bush 대통령을 그대로 흉내 내었다.[59] 여기서 국가가 보호하고자 했던 바로 그 원칙들의 '권리' 상태에 잠재적으로 파괴적 효과를 가져올 세속적 안보주의 질서의 윤곽이 그려진다. 그것은 기독교적인 악의 이해에 기반한 질서이다. 아사드가 설명하듯이, 이것은 선과 악이 영원히 대립하는 마니교적 질서가 아니다. 여기서 악은 "신의 의지를 거스르는 행동 원칙이며 그렇기에 제거할 수 있다. 악과 싸워 이기는 것, 무슨 대가를 치르더라도 악과 싸워 이기는 것이 모든 선한 사람들에게 주어진 의무이다". 그리고 그리스도가 십자가에 달림으로써 악을 이겼듯이, 권리의 상태를 약화시키는 것은 악에 보복하고 악을 이기기 위한 필수적인 희생, 곧 공화국의 십자가 고난처럼 보인다.[60]

결론

동일시, 치환 그리고 확장의 수사에 기반하고 있는 종교 폭력 담론은 세속적 자아에 대한 것만큼이나 종교적 타자에 대한 것이다. 정체성의 담론적 구성은 반드시 그런 것은 아니지만 매우 흔히 부정적이고 기생적인 논리 위에 이루어진다. 그래서 샤를리는 어디에 있는가? 아무 데도 없기도 하고 어디에나 있기도 하다—주택사업에도, 공화국 광장에도, ISIS 영토에도, 엘리제 궁전에도, 모스크에도, 그리고 거리에도. 그러나 편재하다는 것이 샤를리가 이 모든 공간에서 동일한 교훈을 준다는 뜻은 아니다. 샤를리에 과도한 인과적 힘을 부여함으로써 바로 그것을 종교 폭력 담론에 관해 그토록 강력한 성명으로 만들어주었던 것이다. 그것은 우연성을 (자아와 타자의) 이분법적 쌍으로 치환함으로써, 현대 사회경제적 구조의 인식적 토대와 정부의 감시 및 처벌 기술을 통한 통치권 확장을 정당화하는 성명이 되었다. 필 스크래튼Phil Scraton의 글을 인용하자면, "범인들을 악마화하고, 그들의 인간성을 극악무도한 것으로 재현하는 것은 역사적·정치적·문화적 맥락들에 대한 더 깊은 이해를 방해하고 열정적인 복수 의지로 대체하는 분위기를 창조하고 지속시킨다".[61] 여기에 미래의 법 지배와 근본적인 자유공화국 가치들의 발전에 걸림돌이 될 큰 위험이 놓여 있다.

1 프랑스어 원전들의 영어 번역은 모두 필자가 했다.

2 C. Fourest, *Éloge du blaspheme*(Paris: Bernard Grasset, 2015), p.12.

3 P. Cohen, "7/9: Interactiv," *France Inter*, April 30, 2015.

4 P. Val, *Malaise dans l'inculture*(Paris: Grasset, 2015).

5 공개적인 담화에서 이슬람(주의)은 '종교' 범주로서의 이슬람과 테러리즘 범주로서의 이슬람주의 사이의 유동적인 경계를 가리킨다.

6 W. T. Cavanaugh, *The Myth of Religious Violence*(Oxford and New York: Oxford University Press)와 비교해 보라. 또한 T. Fitzgerald(ed.), *The Religious and the Secular*(London: Equinox, 2008) 참고.

7 M. Foucault, *The Archeology of Knowledge*(London and New York: Routledge, 2002)[미셸 푸코, 『지식의 고고학』, 이정우 옮김(서울: 민음사, 2000)]; M. Foucault, "Governmentality," in G. C. Burchell, C. Gordon and P. Miller(eds.), *The Foucault Effect: Studies in Governmentality*(Chicago: The University of Chicago Press, 1991), pp.87~104[미셸 푸코, "통치성", 그래엄 버첼·콜린 고든·피터 밀러(엮음), 『푸코 효과』, 이승철 외 옮김(서울: 난장, 2004), 133~157쪽]; M. Foucault, *Sécurité, territoire, population. Cours au Collège de France, 1977~1978*(Paris: Seuil-Gallimard, 2004)[미셸 푸코, 『안전, 영토, 인구: 콜레주드프랑스 강의 1977~78년』, 오트르망 옮김(서울: 난장, 2011)] 참고.

8 T. Mastnak, *Crusading Peace: Christendom, the Muslim World and Western Political Order*(Berkeley and London: University of California Press, 2015); T. Masuzawa, *The Invention of World Religions: Or, How European Universalism Was Preserved in the Language of Pluralism*(Chicago: University of Chicago Press, 2005) 참고.

9 Cavanaugh, *The Myth*, p.4.

10 C. Chambraud, "Entretien: 'C'est à chaque citoyen de protéger la démocratie'," *Le Monde*, January 17, 2015, p.8.

11 Fourest, *Éloge du blaspheme*, p.150ff 참고.

12 *Charlie Hebdo*, n°1178, January 14, 2015 참고.

13 M. Mamdani, *Good Muslim, Bad Muslim: America and the Cold War, and the Roots of Terror*(New York: Pantheon Books, 2005) 참고.

14 S. de Larquier, "Terrorisme, islamisme: la guerre des mots des politique," *Le Point*, January 12, 2015, https://www.lepoint.fr/politique/terrorisme-islamisme-la-guerre-des-mots-des-politiques-12-01-2015-1895787_20.php(검색일: 2015.8.20).

15 V. Vergnaud, "Les propositions de Nicolas Sarkozy pour lutter contre le terrorisme," *Le Journal du Dimanche*, January 12, 2015, https://www.lejdd.fr/Politique/Les-propositions-de-Nicolas-Sarkozy-pour-lutter-contre-le-terrorisme-712068(검색일: 2015.2.18).

16 D. Perrotin, "'Charlie, ils l'ont bien cherché': le 'témoignage' choc était inventé," *Le Monde*, January 29, 2015, http://abonnes.lemonde.fr(검색일: 2015.7.27) 참고.

17 E. Levy, "Entretien: Marcel Gauchet: 'Il faut parler claire avec les musulmans'," *Le Point*, February 5, 2015, n°2213[iTunes Store].

18 J. Samson, *Race and Empire*(New York: Pearson Longman, 2005) 참고.

19 M. Dikeç, "Voices into Noises: Ideological Determination of Unarticulated Justice

Movements," *Space and Polity*, 8(2)(2015), p.194; L. Mucchielli, "Immigration et délinquance: Fantasmes et réalités," in N. Nacira Guénif-Souilamas, *La République mise à nue par son immigration*(Paris: La Fabrique, 2006), pp.39~61 참고.

20 AFP, "Marché républicain à Paris: un dispositif de sécurité exceptionnel," *Le Parisien*, January 10, 2015, http://www.leparisien.fr/paris-75/marche-republicaine-dimanche-au-moins-deux-itineraires-transports-gratuits-en-idf-10-01-2015-4435145.php(검색일: 2015. 8.20).

21 T. Wieder, "Entretien: 'Il faut préserver les principes républicains tout en s'adressant aux minorités'," *Le Monde*, January 20, 2015, p.8; G. Rof, "C'est un complot pour salir les musulmans," *Le Monde*, January 17, 2015, p.9.

22 AFP, "Des milliers manifestants dans le monde musulman contre les caricatures de Mahomet," *Le Monde*, January 18, 2015, http://abonnes.lemonde.fr(검색일: 2015.7.27).

23 Cavanaugh, *The Myth*, p.7.

24 M. Fernando, *The Republic Unsettled*(Durham, NC: Duke University Press, 2014) 참고.

25 S. Žižek, *Violence: Six Sideways Reflections*(New York: Picador, 2008)[슬라보예 지젝, 『폭력이란 무엇인가: 폭력에 대한 6가지 삐딱한 성찰』, 이현우·김희진·정일권 옮김(서울: 난장이, 2011)].

26 같은 책, p.10[지젝, 『폭력이란 무엇인가』, 37쪽].

27 같은 책, p.2[지젝, 『폭력이란 무엇인가』, 24쪽].

28 S. P. Huntington, *The Clash of Civilizations and the Remaking of World Order*(London: Penguin, 1997)[새뮤얼 헌팅턴, 『문명의 충돌』, 이희재 옮김(서울: 김영사, 1997)].

29 Žižek, *Violence*, p.2[지젝, 『폭력이란 무엇인가』, 24쪽].

30 M. Wieviorka, *The Lure of Anti-Semitism: Hatred of Jews in Present Days France*(Leiden: Brill, 2007) 참고.

31 J. Marelli, "Usages et maléfices du thème de l'antisémitisme en France," in N. Guénif-Souilamas(ed.), *La république mise à nu par son immigration*(Paris: La Fabrique, 2015), pp.133~159; E. Hazan and A. Badiou, *L'antisémitisme partout. Aujourd'hui en France* (Paris: La Fabrique, 2011) 참고.

32 J. C. Rufin. "Chantier sur la lute contre le racisme et l'antisémitisme," *Minstère de l'intérieur, de la sécurité et des libertés locales*, October 19, 2004, https://www.ladocument ationfrancaise.fr/var/storage/rapports-publics/044000500.pdf(검색일: 2009.4.16).

33 C. Chambraud, "Entretien."

34 P. Hansen and S. Jonsson, *Eurafrica: The Untold History of European Integration and Colonialism*(New York: Bloombury, 2014) 참고.

35 A. Chrisafis, "Charlie Hebdo Attackers: Born, Raised, and Radicalised in Paris," *The Guardian*, January 12, 2015, https://www.theguardian.com/world/2015/jan/12/-sp-charlie-hebdo-attackers-kids-france-radicalised-paris(검색일: 2015.8.30).

36 D. Boussard, et al. "Comment avonsnous pu laisser nos élèves devenir des assassins?" *Le Monde*, January 14, 2015, p.12.

37 CCIF, "Annual Report"(Paris, 2015), www.islamophobie.net/sites/default/files/CCIF-

Annual-Report-2015.pdf(검색일: 2015.8.25).

38 A. Hajjat and M. Mohammed, *Islamophobie*(Paris: La Découverte, 2013) 참고.

39 T. Asad, *On Suicide Bombing*(New York: Columbia University Press, 2007), p.27[탈랄 아사드, 『자살 폭탄 테러』, 김정아 옮김(서울: 창비, 2016), 48~49쪽].

40 M. Stone, I. Rua Wall and C. Douzinas, "Introduction: Law, Politics and the Political," in M. Stone, I. Rua Wall and C. Douzinas(eds.), *New Critical Legal Thinking*(New York: Routledge, 2012), p.3.

41 T. Bunyan, "Just Over the Horizon: The Surveillance Society and the State in the EU," *Race & Class*, 51(3)(2010), p.7.

42 Giorgio Agamben, *State of Exception*(Chicago: The University of Chicago Press, 2005) [조르주 아감벤, 『예외상태』, 김항 옮김(서울: 새물결, 2009)] 참고.

43 M. Baumard, "Le système 'produit des discriminations en se pensent égalitaire'," *Le Monde*, January 25, 2015, p.10.

44 S. Razack, "Imperilled Muslim Women, Dangerous Muslim Men and Civilised Europeans: Legal and Social Responses to Forced Marriages," *Feminist Legal Studies*, 12(2)(2004), pp.129~174 참조.

45 Bunyan, "Just Over," p.8.

46 G. Noiriel, *Immigration, antisémitisme et racisme en France(Xixe-Xxe Siécle): Discours Publics, Humiliations Privées*(Paris: Fayard, 2007) 참고.

47 S. Balboa, "L'école après Charlie: on a mis le doigt dans un engrenage pervers," *Rue 89*, January 31, 2015, https://rue89.nouvelobs.com/2015/01/31/lecole-apres-charlie-avons-mis-doigt-engrenage-pervers-257446?imprimer=1(검색일: 2015.2.2).

48 Ministère de l'Éducation nationale, de l'Enseignement supérieur et de la Recherche, *Grande mobilisation de l'École pour les valeurs de la République*(Paris; La Rèpublique Française), www.education.gouv.fr/cid85644/onze-mesures-pour-un-grande-mobilisation-de-l-ecole-pour-les-valeurs-de-la-republique.html(검색일: 2015.8.29).

49 C. Halmos, "Contre les kalachnikovs: l'école," in Collectif, *Nous sommes Charlie*(Paris: Livre de poche, 2015), pp.76~77 참고.

50 Bunyan, "Just over," p.9. 또한 S. Hennette-Vauchez and V. Valentin, *L'affaire Baby Loup ou la nouvelle laïcité*(Paris: LGDJ, 2014) 참고.

51 *Loi n° 92-1336, Legifrance*, December 16, 1992, http://legifrance.gouv.fr/affichTexte.do?cidTexte=JORFTEXT000000177662(검색일: 2015.8.29) 참고.

52 L. Fekete, *A Suitable Enemy: Racism, Migration, and Islamophobia in Europé*(London and New York: Pluto Press, 2009), p.55.

53 *Loi n° 2014-1353 du 13 novembre 2014 renforçant les dispositions relatives á la lutte contre le terrorisme*, https://www.legifrance.gouv.fr/affichTexte.do?cidTexte=JORFT EXT000029754374&categorieLien=id(검색일: 2015.8.29).

54 L. Imbert, "Apologie d'actes terroristes: des condamnations pour l'exemple," *Le Monde*, January 13, 2015, https://www.lemonde.fr/societe/article/2015/01/13/apologie-d-actes-ter roristes-des-condamnations-pour-l-exemple_4555102_3224.html(검색일: 2015.7.29).

55 I. Labarre, "Apologie du terrorisme: Un lycéen nantais poursuivi pour un dessin," *Ouest-France*, January 17, 2015, www.ouest-france.fr/apologie-du-terrorisme-un-lyceen-nantais-poursuivi-pour-un-dessin-3119401(검색일: 2015.7.29) 참고.

56 AFP, "Au dîner du Crif, Hollande s'attque aux propos 'de haine'," *Le Monde*, February 24, 2015, http://abonnes.lemonde.fr(검색일: 2015.7.14) 참조.

57 미국 대테러리즘 법의 효과에 대해서는 K. Rygiel, "Citizenship as Government: Disciplining Populations Post-9/11," in J. Leatherma(ed.), *Discipline and Punishment in Global Politics: Illusions of Control*(New York: Palgrave-MacMillan, 2008), pp.85~110 참고.

58 새로운 감시법, *Loi n°2015-912 du 24 juillet 2015, Legifrance*, July 27, 2015, www.legifrance.gouv.fr/affichTexte.do?cidTexte=JORFTEXT000030931899(검색일: 2015.8.15) 참고.

59 AFP, "Des milliers manifestants dans le monde musulman contre les caricatures de Mahomet," *Le Monde*, January 18, 2015, http://abonnes.lemonde.fr(검색일: 2015.7.27).

60 Asad, *On Suicide Bombing*, p.4.

61 P. Scraton, "Introduction: Witnessing 'Terror', Anticipating 'War'," in P. Scraton(ed.), *Beyond September 11: An Anthology of Dissent*(London and Sterling, Virginia: Pluto Press), p.3.

14 현대 키르기스스탄에서 이슬람 국가(IS)의 위협 이해

메림 아이트쿨로바

2015년 7월 16일, 키르기스스탄의 수도 비슈케크Bishkek의 중심가 거리에서 그날의 평범한 일상은 격렬한 총격전과 폭발 소리에 붕괴되었다. 그 나라에서는 흔치 않았던 그 사건은 자세한 설명의 부재와 결합하여 다양한 추측을 촉발했다. 그날 늦게 키르기스스탄 국가안전보장위원회Kyrgyzstan's State Committee for National Security: KSCNS는 그 사건에 대한 공식 성명을 발표했다. 그 성명에 따르면, 이것은 수도에서 멀지 않은 곳에 위치한 러시아 군사기지에 대한 공격과 그다음 날 라마단Ramadan의 마지막 대규모 기도 중에 있을 또 한 번의 공격을 포함하여 여러 차례의 공격을 계획하고 있던 이슬람 국가IS의 지역 조직에 대한 반테러 공격이었다. 두 시간에 걸친 작전은 테러리스트 4명을 사살하면서 끝났다. 다른 2명은 그 도시의 다른 장소에서 이미 제거되었고, 7명은 억류되었다.

종교 과격화의 위협에 대해 경고하고 같은 맥락에서 미디어 헤드라인들을 장식한 고급 관리들의 많은 성명은 현실과 그리 동떨어져 보이지 않았다. 그러나 나중에 나온 일부 세부 사실로 인해 일부 대중의 견해는 대량 살상을 막은 국가 행위라고 찬미했던 원래의 평가에서 그 사건의 진짜 원인에 대한 다양하고 새로운 추측과 IS의 개입에 대한 의구심으로 바뀌었다.

공격 대상이 된 조직의 리더는 위조와 불법 입국으로 키르기스스탄에서 투옥되었다가 2015년 5월에 탈옥한 카자흐스탄 시민 아미로프Amirov로 확인되었다. 일부 전문가의 시각에서 볼 때, 아미로프가 그 그룹의 리더가 되고, 감옥에서 또 그렇게 짧은 기간에 공격을 계획할 수 있었다는 것은 의심스러웠다. 3일 후에 새로운 인물이 무대에 등장했는데, 그는 전前 국회의원인 쿠나쿠노프Kunakunov로, 출국하려다가 공항에서 붙들렸다. 그는 그 그룹의 멤버이고 테러 행위를 지원했다는 혐의를 받았다. 범죄 집단들이 그 나라에서 영향력이 있으며, 흔히 정치인과 함께 이득을 보기 위해 그들과 공모한다는 것은 비밀이 아니다. 그 조직의 많은 멤버들이 범죄 경력이 있었기 때문에, 그들이 쿠나쿠노프의 보호 아래 있는 전형적인 강도 집단이라거나, 또는 쿠나쿠노프가 의회 선거 전날에 선거 레이스에서 제거된 것이라는 생각을 중심으로 또 다른 종류의 논란이 있었다.

아이다이 마실카노바Aidai Masylkanova에 따르면, "이 사건은 졸지에 종교 극단주의자들이 된, 중무장한 범죄 조직 멤버들을 붙잡은 작전으로 보인다".[1] 게다가 결코 종교적 성향을 보이지 않았던 쿠나쿠노프의 모습은 잔인한 종교적 극단주의자의 이미지에 잘 들어맞지 않는다. 국가안전보장위원회로부터 그 이상의 정보가 나오지 않았기 때문에, 공격을 기획한 그 그룹의 동기 또한 상당히 모호한 채로 남아 있다. 왜 IS가 온건한 종교성을 띤 나라에서 기도가 이루어지는 동안 대량 살상을 수행할 중앙아시아의 새 전투원들을 모집하는 데 관심이 있었는지 불분명했다. 특별한 이유 없이 죽임당하는 무슬림들을 보는 것은 그 나라의 가장 헌신된 과격분자들에게도 매력적인 행위일 것 같지 않다.

음모론에 기반한 다른 추측들은 흔히 러시아와 미국의 역할을 연루시켰다. 3개월 전 키르기스스탄의 미국 대사관에 도착했던, 대사관 건축 자재라고 주장된 150톤의 '외교 우편물'에 대한 비밀스러운 논의들이 새로운 활력을 가지고 재개되었다. 어떤 이들은 우크라이나의 혼란이 키예프에 있는 대사관이 유사한 비밀스런 '우편물'을 받고 난 후 시작되었다는 점과, 반면 키르기스스탄에서는 IS의 위협을 불러일으키는 것이 정치적 상황을 유리한 방식으로 불안정하게 하는 데 기여할 수 있다는 것을 상기시켰다. 다른 이들에 따르면, IS의 위협은 그 나라에서 군대 주둔을 두고 미국과 오래 경쟁해 온 러시아에게 유리할 수 있었다. IS라는 골칫거리를 사용하는 것은 중앙아시아에서 러시아의 역할을 강화하고, 미국의 영향력을 상쇄할 수 있다는 것이다.

마지막으로, 붙잡힌 테러리스트들의 상세한 조사 결과는 공개되지 않았으며 아마도 결코 공개되지 않을 것이다. 이것은 앞서 언급한 추정들과 결합하여 광범위한 대중의 반응을 촉발했으며, 공식 견해의 지지자들과 부상하는 회의론자 그룹 사이의 분열을 야기했다. 한편으로 일부 시민들이 실제로 IS에 합류하기 위해 나라를 떠난다는 사실을 고려할 때, 키르기스스탄에서 종교 폭력의 가능성을 부인하기는 어렵다. 다른 한편으로, 그 사건에 뒤이어 등장한 모순된 정보는 일부 사람들로 하여금 그러한 위협의 공포를 제기하고 유지하는 것이 특정 당사자들의 이익에 봉사하는 것이 아닌지 질문하게 했다.

25년 전 그 나라가 소비에트 연방 해체 이후 독립했을 때, 새로운 가치를 포용하는 것이 궁극적으로 서구와 같은 번영을 가져오리라는 기대에 기반한 열정의 물결이 나라를 휩쓸었고 모든 공공 영역에서 성급한 변화를 자극했다. 짧은 기간 동안 키르기스스탄은 민주주의 원칙들에 전념한 덕에, 국제적인 각축장에서 '민주주의의 섬'으로 유명했다. 종교 규제 영역에서의 개방적인 정책 때문에, 최근에는 일부 경향이 후퇴의 신호를 보이지만, 여전히 중앙아시아 정부 가운데 가장 관용적인 나라로 인정받고 있다.

진보를 방해하는 과거의 잔재라는 이유로 소비에트 연방의 공산주의 이데올로기에서 배척되었던 종교가 마치 80년의 무신론 체제가 없었던 것처럼 다양한 덕목과 새로운 도전들 속에 재등장했다. 종교 생활과 실천의 자유에 대한 국가 간섭의 최소화로 특징지어지는 새로운 자유주의적 종교 정책은 이슬람이나 기독교와 같은 전통 종교들의 부활을 도왔을 뿐만 아니라, 새롭고 이전에 알려지지 않은 종교 집단과 운동들에도 문을 열었다. 도시 중앙에 있는 블라디미르 레닌Vladimir Lenin 동상 아래에서 보이지 않는 추상적 신의 이름으로 무릎을 꿇고 있는 수천 명의 인파보다 공산주의의 실패를 더 생생하게 보여주는 장면을 상상하기는 어렵다.

인구의 87퍼센트를 차지하는, 키르기스스탄의 지배 종교인 이슬람은 주로 두 민족 집단, 곧 키르기스인(71퍼센트)과 우즈베크인(14퍼센트)으로 대표된다.[2] 오늘날 그 나라에 존재하는 이슬람은 역사적으로 키르기스인의 문화적·전통적인 가치들과 포스트소비에트 시대에 더 큰 무슬림 세계와의 활발한 협력 아래서 발전했던 중요한 특징들을 가지고 있다.

수 세기 동안 중앙아시아에 사는 인구 대다수는 이슬람을 믿었지만, 키르기스 부족들 사이에서는 줄곧 깊이 뿌리를 내리지 못했었다. 7세기 이후 중앙아시아 지역에 등장한 이슬람은 16, 17세기에 이르러서야 키르기스인들의 삶에 중요한 역할을 하기 시작했다. 그러나 그것은 실크로드를 따라 아랍 상인들이 전파한 본래의 이슬람과 많이 닮지 않았으며, 지역 현실에 더 적용된 형태로 발전했다. 많은 역사가들은 집단 의례와 지식 전파가 일어날 수 있는 모스크나 종교 학교와 같은 이슬람 시설의 발전을 매우 저해했던 것이 유목민적 삶의 양식이었다고 지적했다. 결과적으로, 강한 이교도적 전통들이 이슬람 가치들과 깊이 얽히게 되었다. 키르기스인들 대다수는 여전히 대체로 문화와 전통에 의해 조정된 형태의 이슬람을 추종하고 있는데, 그들은 유일한 창조주에 대한 믿음과 같은 이슬람의 근본적인 영적 요소들은 인정하지만, 그 외 종교의 요구사항들은 다소 파편적으로 사용되며 대개 할례나 결혼식과 장례식 중의 기도와 같은 특정한 의례들에서만 중요한 역할을 한다. 단순하게 말해서, 그것은 다양한 종교적 실천과 금지, 요구사항을 따르는 의무가 아니라 유일신 개념의 영적인 수용이다. 이 신자 집단에 대한 정확한 정의는 없다. 그러나 이질적인 이슬람 운동 및 실천의 등장과 대비하여, 흔히 전통적 무슬림이나 세속적 무슬림으로 일컬어진다. 역사적으로 실재해 온 이런 형태의 이슬람은 정부에 의해 모든 가능한 지원을 받는다고 공포되었다. 역사적으로 줄곧 피상적이었던 이슬람 실천과 소비에트 시기 동안 상당히 제한되었던 종교 실천을 고려할 때, 전례 없는 현대적 이슬람화의 증가는 그것을 위협적인 것으로 인식하는 많은 이들에게 특별한 주의와 관심의 주제이다. 전통적으로 정주해 온 우즈베크인들이 항상 보다 종교적이었다면, 키르기스인들의 이슬람 가치의 적극적인 포용은 새로운 현실에서 이슬람 지식과 실천의 역사적 공백을 보충하는 것일 수 있다. 그것은 또한 독립 이후 국가 정체성과 개인적인 자아를 동일시하려는 추구 과정의 일부로 보일 수도 있다. 그러나 면밀히 검토되고 있는 것은 원인이 아니라, 이 과정이 사회에 가져오는 변화와 위협이다. 러시아 인구의 7.8퍼센트가[3] 따르고 있는 기독교 또한 포스트소비에트 시대에 성장과 발전의 과정을 겪었지만, 대중의 눈에는 잘 띄지 않았으며 이슬람화처럼 동일한 관심을 끌지는 못했다.

자유주의적 종교 정책이 모든 종류의 종교 집단, 곧 나라 밖으로부터의 상당한 재정적·이데올로기적 지원 없이는 발판을 마련할 수 없었던 집단들이 방해 없이 들어오는 것을 용이하게 했을 때, 키르기스스탄 내 전통적인 이슬람의 영적 기반은 고유한 자연환경과 역사의 문화적·사회적 배경 속에 자체적인 재형성을 겪은 나라들에서 들어온 새로운 종교 가치들의 맹공격의 결과로 동요되었다. 많은 전통적인 키르기스스탄 사람들은 새로운, 주로 이슬람 종교 집단들의 활동에 압도된 것으로 보인다. 국가종교문제위원회가 확인한 21개의 이슬람 운동들 가운데,[4] 미디어와 학계에서 가장 많이 언급되는 것은 이슬람 해방당Hizb ut-Tahrir 멤버들과, 기원하는 나라로 분간할 수 있는 종교 집단들—파키스탄의 타블리기 자마트Tabligi Djamaat, 중동의 와하비Wahhabi와 살라피 Salafi, 터키의 펫홀라흐 귈렌Fethullah Gülen의 히즈메트Hizmet 운동과 같은 전도에 열심인 집단들—이다. 따라서 이들 집단 각각은 이슬람의 부흥, 곧 확연하게 눈으로 확인할 수 있을 만큼 외부인들을 놀라게 한 부흥에 기여했다. 그 부흥은 1990년에 39개에서 2014년에 2362개로 급속히 증가한 모스크,[5] 여러 이슬람 고등 기관, 종교 학교, 히잡을 착용함으로써 이슬람에 대한 헌신을 보이는 젊은 여성들과 집집마다 방문하며 설교하거나 종교 문헌을 나눠주는 수염이 텁수룩한 남성들 숫자의 증가로 나타났다.

모스크의 수가 이미 중등학교 수를 넘어선 인구 600만 명의 작은 나라에서 그러한 가시적인 종교 현상은 눈에 띄지 않게 진행될 수 없다.[6] 히잡 착용이나 수염 기르기와 같은 종교적 자기표현에 대한 금지가 없다는 사실에도 불구하고, 그러한 공개적인 종교적 성향의 표현은 주류와는 다르다. 그래서 그것을 지역 문화와 이질적인 것으로 그리고 전통적인 이슬람을 위협하는 것으로 보는 사회의 일부 세속적인 사람들에게는 점점 짜증스러운 것이 되어가고 있다. 이러한 맥락에서, 히잡은 서로 다른 두 세계관의 생생한 대립의 상징으로 변했다. 인구의 거의 90퍼센트가 무슬림이라는 사실에도 불구하고, 키르기스스탄에서 머리 스카프에 대한 논란은 유럽에서만큼 뜨겁다. 일부 세속적인 대중은 키르기스 여성들에게 히잡은 역사적으로 이질적인 것임을 호소한다. 대통령과 총리는 이슬람화에 대한 입장을 표명할 때 이런 종류의 레토릭을 사용하며,[7] 근본주의적 이슬람의 대표들은 종교의 자유를 보장하는 헌법적 권리를 가지고 이 문제를 회피하고 히잡이 명백하게 그 권리를 위반하지 않는다고 주장한다. 이슬람화의 가장 가시적인 부분인 히잡은 사회적 압력을 견디고 있다. 머리 스카프에 대한 비판은 비전통적 이슬람이 사회에 가져온 모든 낯선 변화들을 뜻하는 더 큰 의미를 함축하고 있다.[8]

아마도 그것은 낯선 형태의 이슬람의 외적 표명이 아니라, 겉모습으로 종교에 대해 말하고 있는 사람들을 볼 때마다 솟구치는, 대중 의식에 굳게 박힌 종교 과격화에 대한 공포일 것이다. 그러한 공포는 15년 전 아프가니스탄에서의 '테러와의 전쟁'과 더 최근에는 IS의 발흥이라는 두려움에 뿌리박고 있다. 비극적인 9·11 사건과 뒤이은 이슬람 무장세력에 대한 전쟁은 키르기스스탄에 직접적인 영향을 미쳤다. 아프가니스탄과의 지리적 가까움은 국가 안전보장에 잠재적 위협의 근원이 되었으며, 이슬람 극단주의, 종교적 동기에 의한 폭력, 국제 테러리즘과 같은 용어들이 하룻밤 사이에 모든 사람의 입에 오르내렸다. 종교 극단주의와 이슬람화 사이의 직접적 관계에 대한 서사들은 키르기스스탄의 미디어를 아직 지배하지는 않았으며, 이슬람화가 아직 그렇게 명백하게 드러나지 않았기 때문에 위협은 주로 나라 밖 어딘가에 존재하는 것으로 인식되었다. 그러나 최근의 IS 현상은, '적'이 그렇게 가까이 있었던 적이 없었기 때문에, 사라져가던 위협을 되살렸을 뿐만 아니라 공포를 새로운 수준으로 끌어올렸다.

IS가 출현하여 키르기스스탄 시민들을 모집하면서, 종교 집단들이 종교적 정체성과 활동들을 공개적으로 드러내는 것에 대한 비판은 이슬람화가 문화적·전통적 가치들에 위협할 뿐만 아니라 안전에도 위협이 된다는 견해를 강화할 뿐이었다. IS가 글로벌 어젠다로 부상하기 이전에 키르기스스탄의 종교 영역에 이미 존재하던 긴장이 증가하고 있던 것을 고려하면, 지역 미디어와 정부가 전 세계에 유포되고 있던 IS의 위협과 종교 과격화에 대한 서사에 별다른 비판적 질문 없이 사로잡혀 있었다는 것은 그리 놀랍지 않다. 뉴스 미디어의 내용은 키르기스스탄의 종교적 상황의 복잡성에 대해 놀라울 정도로 근시안을 나타내고 있다. 종교 집단들의 활동은 흔히 각 집단의 세부적 특징이나 목적들과 관계없이 과격화의 렌즈를 통해 고려된다. 현재 상황에 대한 의견을 표현하는 많은 영역의 전문가들과 일종의 '최신 유행' 토픽으로 변한 종교를 볼 때, 이슬람의 성장에 대한 양적인 수치들은 불안의 근원일 수밖에 없다. 다른 한편으로, 최근 의회 선거는 정치 정당들이 '과격한' 무슬림들의 표가 필요할 때 얼마나 쉽게 그들의 종교 비판을 누그러뜨리는지 보여준다. 국제 조직들의 보고서는 종교 집단들에 대한 국가 압력의 강화, 낮은 수준의 종교 교육 그리고 사회경제적 어려움에서 과격화의 원인을 찾으면서, 증가하는 무슬림들의 과격화와 IS의 위협에 대해 동일한 서사를 재생산한다. 유명하고 높이 평가되는 싱크탱크인 국제위기감시기구International Crisis Group의 연구는 중앙아시아의 위협적인 수준의 무슬림 과격화를 시사하며, 적극적인 이슬람화가 불가피하게 과격화로 이어진다는 핵심 관념을 강화한다.[9] 그러나 그러한 담론을 많은 국제안보 분석가와 조직들이 분석했는데, 그들 중 일부는 "특정한 극단적 폭력 사례를 비폭력적인 정치적 이슬람과 연결시키려는 시도에 이의를 제기한다".[10] 또 다른 한편으로, 종교적 영역에서 일어나는 적은 수의 사건들이 비전통적 무슬림들의 위험스러운 대규모 과격화의 신호로 여겨지는 사례가 흔히 있다. 그러한 상황에서는 같은 서사가 모든 수준의 여론 선전에서 유포되고 있기 때문에, 일반 시민들뿐만 아니라 정보의 출처 자체도 이런 종류의 사고에 사로잡혀 있을 가능성이 크다.

그러나 현장의 실제 상황은 묘사된 것처럼 가망 없어 보이지는 않는다. 독립한 키르기스스탄의 현대사에서 세 가지 주요 사건—정부 교체로 이어진 2005년과 2010년의 혁명과 2010년의 폭력적인 민족 갈등—중 어느 것도 종교적으로 일어난 것은 아니었으며, 지역이나 외국의 테러리스트 조직이 참여한 것으로 알려져 있지도 않다. 그러나 비전통적 종교 집단들이 엄격한 통제 아래 놓이거나 금지되지 않는다면, 세 번째 혁명은 이슬람 혁명일 것이라는 얘기가 흔히 들리고 있다. 히즈브 웃-타흐리르Hizb ut-Tahrir, 타블리기 자마트 그리고 살라피 운동의 멤버들은 정권 전복을 촉구하고 IS에 물리적으로 또는 이데올로기적으로 합류하여 IS를 지지하는 것으로 추정되며 극단주의적 견해를 전파한다는 비난에 가장 많이 노출되어 있다. 반대로, 키르기스스탄에서 전통적 이슬람 추종자들 다음으로 큰 이슬람 집단인 타블리기 자마트의 주된 목적은 그 집단의 비정치적 성격에 기반하여 개종 활동을 하는 것이다. 가장 위험한 것으로 낙인찍힌 히즈브 웃-타흐리르는 이슬람 칼리프 국가 건설이라는 목적 때문에 2010년에 금지되었지만, 이 궁극적 목적을 성취하기 위한 비폭력 개념은 무지 때문이거나 의도적으로 전문가들이나 정부에 의해 거의 언급되지 않았다.

살라피 운동은 여러 가지 면에서 근본주의적이다. 그러나 살라피 운동은 국가와의 관계에서, 반란은 더 큰 악을 초래할 것이라 믿으면서, 정부 의지에 복종해야 한다는 전승hadith을 따른다. 의심할 바 없이 그들 가운데 극단주의자들이 있지만, 모두를 극단주의자들과 동일시하는 것은 그러한 집단들의 이데올로기에 내재해 있는 위협적인 요소를 고려할 때 그리 지지되지는 않는다. 숫자로 말하자면, IS를 위해 싸우고자 키르기스스탄을 떠난 시민들의 숫자 데이터는 다소 모순적이게도 100명에서[11] 350명[12] 정도이다. 과격화가 온 나라를 사로잡았다고 걱정하는 주장의 배경을 고려할 때, 이 숫자들은 주장된 위협에 거의 비례하지 않는다. 게다가 지역 차원에서 보면, 인구의 82퍼센트가 무슬림인 중앙아시아 5개국에서 IS에 지원한 사람들의 비율은 모두 합해서 프랑스에서 온 지원자 수를 약간 넘어섬으로써, IS에서 가장 낮은 비율을 차지한다.[13] 키르기스스탄 보안기관의 데이터에 따르면, 그 나라에서 IS에 합류한 대다수는 남부 지역의 우즈베크 민족이다. 2010년 남부 지역에서 일어났던 키르기스와 우즈베크 사이의 폭력적인 민족 갈등 이후 비교적 불리한 상황에 있던 그들이 나라를 떠나도록 동기를 부여한 것은 일차적으로 종교적 열정이 아닐 가능성이 매우 높다. 이런 사실을 고려할 때, IS의 신병 모집을 종교 과격화 탓으로 돌리는 것은 근거가 약하며 진정한 문제를 간과한다.[14]

이슬람화가 (키르기스스탄 영토에서 IS의 위협이 대두되면서 가장 극단적인 형태로 나타난) 과격화를 의미한다는 의견을 뒷받침하는 데 관심이 있는 이들의 주요 질문으로 돌아가서, 우리의 관심은 최근까지 종교 문제들로부터 거리를 두어 왔던 정부에 있다. 많은 사람에게, 2014년 2월 국가안전보장위원회 회의에서 종교 극단주의의 위협을 의제의 맨 위에 올려놓은 것은[15] 위험의 심각성에 대해 불안감을 주는 메시지로 보였다. 엄격한 반극단주의 전략의 공포는 종교 영역에서 자유주의 시대의 종말을 시사하는 것이었다.

존 헤더쇼John Heathershaw와 데이비드 몽고메리David W. Montgomery는 과격화의 신화는 중앙아시아 국가들이 국제 사회의 도움을 받아 위협을 공동으로 인식하는 기반을 마련하고 전투적 세속주의를 강화할 기회를 제공하기 때문에 정치적으로 영향력이 있다고 주장한다.[16] 공식적으로 민주적이지만 아직 권위주의적인 이웃 나라들에 둘러싸인 키르기스스탄은 형식적으로만이 아니라 실제로도 민주주의로 완전히 전환하고자 하는 열망으로 인해 '민주주의의 섬'으로서 알려질 만했다. 종교 영역은 최근까지 더 큰 자유를 향유했는데, 이것은 대개 종교 영역이 국가의 이해관계를 넘어 존재했기 때문이었다. 그러나 최근에 선포된 과격한 이슬람에 대한 투쟁과 종교 활동에 대한 통제 강화—이는 열정적으로 자신의 정권을 지키려 한 이웃 국가 지도자들의 특징에 더 가까울 수 있다—는 국가의 권위를 높이려는 움직임을 시사할 수 있다.[17] 특별히 두 번의 쿠데타 이후에 새로운 지도부가 얻은 교훈은 그들의 지위에 대한 어떠한 잠재적 위협에도 맞서는 새로운 전략을 실행해야 한다는 것이었다. 국가 이익의 맥락에서 IS라고 주장하는 집단의 파괴는 여러 목표에 기여하는 것으로 보인다. 국가의 활동은 국민들로부터 긍정적인 피드백을 거의 받지 못한다. 하지만 키르기스스탄 정부는 성공적으로 작전을 수행함으로써 글로벌 위협에 직면하여 안전을 보장할 가능성과 능력을 보여주었다. 이웃 나라 우즈베키스탄과 타지키스탄이 독립 이래로 극단적 이슬람교도들을 무자비하게 억압하여 권위주의 정권이라는 딱지가 붙었다면, 키르기스스탄은 IS의 최근 위협을 잘 처리함으로써 민주 공화국이라는 평가에 그다지 많은 위험 요소 없이 전투적 세속주의를 전개할 수 있었다. 특별히 소비에트 연방의 무신론 정권 아래서 자라지 않은 젊은 세대들 사이에서 이슬람의 가치가 인기가 있었다는 것과 두 혁명의 주된 원동력이 농촌 출신의 젊은 남성들이었다는 사실을 고려하면, 정부의 선제 전략은 상당히 이해할 만하다. IS를 억제한 것으로 추정되는 사건은 통합의 역할을 했으며, 그래서 가장 비판적인 야당조차도 정부의 조치를 지지했다. 게다가 사회·경제 영역에서 진행 중이던 그 나라의 문제들은 더 큰 위협에 의해 가려졌다.

한편, 위협의 과장이 사실이었다는 인정은 안전보장 조직들의 존재 자체에 대한 의문을 제기할 수 있다. 게다가 (주로) 국제 조직들뿐만 아니라 국가에서 나오는 안전보장 대책을 위한 풍부한 자금은 일이 공급되어야 하고 또한 일에 매진해야 하는 기간요원 조직을 창출해 왔다. 지역 IS라고 주장된 조직의 것으로 추정되는 공격 계획을 제외하고, 실제 테러리스트들의 폭력이 부재한 상황에서, 국제 테러리즘의 위협은 상호 협력에 유익이 되는 요소로 변해왔다. 키르기스스탄과 같은 수원국受援國이 자체의 치안부대 유지를 위한 추가 자금을 신청할 근거로 그러한 위협을 사용하는 것은 흔한 관례이다. 미국이나 러시아 등의 지원국은 재정 지원, 훈련 그리고 반테러리즘에 대한 자문을 제공함으로써 그 나라에서 일정 수준으로 주둔과 통제의 구실을 갖는다. 다른 한편으로, 독립 이래로 지역 전문가와 국제 전문가들이 아프가니스탄과의 지리적 근접성의 위험에 대해, 그리고 더 최근에는 나라 안팎의 IS 활동으로 인한 새로운 종교 과격화 현상의 위협에 대해 지속적으로 경고하고 있기 때문에, 국가가 실제로 그러한 위협을 믿을 가능성이 높다.

독립 국가 건설 초기를 되돌아보면, 국가의 기본 의무 가운데 하나, 곧 소비에트 연방의 반反서구 레토릭과 역사적으로 보조를 같이하는 안전보장 제공을 이행하기 위해서는 만만찮은 재건 작업과 새로운 투자가 필요했다. 이 단계에서 많은 신생 포스트소비에트 국가들에게 민주적 변화의 주요한 이데올로그였던 미국은 키르기스스탄에게 보안기관과 군사 장비를 구축하는 데 수백만 달러의 보조금을 지원했다. 그러나 두 나라 사이에 보안기관의 집중적인 협력을 가능하게 한 것은 9·11 이후 아프가니스탄에서의 전쟁이었다. 국제 테러리즘과의 싸움에 대한 수차례의 합의와 함께 급격히 증가된 반테러리스트 훈련과 전문지식이 키르기스스탄의 보안기관에 제공되었으며, 마지막으로 '테러와의 전쟁'이라는 목적을 위한 미군 군사기지 설치는 보안 이슈를 위한 국가 정책의 발전에 영향을 줄 수밖에 없었다.[18] 높은 부패 수준으로 고통받고 야당과의 지속적인 정치적 대결로 바쁜 약한 나라에서, 군사기지의 작동은 아프가니스탄과의 골치 아픈 근접성으로부터 안전감을 주었으며, 미국의 전문가 및 재정 지원은 자체 자원으로 군사 능력을 증강시켜야 하는 커다란 부담을 덜어주었다. 그래서 9·11 이래로 아프가니스탄이 안보에 주요한 위협이 되는 역할을 했으며, 키르기스스탄이 테러리즘 현상과 관련하여 국제안보 담론에 무조건적으로 적응했다는 것은 놀랍지 않다. 러시아가 중앙아시아 지역에서 지정학적 영향력을 확장하려 하며 미국과 지속적인 경쟁 상대가 되는 상황에서, 그들은 국제 테러리즘의 위협이라는 동일한 서사 아래 2003년에 서둘러서 자체 군사기지를 세웠다. 어려움이 없지는 않았지만, 키르기스스탄은 두 강대국의 야망 사이에서 줄타기하면서 어느 한쪽에도 치우치지 않는 공평함을 보였다. 그러나 확대되는 우크라이나 위기를 배경으로 키르기스스탄과 서구의 관계가 악화되면서, 크렘린에게 자기 뒷마당에 해당하는 중앙아시아 국가들에서 자기 존재를 강화할 방법이 생겼다.[19] 키르기스스탄과의 관계에서, 2013년에 그다음 해에 종료되는 미국 군사기지의 임대 계약을 연장하지 않기로 약속하는 조건으로 미화 11억 달러에 해당하는 전례 없는 군사 장비의 제공이 타결되었다.[20] 추가적으로, 키르기스스탄은 무역과 더 큰 경제 영역에서 경제적 어려움을 회피하기 위해, 러시아가 지배하는 지역 경제 연합에 합류하기로 결정했다. 이 모든 것은 러시아의 외교적 압력과 결합되어 있었다. 그 지역에서 미국을 밀어내고자 하는 러시아의 오랜 열망이 적어도 키르기스스탄의 경우에는 성공적이었던 것으로 보인다.[21] 키르기스스탄의 현재 안보 상황은 선수 교대를 드러낸다. 미국이 '아프간 위협' 이데올로기의 주창자이자 주요 자금 제공자였다면, 러시아는 새로운 IS 위협에 대해 아주 유사한 역할을 하고 있다. 키르기스스탄과 러시아 양국에서 IS와 같은 공동의 적이라는 이미지와 무슬림 과격화의 문제는 키르기스스탄 지역에서 러시아의 지위를 증강시키는 데 중요한 역할을 할 수 있다. 이 점에서 키르기스스탄에서 제거된 IS 집단을 러시아 군사기지에 대한 타격 위협의 원인으로 돌린 것은 러시아의 지위를 공고히 하려는 전략을 완성시키며, 시리아에서 IS를 폭격하는 결정에 대해 추가적인 정당화를 제공한 듯하다. 그러나 7월 16일 사건이 러시아가 그러한 결정을 내린 후에 일어났다면, 공격의 논리에는 다소 다른 이유가 있었을 것이다. 미셸 케이시Michel Casey는 "ISIS가 존재하는 한, 모스크바와 지역 수도들을 기반으로 하는 당국자들은 현지에서 사실이 무엇이든 상관없이 자체적으로 보안 대책들을 강화하기 위한 편리한 허위보도로서 그 집단을 계속 사용할 것이다"라고 주장한다.[22] 미국은 최근 몇 년 동안 중앙아시아 정부들의 군사 지원에 상당히 지출을 줄였지만, 그 지역에서 IS의 위협을 결코 무시하지는 않았다.[23] 미국에게 아프가니스탄의 위협에 대한 실현되지 않은 예측의 배경으로서 IS의 위협은 러시아에게만큼이나 이로운 것일 수 있다. 최근 그 지역의 리더십을 러시아에게 내주었지만, 대테러리즘을 위한 프로젝트를 포함하여 진행 중인 다각적인 프로젝트들에서 미국은 키르기스스탄에게 무시하기에는 너무나 큰 파트너이다.

지금까지의 논의를 요약하면, 나는 키르기스스탄에서 일반적으로 종교 과격화 문제와 특별히 IS의 위협은 정부와 국제 당사자들의 안보 이해관계에 부합하게 하기 위해 과장되었다고 가정한다. 지역 현실에 대한 더 자세한 분석 없이 똑같은 대중적 과격화 담론을 앵무새처럼 흉내 내고 종교인들의 목소리를 무시하는 전문가들의 예측은 문제의 불가피성이라는 똑같은 서사에 기반했던 아프간 위협에 대한 기시감을 불러일으킨다. 그러나 탈레반뿐만 아니라 어떤 다른 테러리스트의 흔적도 포스트소비에트 시대에 키르기스스탄의 평화와 안전을 세 번이나 흔들었던 주요 갈등들, 곧 두 번의 혁명과 한 번의 유혈 민족 갈등에서 확인할 수 없었다. 하지만 현 당국의 군사적 안보주의와 키르기스스탄에 자신의 깃발을 꽂으려는 일부 국제 강국들의 야망은 아프간 문제보다 훨씬 더 부정적인 결과를 가져올 수 있다. 왜냐하면 증가하고 있는 전체 종교 인구가 의심을 받고 있기 때문이다.

1 Aidai Masylkanova, "Is the ISIS Threat in Kyrgyzstan Real?" August 4, 2015, https://thediplomat.com/2015/08/is-the-isis-threat-in-kyrgyzstan-real/.

2 National Statistic Committee of Kyrgyz Republic, "Population 2015"(2015), www.stat.kg/ru/statistics/naselenie/.

3 같은 글.

4 *Государственная политика в религиозиойс фере и основные религиозные течения в Кыргызстане* (키르기스스탄에서 종교 영역과 주요 종교 운동에 대한 국가 정책)(2015). Methodological handbook, www.unfpa.kg/wp-content/uploads/2015/03/Binder2.pdf.

5 Franco Galdini, "Islam in Kyrgyzstan: Growing in Diversity," October 22, 2015, www.opendemocracy.net/en/odr/islam-in-kyrgyzstan-growing-in-diversity.

6 Muhiddin Zarif and Behzod Muhammadiy, "More Mosques Than Schools Being Built in Kyrgyzstan," November 7, 2015, https://www.voanews.com/a/more-mosques-than-schools-being-built-in-kyrgyzstan/3044830.html.

7 "히잡은 우리의 옷이 아니며, 우리 문화도 아닙니다. 우리는 그것을 이해할 필요가 있으며, 극단으로 가지 말아야 합니다." 2012년 5월 31일 학생들과의 만남에서 아탐바예프(Atambaev) 키르기스스탄 대통령의 진술. www.akipress.com/news:487531/.
"심지어 가장 발전된 국가들도 그것에 반대할 수 없습니다. 특별히 종교 광신주의가 더 강해지고 있습니다. 정상이 아닌 전통과 관습들을 강요하려는 시도들이 있습니다. 키르기스 사람들은 결코 파란자(paranja)와 터번과 담발(dambal)을 착용한 적이 없습니다. 우리는 우리의 전통을 바꾸려는 시도를 멈추어야 합니다. 네, 우리는 이슬람이 우리의 종교임을 인정합니다. 그러나 우리는 우리에게 강요된 것은 받아들이지 않습니다." 2015년 7월 24일 내무부 대표자들과의 토론 중 총리 사리예프(Sariev)의 진술. http://24.kg/obschestvo/16722_temir_sariev_kyirgyizstan_doljen_vyistupat_protiv_togo_chtobyi_nashih_lyudey_odevali_

v_chalmu_dambalyi_i_hidjab_/.

8 같은 글.

9 International Crisis Group, "Syria Calling: Radicalization in Central Asia," *Policy Briefing*, 2015, www.crisisgroup.org/~/media/Files/asia/central-asia/bo72-syria-calling-radicalisation-in-central-asia.pdf.

10 John Heathershaw and David W. Montgomery, "The Myth of Post-Soviet Muslim Radicalization in the Central Asian Republics," *Chatam House*, 2014, p.2. www.chathamhouse.org/sites/files/chathamhouse/field/field_document/20141111PostSovietRadicalizationHeathershawMontgomery.pdf.

11 Anna Dyner, Arkadiusz Legieć and Kacper Rękawek, "Ready to go? ISIS and Its Presumed Expansion into Central Asia," *Polish Institute of International Affairs*, 2015, p.11, www.isn.ethz.ch/Digital-Library/Publications/Detail/?ots591=oc54e3b3-1e9c-be1e-2c24-a6a8c7060233&lng=en&id=192428.

12 "ГКНБ: В Сирию из Кыргызстана уехали 350 человек"("키르기스스탄의 국가 안보를 위한 국가 위원회: 350명이 키르기스스탄을 떠나 시리아로 향했다"), July 27, 2015, http://rus.azattyk.org/archive/ky_News_in_Russian_ru/20150720/4795/4795.html?id=27154381.

13 Dyner, Legieć and Rękawek, "Ready to go?" p.15.

14 Rebekah Tromble, "Securitising Islam, Securitising Ethnicity: the Discourse of Uzbek Radicalism in Kyrgyzstan," *East European Politics*, 30(4)(2014), pp.526~547, www.tandfonline.com/doi/abs/10.1080/21599165.2014.950417.

15 "Президент Кыргызстана об исламе и народных традициях, радикализации, хиджабе" ("키르기스스탄 대통령, 이슬람과 전통, 과격화, 히잡에 대하여"), 2014, www.islamsng.com/kgz/report/8308.

16 John Heathershaw and David W. Montgomery, "The Myth of Post-soviet Muslim Radicalization in the Central Asian Republics," *Chatham House*, 2014, p.2, www.chathamhouse.org/sites/files/chathamhouse/field/field_document/20141111PostSovietRadicalizationHeathershawMontgomery.pdf.

17 같은 글.

18 Tromble, "Securitising Islam, Securitising Ethnicity," pp.526~547.

19 Michel Casey, "Russia Continues Inflating the ISIS Threat in Central Asia," *The Diplomat*, September 24, 2015, https://thediplomat.com/2015/09/russia-continues-inflating-the-isis-threat-in-central-asia/.

20 Stephanie Ott, "Russia Tightens Control over Kyrgyzstan," *The Guardian*, September 18, 2014, www.theguardian.com/world/2014/sep/18/russia-tightens-control-over-kyrgyzstan.

21 Jacob Zenn, "What Options for US Influence in Central Asia after Manas?" *The Central Asia: Caucasus Analyst*, March 8, 2013, www.cacianalyst.org/publications/analytical-articles/item/12668-what-options-for-us-influence-in-central-asia-after-manas?.html.

22 Casey, "Russia Continues Inflating the ISIS Threat in Central Asia."

23 2015년 11월, 미국 국무장관들의 중앙아시아 방문 역사상 처음으로 존 케리(John Kerry)
가 한 번의 순방길에 5개 국가 모두를 방문했다. 주요 논의 주제 가운데 하나인 IS 문제에
대해서 케리는 미국 정부가 중앙아시아 국가들의 관심을 공유하며 그 위협을 제거하기 위
한 모든 가능한 지원을 할 준비가 되어 있다고 확약했다.

15 테러와 스크린
선악 관계의 가상을 유지하기

크리스토퍼 하트니

〈24〉

〈제로 다크 서티Zero Dark Thirty〉(캐서린 비글로 감독, 2012)

〈아메리칸 스나이퍼American Sniper〉(클린트 이스트우드 감독, 2014)

『모비딕Moby-Dick; or, The Whale』(허먼 멜빌 작, 1851)

이 장에서 나는 가장 좁은 의미에서의 종교와 관련하여 우리 영화들에서 나타난 모든 테러와 모든 폭력에 대한 역사적 개요를 제공하려 하지는 않을 것이다. 그러나 스콧 피츠제럴드F. Scott Fitzgerald, 윌리엄 캐버노William T. Cavanaugh 그리고 페터 슬로터다이크Peter Sloterdijk와 같은 사상가들이 발전시킨 최근의 방법론 작업에 비추어, 우리가 어떻게 그와 같은 주제에 접근할 수 있는지를 심각하게 문제화하고자 한다. 곧, 나는 국가와 관련하여 다른 곳에서 논의한 바 있는 주제들과의 관계에서 테러리즘과 폭력을 탐구하고, 그것들이 테러와 종교에 관련될 때 실재와 서사 사이의 교차에서 떠오르는 몇몇 핵심 문제들을 규명하고자 한다. 나는 여기서 작품들에 묘사된 테러가, 우리의 세계관에 대한 폭넓은 신화적 이해와 우리가 테러에 대한 방어와 방어를 위한 행동을 인식하는 과정을 강화하는 서사 구조 안에 있음을 보일 것이다.[1] 나는 그 '교차 지점'이 일부 매우 모호한 정치적 의제들을 강조하며, '우리의' 실재와 서사적 이고 신화적인 타자 개념을 혼동하고자 하는 근대주의적 환경 안에서는 테러와 정치와 종교의 관계가 결코 분명할 수 없고, 그러기에 극도로 좁은 종교의 정의를 통하여 그 혼동을 더 가중시킨다고 주장할 것이다.[2] 제한적이지만 모쪼록 효과적인 방식으로 이것을 보여주기 위해서, 대단히 효과적인 스토리텔링의 예라고 믿는 매우 유명한 소수의 최근 사례들에 초점을 두기로 했다. 할리우드 영화 〈제로 다크 서티〉, 〈아메리칸 스나이퍼〉 그리고 인기 있는 텔레비전 시리즈 〈24〉가 여기에 포함된다. 이 논의를 시작하기 위해서, 나는 이 사례들이 미국의 텍스트적(더 최근에는 영화적) 경험의 핵심에 있는 고전 문학, 허먼 멜빌Herman Melville의 『모비딕』과 매우 흥미로운 비교를 보여준다고 제시한다.[3] 그러나 나는 여기서 이 '테러' 서사들과 위대한 미국 소설 사이의 비교가 잘못된 이유들로 인해 흥미로운 것이라고 주장할 것이다.

1851년 허먼 멜빌은 『모비딕』을 탈고했다. 그 소설은 북미 문학의 초석으로 남아 있는데, 부분적으로 볼 때 순전한 영웅을 제공하지 않기 때문이다.[4] 그것은 상호 파괴로 이끄는 집착과 추적의 이야기이다. 피쿼드Pequod호의 선장 에이해브Ahab는 엄청난 집착으로 (이전에 만났을 때 자신의 다리를 앗아간) 적수인 고래를 뒤쫓는다. 그것은 완전한 자기 집착으로 묘사된다.[5] 괴물 같은 고래를 추적하는 동안 에이해브 자신도 괴물같이 드러난다. 아마도 그는 자신의 사냥감보다 더 괴물에 가까웠을 것이다. 왜냐하면 본능에 따라 움직이는 고래와 달리 인간(에이해브)은 더 훌륭한 지각 능력을 가지고 있기 때문이다. 그러나 고래는 **정말로** 아무 잘못이 없는가?

이후 다른 사례들과 함께 말하게 될 한 지점에서, 데이비드 다울링David Dowling 은 소설의 영화화가 계속 늘어가면서 고래가 어떻게 점점 혼란과 복수의 동인 agent이 되는지 보여준다. 그는 『모비딕』을 각색한 영화적 미장센mise-en-scene 안의 이러한 태도가 피쿼드호에 승선한 인간들 사이의 긴장 내부에 존재하는 그 소설의 진정한 힘을 무색하게 만든다고 주장한다.[6] 영화 세계에서 고래에게 이렇게 악의를 부여할 수 있는 것은 부분적으로 무시무시한 **무성**無聲, voicelessness 에서 비롯된다. 갑자기 말없이 심연으로부터 나타나는 괴물과 공감할 기회가 우리에게는 없었다. 이 무성은 우리가 우리 스스로에 대해 말하는 이야기들에 문화적·종교적·자연적 '타자'가 나타날 때 구성해 놓는 무언가이다. 사실 스크린에 나타난 테러와 종교를 연구하는 데 핵심 질문은 누가 말하기 시작하는가 그리고 누가 더 크게 말하고 다른 이들을 침묵시키는가여야 한다.

『모비딕』에서 작동하고 있는 또 하나의 집착이 있으며, 그것은 정말 있을 법한 것이다. 여기서 나는 멜빌이 그 이야기의 화자인 이슈미얼Ishmael의 명백히 기술記述적인 설명을 통하여 독자에게 그가 전달하는 이야기가 '실제 현실 true reality'임을 확신시키려고 하는 방식에 주목한다. 고래 유형 리스트, 포경 산업, 포경선, 고래잡이와 고래 가공 과정들에 대한 구체적인 세부사항들을 정확히 하는 것이 이 서사적인 절대적 현실성의 추구에 포함된다. 사실, 이슈미얼이 제공하는 낸터킷 고래 산업에 대한 광범위한 세부사항들은 1839년과 1841년 사이에 멜빌 자신이 선원과 포경선 경험을 한 데서 얻은 것이다. 이 소설에서 상당한 분량을 할애하여 제공하는 백과사전적이고 민속지적인 세부사항들을 단순히 모사함으로써 19세기 중반 미국 북동부 포경 산업 전체를 재구성하는 것이 쉬운 일일 것이라 상상할 수도 있다. 일어나고 있는 일이 '실재한다'는 것을 우리에게 확신시키고자 하는 이 절박한 욕구는 다음 사례들에서도 깊이 공유되고 있는 분위기이다.

멜빌의 걸작과 내가 고른 사례들 사이의 비교에서 마지막으로 깨달음을 주는 요소는 그것의 서사시적epic 특징이다. 대부분의 비평가는 서사시를 단지 문학 장르로만 논의한다.[7] 그러나 이제는 서사시적인 것 이면에 있는 사고와 행동의 '분위기'를, 우리 서구와 구체적으로 영어권 문화에 만연한 것으로 보이는 행위 양식으로서, 우리의 후기 근대 세계 안에서 고려할 때이다. 케임브리지 대학 출판사가 펴낸 것과 같은 서사시에 대한 핸드북들은 서문에서 그 장르를 정의하는 것에 별다른 의미를 두지 않는다. 오히려 케임브리지 대학 출판사의 이 특별한 책은 길가메시Gilgamesh로 시작해서 데릭 월컷Derek Walcott

의 『오메로스Omeros』로 끝나는 예시들을 연이어 보여줄 뿐이다. 이렇게 하면 서 이 책은 서사시가 정확하게 무엇인지에 대한 어떠한 본질주의적인 질문도 피하고 있다. 그러나 이 예시들로부터 일부를 추출해 보면, 내가 여기서 그 용 도를 각색하는 것과 같은 서사시는 (흔히 지하 세계나 사후 세계로의) 놀라운 여 행과 비인간(괴물 같은 것)과의 대결을 포함하여 영웅적 행동들로 특징지어진 다고 말할 수 있다. 서사시는 흔히 영웅이 결정하고 보호하는 국가나 집단의 운명에 대해 말한다. 그래서 아이네아스Aeneas는 로마를 건설해야 하고, 그리 스인들은 트로이 문명을 제거하면서 통합을 꾀해야 하며, 의사擬似 서사시이 든 아니든 간에 해럴드 블룸Harold Bloom은 그의 시절을 지나고 그렇게 함으로 써 아일랜드성Irishness의 본질을 묘사해야 한다. 유사하게 『모비딕』에서 작동 하고 있는 민족적 본질이 있다. 크리스토퍼 필립스Christopher N. Phillips가 미국 서사시에 대한 연구에서 강조했듯이, 낭만주의자, 초월주의자 그리고 국가 형 성기의 다른 백인 작가들은 미국이라는 프로젝트의 서사시적 본질을 강조하 려고 한다.[8] 이것은 미국이 (1) (신이 주신 에덴동산 같은) 자체의 운명을 가진 약 속의 땅이며, (2) 프로테스탄트 세계관을 가진 개인들의 땅이고, (3) 기꺼이 일 하고자 한다면 그 땅의 산출과 이로부터 나오는 보상들에 대한 권한이 그 개 인들에게 있다는 미국의 핵심 기둥들을 강조한다. 이 신화에서 개인의 정당함 은 그들이 그 땅으로부터 유익을 얻으라는 신의 명령에 어떻게 응답하느냐에 달려 있다.[9] 자유는 공동체적인 도덕의 강요를 흐릿하게 하고 선택을 강조하 기 위해 명시된다. 이것은 이 이상들을 따르는 데서 성취될 수 있는, 그리고 미국 철학자 스탠리 캐벌Stanley Cavell이 정의하려고 했던 도덕적 완전주의와 연결된다.[10] 딘 멘델Dean Mendell이 언급하듯이, 이 모든 주제는 멜빌의 작품에 서 엄연하게 작동하고 있다.

모비딕을 죽이고자 하는 에이해브의 욕망은 노아에 대한 신의 약속과 시편 8편 에서의 그 약속의 반복에 의해서 윤리적으로 정당화된다. "땅의 모든 짐승과 공중 의 모든 새와 땅에 기는 모든 것과 바다의 모든 물고기가 너희를 두려워하며 너희를 무서워하리니 이것들은 너희의 손에 붙였음이니라"(창세기 9장 2절). ……
그러나 에이해브의 태도와 『모비딕』에 나오는 다른 모든 기독교인 선원들의 태
도 사이에는 한 가지 차이점이 있다. 선원들의 맹세는 항상 프로테스탄트 노동
윤리 원칙들과 연결되며 …… 직업적인 의무와 종교적인 의무에는 유사성이 있
다. 부지런해야 하며, 배의 물질적 번영에 기여하는 것은 선을 이루는 것이며 신
의 은혜를 얻는 것이다. 스타벅Starbuck은 복수가 아니라 이익을 위해 [고래들을]
죽임으로써 도덕적으로 행위할 것을 에이해브에게 요청한다.[11]

그러면 이 서사시적 미국에 뚜렷한 위협으로 남아 있는 것은 바로 더 집단
주의적인 모습으로 나타나는, 곧 개인적인 자유와 개성의 추구가 더 사회적으
로 응집적인 태도 안에 포섭되고, 신의 선택을 입증하는 것으로서 이윤 추구
의 자유가 훨씬 덜 핵심적인 관심사가 되는 사회들이다. 냉전 동안에 글로벌
공산주의는 이런 미국을 완벽하게 돋보이게 하는 것으로서 기능했다. 장벽이
무너진 이래로는, 공산주의 대신에 종교 폭력과 테러리즘의 위협이 미국 예외
주의가 빛을 발할 수 있게 해주는 것으로 기능하고 있다.[12]

〈24〉

성공적인 텔레비전 시리즈 〈24〉(여덟 시즌, 2001~2010)는 일견 미국의 필사적
인 적으로서 이슬람과 무슬림을 다루는 것만은 아닌 것처럼 보인다. 사실 이
슬람과 테러리즘 사이의 연결은 시즌 4, 6, 8의 여러 에피소드들에서만 주제
로서 가장 강렬하게 등장한다. 미국 무슬림과 비미국 '아랍인들'은 때로는 주
인공 잭 바워Jack Bauer(키퍼 서덜랜드Kiefer Sutherland)가 테러리스트들을 추적하는
여정에서 그를 지원하며, 때로는 러시아 공작원의 꼭두각시로 행위하며, 때때
로 그들 자신이 '악'이기도 하다. 〈24〉의 프로듀서 조엘 서노Joel Surnow는 이
모든 것에 인종에 대한 문제화가 있다는 것을 인정한다. "〈24〉[서노]는 자주

아랍계 미국인들을 테러리스트로 묘사하기 때문에 인종적으로 몰이해하다고 비판받았다는 것을 인정했다."13

잭 섀힌Jack Shaheen은 많은 저작에서 미국의 시각 문화, 특히 할리우드가 오랫동안 아랍과 무슬림을 덜 인간적인 타자로 확고히 두어왔다고 타당하게 주장했다.14 〈24〉는 이러한 헤게모니적·오리엔탈리스트적 재현을 수행한다. 그러나 〈24〉에서 종교, 폭력 그리고 스크린 서사 사이 연결의 유일한 지표로서 이슬람과 무슬림들의 출연에 초점을 두는 것은 〈24〉가 테러와의 전쟁에 미친 중요하고 독특한 영향 중 하나를 조사할 기회를 놓치는 일이다. 〈24〉는 '시한폭탄' 플롯 라인을 사용한다. 그것은 그 프로그램의 존재 이유이다. 비밀 첩보 기구 대테러 부대Counter Terrorism Unit: CTU에서 일하는 바워는 대개의 경우 악의를 가진 남성과 여성들로부터 정보를 얻을 시간을 자신만이 갖고 있다는 것을 알게 된다. 정보가 나오지 않는다면, 수천 명에서 아마도 수백만 명이 죽을 것이다. 그래서 그는 그들을 고문한다. 그리고 고문은 효과가 있다.

> 시한폭탄이라는 설정은 "백만분의 일 시나리오"로서 그리고 "매우 예외적이어서 거의 신화적인 것"으로 폭로되어 왔지만, 공적 논쟁에서는 있음직하고 흔한 것으로 확고하게 박혀 있다.15

이 신화의 영속화가 아마도 그 프로그램의 근본적인 오류일 것이다.

그러나 그것이 제시하는 (수백만을 구하기 위해 몇몇을 고문하는) 구원 메커니즘은 영웅적이고 서사적인 정신을 자체적으로 작동하게 한다. 로스앤젤레스 안에서 그리고 그 주변에서 정상적인 생활의 순간들로 보일 수도 있는 것이 갑자기 미국 자체의 보존을 위한 한계 상황이 된다. 잭 바워는 〈24〉에서 화면의 시계가 똑딱거릴 때마다 스스로 영웅적인 결과물을 내야 한다.

또한 '시한폭탄' 설정은 바워로 하여금 테러리즘을 지속하는 괴물들과 대면하게 한다. 그들은 말하기를 거부하고 그래서 바워는 고통을 사용하여 그들을 말하게 한다. 여기서 우리는 누가 말하고 누가 말하도록 허락되는지에 대한 해답을 발견한다. 바워는 총, 전기, 자백제, 구타 그리고 심리 고문을 마음대로 사용하여 그의 고문 대상이 무엇을 말할 수 있고 무엇을 말할 수 없는지를 좌우한다. 나오는 말은, '악한' 무슬림, 러시아인, 반역자 등이 말하고 싶어 하는 것에 의해 결정되지 않는다. 그들은 정말로 그들 자신의 경험을 설명하거나 그들 자신의 정의감을 말할 수 없다. 바워는 그들이 다가오는 공격에 대한 정보를 밝히기를, 곧 정해진 시나리오를 따르기를 원한다. '시한폭탄 설정'은 그들이 '누설하기'를, 곧 미국 정부가 원하는 것을 그들이 정확하게 말하도록 요구한다. 바워가 원하는 것을 그들이 말하고 나면, 줄거리는 그들 없이 진행된다.

이런 종류의 드라마가 즐거울 수 있지만, '시한폭탄 설정'은 우스꽝스럽다. 확실히 테러 용의자가 심문자들이 정확히 알고자 하는 것을 말하지 않을 확률이 가장 높은 시점은 바로 공격이 일어날 시간이다. 게다가 이후 보겠지만, 고문은 대개 쓸모없는 자백을 낳는다. 그러나 이 우스꽝스러운 플롯 장치는 우선 〈24〉를 효과적이고 실용적으로 보이는 다양한 고문 기술의 요약본으로 만들었다. 이것이 9·11 공격 이후를 처리하고 있던 부시 행정부에 어떤 영향을 끼쳤는가 하는 질문의 답은 불행히도 명백해 보인다.

≪더 슬레이트The Slate≫의 한 기사에서 달리아 리스윅Dahlia Lithwick은 그 프로그램이 부시 정부에 끼친 영향을 보여주는 일부 원천 증거를 추적한다.

영국 변호사이자 작가인 필리프 샌즈Philippe Sands에 따르면, 키퍼 서덜랜드가 연기한 잭 바워는 2002년 9월 관타나모에 있는 군 당국자들의 초기 "브레인스토밍 회의"에 영감을 주었다. 물고문, 성적 수치심, 개들로 죄수 위협하기 등 18가지의 논란 많은 새로운 심문 기술들에 대한 법적 승인을 내준 장군을 옹호한 다이앤 비버Diane Beaver 법무감 참모는 샌즈에게 바워는 "사람들에게 많은 아이디어를 주었다"라고 말했다. 마이클 처토프Michael Chertoff 국토안보부 장관은 헤리티지 재단Heritage Foundation이 조직한 〈24〉에 대한 패널 토의에서 그 프로그램이 "현실을 반영한다"라고 열변을 토하기도 했다.[16]

우리가 이 정보들을 약간 에누리해서 들을지라도, 9·11 이후 몇 달 만에 선보인 〈24〉는 미국인들이 복수의 환상과 신속한 정의를 실행할 수 있는 허구적 공간을 제공했다. 로버트 페이프Robert A. Pape가 발견했던 종류의 동기들은 자살 폭탄 테러범들을 움직인다.[17] 그 프로그램의 프로듀서 조엘 서노와 주변 인물들은 이런 보복의 태도를 명확하게 표현했다.

서노와 [서노의 가까운 친구이자 동료 프로듀서인] 노래스테Nowrasteh는 〈24〉를 일종의 미국의 숙원 성취로 간주한다. "모든 미국인은 바깥에서 조용하게 일을 처리하는 누군가가 있기를 원한다"라고 [노래스테는] 말했다. "저 밖은 깊고 어두운, 추한 세계이다. 아마도 이것이 올리 노스Ollie North가 하려고 했던 것이리라. 해답을 찾고 일을 처리하는, 심지어 사람도 죽이는 비밀 정부가 우리에게 있다면 멋질 것이다. 잭 바워는 그 환상을 이루어준다."

그러나 그 '환상'은 얼마나 현실적인가 하는 질문이 남는다. 〈24〉에 대한 ≪뉴요커New Yorker≫의 특집 기사에서 제인 메이어Jane Mayer는 미국 육군사관학교 교장인 미 육군 준장 패트릭 피네건Patrick Finnegan의 (2006년) 세트장 방문을 기록했다. 그는 팬으로서 거기에 있었던 것이 아니다.

피네건과 다른 이들은 미국의 법치가 국가의 안전을 위해 희생되어야 한다는 그 프로그램의 정치적 핵심 전제가 해로운 영향을 미치고 있다는 그들의 염려를 전달하기 위해 왔다. …… "그들은 고문이 역풍을 불러오는 상황에서 쇼를 해야 하는 것이다."[18]

피네건은 〈24〉 때문에 그가 군 장교들에게 그들의 헌법적 의무와 체포한 적 전투원들을 심문하는 의무에 대해 가르치는 데 어려움을 겪고 있었다. 그러나 〈24〉의 요점은 고문이 바워와 같은 통찰력 있는 영웅에 의해 행해지면 항상 효과적이리라는 것이다. 이것은 단지 (제임스 본드 프랜차이즈 영화들의 경우처럼)

다양한 과대망상증 환자들이 세계를 협박하거나 파괴하려고 시도하기 때문이 아니다. 9·11 이후 미국에는 이때 당시 공식적으로 명명된 '국토homeland'와 위협적인 이슬람 세계 사이에 인지된 이분법이 있었다. 2014년에 전체 〈24〉 프로젝트를 요약하면서, 이언 크라우치Ian Crouch는 다음과 같이 결론을 내렸다.

> 〈24〉는 행정부의 이분법적 세계 인식, 곧 미국과 적을 무원칙하게 대립시켜서, 우리 자신의 양심의 가책이 안보에 방해가 되는 것으로 여겨져야 한다는 인식을 용인함으로써 부시 정부를 조력하는 것으로 보였다.[19]

그리고 여기서 '적'은 명시적으로 무슬림이었다. 이것은 우리를 페터 슬로터다이크가 발전시킨 '영역sphere' 개념의 발전이라는 테마들로 이끈다. 그에 따르면, 영역은 집단 결속의 개념화를 표상한다. 이것은 국가들이 어떻게 집착하는지를 연구하는 놀라운 방법을 제공한다. 게다가 『시내산의 그림자 속에서In The Shadow of Mount Sinai』에서 슬로터다이크는 후기 근대에 들어가면서 공포정치phobocracy, 곧 완전한 멤버십total membership 개념과 책임감을 강조하는 공포의 지배를 말한다.[20] 추가적으로, 근대 국가의 성장은 타자에 대한 우리의 기본적인 태도를 변화시킨다.[21] 우리의 군사적 의도는 어떤 희생을 치르더라도 우리 영역을 지키는 것이다. 타자를 정복해서 우리 제국에 타자를 포함시키는 것이 아니라, 그 타자를 심하게 지체시키거나 제거하는 것, 곧 타자 또는 타자의 환경을 해치는 것이다.[22] 시민의 반응은 더 효율적인 영역 수호자로의 자기 변환이어야 하며, 슬로터다이크는 자신의 책 『당신의 삶을 변화시켜야 한다You Must Change Your Life』에서 이것을 가장 명료하게 밝힌다.[23] 그러나 이 패러다임의 추가적인 내용이 아래에 있다.

영역을 보호하고 그렇게 할 책임이 있는 영역 내 사람들과 영역에 반대하거나 단순히 그로부터 배제된 세력들—난민들은 이를 이해하는 데 도움이 된다—사이에 전개되는 서사적 분위기는 극적인 이분법을 야기한다. 진정한 선과 진정한 악 사이의 근본적인 싸움은 '내부에' 있는 자들과 '외부에' 있는 자들에 기초한다. 구체적으로 무슬림들, 일반적으로 이슬람은 〈24〉와 같은 허구적 구조에서 이러한 선/악 구분에 잘 들어맞는다. 그러나 〈24〉의 경우에 허구는 명백하게 실재적인 것이 되었다.

> 〈24〉는 모든 허구적 자유에도 불구하고 부시 행정부가 정의한 그대로의 이슬람 극단주의에 대항하는 싸움, 곧 가장 어려운 전술을 요구하는 미국의 생존을 위한 통절한 싸움을 묘사한다.[24]

마지막으로, 시청자가 '시한폭탄' 시나리오를 터무니없는 희귀한 일이 아니라 자주 가능한 일로 받아들이면, 〈24〉와 〈24〉의 똑딱거리는 시계는 부시 행정부 관료들, 변호사, 보수적인 싱크탱크 그리고 육군사관학교 학생들을 그 구렁텅이로 빨아들이는 현실 안에 휘말리게 한다. 이것은 반드시 〈24〉가 그 이야기들의 현실성을 강조하기 위한 방식에서 벗어나기 때문이 아니라, 국토(자기 영역the home sphere)를 보호하기 위해서는 고문이 불가피하다는 것을 자명한 현실로 만들기 때문에 일어난다. 〈24〉 현상을 그토록 독특하게 만드는 것은 바로 우리가 기록할 수 있는 그 프로그램의 정치적 영향력이다. 다음의 두 영화 사례에서 우리는 즉각적인 정치적 효과가 훨씬 덜 뚜렷하게 나타난다는 것을 보게 될 것이며, 이것이 아마도 그 영화들이 〈24〉보다 훨씬 더 다큐멘터리의 성격을 강조해야 했던 이유일 것이다. 그 영화들은 자체의 저널리스트적인 그리고/또는 텔레비전 뉴스 같은 분위기를 드러냄으로써 그렇게 한다.

〈아메리칸 스나이퍼〉

2012년 미국 해군 특수부대원Navy Seal 크리스 카일Chris Kyle은 (표지 제목에서 인용하자면) 『아메리칸 스나이퍼: 미국 전사戰史상 가장 무시무시한 스나이퍼의 자서전American Sniper: The Autobiography of the Most Lethal Sniper in U.S. Military History』

을 썼다.[25] 2014년에 할리우드는 클린트 이스트우드Clint Eastwood가 감독한 영화 버전을 만들었고, 그것은 이 배우 겸 감독의 가장 성공적인 영화가 되었다.

아마도 크리스 카일의 삶의 진짜 이야기는 그의 군인적 대담성의 회고가 아니라, 그가 많은 동료 시민들처럼 2012년에 교전 지역이 아닌 고국에서 동료 시민이자 동료 군인인 에디 레이 라우스Eddie Ray Routh의 총에 맞아 죽었다는 사실일 것이다. 코리 스몰리Corey Smalley 상병은 라우스가 "크리스 카일을 숭배했다"라고 ≪데일리 메일Daily Mail≫을 통해 말했다.[26] 게다가 라우스의 가족은 재향군인회가 라우스의 외상 후 스트레스 장애PTSD와의 싸움에서 실패했다고 시사했다.[27] 이스트우드는 이야기의 이 부분을 슬그머니 지나친다. 카일이 점점 더 전쟁의 영향을 받게 되면서 그의 아내와 가족과의 관계를 나타내는 장면들은 대충 얼버무리고 넘어가며, 엔딩 크레디트가 올라갈 때 카일의 장례식 장면이 거친 화면으로 나온다. 그의 텍사스인 동료들과 함께하는 운구 행렬이 길을 따라 이어진다. 이 장면은 브래들리 매닝Bradley Manning이 카일 역으로 주연을 맡은 이 영화가 극영화라기보다는 다큐멘터리라는 것을 확인해 준다. 그것은 아주 매끄럽게 카일의 삶의 '실제' 사건들과 일치한다.

카일의 책은 "이 책에 소개된 모든 사건은 전부 사실이며, 최대한 기억을 되살려 재구성했다"라는 언급으로 시작한다.[28] 이것은 이 자서전을 개인적으로 기억된 이야기로 규정한다. 반대로 이스트우드가 영화의 이야기를 풀어나가기 위해 감독으로서 내리는 결정은, 카일의 경험을 중심으로 하지만 단 한 명의 증인의 이야기라는 것을 명백히 하는 방식으로 비중을 두어 이야기되지는 않는 스타일로 이루어진다. 이런 방식으로 영화는 다큐멘터리 같은 현실 연출과 그것이 한 사람의 이야기라는 사실을 융합시킨다. 조 앨더튼Zoe Alderton과 내가 다른 글에서 보여주었듯이, 군인들의 목격담은 오스트레일리아의 앤잭 기념일ANZAC Day+의 새벽 예배와 같이 우리가 연구했던 국가 의례들에서 특

+ 4월 25일. 제1차 세계대전 때 오스트레일리아와 뉴질랜드 연합군단(Australia and New Zealand

별히 서사시적 분위기를 자아내기 위해 사용될 수 있다.[29] 이 군사적 '목격'담들은 영웅적 행위와 고통받은 아픔을 연결시키고 극단적 감정을 열거하며 놀라운 여정을 말하지만, 그 이야기들이 국가에게 유용한 것은 그것이 전쟁을 더 넓은 맥락에 놓을 수 없다는 사실에 있다. 이스트우드의 〈아메리칸 스나이퍼〉에서 카일은 쌍둥이 빌딩이 무너지는 것을 보고 나서 곧바로 이라크에 배치되는데, 그의 배치는 국토가 공격받은 것에 대한 자연적이고 합리적인 결과로 보인다. 진정으로 무슨 일이 일어났는지에 대한 3인칭 서사를 창조하기 위해 카일의 1인칭 시점 이야기를 사용하는 것은 군인과 시민들이 가질 수 있었던 전쟁의 정당성에 대한 모든 질문을 회피한다. 그럼에도 불구하고 그것은 여전히, 단지 한 사람의 전쟁 '목격담'보다 더 큰 것으로 치장된 영화에서 '실재'를 보여준다.

선과 악의 이분법은 카일의 첫 번째 사살에 대한 이야기에서 그에 의해 냉혹하게 묘사된다. 그는 수류탄을 들고 몇몇 해병들을 향해 뛰어오는 한 여인을 쏜다. 그녀는 자신의 국토를, 아마도 실제 자신의 집을 수호하고 있는 것일 수 있지만, 카일은 그녀의 행위를 선/악 패러다임으로만 볼 수 있다.

> 나의 한 발은 여러 미군을 살렸으며, 이들의 생명은 죽은 여성의 뒤틀린 영혼보다 훨씬 더 값지다. 나는 신 앞에서도 내가 한 일에 대해 떳떳하게 말할 수 있다. 하지만 나는 그녀를 사로잡은 악마를 진심으로 증오했고, 지금도 그렇다.[30]

이스트우드는 할리우드의 아주 많은 묘사가 하는 바로 그것, 곧 '타자'(선하고 악한 이라크인과 무슬림들)를 무시무시한 의도를 가진 무언無言의 먼 인물들로 유지함으로써 이 주제를 펼친다. 이 책의 위 장면은 카일(브래들리 매닝)이 가까이에 아이가 있는 여인을 죽이기 위해 결단을 내려야 하기에 영화에서 가장

Army Corps: ANZAC)이 터키의 갈리폴리 상륙작전에서 패배한 것을 기억하는 국가 추모의 날.

긴장된 장면 중 하나가 된다. 영화 줄거리는 카일의 여러 차례의 해외 복무를 중심으로, 한편으로는 교외 생활을 하며 가족을 이루려는 것과, 장거리 사격 조준기로 하는 것이기는 하지만 전문 킬러로서 일하는 것 사이에서 순환한다. 영화에서 적을 무언의 먼 존재로 유지하는 과정은 영화 개봉 동안에 청중에게 상당히 흥미로운 효과를 낳았다. 고국의 군중들은 그 사살에 환호했다. 그 영화를 네오콘 판타지로 보았던 영화제작자이자 비평가인 로버트 그린월드Robert Greenwald는 이것을 염려했다. 그는 이렇게 덧붙인다.

> 이 영화가 성취하는 것은 더 많은 미국인이 더 많은 전쟁을 믿고 환호하게 될 것이며, 따라서 더 많은 베테랑이 부상당할 것이라는, 곧 팔과 다리를 잃고 가족이 파괴되리라는 것이다. ……〔〈아메리칸 스나이퍼〉를 보면서 나는 가슴이 미어졌고, 특별히 그 영화관에 있는 사람들이 이라크인이 총에 맞을 때마다 환호하는 것에 역겨워졌다.[31]

가장 큰 환호는 카일이 미국인 사살 실적을 갖고 있는 적 스나이퍼 '무스타파Mustafa'를 제거하는 영화의 클라이맥스 장면을 위해 남겨졌다. 카일이 한 것으로 확인된 160명의 사살 가운데 이것이 가장 달콤한 것으로 보인다. 다시 한번, 우리는 무스타파가 준비를 하고 있고 단지 다른 편에서 카일과 매우 유사한 무언가를 하고 있다는 것 외에는 그에 대해 아는 것이 없다. 물론 왜 무스타파가 이것을 하고 있는지에 대한 정당화도 없으며, 그 자신이 보호할 가족과 공동체가 있고, 집에 아내와 가족이 있다는 언질도 없다. 카일이 쏜 여인처럼 이 스나이퍼는 그의 침묵 때문에 무시무시하며 악하다. 〈아메리칸 스나이퍼〉를 무언의 괴물들이 제거되고 위대하고 힘겨운 여정이 이루어지는 길가메시류의 텍스트와 같은 서사시로 만들어주는 것은, 이 영화가 전체로서의 전쟁 경험에 대한 복잡성을 결여했기 때문이다. 이런 일이 일어나는 동안 특정한 정치 의제들은 도전받지 않은 채로 남는다.

〈제로 다크 서티〉

〈제로 다크 서티〉는 아카데미 각본상 수상자 마크 볼Mark Boal이 시나리오를 쓰고, 캐스린 비글로Kathryn Bigelow가 감독한 영화이다. 이 영화는 2012년 말에 개봉했는데, 세계에서 가장 위험한 인물 오사마 빈라덴Osama bin Laden의 10년에 걸친 추적을 영화화했다. 다큐멘터리와 같은 장면들을 보면서(영화의 상영 시간은 157분이다), 우리는 미국인들이 어떻게 빈라덴을 찾아냈는지 알게 된다. 영화는 추적의 시작이 되는 정보를 얻어내는 고문 장면으로 초반 30분 이상을 채우고 있다. 이 영화 경험은 결론적으로 〈24〉의 전제, 곧 고문은 효과가 있다는 것을 증명하는 것으로 보인다. 단지 잭 바워가 결과를 얻어내기 위해 기대할 수 있는 시간보다 오래 걸린 것뿐이다. 〈허트 로커The Hurt Locker〉로 이미 두 개의 오스카상을 받은 볼은 할리우드 제작 경험의 진수를 이 영화에 집중시키면서 〈제로 다크 서티〉로도 수상 후보가 되었다. 9·11 공격 배후의 지휘자 빈라덴의 행방을 발견하게 한 것은 격렬하지만 세밀한 고문 조사와 그 조사의 유효성이었다.

영화는 2001년 9월 11일 세계무역센터에 갇힌 사람들이 거는 전화 소리와 함께 어둠에서 시작한다. 그리고 나서 그들의 비명은 영화의 주인공인 마야Maya(제시카 채스테인Jessica Chastein)와 댄Dan(제이슨 클라크Jason Clarke)에게 고문당하는 이슬람 억류자들의 비명으로 이어진다. 다시 우리는 국토가 공격당하면 어떠한 보복수단도 타당한 상황에 마주친다. 매트 타이비Matt Taibbi는 이렇게 상기시킨다.

성적 수치(클라크는 손목이 묶여 매달려 있는 용의자의 바지를 확 내리면서 "넌 내 여자 동료가 네 쓸모없는 거시기를 봐도 상관없지?"라고 말한다), 용의자가 린디 잉글랜드Lynndie England[+] 스타일의 개목걸이를 한 채 걷게 하기, 사람을 박스 안에 넣기, 물고문하기, (마야가 나중에 다른 심문자의 도움으로 사용하게 되는) 전력으로 안면 가격하기를 생생하게 묘사함으로써, 비글로는 자신이 9·11

이후 세계 곳곳의 수천 개의 더러운 방에서 수만 명은 아닐지라도 수천 명의 사람들에게 일어난 일이 어쨌든 고문은 아니었다는 럼스펠드식의 엉터리 주장을 하는 것은 아님을 명확히 했다.32

그는 비글로가 있는 그대로를 보여준 것을 환영하면서 시작하지만, 그녀의 영화가 그 이슈에 대한 바람직한 접근방식을 결여하고 있는 것을 비난함으로써 끝맺는다. 고문은 아마도 인권 감시가 심문 기술들을 방해하는 미국에서 이루어지지 않았다는 사실에 의해 도덕적으로 더 단순해지는 것 같다. 이런 방식으로 〈제로 다크 서티〉는 고문에 대한 강한 영화적 주장이며, 고문이 얼마나 효과적인지를 확실하게 보여준다.33 이 영화는 빈라덴의 연락책의 이름을 알아내기 위한 고된 작업 가운데 마야를 계속하여 따라간다. 많은 경찰 드라마의 클리셰cliché가 펼쳐지면서, 그녀는 진실에 대한 집착을 갖고 상관들의 비타협적 태도와 싸워야 한다. 또 하나의 흔한 수사修辭 방식으로, 한 부차적 줄거리는 그녀의 동료 제시카Jessica(제니퍼 일리Jennifer Ehle)가 추가 정보를 찾기 위해 애쓰다가 어떻게 자살 폭탄 공격으로 죽는지 보여준다. 이렇게 죽음을 무릅쓴 게임에서 마야는 승리한다. CIA 요원들은 빈라덴의 정확한 위치에 대해 해군 특수부대원들에게 브리핑을 한다. 그리고 나서 영화는 빈라덴의 은신처 근처에 헬리콥터를 착륙시키고, 그의 집을 급습하여 그를 사살하고, 컴퓨터 등 정보가 될 수 있는 모든 것을 가져오는 작전에서 절정에 다다른다. 이 작전이 끝날 때, 대통령에게 미국 최고의 적이 죽었다는 것이 전화로 전해진다.

물론 이것은 버락 오바마Barak Obama가 빈라덴의 죽음을 확인해 주는 전화를 받은 후 다음과 같이 공개 성명을 발표했던 2011년 5월 2일의 실제 사건들에 부합한다.

+ 미국 육군 군인으로 이라크 전쟁 동안 바그다드 아부 그라이브 교도소에서 애인인 미군 병사 찰스 그레이너(Charles Graner)와 함께 이라크 포로들을 학대한 사진이 공개되어 2004년 5월 7일에 기소되었고, 군사재판에서 3년형을 선고받았다.

오늘밤, 우리는 다시 한번 미국은 우리가 마음에 둔 것은 무엇이든 해낼 수 있다는 것을 기억하게 되었습니다. 미 국민의 번영을 추구하는 일이든, 모든 시민의 평등을 위한 노력이든, 해외에서 우리의 가치를 지키려는 의지이든, 세상을 더욱 안전한 곳으로 만들기 위한 우리의 희생이든 간에 그것은 바로 우리 역사의 이야기입니다. 우리가 이러한 일들을 해낼 수 있는 것은 부나 권력 때문만이 아니라 우리의 모습, 곧 신 아래서 모두를 위한 자유와 정의와 불가분의 관계에 있는 한 국가이기 때문임을 기억합시다.

이 말로 대통령은 빈라덴의 사살이 전적으로 미국의 프로젝트였음을 공식화한다. 또 흥미로운 것은 대통령의 레토릭에서 빈라덴의 사살이 용기, 번영 그리고 평등이라는 미국의 이상을 증명한다는 것이다. 주권 국가(파키스탄)에 대한 침입과 침대에서 자고 있는 무능해진 한 남자(빈라덴)의 즉결 처형은 미국의 위대함을 정당화하기에는 왜곡된 방식이라고 주장할 수 있겠지만, 여기서도 이유는 요점이 아니다. 브리앤 팰런Breann Fallon이 미국 시민종교 주역들의 지지를 얻기 위한 이 학살의 성스러운 차원들을 강조한 것은 옳다.[34] 사살의 재현에 있어서, 오바마와 비글로는 동일한 각본을 사용하고 있다. 선과 악의 서사시적 전투에서, 미국이 얼마나 중요한지 그리고 미국이 어떻게 승리하는지를 최종적으로 이야기하게 되는 이는 바로 미국인들이다. 말할 수 없는 짐승은 죽임당하고, 우리는 그편의 이야기는 듣지 못하게 되며, 이 영화에서 빈라덴을 찾는 과정에 대해 비미국인들로부터는 상세한 설명을 얻지도 못한다.

그래서 이 장의 다른 사례들과 같이, 우리는 이 영화가 배제하는 목소리로부터 이 영화를 판단할 필요가 있다. 팰런은 다음과 같이 말하며 강조한다.

이 영화가 전적으로 백인 서구, 특히 미국의 관점에서 오사마 빈라덴의 죽음을 이야기하고 있음을 언급하는 것이 중요하다. 비글로는 이 영화에 들어가면서 친미국적이고 반테러리스트 쪽에 선 의견 외에 어떠한 다른 의견도 허용하지 않는다.[35]

이것이 아마도 이 영화의 정확한 작동에 대한 실마리일 것이다. 이 영화는 일방적이며, 재미가 가미된 선전으로서 작동한다. 이 영화는, 비서구인들을 이해할 수 없고 지체 없이 폭력을 행사하고 말하지 않는 이상한 존재로 나타내는 오리엔탈리즘 패러다임에 들어맞는다.[36]

오바마의 말과 비글로의 영화가 가진 선전의 차원은 저명한 저널리스트 시모어 허시Seymour Hersh가 빈라덴의 사살 이면에 있는 실제 사실들에 대한 탐사 기사를 게재한 2015년 5월에 훨씬 더 노골적으로 드러났다. 허시는 오사마 빈라덴이 수년 동안 파키스탄 첩보 기관의 죄수였다고 시사한다. 그는 파키스탄 군대를 위한 주요한 작전 기지가 있는 도시인 아보타바드Abbottabad에서 가택 연금되어 있었다. 특수부대 팀이 오사마 빈라덴을 공격했을 때, 그는 이미 비무장 죄수였다.

더 흥미롭게도, 고문이 비효과적인 정보 수집 방법이라는 모든 일반 연구들이 허시의 기사에서 확인되는데, 왜냐하면 고문이 빈라덴의 위치를 드러낸 것이 아니었기 때문이다. 오히려 어떤 사람이 길에서 걸어와 미국인들에게 그가 어디에 있는지 말해주었다.

그것은 그냥 찾아온 한 사람으로부터 시작했다. 2010년 8월 전前 파키스탄 고위 정보장교가 이슬라마바드에 있는 미국 대사관의 CIA 지국장 조너선 뱅크Jonathan Bank에게 접근했다. 그는 2001년에 워싱턴이 제안했던 보상에 대한 대가로 빈라덴의 위치를 CIA에게 말해주겠다고 제안했다. CIA는 그냥 찾아온 사람들은 믿기 힘들다고 전제하기에, CIA 본부에서 온 반응은 거짓말 탐지 팀을 보내는 것이었다. 그 사람은 테스트를 통과했다. "그래서 우리가 이제 아보타바드의 거처에 살고 있는 빈라덴에 대한 단서를 얻었는데, 그가 누군지 진짜 어떻게 아는가" 하는 것이 당시 CIA의 염려였다고 은퇴한 미국 고위 정보 관리가 나에게 말했다.[37]

파키스탄인들은 미래에 미국과의 거래에서 사용할 협상 카드로 빈라덴을 잡아두고 있었던 것으로 보인다. 그냥 찾아온 그 사람은 그들의 자산asset을 공개했다. 허시는 ISI(파키스탄 정보기관), 파키스탄 행정부 그리고 백악관 사이에 빈라덴의 깨끗한 처형을 준비하는 거래가 이루어졌다고 말한다. 한 사람만 있는 감옥을 미국이 공격하기로 한 날 밤에 빈라덴의 간수들은 해산되었고, 그 지역의 전기는 끊겼다. 특수부대원들은 파키스탄 영공에 들어가는 허가를 받았다(비글로의 영화는 미 특수부대가 파키스탄이 자신들의 영공을 침범하고 있다는 것을 알아차리기 전에 들어갔다 나와야 했다고 시사한다). 고귀한 미국이 정당화한 빈라덴의 처형은 사실상 감옥에 갇혀 있는, 비무장의 무능해진 한 죄수를 살해하는 것이었다. 〈아메리칸 스나이퍼〉와 마찬가지로, 본국의 청중들은 특수부대원들이 늙은 남자 죄수를 쏘았을 때 환호했다. 선한 미국의 한 남자는 그 경험을 이렇게 썼다.

그들이 수염이 피에 젖은 큰 전리품을 끌고 헬리콥터로 돌아와 이륙했을 때, 그 인물들이 그 순간에 느꼈던 그 승리감이 극장 안으로 터져 나왔다. 한숨 소리와 애국심이 가득 묻어난 박수갈채가 있었으며, 나조차도 거기에 사로잡혀 버렸다. 내가 그 영화와 비교할 수 있는 유일한 것은 어린 시절 극장에서 〈록키Rocky〉나 〈스타워즈Star Wars〉를 볼 때 적을 혼내주는 결말에 관객들이 미쳐 날뛰었던 것이다.[38]

그러나 허시의 말들이 진실이라면, 그 말들은 마녀사냥, 종교재판, 불과 물로 재판하던 시절 이래로 진화해 온 법과 정의의 절차들이 진리를 얻어내는 데 최선이며 고문은 효과가 없다는 것을 확인해 준다. 사실 타이비는 고문으로 산출된 거짓 정보가 빈라덴을 찾는 것을 지연시켰으며, 두 번째 이라크 침공을 정당화하기 위해 사용했던 허위 사실들을 창조했다고 주장한다.[39]

고문과 CIA의 증강된 심문 기술Enhanced Interrogation Techniques: EIT의 무용성은 다이앤 파인스타인Dianne Feinstein 상원의원의 보고서에서 확인되었다. 그 캘리포니아 민주당 상원의원은 연방정부에서 활동했던 경력 내내 CIA의 꾸준한 지지자였으며, 2009년에서 2015년 사이에는 정보위원회 위원장이었다. 그러나 그녀가 CIA의 심문 활동에 대한 브리핑에 부정적으로 반응한 것은 2006년부터였다. CIA를 감독하는 위원회의 위원장이 되었을 때 그녀는 증강된 심문 프로그램Enhanced Interrogation Program: EIP 활동에 대한 전체 보고서를 요청할 수 있었다. 묘한 타이밍으로, 6700쪽의 보고서는 〈제로 다크 서티〉가 개봉된 달에 완성되었다. 이어서 많은 부분이 삭제된 500쪽의 보고서가 일반에 공개되었다. 그 보고서에는 20개의 결론이 있으며, 다음을 포함했다.

#1 CIA의 증강된 심문 기술의 사용은 정보를 얻거나 억류자들로부터 협조를 얻는 데 효과적인 수단이 아니었다.

#2 CIA의 증강된 심문 기술 사용에 대한 정당화는 그 기술들의 효과에 대한 부정확한 주장에 근거했다.

#3 CIA 억류자들에 대한 심문은 잔인했으며, CIA가 정책 입안자들과 그 밖의 사람들에게 묘사했던 것보다 훨씬 더 심했다.

#5 CIA는 반복적으로 법무부에 부정확한 정보를 제공하며, CIA의 억류 및 심문 프로그램Detention and Interrogation Program에 대한 적절한 법적 분석을 방해했다.

#20 CIA의 억류 및 심문 프로그램은 세계에서 미국의 위상을 손상시켰으며, 그 밖의 중요한 금전적·비금전적 비용을 발생시켰다.[40]

누군가는 잭 바워가 어떻게 반응할지 궁금할 것이다.

결론: 고래로 돌아가서

서사시 장르는 유연한 스토리텔링 양식이다. 한편이 다른 편과 싸울 때 우리가 양쪽에서 싸우고 있는 사람들의 삶 안으로 들어가도록 허용된다면 큰 연민을 느낄 수 있다. 『일리아드Iliad』에서 그리스인들은 위대한 용기가 아니라 목마의 속임수로 트로이인들을 패배시킨다. 버질Virgil⁺은 로마의 건설에 대한 자신의 서사시에서 이 주제를 선택한다. 『아이네이드Aeneid』에서 아이네아스는 불타는 트로이를 탈출해서 로마의 건설을 향한 자신의 길을 싸워나간다. 아마도 서사시적 항해를 하면서 그에게 닥친 가장 큰 위협은 그가 만나야 하는 괴물들이 아니라 그와 사랑에 빠져 그가 떠나자 분신자살한 카르타고의 여왕 디도Dido일 것이다. 비슷하게 단테Dante는 지옥에 떨어진 친구들의 괴로움을 보면서 눈물을 흘린다.⁴¹ 이런 유형의 서사시에서 우리가 만나는 것은 위대한 일을 성취하고 비범한 여행을 하기 위해 싸우는 인물들의 복잡성이다. 다른 서사시 양식도 위대한 국가 정신과 영웅들을 두드러지게 하는 데 치중한다. 그것은 위대한 여정을 포함하지만, 그 대신에 '타자'를 소리 없는 존재로 만든다. 곧, 인간보다는 고래와 같은 지위를 부여하는 것이다. 인간이 아니라 고래와 같은 지위를. 타이비는 〈제로 다크 서티〉에 대한 반응에서 이것을 잘 이해하고 있다.

　　아니다. 이건 말 그대로 '영웅이 악당을 잡는' 영화이며, 청중들이 고문을 가하는 마야에게 감정 이입을 했을 리가 없다는 생각은 터무니없다. 우리는 정말로 관객들이 영화 끝부분에서 마야에 대한 기대감으로, 그녀가 헬리콥터가 오기를 기다리면서 아름다운 빨간 머릿결을 살랑거리며 왔다 갔다 할 때 두근거렸을 리가 없다고 믿는가? 그들은 그녀에게 망토를 두르게 하고 원더우먼 의상을 입힐 수도 있을 것이다. 그게 바로 이 영화가 얼마나 교묘한지 보여준다.⁴²

내가 여기서 제시한 사례들을 통하여, 우리는 미국이 자신이 싸우고 있는 '테러리스트 타자'를 기본적으로 소리 없는 존재로 제시하는 가운데, 자신의 적을 정복해야 할 뿐만 아니라 그들을 완전히 비인간적 존재로 만들어야 한다

+ 푸블리우스 베르길리우스 마로(Publius Vergilius Maro, B.C.70~A.D.19)의 영어 표기. 로마의 시인.

는 것에 놀라워해야 한다. 적에 대한 승리는 실제로 고래를 죽이는 것에 불과하다.

우리가 이러한 동기를 고려하게 되면, 자신의 영역을 지키기 위해 타자를 제거해야 하는 현재 근대 국가의 필요를 이해하는 데 슬로터다이크의 영역 개념이 다시 도움이 된다. 모든 시민이 그 영역에 대한 책임이 있는 민주주의에서는 그러한 보호에 대한 열망이 문화 안에서 펼쳐진다. 사실 우리가 〈24〉에서 보았듯이 이러한 문화는 좋기보다는 해가 될 수 있는 생각을 조장한다. 부시 행정부와 함께 〈24〉는 인권과 법의 지배를 고려하는 양심의 가책은 9·11 이후 복수를 수행하고 어떤 희생을 치르고서라도 국토를 수호하기 위해 유보될 필요가 있다는 관념을 고취했다. 그러나 고문에 대한 상원의원의 보고서가 분명히 하듯이, 이것은 효과 없는 행위일 뿐만 아니라 미국이 자신의 예외주의를 위해 주장하는 바로 그 가치들을 손상시키는 행위이다.

마지막으로 우리는 이 모든 폭력이 얼마나 정확하게 종교적인지 고려하는 데 이른다. 이것이 중요한 고려인 이유는, 내가 여기서 제시한 세 가지 사례와 그 밖의 많은 다른 문화적 사례에서 소리 없는 무슬림 요원들이 변하지 않는 항수恒水로 존재하기 때문이다. 이들은 곧 (소리 없도록 강제되기 때문에) 불분명하게 남겨진 즉각적인 이유로 미국에 해를 끼치려고 하는 이들이다. 그렇게 이유가 불분명한 채로 남겨지기 때문에, 그들의 폭력의 궁극적인 동기는 우리가 그들에 대하여 아는 한 가지, 곧 그들이 무슬림이라는 것에 의존해야 한다. 그러면 이슬람 자체에 본질적으로 폭력적인 무언가가 있다는 생각이 뒤따른다.

티머시 피츠제럴드Timothy Fitzgerald는 어떻게 해서 '종교'가 학계와 그 밖의 부문에서 특정한 담론과 특정한 인간 행동을 인간 활동의 정치·경제 영역에서 분리하기 위해 잘못된 범주로 사용되는지를 보여주기 위해 많은 작업을 해 왔다.[43] 나는 성급하게 피츠제럴드에게 전적으로 동의하지는 않지만, 그가 완전히 틀린 것은 아니다. 비슷하게, 브뤼노 라투르Bruno Latour는 '근대성'에 대한 연구에서 우리 근대인들이 어떻게 지식장field of knowledge을 매우 특정한 방식으로, 하지만 우리 자신을 검토하거나 '정치', '종교' 그리고 '과학'과 같은 것들이 그러한 범주가 되는 이유 이면에 있는 전제들을 검토하지 않은 채 비대칭적으로 구분하려 해왔는지를 보여준다.[44] 피츠제럴드와 라투르는 윌리엄 캐버노의 종교 폭력에 대한 연구에서 발견되는 강한 주장을 뒷받침한다. 캐버노는 『종교 폭력의 신화The Myth of Religious Violence』 제2장에서 '종교' 폭력을 규정하려고 하는 광범위한 정의들을 성공적으로 폭로한다. 그러한 규정은 불가능하다. 그래서 우리가 최근 역사와 문화에서 '종교 테러리스트' 또는 '종교 폭력 가해자'를 찾고자 한다면, "우리는 왜 타자를 종교적이라고만 생각하는가"라고 질문할 필요가 있다. 캐버노는 이것이 백인 서구 세계의 '우리'는 합리적인 폭력을 가하기만 하고, 또한 우리에 대해서 저질러지는 비합리적이고 종교적인 폭력에 대항하기 위해서만 그렇게 한다고 보기 때문이라고 주장한다.

그러나 한 상원의원이, 우리의 폭력이 전혀 합리적이지 않으며, 무슨 수를 써서라도 우리 영역을 보호할 필요를 내세워 더 심하게 행해졌을 수 있고, 잭 바워가 하는 것처럼 실제로 무엇이 되었든 그 폭력이 행해진다는 조사 내용을 밝힌다면 무슨 일이 일어나겠는가? 그리고 영국의 칠코트 조사위원회Chilcot Enquiry와 같은 조사단이 전 수상이 두 번째 이라크 침공을 지지한 것 때문에 전범戰犯이라고, 그리고 결과적으로 그 침공을 지지한 조지 W. 부시George W. Bush 등도 마찬가지로 전범이라고 보고한다면 무슨 일이 일어나겠는가?[45] 우리는 어떻게 우리의 폭력은 합리적이고 그들의 폭력은 종교적이라고 주장할 수 있는가?

그러므로 우리가 테러리스트와 폭력의 실행자, 종교 폭력의 가해자들을 찾고자 할 때 우리의 연구를 비대칭적으로 하지 말아야 한다는 결론이 나온다. 우리는 그들만 연구할 수 없다. 우리는 영화와 텔레비전에서 폭력적으로 행동하는 무슬림들만을 포함시킬 수 없다. 그 대신에 우리가 작업하고 있는 문화 전체의 맥락을 보아야 한다. 그리고 그렇게 할 때 우리는 스스로 말하는 이야기들에 대해 무언가 역겨운 것이 있다는 것을 발견하게 된다. 우리는 〈24〉의 시한폭탄 시나리오를 단지 즐기기만 하는 것이 아니라 그것을 믿고 있다. 그것은 행정부의 정책 결과가 된다. 우리는 단지 스나이퍼의 작전만을 보는 것이 아니라 그가 그의 주위에서 보는 악을 죽여야 한다는 것을 믿으며, 그가 그렇게 할 때 청중들은 환호한다. 그리고 우리는 한 늙은이가 한밤중에 자신의 감옥방에서 즉각 처형될 때도 환호한다. 우리는 그가 말없이 그리고 그의 행위를 정당화하지 않은 채 죽었어야 했다고 믿는다. 이 모든 점은 믿음의 행위이며, 분명히 폭력적 정의를 집행한 합리적 사례들이 아니다. 그래서 우리가 폭력을 합리적으로 집행하지 않거나 우리 문화에 그러한 폭력의 합리적 집행을 밝히지 않는다면, 이는 우리도 종교 폭력의 가해자임을 뜻하겠는가? 이것은 사실처럼 보인다.

1 Christopher Hartney, "Why Muslims Kill Themselves on Film: From Hollywood's Racism to Girard's Victimage Mechanism," in James R. Lewis and Carole M. Cusack(eds.), *Sacred Suicide*(Farnham Surrey, England and Burlington, VT: Ashgate, 2014), pp.271~290.

2 이러한 학문적 속임수에 대한 광범위한 연구는 Christopher Hartney, "Indigenous or Non-Indigenous: Who Benefits from Narrow Definitions of Religion?" in Christopher Hartney and Daniel J. Tower(eds.), *Religious Categories and the Construction of the Indigenous: First Peoples and the Study of Religion*(Leiden: Brill, 2016), pp.203~227 참조.

3 오슨 웰스(Orson Welles), 존 휴스턴(John Huston) 그리고 여러 할리우드 전문가들이 『모비딕』을 영화화했다. 2015년 론 하워드(Ron Howard)는 멜빌이 소설을 쓰는 데 영감을 주었던 포경선 에식스(Essex)호의 운명을 그린 <하트 오브 더 시(In the Heart of the Sea)>를 감독했다.

4 Herman Melville, *Moby-Dick, Or, The White Whale*, Everyman's Library 40(London: Everyman's Library, 1991).

5 Mortimer J. Adler(ed.), *Great Ideas: A Synopticon of the Great Books of the Western World*(Chicago, London, Toronto: Encyclopaedia Britanica. Inc., 1952), p.1052.

6 David Dowling, "'Revenge Upon a Dumb Brute': Casting the Whale in Film Adaptations of Moby-Dick," *Journal of Film and Video*, 66(4)(Winter, 2014), pp.50~63.

7 Catherine Bates(ed.), *The Cambridge Companion to the Epic*(New York: Cambridge University Press, 2010).

8 Christopher N. Phillips, *Epic in American Culture: Settlement to Reconstruction*(Baltimore, MD: Johns Hopkins University Press, 2012).

9 이 중요한 주제들은 스탠리 캐벌(Stanley Cavell)이 미국 사례에서 민감하게 다루었다. Stanley Cavell, *The Senses of Walden*, An Expanded Edition[3. Dr.](Chicago: University of Chicago Press, 1997). 그리고 더 일반적으로 종교개혁에서부터 교활하고 극단적인 개인

주의까지의 연결은 Brad S. Gregory, *The Unintended Reformation: How a Religious Revolution Secularized Society*(Cambridge, MA: Belknap Press of Harvard University Press, 2012)에 가장 잘 진술되어 있다.

10 Stanley Cavell, *Cities of Words: Pedagogical Letters on a Register of the Moral Life* (Cambridge, MA: Belknap Press of Harvard University Press, 2005).

11 Dean Mendell, "Pious Ahab: The Conduct of a Christian in Melville's 'Wicked Book'," *CEA Critic*, 76(3)(November 2014), pp.278~285.

12 Seymour Martin Lipset, *American Exceptionalism: A Double-Edged Sword*(New York: Norton, 1997)[세이무어 마틴 립셋, 『미국 예외주의: 미국에는 왜 사회주의 정당이 없는 가』, 강정인 외 옮김(서울: 후마니타스, 2006)].

13 Jane Mayer, "Whatever It Takes: The Politics of the Man Behind '24'," *New Yorker*, February 19, 2007, p.14, https://www.newyorker.com/magazine/2007/02/19/whatever-it-takes.

14 Jack Shaheen, "Reel Bad Arabs: How Hollywood Vilifies a People," *The Annals of the American Association of Political and Social Science*, 588(July 2003), pp.171~193.

15 Sara Brady, *Performance, Politics, and the War on Terror 'Whatever It Takes'*(Houndmills, Basingstoke, Hampshire, New York: Palgrave Macmillan, 2012), p.119, http://public.eblib.com/choice/publicfullrecord.aspx?p=1016556.

16 Dahlia Lithwick, "The Bauer of Suggestion," *The Slate*, July 26, 2008, www.slate.com/articles/news_and_politics/jurisprudence/2008/07/the_bauer_of_suggestion.html.

17 Robert Anthony Pape, *Dying to Win: The Strategic Logic of Suicide Terrorism*(New York: Random House, 2006).

18 Mayer, "Whatever It Takes," p.5.

19 Ian Crouch, "'24' Drones On," *The New Yorker*, May 19, 2014.

20 Peter Sloterdijk, *In the Shadow of Mount Sinai*(Cambridge: Polity, 2015).

21 Benedict Anderson, *Imagined Communities: Reflections on the Origin and Spread of Nationalism*, Revised Edition(London and New York: Verso, 2006).

22 Peter Sloterdijk, *Terror from the Air*, translated by Amy Patton and Steve Corcoran(Los Angeles and Cambridge, MA: Semiotext(e); Distributed by the MIT Press, 2009).

23 Peter Sloterdijk, *You Must Change Your Life: On Anthropotechnics*, translated by Wieland Hoban(Cambridge, UK: Polity, 2013).

24 Mayer, "Whatever It Takes: The Politics of the Man Behind '24'," p.2.

25 Chris Kyle, Scott McEwen and Jim DeFelice, *American Sniper: The Autobiography of SEAL Christ Kyle*(USN 1999-2009), *the Most Lethal Sniper in U.S. Military History* (New York: HarperCollins, 2012)[크리스 카일·스콧 매큐언·짐 드펠리스, 『아메리칸 스나이퍼』, 양욱·윤상용 옮김(서울: 플래닛미디어, 2014)].

26 Laura Collins, "'My Brother Marine Eddie Ray Routh Was Not a Monster: He Hero-Worshipped Chris Kyle' Comrade Speaks in Defence of American Sniper's Killer as Murder Verdict Nears," *The Daily Mail*, February 25, 2015.

27 같은 글.

28 Kyle, McEwen and DeFelice, *American Sniper*, p.I[크리스 카일·스콧 매큐언·짐 드펠리스, 『아메리칸 스나이퍼』, 9쪽].

29 Zoe Alderton, Christopher Hartney and Daniel J. Tower, "Fieldwork on Anzac Day: A Performance Analysis of the Dawn Service and Other Rituals, 25 April, 2015," *Field Work in Religion*, 11(2)(2016), pp.170~198.

30 Kyle, McEwen and DeFelice, *American Sniper*, p.4[크리스 카일·스콧 매큐언·짐 드펠리스, 『아메리칸 스나이퍼』, 15쪽].

31 Josh Feldman, "Filmmaker: 'Neocon Fantasy American Sniper Gets People Cheering for More War'," *Mediate*, January 19, 2015, https://www.mediaite.com/tv/filmmaker-neocon-fantasy-american-sniper-gets-people-cheering-for-more-war/.

32 Matt Taibbi, "'Zero Dark Thirty' in Osama Bin Laden's Last Victory Over America," *Rolling Stone*, January 16, 2013.

33 Glen Greenwald, "Zero Dark Thirty: CIA, Hagiography, Pernicious Propaganda," *The Guardian*, December 15, 2012; Time Kroenert, "Evil Is Relative in the Hunt for Bin Laden," *Eureka Street*, 2013; Simon Cooper, "Enlightened Barbarism," *Arena*, 122(2013), pp.54~55.

34 Breann Fallon, "Zero Dark Thirty(2012) and Girard: The Fortification and Veneration of American Civil Religion in Film," *Literature and Aesthetics*, 24(1)(June 2014), pp.29~46.

35 같은 글, pp.29~30.

36 Edward W. Said, *Orientalism*(New York: Vintage Books, 1979)[에드워드 사이드, 『오리엔탈리즘』, 박홍규 옮김(서울: 교보문고, 2000)].

37 Seymour Hersh, "The Killing of Osama Bin Laden," *London Review of Books*, May 21, 2015, p.4.

38 Taibbi, "'Zero Dark Thirty' in Osama Bin Laden's Last Victory Over America."

39 같은 글.

40 United States and Dianne Feinstein(eds.), *The Senate Intelligence Committee Report on Torture: Committee Study of the Central Intelligence Agency's Detention and Interrogation Program*(Brooklyn, NY: Melville House Publishing, 2014), pp.3~22.

41 Frances Di Lauro, *Between Heaven and Hell: Faces of Iniquity and Surrender in Dante Alighieri's 'La Divina Commedia'*(Saarbrücken, Germany: Lambert Academic Publishing, 2012).

42 Taibbi, "'Zero Dark Thirty' in Osama Bin Laden's Last Victory Over America."

43 Timothy Fitzgerald, *Discourse on Civility and Barbarity: A Critical History of Religion and Related Categories*(New York: Oxford University Press, 2007).

44 Bruno Latour, *We Have Never Been Modern*(Cambridge, MA: Harvard University Press, 1993)[브뤼노 라투르, 『우리는 결코 근대인이었던 적이 없다』, 홍철기 옮김(서울: 갈무리, 2009)].

45 Nicholas Watt, "Tony Blair Makes Qualified Apology for Iraq War Ahead of Chilcot Report," *The Guardian*, October 25, 2015.

16 영적 테러리즘으로서 파룬궁 순교 전술의 이해

제임스 루이스·니콜 다미코

테러리즘: 하위 국가집단subnational group이나 은밀한 행위자들이 비전투적 표
적에 대해 저지르는, 미리 계획되고 정치적 동기를 가진 폭력[1]

원래 미국의 한 법안의 내용이었던 위의 정의는 테러리즘 논의들에서 자주
참고된다. 그러나 이 정의와 이와 관련된 정의들은 옴진리교와 검은 9월단과
같은 집단들이 저지르는 폭력행위들보다 훨씬 더 치명적이라고 주장되는 국
가 테러리즘 행위를 제외하고 있다는 점에서 명백하게 결함이 있다. 그럼에도
불구하고 학계는,

거의 배타적으로 특히 알카에다와 탈레반, 헤즈볼라, 하마스 그리고 다른 이슬람
무장단체들까지 확대해서 하위 국가 테러리즘에만 집중해 왔다. 사실상 국가 테
러리즘이 생명과 인간 복지 측면에서 엄청나게 더 큰 희생을 야기해 왔다는 사실
에도 불구하고, 9·11 이전이든 이후든 국가 테러리즘에는 전혀 관심을 기울이지
않고 있다.[2]

이러한 불균형은 자주 비판받아 왔으나,[3] 가까운 장래에 바뀔 것 같지는 않다. 국제 사회가 정식 국가로 인정하기를 거부한 이슬람 국가IS는 예외로 하고, (우연치 않게도 결코 서구 국가였던 적은 없는) 이른바 불량국가들이 타국에서의 테러리즘을 후원하는 것으로 비난받고는 있지만, 대부분의 주류 테러리즘 연구가 지속적으로 하위 국가집단들에 초점을 두리라는 것은 거의 확실하다.

또한 때때로 특정 국가들 내부에서 억압받는 집단들이 각자의 정부가 그 구성원들을 대상으로 테러 작전을 수행했다고 비난하는 것을 발견하게 된다. 그래서 예를 들어 1999년 중국에서 금지된 기공氣功, Qi Gong 집단인 파룬궁法輪功, Falun Gong(일명 파룬다파法輪大法, Falun Dafa)의 추종자들은 중화인민공화국에 대항하여 국가 테러리즘 고발을 계속하고 있다. 때때로 파룬궁 참여자 이외의 개인들이 파룬궁에 대한 국가 테러리즘 작전 행사로 중국을 비난하지만,[4] 이러한 비난을 하는 대부분의 목소리는 개인 수련가이거나,[5] 국제 파룬궁 박해 조사기구World Organization to Investigate the Persecution of Falun Gong와 같이 수련가들이 창설한 집단이다.[6] 그래서 예를 들어, 2001년 10월 파룬궁 후원 포럼에서 발표된 글「중국의 국가 주도 테러리즘: 파룬궁의 박해China's State-Run Terrorism: The Persecution of Falun Gong」에서 수련가이자 펜실베이니아 대학교 정보·컴퓨터 과학 교수인 쉬위저우Shiyu Zhou는 다음과 같이 언급했다.

오늘날 '사회 안정'이라는 레토릭 아래 중국 공산당 정부는 파룬궁을 실천하는 사람들, 그들의 가족과 관계된 사람들을 포함하여 수천만 명의 자국민들을 공포에 떨게 하고 있다. 정부는 폭력, 선전, 세뇌 그리고 돈과 재산의 갈취를 통하여 그들을 두려움에 떨게 한다. 이것들은 2001년 8월 유엔 국제교육개발기구의 성명이 말하는 바와 같이 "국가 테러리즘에 기대는 정부"의 특징이다.[7]

불과 한 달 전에 있었던 9·11 공격에 대한 언급과의 유사성을 고려해 볼 때, 테러리즘에 대한 쉬위저우의 레토릭은 그의 말을 듣는 사람들의 마음에서 중국과 알카에다를 연관 짓기 위해 의도되었다는 것이 명백하다.

표면적으로, 중국 정부와의 갈등에 대한 파룬궁의 견해, 곧 중국 밖에서 출판된 많은 이야기에서 공명되고 있는 견해를 진지하게 받아들이면, 이러한 비난은 충분히 타당해 보인다. 그러나 대부분의 비전문가들은 파룬궁을 중국 당국에게 부당하게 박해받은 평화로운 영적 수련 집단으로 생각하지만, 파룬궁은 중국 밖에서 그러한 시각에 도전하는 이들을 강제로 침묵하게 만든 잘 알려지지 않은 역사가 있다. 게다가 중국과 파룬궁의 계속되는 갈등이, 그 수련가들이 적극적으로 박해와 순교를 추구하도록 고무하는 신비스러운 업보karma 이론에 의해 추동되었다는 것은 일부 전문가들 외에는 알려져 있지 않다. 그러나 그 운동의 이러한 숨겨진 면에 대한 분석으로 넘어가기 전에, 파룬궁과 그것의 중국과의 갈등에 대한 간략한 설명을 제시함으로써 그 배경을 제공하는 것이 유용할 것이다.

파룬궁과 중국

기공은 기독교 시대 이전부터 중국에서 전통을 갖고 있는 신체적·영적 안녕을 위한 기술들의 복합체를 일컫는 일반적인 명칭이다.[8] 때로 중국 요가라고도 불려왔다. 중국에서는 일반적으로 영적·종교적 활동들을 지금도 그렇고 과거에도 의심스럽게 여겼지만, 20세기 후반에 정부는 기공과 '전통 중국 과학'의 일부인 침술과 같은 여타의 전통적인 실천들을 적극적으로 증진하기 시작했다. 이것은 결국 1980년대와 1990년대의 이른바 기공 붐으로 이어져, 전체 수련가의 수가 1억 명 정도, 기공 조직은 수백 개를 헤아리게 되었다. 초기에 정부의 자극이 그러한 실천들을 과학적이며 의학적으로 유익한 것으로 이해하는 데 바탕이 되었지만, 그 운동의 성장은 기공의 전통적인 전승과 영적 철학에 대한 강조의 증가뿐만 아니라 문화적이고 심지어 정치적인 지도자들처럼 카리스마적인 자칭 '대가大家들'의 등장과 함께한다.

가장 크지만 결코 유일한 것은 아니었던 그러한 기공 집단이 파룬궁이었다.

창시자 리훙즈李洪志는 1992년에 자신의 고유 브랜드 기공 집단을 설립했다. 파룬궁 실천의 핵심은 여러 면에서 태극권 수련을 연상시키는 팔과 다리의 움직임을 포함하여 다섯 가지 주요 운동이다. 부분적으로는, 리 사부師父—그는 종종 그렇게 불렸다—가 무료로 수련을 가르쳤기 때문에 파룬궁 참여자들의 숫자는 빠르게 증가했다. 리훙즈는 지위가 낮은 사회적 배경을 가지고 있었다. 기공 수련에 관여하게 되기 전 그의 첫 번째 경력은 인민해방군 트럼펫 연주자였다. 그러나 리훙즈의 초기 전기傳記들은 그를 여러 명의 고상한 영적 지도자들 아래서 훈련했으며 게다가 초자연적 힘을 획득한 천재아로 채색한다.[9] 리훙즈는 중국의 정치적 분위기가 일부 기공 사부들의 한층 더 선풍적인 주장에 대해 우호적인 태도에서 비우호적인 태도로 변하는 것을 보면서 1998년에 뉴욕시로 영구 이주했고, 이후 이에 대한 비난에도 불구하고 나라 밖에서 중국 정부에 대한 파룬궁 운동의 최후 저항을 계속 지휘했다.

중국의 과학·정치 분야 지도부에는 이러한 전통적인 수련에 문을 여는 것이 결코 편하지 않았던 사람들이 있었다. 시간이 지나면서, 연구자들은 기공의 주장된 건강상 이점을 지지하는 확실한 과학적 증거를 찾는 데 실패했다. 결과적으로 많은 기공 학교들을 유사과학으로 공격하는 비판적인 목소리들이 꾸준히 더 설득력을 얻었다. 게다가 많은 기공 집단 지도자들은 잠재적으로 정부 권위에 도전할 수 있는 독립적인 권위자를 자처하는 듯 보였다. 이것은 처음에는 기공에 대한 공식적인 후원의 점진적인 철회를 낳았다. 그러나 결국에 대중의 기공 수련은 금지되었고, 일부 기공 치료원과 병원들은 강제 폐쇄되었으며, 중궁中功과 파룬궁과 같은 기공 조직들은 여론전에 의해 미신적이고 반동적인 것으로 표적이 되었다. 이 여론전의 다른 표적들과는 달리, 파룬궁은 1999년 4월 25일에 중국 최고 지도자들의 거주지인 베이징의 중난하이中南海 밖에서 1만 명의 멤버들이 참여한 시위를 포함하여 여러 시위들을 벌임으로써 응답했다. 이것은 직접적인 위협일 뿐만 아니라 1989년 톈안먼 광장 시위의 반향으로 보였다. 지도부는 임박한 시위에 대한 정보를 정보기관이 미리 제공하는 데 실패한 것에 깜짝 놀랐다.[10] 국가 최고 지도자들은 또한 그 운동의 큰 규모뿐만 아니라 적잖은 중간 레벨의 정치·군사 지도자들도 수련가였음이 조사로 밝혀졌다는 사실에도 경악했다고 한다.

파룬궁은 1999년 7월 22일, 공식적으로 불법화되었다. 정부는 "틀린 생각을 전파하고, 사람들을 속이며, 소란을 자극하고 일으키며, 사회 안정을 위태롭게 한다"라는 혐의를 제기했다.[11] 7월 29일에 중국 당국은 리 사부의 체포 영장을 발부했다. 정부는 초기에 수백 명, 나중에는 수천 명의 파룬궁 수련가들을 체포했다. 미국에 거주하는 수련가들의 청원을 받은 미국 하원과 상원은 1999년 11월 18일과 19일에 만장일치로 이 탄압에 대해 중국 정부를 비판하는 결의안을 통과시켰다. 추가적으로, 인터넷상에서 파룬궁을 지지하는 파룬궁 웹사이트들과 다른 정보의 빠른 확산이 그 갈등에 대한 국제 여론을 빠르게 형성하는 데 도움을 주었다. 그러나 수련가들은 리 사부의 독려로 그 운동에 대한 일부 핵심적인 정보 사항들, 곧 파룬궁과 그것이 중국과 벌이는 갈등에 대해 매우 다른 그림을 그리게 하는 정보 사항들을 생략했다.

파룬궁의 숨겨진 얼굴

1999년 후반에 일반적으로 구할 수 있게 된 그 집단의 초기 비디오들 가운데 하나인 〈파룬궁: 실제 이야기Falun Gong: The Real Story〉는 몇 가지 중요한 오류를 담고 있다. 우선 그 비디오는 수련가들이 정식 의사들의 진찰을 받기를 거부한다는 것을 부인한다. 그러나 이것은 정확하지 않다. 오히려 "파룬궁 공동체 내부에는 수련가들이 주류 의학을 포기하도록 하는 상당한 사회 압력이 있다".[12] 그래서 예를 들어, 개러스 피셔Gareth Fisher는 처음 파룬궁을 알게 되었을 때 병을 앓고 있던 한 여성 정보원의 이야기를 자신의 현지 조사 연구에서 번역하여 기록했다.

감기에 걸린 것처럼 눈은 빨갛게 되었어요. 여러 차례 설사병을 앓았고요. ……

파룬궁을 소개해 준 언니가 "병원에 가는 게 어떠니?"라고 물었어요. "그렇게 생각하지 않아. 내가 내 몸을 깨끗하게 하는 경험을 해야 한다고 책에 적혀 있어"라고 말했어요.[13]

그 언니는 어쨌든 그녀를 데리고 병원에 가면서 "수술을 받으러 병원에 간다"라고 그녀에게 말했다. 그녀는 거부했으며, 결국에는 스스로 나왔다. 이 이야기를 하는 그 정보원의 목적은 물론 파룬궁 수련의 치유하는 힘을 증명하는 것이었다. 그러나 그것은 또한 창시자의 책에서 말하는 무언가 때문에 의학적 치료를 거부하는 수련가의 구체적 사례를 보여준다. 불행하게도 결과가 기적적이기보다 비극적인 비슷한 사례들이 명백하게 많다. 게다가 파룬궁은 "파룬궁 수련 이후에 아프거나 죽게 된 사람들은 파룬궁을 올바르지 않게 수련했기 때문에 자신을 탓해야 한다"라고 주장하면서, 그러한 실패들에서 거리를 둔다.[14]

〈파룬궁: 실제 이야기〉를 보기 시작하고 3, 4분이 지나면, 비디오는 심지어 파룬궁에 지도자가 있다는 것을 부인한다. 하지만 그들은 암묵적으로 그 운동의 창시자 리훙즈의 더 전면적인 영적 지도력을 인정한다. 지도자가 없다는 주장은 그 집단이 비전통적인 조직 구조로 되어 있다는 사실에 근거하는 것으로 보인다. (리훙즈는 추종자들에게 "파룬궁은 조직이 없으며, 위대한 도道의 무형의 본질을 따른다"라고 외부인들에게 말하라고 가르친다.[15]) 그러나 파룬궁 조직은 그럼에도 불구하고 모든 수준에서 지도자로 기능하는 사람들이 있다.[16]

창시자가 결코 일상적으로 그 운동을 통제하지 않았다는 주장과 반대로, 리 사부는 탄압 이전에 중국에서 대규모 시위를 위해 수천 명의 수련가들을, 겉보기에는 하룻밤 사이에 동원할 수 있었다.

수련 장소 감독관들의 네트워크는 미디어와 정부 관공서들을 향한 공개 행위들을 통해 어떠한 비판에도 반발할 수 있도록 수련가들을 동원하기 위해 작동되었다. 움직이는 신체의 공개적 표현에 기반한 저항은 장관이었다. 수천 명의 훈

런밭은 숙련자들이 "사실을 명확히 하고" 사과와 수정, 그리고 문제가 되는 신문들의 수거를 요구하면서 전략상 중요한 시간과 장소에 나타났다. 모든 사회 계층, 전국에서 온 수백만 명의 잠재적 전투원들의 네트워크가 공공 광장에서 힘을 드러내는 데 주저하지 않고 미디어와 맞서는 그러한 일은 공산주의 중국에서 결코 볼 수 없었던 것이다.[17]

그 비디오에서 잘못 표현된 적어도 한 가지 다른 주제는 리 사부의 묵시론이다. 〈파룬궁: 실제 이야기〉 후반부(약 25분)에는 어떠한 묵시적인 것도 가르친 바가 없다는 리훙즈의 주장을 누군가 통역하는 장면이 나온다. 그러나 리 사부의 "태연하게 묵시적인" 선언들을 고려하면,[18] 이것 또한 명백하게 잘못되었다. 이런 식으로, 예를 들어 그는 다음과 같이 선언한다.

현재 우주는 중대한 변화를 겪고 있다. 이 변화가 일어날 때마다 우주의 모든 생명은 소멸 상태에 있는 자신을 발견한다. …… 우주에 존재했던 모든 형질과 물질은 폭발하며, 대부분은 멸절된다.[19]

(파룬궁이 중국에서 금지되기 훨씬 전) 미국에서의 초기 강연에서 리 사부는 (1) 이 재앙의 궁극적인 원인은 부도덕이라고 주장했으며, 그러고 나서 길게 (2) 다음과 같은 구체적인 것들을 포함하는 현재의 부도덕한 시대를 묘사했다.

인간 사회의 변화는 상당히 무섭다! 사람들은 마약 중독과 마약 거래와 같은 악한 일들을 하는 데 서슴지 않는다. 많은 사람이 많은 나쁜 행위를 하고 있다. 조직범죄, 동성애, 난교 등과 같은 것들. 어떠한 것도 인간 됨의 표준이 아니다.[20]

물론 이것은 인간성이 타락하여 우리가 새로운 종말을 경험하기 직전에 있다는 것을 의미한다. 그리고 이 묵시 신앙은 탄압이 있기 수년 전 거의 처음부터 그의 가르침의 한 부분이었다. 한때 파룬궁에 호의적이던 많은 사람들은 나중에 동성애, 페미니즘,[21] 록 음악 그리고 '인종 혼합'[22]을 적대하는 리 사부의 공언들에 비판가들이 주의를 환기시키기 시작한 이후 그 집단을 멀리하게 되었다. 일부 전前 찬미자들은, 인간들을 잡아 자기 별로 데려가 애완동물로 삼고[23] 그들의 잘못되고 비도덕적인 과학 종교를 통해 우리 지구를 탈취하려고 계획하고 있는 형체가 변하는 우주 외계인들[24]에 대한 이상한 음모 이론―파룬궁이 유사과학이라는 비난에 대한 리훙즈의 분노에서 나온 것으로 보이는 아이디어―을 알게 된 후 반대자가 되었다. 샌프란시스코 의원들은 동성애와 인종에 대한 그의 공언에 대해 알게 된 후 노벨 평화상 후보로 지명한 것을 철회했다.[25]

이 장의 목적을 직접적으로 거론하는 리훙즈의 가르침의 측면은 그의 추종자들이 완전한 순교는 아닐지라도 박해당하기를 추구하도록 고무한 것이다.

> 파룬궁 숙련자들은 박해를 두려워하지 않으며, 그들의 도발적인 행위로 볼 때 의도적으로 박해를 추구하는 것으로 보인다. 박해는 그들의 교리를 입증해 주며 그들을 리훙즈가 약속한 구원에 더 가까이 가게 한다.[26]

파룬궁의 개종 유형에 대한 연구에서 수전 파머Susan Palmer―중국학자 데이비드 파머David Palmer와 혼동하지 말 것―는 파룬궁 참여가 결국에는 "중국 정부의 파룬궁 수련가 박해에 맞서서 공개적인 시위에 참여하도록 요구한다"[27]라고 지적한다. 억압에 맞서는 저항은 신싱xinxing, 心性, 곧 영적 에너지를 드높인다. 이 에너지의 작동에 대한 이론은 카르마에 대한 유사물리학적 해석에 근거한다. 리훙즈는 다른 영적 체계들이 '선업善業, good karma'이라고 칭하는 것이 '더de, 德'로 일컬어지는 백색 물질이며, 다른 한편으로 '악업惡業, bad karma'은 그가 카르마라고 부르는 흑색 물질이라고 가르친다. 경찰과 다른 억압자들에 대해서 이것이 작용하는 방식은 일종의 영적 흡혈주의vampirism이다.

> 리훙즈에 따르면, 덕 또는 공로(더de, 德)는 우리가 선한 행위를 하거나 타인에 의해 희생될 때마다 우리 신체로 들어오는 백색 물질의 형태이다. 다른 한편, 악

업은 우리가 악한 일을 저지를 때 우리 안으로 침투하는 흑색 물질의 종류이다. 그래서 누군가 당신을 모욕하면, 공격자의 백색 물질이 그의 신체에서 나와 당신의 신체로 이동할 것이다. 그러므로 당신은 수치를 당한 것처럼 보이지만, 진짜 패배자는 공격자이다. 왜냐하면 그는 당신의 흑색 물질을 가져가고, 당신에게 자신의 백색 물질을 주었기 때문이다.[28]

카르마 과정에 대한 이러한 비전秘傳적 견해는 수련가들이 억압받기를 적극적으로 추구하도록 동기를 부여한다. 보이지 않는 영적 수준에서 실제로 일어나는 일은 수련가들이 경찰들을 공격하는 것이며, 그 반대가 아니다. 이것이 파룬궁의 '인내'의 숨은 의미이다. 인내하면서 죽는 추종자들에 대해, 리훙즈는 "대의를 위해 자신을 희생하는 사람들은 즉각적인 '수양' 또는 깨우침, 곧 모든 신자의 투쟁이 지향하는 목표를 달성할 것으로 기대된다"[29]라고 확언한다. (지금은 존재하지 않는) 파룬궁 웹사이트에 있던 1인칭 시점의 이야기는 이러한 적극적인 순교의 수용에 대한 구체적인 이해를 제공한다.

문 밖으로 나갔을 때, 내 앞에 펼쳐진 장면에 충격을 받았어요. 뜰은 경찰에 의해서 묶인 채 땅바닥에 있는 죄수들로 가득 차 있었어요. 이름과 죄목이 적혀 있는 백판이 그들의 가슴에 걸려 있었어요. 그 순간 저는 올바른 생각을 했어요. "두려워하지 말아야 돼. 무슨 일이 일어나든 내 신싱을 향상시키는 데 도움이 될 거야." 그것은 또한 그 시절에 십자가에 못 박힌 예수를 생각나게 했어요. 다파大法를 위해 나 자신을 희생할 수 있는 것은 내 기쁨일 거예요.[30]

감옥에 갇혀 있는 동안 이 수련가에게는 파룬궁을 포기한다는 진술서에 서명할 기회가 주어졌다. 그렇게 했다면 그녀는 즉시 풀려났을 것이다. 그녀는 거부했으나, 그럼에도 불구하고 한 달 후에 조건 없이 석방되었다. 그녀는 후에 그 석방을 수련의 힘 덕으로 돌렸다. 그러나 이것은 투옥되었거나 강제노역장으로 보내진 다른 많은 수련가의 운명은 아니었다.

이미 언급한 대로, 1998년에 정부가 그 운동을 금지하기 직전에 리훙즈와 그의 가족은 중국을 탈출해서 미국에 영구히 자리를 잡았다. 그리고 나서 안전한 새 거처에서 리 사부는 중국에 남겨진 추종자들이 중국 정부에 맞서서, 설사 그것이 대의를 위한 죽음을 의미할지라도, 지속적으로 시위를 하도록 독려했다. 탄압이 시작되고 몇 년 후 수전 파머도 참가했던 몬트리올에서의 대규모 집회에서 리훙즈는,

"스스로 위엄 있는 지위에 오른" 그리고 아마도 사후의 깨달음, 곧 순교의 왕관을 얻은 톈안먼의 순교자들을 축하했다. "꾸준히 다파 수양을 하기 위해 감옥에 갇히거나 목숨을 잃는 이들은 완성을 이루는 것이다."[31]

파머는 이 시위들 이면에 있는 카르마와 순교의 철학에 대해 논의하면서, "서구의 정치가, 언론가, 인권 그룹들은 수련가 자신들을 위한 사회 정의의 문제로 반응하지만, 그들의 시민 불복종에 기름을 부은 것은 영적이고 묵시적인 기대들이다"[32]라고 올바르게 언급한다.

다른 말로 해서, 궁극적으로 정부의 탄압을 촉발한 것은 바로 수련가들이 박해자들에 맞서도록 한 리 사부의 독려였다. 리훙즈는 파룬궁이 부정확하게 평가되도록 묘사한 미디어뿐만 아니라, 중난하이 시위의 경우처럼 정부 당국에도 맞서도록 추종자들을 독려했다. 이 시위는 리훙즈의 직접 지시 아래 착수되었을 공산이 크다.[33] 그는 당연히 추종자들이 비밀리에 수련을 계속하도록, 그리고 필요하다면 자신들이 수련가임을 부인하도록 지시할 수도 있었다. 그 대신에 그는 비판에 대한 이러한 조심스러운 접근을 억누른다. "또한 집에 숨어서 다른 사람들에게 발견될까 두려워하며 수련하는 많은 새로운 수련가들이 있다. 그냥 생각해 보라. 그것은 어떤 유형의 마음인가?"[34] 공개적으로 수련을 계속하라는 이 책망은 중국 정부에 대한 압력을 지속하기 위해 자신의 추종자들을 사용하려는 리훙즈의 더 큰 전략의 일부였던 것으로 보인다. 이 전략은 탄압이 시작된 직후 정부에 대항하여 "수백만 명의 추종자들이 봉기할

수 있도록 암시하는" 리훙즈의 위협적인 성명 발표에 함축되어 있었다.[35]

게다가 당국은 개인들을 진압하는 것을 즉시 멈출 용의가 있었고, (앞서 언급한 대로) 진술서에 서명만 하면 풀어주려고 했다. 다른 말로 해서, 학대와 투옥 그리고 강제노역소에 보내지는 것은 대개 피할 수 있었다. 그러나 그동안에, 저항하고 순교를 받아들이도록 추종자들을 독려하는 지도자는 위험에서 멀리 벗어나 있었다. 데이비드 오운비David Ownby의 말에 따르면, "리훙즈는 심지어 저항을 위해 큰 밑천을 걸어야 하는 중국에서 유죄 판결을 받을 용기가 부족한 수련가들을 경멸하며, 자신은 하지 않은 희생을 추종자들이 하도록 요구한 것으로 보인다".[36]

종교의 자유를 옹호하는 데 초점을 두는 대신에, 수련가들은 주로 '인간성'을 결여한 '악한 존재'라고 배웠던 관리들의 손에 희생당했다는 메시지를 전파함으로써 그들의 '신싱'을 키우는 데 초점을 두고 있으며 또한 그래 왔다.[37] 이미 2000년 12월에,

> 리훙즈는 파룬궁 웹사이트에 "이 시험이 끝날 때, 모든 악한 사람은 신들의 손에 말살될 것이다. 그 시험을 통과할 다파의 제자들은 완성을 통하여 떠날 것이다. 뒤에 남겨질 사람들은 끔찍한 고통으로 대가를 치름으로써 죄를 씻어야 할 것이다"라는 메시지를 포스팅했다.[38]

파룬궁의 미디어 캠페인

앞 절에서 논의한 파룬궁의 덜 유쾌한 측면은 작은 전문가 집단 밖에서는 사실상 알려져 있지 않다. 파룬궁과 중국 사이의 갈등에 대한 인식에 영향을 끼치며 작동하는 주요 배경 요소는 서구 사회들에서 발견되는 중국 정부에 대한 일반화된 부정적인 고정관념, 곧 서구인들이 사건들에 대해 중국의 견해보다는 파룬궁의 견해를 받아들이게 만드는 고정관념이다. 게다가 파룬궁은 자

기 입장의 이야기를 널리 알리는 데 상당히 효과적인 방식을 사용했다. 이미 인터넷상에서 대단한 존재감을 보여왔던 수련가들은 관련된 사건들이 다루어질 때마다 파룬궁의 시각을 선전하는 ≪더 이포크 타임스The Epoch Times≫ (www.theepochtimes.com)와 뉴 탕 다이너스티 티비New Tang Dynasty TV(www.ntd.tv)와 같은 세련된 언론 매체들을 만들어왔다.

　　서구 미디어는 라클린Rachlin 미디어 그룹의 보도자료로부터 파룬궁에 대한 대부분의 국제적 정보를 얻는다. 우리가 알지 못했던 것은 리훙즈의 가장 열렬한 제자 가운데 한 명이자 파룬다파 정보센터의 대변인인 게일 라클린Gail Rachlin이 운영하는 이 그룹이 근본적으로 파룬궁을 위한 홍보 회사라는 것이다.[39]

　　게다가 파룬궁은 비판가들을 침묵시키기 위해 적극적으로 작업해 왔다. 2001년에 비판적 목소리를 억누르기 위해 노력한 사례를 살펴보자. 캐나다의 ≪라 프레스 시느와La Presse Chinoise(Chinese Press)≫[40]는 이전의 한 수련가의 증언을 토대로 비판적 기사를 실었다. 이 기사로 인해 이 신문은 명예훼손으로 고소당했다. 4년 후 퀘벡의 대법원은 원고에 반대되는 결정을 내렸다. 그 판결에는 "파룬궁은 비판을 용납하지 않는 논란 많은 운동이다"라는 내용이 언급되었다. 비슷하게, 오스트레일리아의 ≪차이니스 데일리Chinese Daily≫에 실렸던 비난성 언급에 대한 대응으로, 파룬궁은 2004년에 명예훼손으로 소송을 제기했다. 2년 후 뉴사우스웨일스 대법원은 ≪차이니스 데일리≫에 유리한 판결을 내렸다.[41]

　　다른 많은 소송이 있었으나, 수련가들은 대부분의 경우 다른 전술에 의존하며 다만 전반적인 전략의 일부로서 흔히 소송을 암묵적 위협으로 사용할 뿐이다. 그래서 예를 들어, 2005년 "중국 정부, 뉘우친 파룬궁 추종자를 자랑하다"[42]라는 제목의 AP 기사에 대한 대응으로, 수련가들은 AP 본부에서 항의 집회를 벌였으며, 그 보도를 철회하도록 요구했다. 그리고 2008년의 사례를 하나 더 언급하자면, ≪뉴욕타임스The New York Times≫는 중국의 문화적 이벤트로 홍보

되었지만 실제로는 중국에 대한 파룬궁의 아주 정치화된 공격이었던 한 프로그램을 비판한, "일부에게는 보기 힘든 중국 문화 일별 一瞥"43이라는 제목의 기사를 게재했다. 파룬궁 운동 웹사이트들은 그 신문과 그 기사를 쓴 저자 모두를 공격하는 수십 개의 기사로 대응했다.

서구 미디어에 대한 이러한 공격들의 한 배경으로서, 파룬궁이 금지당하기 전에 중국에서 뉴스 미디어를 매우 성공적으로 위협해 왔다는 사실을 깨달아야 한다.

리훙즈는 파fa, 法(그의 가르침의 대요를 이루는 법 또는 원칙)가 공격당할 때마다 멤버들이 파를 수호해야 한다고 가르쳤다. 수련가들은 1998년 4월과 1999년 중반 사이에 300건이 넘는 시위를 일으키고 기자들의 해고를 강요하고 공개 사과를 받으면서 어떠한 부정적 미디어 보도에도 가차 없이 항의했다.44

초기의 시위들은 성공적이었는데, 왜냐하면 중국에서 "미디어는 사회 안정을 촉진하는 한 자유로우며 …… 그래서 파룬궁이 사회 안정을 위태롭게 했을 때 미디어 관리자들은 그들의 요구에 재빨리 굴복했기 때문이다".45

구체적인 사례를 들자면, 1998년 5월 24일 베이징 방송국은 파룬궁에 대한 대체로 긍정적인 정보와 함께,

또한 그 집단을 위험하고 비과학적인 실천과 이념을 선전하는 '사악한 종교 집단 evil cult'이라고 불렀던, 물리학자이자 마르크스주의자인 허쭤슈He Zuoxiu를 인터뷰한 내용을 방송했다. 파룬궁은 그 공격에 격렬하게 대응했다. 5일 후 1000명의 수련가들이, 감독이 사과하고, 파룬궁에 대해 우호적인 또 하나의 보도를 방송하고, 허쭤슈를 인터뷰한 저널리스트 리보Li Bo를 해고할 때까지 텔레비전 스튜디오 앞에서 시위했다.46

데이비드 파머가 자신의 책 『기공 열기Qigong Fever』의 "파룬궁의 호전성"이

라는 절에서 명확히 하듯이,[47] 파룬궁은 탄압 이전에 중국에서 비판을 잠재우는 방법으로 반복적인 대규모 시위 전략을 강력하게 추구했다. (중국에서 파룬궁이 왜 금지되었는지 알고 싶다면 파머의 책 후반부는 필독 자료이다.)

또한 파룬궁의 억압을 위한 무대를 마련한 사건들 가운데 하나는 중국의 학술 잡지 《청소년을 위한 과학 리뷰Science Review for Youth》[48]에 실린 한 기사였다. 중난하이 시위로 이어진 중요한 단계는,

> 리훙즈의 가르침을 미신적이고 건강상 유해한 것으로 묘사한, 잘 알려져 있지 않은 학술 잡지의 파룬궁 비판이었다. 그 기사는 잊힐 수도 있는 것이었지만, 6000명의 파룬궁 시위대는 철회를 요구하며 그 대학을 3일 동안 점령했다. 편집자들은 학술지는 철회하는 글을 싣지 않는다고 대답하면서 거부했다. 경찰은 45명을 체포하면서 그 시위를 해산시켰다.[49]

결국에 탄압을 촉발한 (앞서 배경을 요약하며 언급한) 중심적인 시위 사건이 이어서 이 경찰 행동에 대한 대응으로 베이징에서 벌어졌다. 의도에 정반대되는 결과를 낳은 중난하이 사건의 최악의 실패에도 불구하고, 리훙즈는 마치 다른 결과를 기대했다는 듯이 추종자들이 동일한 파괴적 행위를 계속 반복하도록 다그쳤다. 중국 전역과 해외의 수련가들은 탄압에 저항하여 단지 체포되고 투옥되기 위해 베이징으로 오도록 부추겨졌다. 이미 살펴본 바와 같이, 리 사부는 그의 실패한 전략의 결과에 실망하기보다는, 감옥에 갇히든 강제노역소에 보내지든, 또는 경찰의 손에 죽임을 당하든 상관없이 파룬궁 순교자들을 치하했다. 당시 그는 비밀리에 기법을 수련하는 추종자들을 비난했다(이 성명은 그 집단이 금지된 지 고작 2년 후인 2001년에 이루어졌다). 게다가 리훙즈는 운동의 초점을 개인적인 수련에서 강화된 정치 개입으로 이동시키는 새로운 지침을 내렸다. 2001년 캐나다에서의 리훙즈의 공개 발언을 기록한 수전 파머의 말에 따르면,

첫째, 그는 '수양'의 목적은 더 이상 개인적인 '향상'이나 심지어 ('완성'으로 일컬어지는) 영적 깨달음이 아니라고 말했다. 둘째, 그는 제자들에게 그들은 (파, 곧 보편적인 법이 거대한 우주적 투쟁에서 악의 힘을 이겨 승리하는) 정파正法, fa-rec-tification의 시대를 살고 있다고 상기시켰다. 셋째, 그는 "우리 다파 제자들은 …… 파를 지키고 …… 악을 드러내는 …… 위대한 역사적 사명을 위임받았다"라고 말하면서, 모든 제자에게 적절한 행위는 [전前 주석] 장쩌민江澤民의 파룬궁 박해에 맞서서 집단적이고 적극적인 시위 행동에 참여하는 것이라고 주장했다.[50]

이러한 돈키호테식 출격 명령을 어떻게 이해해야 하는가?

밖에서 볼 때는 비현실적으로 보일 수 있지만, 적어도 탄압이 시작된 후 처음 몇 년 동안에 리 사부는 파룬궁이 다시 한번 중국 본토에서 합법적인 운동으로 받아들여질 수 있도록 중화인민공화국에 영향을 미치는 것이 아직 가능하다고 믿었던 것으로 보인다. 이미 살펴본 바와 같이 중국에서 리훙즈는 운동이 금지되기 직전 몇 년 동안 그들에 대한 기사를 비판적인 것에서 긍정적인 것으로 바꾸기 위해 언론 매체들에 영향력을 행사할 수 있었다. 그러한 과거의 성공이 그로 하여금 그가 이번에는 국가적 차원에서 다시 한번 같은 방향 전환을 해낼 수 있다고 믿게 했다. 그러나 중국 정부에 직접적으로 압력을 행사하기보다는, 세계 여론에 영향을 미쳐서 결국 중국이 정책을 바꾸어 파룬궁을 포용하도록 압력을 넣는 것이 목적이었다. 이는 마치 리훙즈가 도덕적 공황 이론moral panic theory의 기본 원칙들에 대한 직관적 이해를 가지고 있어서, 중국 당국의 마음을 바꾸려는 순진한 시도에 그 원칙들을 적용하기로 결정한 것처럼 보였다.

도덕적 공황 이론의 원래 버전은 채스 크리처Chas Critcher의 도덕 공황 이론 선집 서문에 자세하게 묘사되어 있다.[51]

도덕적 공황은, 갑자기 등장해서 강력한 제도들 사이에서 경악하게 하고 예외적인 해결책을 요구하는 것으로 보이는 사회 문제들의 공통된 특징들을 명시하는 개념이다. 코헨Cohen의 엄청나게 영향력 있는 견해(1972년에 출판된 『민중 악마와 도덕적 공황Folk Devils and Moral Panics』)는 위협이 등장하면서 도덕적 공황을 겪고, 대중매체가 이를 묘사하여 전파하고, 도덕주의자들이 포착하고, 전문가들이 분석하고, 결국에는 특별한 대책들의 채택을 통해 위협이 해결되는 과정에 집중한다.[52]

도덕적 공황 관념에 핵심적인 다른 개념들은 위협으로서 묘사되는 사람이나 집단을 가리키는 '민중 악마folk devils'와 인지된 위협에 맞서 투쟁하는 개혁 운동가들인 도덕 기업가들moral entrepreneurs이다.[53] 논의 중인 사례에서 민중 악마는 (수련가들이 두꺼비 괴물로 그렸던 장쩌민과 같은[54]) 중화인민공화국 지도자들의 모습으로 쉽게 표현될 수 있다. 이 관념에 대한 코헨의 표현을 따르면, 뉴스 미디어가 "일탈, 곧 충격적인 범죄, 스캔들, 특이한 사건 그리고 이상한 일들에 많은 지면을 할애하는"[55] 경향이 커지면서 도덕적 기업가는 주로 저널리스트들이 맡게 되었다.

파룬궁과 중화인민공화국 사이의 최초 대립은 그 자체로 주요한 언론의 관심을 끌기에 충분할 정도로 뉴스 가치가 있었다. 그러나 대중의 관심은 결국에 시들해졌다. 그 뒤에 리훙즈의 재촉으로 중국 밖의 수련가들은 전 세계의 뉴스 통신사들이 중국 내 운동 탄압을 다루도록 독려하는 일을 자청하는 도덕적 기업가로서 활약했다. 추종자들의 새 웹사이트 제작과 함께 '인권' 침해에 반대하는 데 초점을 둔 수련가들의 자체적인 뉴스 매체 설립과 같은 활동들이 시작되었다.

2001년에 이 운동의 창발적인 특질들에 대한 분석에서 수전 파머는 파룬궁을, "대중적인exoteric 운동(국제 활동 무대에서 표현되는, 합리적이고 존경할 만한 인권의 추구)과 비전祕傳의esoteric 운동(묵시론적 이데올로기와 순교의 윤리)이"[56] 결합된 두 겹의 운동으로 발전해 온 것으로 묘사한다. 게다가 리 사부는 추종자들이 새로운 학생들과 나아가 운동 밖의 사람들에게 "자신의 신싱을 향상시키는 방법 그리고 치유되고 건강을 유지하는 방법과 같은 표면적인 것에 대해서만 말

하고, 너무 높은 수준의" 가르침에 대해서는 말하지 않도록 지시했다.[57]

리훙즈의 가르침을 비밀로 유지하고 묵시론적 종교를 건강 수련 제도인 것처럼 속인 필연적인 결과는 파룬궁이 중국에서 왜 불법인지를 수련가들이 설명할 수 없게 되었다는 것이다. 리훙즈의 초월적인 주장들과 다른 비정상적인 가르침들이 공공 안전에 대한 위협으로 여겨졌고, 대규모 시위자들을 동원할 수 있는 그의 능력이 정치적 위협이었기 때문에 파룬궁이 금지되었다고 말할 수 없는 그들은 기자들에게 금지로 인해 그들이 "신비화되었다"라고 말한다. 한 수련가는 솔직하지 못하게 "진선인眞·善·忍(진실·선량·인내)을 불법으로 만드는 것은 가능하지 않았다"라고 외친다.[58]

파룬궁을 평화적인 영적 수양 집단으로 나타내는 데 더하여, 리 사부가 부추긴 다른 갈래의 미디어 캠페인은 수련가들이 경찰에게 잔인하게 당하는 광경을 알리는 것이었다. 앞에서 분명히 밝힌 바와 같이, 카르마에 대한 리훙즈의 가르침은 실제로 추종자들이 이런 종류의 억압을 추구하도록 부추긴다.[59]

그래서 수련가들은 그러한 행위들에서 영적으로 유익을 얻고 있다고 느끼는 한편, 그 잔인한 탄압의 스펙터클은 국제적 분노를 일으키고자 하는 리훙즈의 전략으로 보이는 것을 촉진한다. 게다가 일부 수련가들이 그에 따라 순교 행위 가운데 죽으면, 이 개인들의 '완성'을 위해서도, 글로벌 미디어 각축장에서의 소비를 훨씬 더 촉진하는 스펙터클을 만들어내는 데도 더욱더 좋은 일이 된다.

결론

넓은 구조적 관점에서, 우리가 파룬궁의 '순교 작전'이라고 이름 붙일 수 있는 것과 이슬람주의자의 순교 작전 사이의 유사성은 상당히 가까운 것으로 판명된다. 자살 폭탄 테러의 목적은 사상자들의 실제 고통이라기보다는 강력한 성명을 개진하고 청중들에게 공포를 불러일으키기 위해 기획된 스펙터클이다.[60] 급진적인 이슬람 집단의 지도자의 관점에서, 순교 작전은 무엇보다도 정치적인 군사 전술이다. 그래서 예를 들어, 총선거 3일 전에 일어났던 2004년 마드리드 열차 폭탄 테러는 스페인의 정권 교체와 이라크 점령 연합군에서의 탈퇴에 기여했다.[61] 비교해 보면, 리훙즈의 캠페인은 그의 운동에 더 우호적인 정치적 분위기로 이어지는 중국에서의 상황 변화를 목표로 한다.

물론 표면적 수준에서 희생자들은 상당히 다르다. 자살 폭탄 테러에서 전술적 목적은 적을 죽이는 것이지만, 더 중요하게는 "불신자들의 마음에 두려움을 박아 넣는 것이다". 자신을 폭파시키는 폭탄 테러범의 극적인 죽음은 "무자헤딘은 삶보다는 죽음을 사랑한다"[62]라는 것을 적에게 보여주는 공포스러운 스펙터클의 일부이다. 반대로 경찰에게 잔인하게 탄압받고 잠재적으로 죽임당하도록 자신을 설정하는 파룬궁 수련가는 스스로를 명백하게 무고한 희생자로 제시하는데, 외부 관찰자에게는 이것 역시 공포를 주는 것이다. 그러나 우리는 항상, 보이지 않는 영적 수준에서, 수련가들이 스스로 해를 창조하고 있다고 믿는다는 것을 염두에 두어야 한다. 그들의 영적인 '폭탄'은 경찰로부터 백색 물질(더)을 소진시키고, 수련가들의 흑색 물질(카르마)은 비유적으로 말해서 경찰을 향해 '폭발시킨다'. 그래서 비전의 수준에서, (수련가 자신들의 관점에서) 실제로 일어나고 있는 일은 파룬궁 구성원들이 경찰을 공격하고 있는 것이며 그 반대가 아니다. 게다가 개인적·영적 수준에서, 승리하고 있는 것은 바로 이 동일한 수련가–순교자들이며, 반면 경찰들은 패배하고 있다.

마지막으로 비교할 한 가지는 폭탄 테러범과 수련가 모두 부분적으로 사후 보상을 약속받음으로써 각각 급진적인 행위를 수행하도록 독려되고 있다는 것이다. 이슬람 전통에서, 자신의 종교를 위해 싸우는 순교자로서 죽는 이는 다른 잘못이 있더라도 선한 무슬림으로 곧바로 천국으로 간다.[63] 그리고 이미 살펴본 바대로, 파룬궁에서 수련가의 보상은 그 운동의 깨달음에 해당하는 '완성'이다. 두 경우 모두, 사후 신적인 보상의 확신이 대의를 위해 자신의 목숨을 바치는 동기의 일부를 제공하는 것으로 보인다.

1 미국 국무부 웹페이지의 "Diplomacy in Action"이라는 제목 아래 있는 "용어 사전(Glossary)" 에서. 이 정의는 테러리즘 사건들에 대한 통계를 수집하기 위해 국무부에 지시된 한 법안(22 USCS 2656)에서 가져왔다. www.state.gov/j/info/c16718.htm(검색일: 2016.4.21).

2 Richard Jackson, Eamon Murphy and Scott Poynting(eds.), *Contemporary State Terrorism: Theory and Practice*(Milton Park, Abingdon, Oxon: Routledge, 2010), p.xi.

3 예를 들어, Richard Jackson, "Knowledge, Power and Politics in the Study of Political Terrorism," in Richard Jackson, Eamon Murphy and Scott Poynting(eds.), *Contemporary State Terrorism: Theory and Practice*(Milton Park, Abingdon, Oxon: Routledge, 2010), pp.66~83; Jacob L. Stump and Priya Dixit, *Critical Terrorism Studies: An Introduction to Research Methods*(Milton Park, Abingdon, Oxon: Routledge, 2013), pp.119~140.

4 예를 들어, 인권 변호사 캐런 파커(Karen Parker)는 유엔 청문회에서 중국을 "파룬궁을 다루는 데 있어서 …… 자국민을 상대로 하는 정부 테러 형태의 국가 테러리즘"으로 비난했다. http://sgforums.com/forums/2707/topics/267391(검색일: 2016.4.21).

5 예를 들어, Chin-Yunn Yang, "The Perfect Example of Political Propaganda: The Chinese Government's Persecution against Falun Gong," http://www.globalmediajournal.com/open-access/the-perfect-example-of-political-propaganda-the-chinese-governments-persecution-against-falun-gong.pdf(검색일: 2016.4.21).

6 예를 들어, "WOIPFG Statement Regarding the Terrorist Act of Shooting Falun Gong Practitioners in South Africa," www.upholdjustice.org/node/105(검색일: 2016.4.21).

7 Shiyu Zhou, "The '610 Office': The Primary Mechanism in Jiang Zemin's State Terrorism Against Falun Gong," http://en.minghui.org/html/articles/2001/10/14/14689.html(검색일: 2016.4.21).

8 현재 영어로 파룬궁을 다룬 훌륭한 학술 서적들이 많이 있다. David A. Palmer, *Qigong Fever: Body, Science, and Utopia in China*(New York: Columbia University Press, 2007)는 1999년 강력한 탄압이 시행되기 이전 중국에서의 기공 '붐'과 초기 파룬궁 운동을 이해하는 데 필수적인 책이다. David Ownby, *Falun Gong and the Future of China*(New York: Oxford University Press, 2008)는 훌륭한 일반 소개서이다. Benjamin Penny, *The Religion of Falun Gong*(Chicago: University of Chicago Press, 2012)은 파룬궁을 종교로 분석하는 데 있어 특히 뛰어나다. 마지막으로, James W. Tong, *Revenge of the Forbidden City: The Suppression of the Falungong in China, 1999~2005*(New York: Oxford University Press, 2009)는 중국 본토의 파룬궁 운동 억압에 대한 상세한 연구를 담고 있다.

9 Benjamin Penny, "The Life and Times of Li Hongzhi: 'Falun Gong' and Religious Biography," *The China Quarterly*, 175(2003), pp.643~661.

10 Tong, *Revenge of the Hidden City*, p.6.

11 Kam Wong, "Policing of Social Dissents in China: The Case of Falun Gong," paper presented at the annual meeting of the Law and Society Association, Renaissance Hotel, Chicago, Illinois, May 27, 2004에서 인용. (Abstract). http://citation.allacademic.com/meta/p_mla_apa_research_citation/1/1/7/3/5/p117354_index.html(검색일: 2016.4.22).

12 Susan J. Palmer, "Healing to Protest: Conversion Patterns Among the Practitioners of Falun Gong," *Nova Religio: The Journal of Alternative and Emergent Religions*, 6(2)

(2003), p.353.

13 Gareth Fisher, "Resistance and Salvation in Falun Gong: The Promise and Peril of Forbearance," *Nova Religio: The Journal of Alternative and Emergent Religions*, 6(2)(2003), p.299.

14 Palmer, *Qigong Fever*, p.254.

15 같은 책, p.264.

16 Yuezhi Zhao, "Falun Gong, Identity, and the Struggle over Meaning Inside and Outside China," in Nick Couldry and James Curran(eds.), *Contesting Media Power: Alternative Media in a Networked World*(Lanham, MD: Rowman & Littlefield Publishers, 2003), p.216.

17 Palmer, *Qigong Fever*, p.252. 파룬궁 조직에서 권위에 반대할 수 없음을 보여주는 사례로 서, 리훙즈는 "(파룬궁 지역 지도자 중 한 명인) 베이징 파룬궁 종합 훈련장의 주요 참모를 시위에 참여하는 대신 집에 머물렀다는 이유로 즉각 해고해 버렸다". 같은 책, p.254.

18 Palmer, "Healing to Protest," p.349.

19 Palmer, *Qigong Fever*, p.226에서 인용.

20 Li Hongzhi, "Lecture in Sydney," 1996, www.falundafa.org/book/eng/lectures/1996L.html (검색일: 2016.6.4). 리 사부는 동성애에 대한 가장 강한 경멸의 표현을 쌓아두고 있었다. 그래서 예를 들어, 『전법륜(Zhuan Falun)』 2권에서 그는 "우리 시대의 비합리성은 역겨운 동성애라는 더러운 심리적 비정상성에 반영되어 있다"라고 단언한다. Penny, *The Religion of Falun Gong*, p.102에서 인용.

21 David A. Palmer, "Falun Gong: Between Sectarianism and Universal Salvation," *China Perspectives*, 35(2001), p.8, http://hub.hku.hk/bitstream/10722/194523/2/Content.pdf? accept=1(검색일: 2015.6.7).

22 Li Hongzhi, "Teaching the Fa in New York City," March 23, 1997, https://falundafa.org/ eng/eng/lectures/1997L.html(검색일: 2015.6.4).

23 Palmer, "Falung Gong."

24 William Dowell, "Interview with Li Hongzhi," *TIME-Asia*, May 10, 1999, http://content. time.com/time/world/article/0,8599,2053761,00.html(검색일: 2015.5.27).

25 Sarah Lubman, "A Chinese Battle on U.S. Soil: Persecuted Group's Campaign Catches Politicians in the Middle," *San Jose Mercury News*, December 23, 2001, www.culteduc ation.com/group/1254-falun-gong/6819-a-chinese-battle-on-us-soil.html(검색일: 2015.6.4). 우리는 리훙즈가 그 용어를 사용하는 방식에 있어서 엄밀한 의미의 인종주의자는 아니라 는 점에 유의해야 한다. 오히려 이 주제에 대하여 그의 혐오는 다른 인종들에 대해서가 아 니라 인종 혼합에 대한 것이었고, 그는 그것을 타락과 임박한 재앙의 원인 가운데 하나라 고 본다. 예를 들어 리훙즈는 이렇게 말했다. "인류의 도덕성이 부패하면서, 모든 것이 썩 고 있다. 다른 말로 해서, 오염되고 있다. 현재 인류의 문화는 혼란 상태에 있다. 그것은 모 든 종류의 엉망진창인 조합이며, 인류는 점점 더 섞여가고 있다. 이것은 정말로 인류를 매 우 위험한 단계가 되도록 몰아가고 있다. 이것은 확실하다. 우리가 말했듯이, 재앙은 인류 가 타락했기 때문에 일어난다." Li Hongzhi, "Lecture at the First Conference in North America," March 29~30, 1998, http://falundafa.org/eng/eng/lectures/19980329L.html(검

색일: 2015.6.7).

26 Palmer, "Falun Gong," p.17.

27 Palmer, "Healing to Protest," p.354.

28 Palmer, "Falun Gong," p.8.

29 Helen Farley, "Falun Gong: A Narrative of Pending Apocalypse, Shape-Shaping Aliens, and Relentless Persecution," in James R. Lewis and Jesper Aa. Petersen(eds.), *Controversial New Religions*(New York: Oxford University Press, 2014), pp.249~250. 신성함과 스스로에게 부과하는 폭력을 연결시키는, 이런 방식의 사고와 중국 전통 사이의 연결이 있을 수 있다. 이 점과 관련하여 Jimmy Yu, *Sanctity and Self-Inflicted Violence in Chinese Religions, 1500~1700*(New York: Oxford University Press, 2012) 참조.

30 Fisher, "Resistance and Salvation," p.302에서 인용.

31 Palmer, "Healing to Protest," p.356. 수전 파머는 2001년 5월 19일 리 사부가 이 연설을 했던 몬트리올 집회에 있었지만, 자신의 논문에서 그녀는 리 사부의 강의 텍스트를 담고 있던, 지금은 존재하지 않는 웹페이지를 또한 참조한다. Li Hongzhi, "Towards Consummation," June 17, 2000. 파룬궁의 '완성' 개념에 대한 논의는 Penny, *The Religion of Falun Gong*, 특히 제6장의 논의를 참조하라. www.clearwisdom.net/eng/2000/Jun/17/JingWen061700. html.

32 Palmer, "Healing to Protest," p.349.

33 David Ownby, "In Search of Charisma: The Falun Gong Diaspora," *Nova Religio: The Journal of Alternative and Emergent Religions*, 6(2)(2003), p.109. 시위로 이어진 그 며칠 안에 리 사부가 베이징으로 이동했다는 사실을 고려할 때, 일부 자료는 그가 명백하게 그 시위의 계획에 관여했다고 주장한다.

34 Palmer, *Qigong Fever*, p.253에서 인용.

35 같은 책, p.272.

36 Ownby, *Falun Gong and the Future of China*, pp.118~119.

37 Palmer, "Healing to Protest," p.357.

38 Patsy Rahn, "The Chemistry of a Conflict: The Chinese Government and the Falun Gong," *Terrorism and Political Violence*, 14(4)(2002), p.56.

39 Heather Kavan, "Print Media Coverage of Falun Gong in Australia and New Zealand," in Peter Horsfield(ed.), papers from the Trans-Tasman Research Symposium, "Emerging Research in Media, Religion and Culture"(Melbourne: RMIT Publishing, 2005). http://falunfacts.blog.com/2010/03/30/print-media-coverage-of-falun-gong-in-australia-and-new-zealand/(검색일: 2015.5.27).

40 www.chinesepress.com.

41 James R. Lewis, "Sucking the 'De' out of Me: How an Esoteric Theory of Persecution and Martyrdom Fuels Falun Gong's Assault on Intellectual Freedom," *Alternative Spirituality and Religion Review*, 7(1)(2016).

42 Associated Press, "Chinese Show Off Repentant Falun Gong," 2005, www.washington post.com/wp-dyn/articles/A26902-2005Jan21_2.html(검색일: 2015.6.5).

43 Eric Konigsberg, "A Glimpse of Chinese Culture That Some Find Hard to Watch," *New*

York Times, February 26, 2008, https://www.nytimes.com/2008/02/06/nyregion/06spl endor.html?scp=1&sq=A+Glimpse+of+Chinese+Culture+That+Some+Find+Hard+to+ Watch &st=nyt(검색일: 2015.6.5).

44 Kavan, "Print Media Coverage."

45 Heather Kavan, "Falun Gong in the Media: What Can We Believe?" ANZCA08 Conference, "Power and Place," Wellington, NZ, July 2008, p.3, www.equinehospital.co.nz/massey/ fms/Colleges/College%20of%20Business/Communication%20and%20Journalism/ ANZCA%202008/Refereed%20Papers/Kavan_ANZCA08.pdf(검색일: 2015.5.27).

46 Palmer, *Qigong Fever*, p.252.

47 같은 책, pp.251~256.

48 Lao Cheng-Wu, *Refutation and Analysis of Falun Gong*(Bloomington, Indiana: iUniverse, 2012), p.195.

49 Kavan, "Print Media Coverage."

50 Palmer, "Healing to Protest," p.349.

51 그 서문에서 논의된 대로 수년 동안 도덕적 공황에 대한 학술 연구에 많은 발전이 있어왔 다. Charles Krinsky, *The Ashgate Companion to Moral Panics*(Franham, Surrey: Ashgate, 2013), pp.1~14.

52 Chas Critcher, *Critical Readings: Moral Panics and the Media*(Maidenhead, UK: Open University Press, 2006), p.2. 코헨에 대한 참고문헌은 다음 참조. Stanley Cohen, *Folk Devils and Moral Panics: The Creation of Mods and Rockers*(Oxford, UK: Blackwell, 1972).

53 원래 *Outsiders: Studies in the Sociology of Deviance*(New York: The Free Press, 1963) 에서 하워드 베커(Howard S. Becker)가 표현한 개념이다.

54 "What Shanshan Saw in Other Dimensions(IV)," May 25, 2001, www.clearwisdom.net/ emh/articles/2001/5/25/10373.html(검색일: 2016.5.27).

55 Stanley Cohen, "Deviance and Panics," in Critcher, *Critical Readings*, p.35.

56 Palmer, "Healing to Protest," p.355.

57 Li Hongzhi, "Touring North America to Teach the Fa," March, 2002, http://en.minghui.org/ html/articles/2002/4/14/33952.html(검색일: 2016.4.28).

58 Kavan, "Print Media Coverage."

59 기본 아이디어를 반복하자면, "리홍즈는 '누군가 다른 사람에게 주먹을 휘두를 때, 그는 또 한 그의 백색 물질[더(德), 즉 덕]을 다른 사람에게 던지는 것이며, 그의 몸의 빈 곳은 흑색 물질(곧, 카르마)로 채워질 것이다'라고 말한다. 이것은 중국의 파룬궁 수련가들이 왜 기꺼 이 공공장소에 가려고 하고, 체포될 일들을 하고, 그들의 주장대로 잔인하게 당하려고 했 는지 설명해 주는 것으로서 중요하다. 경찰이 당신을 때리려고 하면, 그는 실제로 그의 덕 을 당신에게 전달하고 있으며, 그 사람 안에 있는 공간은 카르마로 채워진다! 당신이 이긴 것이고, 그는 진 것이다"[괄호는 페니(Benjamin Penny)의 주(註)]. Benjamin Penny, "The Past, Present and Future of Falun Gong," Lecture at the National Library of Australia, Canberra, 2001, www.nla.gov.au/benjamin-perry/the-past-present-and-future-of-falun-gong (검색일: 2015.6.3).

60 Jenny Hughes, *Performance in a Time of Terror: Critical Mimesis and the Age of Uncertainty*(Manchester: Manchester University Press, 2011).

61 Mary Habeck, *Knowing the Enemy: Jihadist Ideology and the War on Terror*(New Haven: Yale University Press, 2006), p.158.

62 같은 책, p.125.

63 "낙원에서 그들을 기다리고 있는 것은 우유와 꿀이 흐르는 강과 아름다운 젊은 여성들이다. 낙원에 들어가는 자들은 결국 그들의 가족과 다시 만날 것이고, 순교자로서 그들은 갓 태어난 아기처럼 순수한 모습으로 신 앞에 선다." Walter Laqueur, *The New Terrorism: Fanaticism and the Arms of Mass Destruction*(New York: Oxford University Press, 1999), p.100. 그러나 이 책에서 페터르 스할크(Peter Schalk)가 LTTE 반란군에 대한 연구에서 분명히 하듯이, 사후 보상의 약속이 항상 자살 폭탄 테러의 동기인 것은 아님을 주목하라. 또한 대부분의 파키스탄인 자살 폭탄 테러범들이 어떻게 해서 종교적으로 동기가 부여된 것이 아닌지에 대한 다음의 논의를 참조하라. Mattias Gardell, "So Costly a Sacrifice upon the Altar of Freedom Human Bombs, Suicide Attacks, and Patriotic Heroes," in James R. Lewis and Carole M. Cusack(eds.), *Sacred Suicide*(Farnham, UK: Ashgate, 2014).

책을 옮기고 나서

　종교는 흔히 평화의 도구이고 사회적 결속의 기제로 여겨져 왔지만, 우리는 지금 '종교'와 '테러리즘'의 조합이 그리 어색하게 들리지 않는 시대에 살고 있다. 어떤 종교도 '폭력'을 핵심 교리로 삼고 있지 않겠지만, 인류의 역사에서 종교는 정치적 폭력 사건들에 매우 긴밀히 연관되어 있었다. 폭력이 종교와 접합될 때, 그 폭력은 쉽사리 정당한 폭력, 심지어 거룩한 폭력이 되어버리지 않던가? 나아가서 르네 지라르René Girard처럼 성스러움에는 언제나 폭력이 들어 있다고 말할 수도 있지 않을까? 지라르에 동의하든 동의하지 않든 다음과 같은 그의 말에는 동의할 수 있을 것이다. "이 '본질적 폭력'은 역사적인 측면에서뿐만 아니라 지식의 측면에서 보더라도 아주 거창한 모습으로 지금 우리에게 되돌아오고 있다."

　테러리즘 연구를 촉발한 9·11 사건은 예외적인 충격과 놀라움으로 바라볼 수 있는 하나의 사건이 아니었다. 이스라엘과 팔레스타인은 여전히 분쟁 중이고, 파키스탄과 인도도 곧 터질 듯한 갈등 상황에 있으며, 발칸반도의 국가들 사이에 잠재된 민족 갈등은 언제든 폭발할 것 같은 위험을 안고 있다. 북아일랜드의 오랜 갈등과 구 유고슬라비아의 유혈 전쟁도 이 리스트에서 빼놓을 수 없다. 최근에는 미국이 이란의 군부 실세 카셈 솔레이마니Qassem Soleimani 혁명

수비대 쿠드스군 사령관을 드론 폭격으로 살해한 후, 이란은 이슬람 경전 쿠란의 형벌 원칙인 '키사스Qisas', 곧 "눈에는 눈, 이에는 이"의 원칙대로 보복을 다짐했다. 더 많이 나열할 수 있는 이 갈등의 목록에서 순수하게 종교적인 갈등은 없다고 말할 수 있으나, 이 모든 정치적 갈등 속에 종교가 깊이 개입되어 있다는 점은 분명하다. 이렇게 볼 때, 종교가 근대성에 직면하여 그 영향력을 상실할 것이라는 세속화 이론의 효력은 이미 다한 지 오래이다. 아니, 탈냉전 이후 (매우 자주 폭력과 이어지는) 종교적 민족주의의 전 지구적 부상을 관찰할 때, 세속화 이론은 애초에 잘못 제시된 이론이라고 생각하게 된다.

『종교와 테러리즘』은 2017년에 노르웨이 트롬쇠 대학교의 제임스 루이스 James Lewis 교수가 엮어 출판한 *The Cambridge Companion to Religion and Terrorism*(Cambridge University Press)을 우리말로 옮겨 펴낸 것이다. 이 책의 엮은 이는 의도적으로 다양한 이론적 지향을 가진 연구자들을 선택하여 모아놓았다. 이론적 입장도 다양하고, 분석하는 사례도 다양하다. 이 책의 서문을 쓴 마크 주어겐스마이어Mark Juergensmeyer도 주장하듯이, 비종교적 폭력과 뚜렷이 구별되는 범주로서 명백한 종교적 폭력이란 없다. 그러기에 종교와 테러리즘을 다루면서 한 가지 입장과 해석만을 제시한 것은 심히 부족한 작업이 될 것이다. 16개의 각기 다른 이론 배경, 경험 사례, 특히 서로 다른 문체를 가진 글을 옮기는 일이 쉽지는 않았다. 하지만 이와 같이 다양한 연구들을 함께 봄으로써 이 책의 독자들이 종교, 특히 종교의 비합리적 광신이 테러리즘을 유발한다는 식의 단선적인 인과 분석과 그로 인한 "무슬림은 테러리스트이다"라는 식의 낙인찍기가 얼마나 무의미한 일인지 아니 오히려 얼마나 제대로 된 이해를 방해하는지 알 수 있기를 바란다.

'테러리즘'이라는 용어는 '종교'를 포함하여 모든 개념이 그렇듯이 문화적 구성물이다. 더구나 '테러리즘'은 '누구의 정의定義인가'를 따져보아야 하는 개념이다. 누군가에게는 테러리즘인 것이 다른 누군가에게는 투쟁이요 전쟁인 것이며, 누군가에게는 테러리스트인 것이 다른 누군가에게는 해방 전사인 것이다. 이 책의 마지막 장에서 다루고 있는 중국의 파룬궁 박해 사건에서 파룬궁 추종자들이 중화인민공화국에 대해 모순어법적인 '국가 테러리즘'이라고 고발한 것은 바로 '누구의 정의인가'라는 문제를 잘 드러낸다. 그런 이유로 나는 이 책의 주제가 '종교와 폭력'이라는 더 큰 주제 아래 속한다고 본다. 실제로 이 책 안의 몇 개의 글은 반드시 테러리즘으로 불리지 않는 폭력 사례들을 다루고 있다. 어떤 글은 억지로 '테러리즘'이라는 제목 아래 집어넣었다는 느낌도 든다.

마지막으로 이 책이 나오기까지 가장 많이 수고해 준 사람들이 있다. 한울엠플러스(주) 편집부는 초고의 문장들을 읽기 수월하게 고쳐주었고, 실수한 부분들도 꼼꼼하게 살펴 바로잡아 주었다. 마음 깊이 고마운 마음을 전한다.

소요騷擾의 소식이 끊이지 않고 들려오는 날
하홍규

찾아보기

지은이

메림 아이트쿨로바(Meerim Aitkulova)는 트롬쇠 대학교(노르웨이 북극대학교)의 '평화와 분쟁 변화 프로그램'에서 석사학위를 받았다. 관심 영역은 키르기스스탄의 신이슬람 운동들과 안보 과정이다.

스콧 애트런(Scott Atran)은 파리고등사범학교의 프랑스 국립과학연구센터(CNRS) 장니코 연구소(Institute Jean Nicod)의 연구 책임자, 미시간 대학교 제럴드포드 공공정책 대학(Gerald Ford School of Public Policy)과 사회조사 연구소(Institute for Social Research)의 연구교수, 뉴욕 시립대학교 존제이 형사사법 대학(John Jay College of Criminal Justice)의 연구교수, 옥스퍼드 대학교 해리스맨체스터 대학(Harris Manchester College)과 사회인류학 대학의 선임 연구원이다. 그리고 *Talking to the Enemy*(2010)와 *In Gods We Trust*(2002) 등 여러 책의 저자이다.

윌리엄 캐버노(William T. Cavanaugh)는 시카고에 있는 드폴 대학교의 세계 가톨릭교와 문화 간 신학을 위한 센터(Center for World Catholicism and Intercultural Theology)에서 선임 연구교수로 있다. 노트르담 대학교, 케임브리지 대학교, 듀크 대학교에서 학사학위, 석사학위, 박사학위를 받았다. 다섯 권의 책과 많은 논문을 쓴 저자이다. 그의 책은 프랑스어, 스페인어, 폴란드어로 번역되었다.

니콜 다미코(Nicole S. D'Amico)는 *Academic Publishing*의 편집장이다. 셰필드 대학교에서 언론학 석사학위를 받았으며, 정치학회(the Political Studies Association)를 위한 이탈리아 정치 전문가 집단(Italian Politics Specialist Group)의 미디어 책임자이다. *Oxford Handbook of New Religious Movement* 제2권에 실린 "Cult Journalism"과 *The Brill Handbook of Scientology*(2017)에 실린 "News Media, the Internet and the Church of Scientology"의 공저자이다.

에스펜 달(Espen Dahl)은 트롬쇠 대학교의 조직신학 교수이다. *Phenomenology and the Holy: Religious Experience after Husserl*(2010), *In Between: The Holy Beyond Modern Dichotomies*(2011), *Stanley Cavell, Religion, and Continental Philosophy*(2014)의 저자이다.

론 도슨(Lorne L. Dawson)은 워털루 대학교의 사회학/법학과의 학과장이다. 주로 종교사회학, 특히 신종교 운동 연구를 하고 있다. 왜 어떤 신종교는 폭력적이 되는지에 대한 그의 연구는 자생 테러리스트 집단들에서 일어나는 과격화 과정에 대한 연구로 이어졌다. 세 권의 책을 썼으며, 네 권의 책을 엮었고, 60편이 넘는 논문과 단행본의 장을 집필했다.

엘런 도브로볼스키(Ellen Dobrowolski)는 현재 트롬쇠 대학교(노르웨이 북극대학교) 대학원 생이다. 그녀가 쓴 "The Prophet of the New World: Religious Insanity and the New Religion of Louis Riel"이 *The Alternative Spirituality and Religion Review*에 곧 출간될 예정이다.

로렌츠 그라이틀(Lorenz Graitl)은 베를린 훔볼트 대학교 아시아아프리카 학과의 강사이다. 베를린 자유 대학교 사회학과에서 박사학위를 받았다. 첫 번째 저서는 *Sterben als Spektakel: Zur kommunikativen Dimension des politisch motivierten Suizids*(2012)로, 여러 다른 형태의 정치적 자살들의 역사적 생성과 소통적 측면들뿐만 아니라 이에 상응하는 정당화 담론들을 논의한다.

크리스토퍼 하트니(Christopher Hartney)는 시드니 대학교 종교학과 선임 강사이며, 종교와 폭력, 종교와 영화 과목을 가르치고 있다. 동아시아와 베트남의 신흥 종교들을 전문적으로 연구하고 있으며, 주로 베트남에서 가장 큰 토속 종교인 카오다이교(Caodaism)에 대한 연구를 출판해 왔다. *Journal of Religious History and Literature and Aesthetics*의 편집위원을 역임했다.

마크 주어겐스마이어(Mark Juergensmeyer)는 샌타바버라 캘리포니아 대학교 사회학과 교수이다. 종교 폭력, 갈등 해소, 남아시아 종교와 정치 전문가이며, 200편 이상의 논문과, *Global Rebellion: Religious Challenges to the Secular State*(2008)와 널리 읽히고 있는 *Terror in the Mind of God: The Global Rise of Religious Violence*(2003)를 포함하여 20권의 책을 출판했다.

제임스 루이스(James R. Lewis)는 트롬쇠 대학교(노르웨이 북극대학교) 종교학 교수이다. 현재 네 권의 책 시리즈를 엮었다. *Alternative Spirituality and Religion Review*의 편집장이며, *Journal of Religion and Violence*의 편집위원을 역임했다. 또한 기고와 공동 집필로 100편 이상의 글을 썼으며 24개의 논문과 논문집의 저자, 편저자, 공동 편저자이다.

데이비드 밀러(David Miller)는 바스 대학교 사회학 교수이며, 영국 연구위원회(Research Councils United Kingdom: RCUK)의 글로벌 불확실성 리더십 펠로(2013~2016)이다. 최근 저서로는 *The Henry Jackson Society and the Degeneration of British Neoconservatism*

(2015, 공저), *Stretching the Sociological Imagination: Essays in Honour of John Eldridge* (2015, 공편), *The Web of Influence: The Role of Addictive Industries in Shaping Policy and Undermining Public Health*(근간, 공저) 등이 있다.

톰 밀스(Tom Mills)는 바스 대학교의 사회학자·연구자이며, 애스턴 대학교 사회학과 강사이다. 2015년 박사학위 논문은 사회 민주주의의 종언과 신자유주의의 등장이 BBC에 어떻게 영향을 주었는지 고찰하고 있으며, 저서 *The BBC: The Myth of a Public Service*(2016)의 토대가 되었다. *What is Islamophobia?: Racism, Social Movements and the State*(2017), *The Cold War on British Muslims*(2011)와 *The Britain Israel Communications and Research Centre: Giving Peace a Chance?*(2013)의 공저자이다.

피터르 나닝하(Pieter Nanninga)는 역사학과 종교학을 공부했으며, 알카에다 순교 비디오에 나타난 자살 공격의 재현에 대한 연구로 박사학위를 받았다(2014). 현재 흐로닝언 대학교 중동학과 조교수이다. [특별히 알카에다와 이슬람 국가(IS)의] 글로벌 지하디즘에 대한 연구에 집중하고 있으며, 특히 문화, 종교와 폭력 사이의 관계에 관심을 두고 있다.

스티븐 네메스(Stephen Nemeth)는 오클라호마 주립대학교 정치학과 조교수이다. 2010년 아이오와 대학교에서 박사학위를 받았다. 주 관심 영역은 테러리스트 폭력의 조직적·공간적 특징들이다. 테러리즘과 갈등 관리에 대한 여러 글을 썼다.

페르-에릭 닐손(Per-Erik Nilsson)은 스웨덴연구위원회(Swedish Research Council, Vetenskapsrådet)에서 지원받는 박사후연구원이다. 웁살라 대학교의 종교 영향 연구 프로그램과 엑상 프로방스(Aix-en-Provence)에 있는 파리 정치 대학(Sciences-Po) CHERPA 연구센터에서 연구하고 있다. 현재 프랑스에서의 세속주의, 민족주의, 대중주의를 집중하여 연구하고 있다.

페터르 스할크(Peter Schalk)는 웁살라 대학교의 명예교수이다. 주된 관심 영역은 불교-힌두교와 현재 남아시아에 있는 사회-경제적 갈등들의 종교적 표현, 특히 비교문화적 관점에서 순교의 개념들이었다. 타밀일람 해방 호랑이(LTTE: Liberation Tigers of Tamil Ealam)가 조성한 비종교적 개념들에 집중했다.

옮긴이

하홍규는 연세대학교 사회학과에서 학사학위와 석사학위를 받고, 미국 보스턴 대학교 사회학과에서 박사학위를 받았다. 연세대학교 사회학과 BK21플러스 사업단 연구원을 지냈으며, 현재 연세대학교 사회발전연구소 전문연구원으로 일하고 있다. 사회 이론과 종교 사회학이 주 전공 분야이며, 현재 프래그머티즘 사회 이론과 문화사회학과 감정사회학 연구에 집중하고 있다. 쓴 책으로는 『피터 버거』, 『한국인의 삶을 읽다』(공저), 『현대 사회학 이론: 패러다임적 구도와 전환』(공저), 『공간에 대한 사회인문학적 이해』(공저), 『감정의 세계, 정치』(공저) 등이 있으며, 옮긴 책으로는 『실재의 사회적 구성』과 『모바일 장의 발자취』가 있다. 주요 논문으로는 「실천으로서의 종교」, 「조지 허버트 미드와 정신의 사회적 구성」, 「실천적 전환에 대한 비판적 전환」, 「종교적 감정과 새로운 작은 교회들의 문화적 재기」, 「타자의 마음의 이해, 타 문화의 이해」 등이 있다.

한울아카데미 2226

종교와 테러리즘

엮은이 제임스 루이스

지은이 제임스 루이스·메림 아이트쿨로바·스콧 애트런·윌리엄 캐버노·니콜 다미코·에스펜 달·론 도슨·엘런 도브로볼스키·로렌츠 그라이틀·크리스토퍼 하트니·마크 주어겐스마이어·데이비드 밀러·톰 밀스·피터르 나닝하·스티븐 네메스·페르-에릭 닐손·페터르 스할크

옮긴이 하홍규

펴낸이 김종수 ┊ **펴낸곳** 한울엠플러스(주) ┊ **편집책임** 이진경

초판 1쇄 인쇄 2020년 6월 3일 ┊ **초판 1쇄 발행** 2020년 6월 10일

주소 10881 경기도 파주시 광인사길 153 한울시소빌딩 3층

전화 031-955-0655 ┊ **팩스** 031-955-0656 ┊ **홈페이지** www.hanulmplus.kr

등록번호 제406-2015-000143호

Printed in Korea.

ISBN 978-89-460-7226-8 93300(양장)
　　　978-89-460-6897-1 93300(무선)

※ 책값은 겉표지에 표시되어 있습니다.